高职高专物业管理专业系列教材

物业管理法规与案例评析

（第二版）

刘湖北　胡万平　主编
王炳荣　吕　杰

中国建筑工业出版社

图书在版编目(CIP)数据

物业管理法规与案例评析/刘湖北，胡万平，王炳荣，吕杰主编.
2版. —北京：中国建筑工业出版社，2010.8
（高职高专物业管理专业系列教材）
ISBN 978-7-112-12331-5

Ⅰ.①物… Ⅱ.①刘…②胡…③王…④吕… Ⅲ.①物业管理—法规—中国—高等学校：技术学校—教材 Ⅳ.①D922.181

中国版本图书馆 CIP 数据核字(2010)第 149984 号

本书全面、系统地介绍了物业管理实施过程中所涉及的法律、法规及相关条款的基本知识及其实务，并穿插了大量的典型法律案例解析，尽力反映目前最新的物业管理法规建设进展和司法精神。主要内容有：物业管理法规概论、物业管理法律关系、物业管理法律规范、物业管理法律责任、物业管理常用法律法规解读、物业管理重要法律文件、物业服务合同法律制度、物业管理纠纷的法律解决、国外和中国香港的物业管理法规简介等。每章后面均附有小结和复习思考题。复习思考题包括法律基本知识题和案例分析题两类，以便于读者对物业管理法律法规基本知识的理解、掌握和运用。书后还附有物业管理的相关法律法规文本。

本书主要作为高等院校的公共事业管理、物业管理、房地产经营与管理等专业的教学用书，也可供物业管理从业人员培训、学习、参考之用。同时本书对物业服务企业、业主、房地产开发商、物业管理行政主管部门、从事物业管理法律研究工作的人员及律师、法官具有参考价值。

* * *

责任编辑：张　晶　王　跃
责任设计：李志立
责任校对：王金珠　关　健

高职高专物业管理专业系列教材
物业管理法规与案例评析
（第二版）
刘湖北　胡万平
王炳荣　吕　杰　主编

*

中国建筑工业出版社出版、发行（北京西郊百万庄）
各地新华书店、建筑书店经销
北京天成排版公司制版
北京市燕鑫印刷有限公司印刷

*

开本：787×1092 毫米　1/16　印张：18¾　字数：456 千字
2010 年 12 月第二版　2012 年 9 月第七次印刷
定价：29.00 元
ISBN 978-7-112-12331-5
(19561)

版权所有　翻印必究
如有印装质量问题，可寄本社退换
（邮政编码　100037）

第二版序言

读罢"物业管理法规与案例评析"（以下简称"评析"），眼前一亮。作为一名长年从事物业服务理论研究与实践的工作者，终篇掩卷，甚感欣慰。广大物业管理者、服务人员，可以看到反映物业管理最新法律法规建设和司法精神的法律专业指导书籍了。

该书有这样一些特点：

系统性强。本书从宏观的物业法规概论、物业管理法律关系的叙述，到微观的物业管理重要文件的宣介乃至物业管理纠纷的依法解决等，都有系统的归纳解释和重点的集中叙述。既要言不烦，又通俗易懂。

指导性强。本书作者既注意到高等院校广大学生的受教特点，更注意到广大物业服务者的工作特点、性质和领悟能力，落脚在一系列物业个案的剖析上。针对性强、实用性强、富于操作性。

具备较强的法律工具书性质。从《民法通则》到《合同法》介绍，从《物权法》到《劳动合同法》的讲解，乃至《物业管理条例》和《物业收费管理办法》的集中归类等。全面周详，细致入微，让多年工作在物业一线的基层人员很容易按图索骥，找到自己所需要的法律条文进行解读。

具有较宽的视野及相应的专业视角。该书从具体的物业实践出发，在进行严谨系统的法律专业知识介绍和普及的同时，兼顾可读性、轻松性。适时从国外丰富的物业服务视角采撷了不少发达国家的专业花絮，如美国物业的高度专业分工管理，法国的民主式管理，德国的高效、严谨性物业管理，北欧荷兰的提前介入式物业管理以及日本的一专多能式物业管理等。让读者在大量物业法律个案阅读的同时，能惬意轻松地领略世界各国物业管理的专业风貌。对开阔业界人士的国际专业视野，有效借鉴国外经验，不无裨益。

我从事物业服务16年，因多年的学校工作背景，平素浏览专业书刊不少，但能从系统性，专业指导角度全面介入法律与物业实践的有效组合的探索性书籍不是太多。这样一部针对性、实用性、操作性较强的书籍，对从事一线物业服务的业界人士而言，就更显珍贵。通读全书之后，略作如上感言。衷心希望我国的物业管理服务水平能加速提高，专业视野能逐步开阔。我相信，这也是该书编著者的殷切希望。

殷洪生

第一版序言

记得20世纪90年代初我在广州和深圳对物业管理发展现状进行调研时，一位物业公司老总明确地告诉我："物业管理没理论"。他认为，物业管理是一个操作性很强的行业，根本无什么理论可言。但我认为：任何行业，如果没有理论的指导，这个行业很难走得很远。

2006年底我在重庆讲学时，遇见了岳娜老师，那时她作为一名学员在听课。课后的交流，使我感到她是一名对物业管理理论研究有着热情和激情的学者。

随着物业管理行业的发展，有关物业管理理论研究和实务操作的书籍从空白到相继出版几十本。我们知道，市场经济是法制经济，它需要通过一系列的法制建设来规范经济运行的秩序。物业管理行业的蓬勃发展，客观上也要求用物业管理法制来加以规范。所以，物业管理的研究，不但要有理论的研究，更要在法制建设过程中对实务运作进行探讨。今天，拜读了岳娜、刘湖北和胡万平三位20世纪60年代出生的中青年学者编写出版的这本《物业管理法规与案例评析》，颇感受益。该书从物业管理法制建设的角度，系统地介绍了物业管理实施过程中所涉及的法律、法规及相关条款的基本知识及其实务，穿插了大量的典型案例解析，反映了最新的法律法规建设和司法精神，值得一读。

我一直坚持这样的想法：作为专业化的物业管理，它并非像人们想象的那么简单。它不是理念的产物，而是源于实践，又适用于实践的活的管理机体。它随实践的需要而产生，随实践的发展而演化。在这个发展和演化过程中，物业管理的法律法规也在不断完善。很荣幸能为该书作序，也非常高兴能把这本书推荐给物业管理行业的朋友们，并衷心地希望中国物业管理行业能在一个法制健全的环境中健康发展。

上海市物业管理行业协会　副秘书长·王青兰

第 二 版 前 言

本书自 2007 年 11 月与读者见面至今，尽管只有短短两年多时间，但物业管理行业发生了诸多的变化。首先，我国的物业管理市场得到了巨大的发展。近几年来，随着城市化进程的加快和房地产业的迅猛发展，物业管理的规模不断扩大，覆盖率不断提高，服务领域愈加宽广，目前，物业管理几乎覆盖到不动产管理的所有领域。其次，物业管理的法治化进程发展迅速。自 2008 年以来，与物业管理相关的法律法规和相关政策大量出台并付诸实施。如作为物业管理的行政法规，国务院《物业管理条例》进行了修改；《物权法》的两个司法解释出台，为正确理解和运用物权法的法律规定奠定了坚实的基础；围绕《物业管理条例》出台了一系列的配套文件：国家发改委、住建部印发了《物业服务定价成本监审办法（试行）》；住房和城乡建设部、财政部印发了《住宅专项维修资金管理办法》；住房和城乡建设部修改发布了《物业服务企业资质管理办法》、《业主大会和业主委员会指导规则》等。在中央出台法律法规的同时，物业管理的地方性法规也相继修订、颁布。由此，一个内容全面、结构合理、科学规范、特色鲜明的物业管理政策法规体系正在逐步形成。第三，业主维权意识逐渐增强，维权方式渐趋理性。近年来，物业服务企业和业主之间的争议在物业管理矛盾纠纷中的比重有所降低，业主行使权力的方式也逐渐趋于理性。

综合考虑行业发展的现实性和理论内容的承接性后，本书的修订宗旨为：第一，在维系原有体系的基础上，反映最新的物业管理行业法律法规和相关政策的内容；第二，在保持各章主干内容不变的前提下，适当修正部分案例和实证材料；第三，为汲取海外物业管理的先进经验，增补了发达国家和地区物业管理法制建设的相关内容；第四，对相关素材进行更新、对有关错误进行修正。

本书由南昌大学公共管理学院刘湖北教授和王炳荣先生、江西省委党校培训部主任胡万平先生、正顺国际教育咨询（北京）有限公司总经理吕杰先生共同修订，最后由刘湖北统一完善、定稿。

衷心感谢广大读者和同行对本书的认同、支持和指正。

第一版前言

物业管理业在我国属于一个新兴的行业，自20世纪80年代初开始发展，到今天只有二十几年的历史。它的发展与其他行业一样，有一个从不成熟向逐渐成熟发展的过程。随着我国物业管理业进一步的发展，我国规范物业管理业的法律、法规也逐渐地在健全和完善。依据这些法律、法规，建设部及各地房地产主管部门也相继出台了一些部门规章及规范性文件。但总的来说，我国目前物业管理方面的法律、法规还不像发达国家的房地产法律那样完善和健全。为了更好地解决现实中出现的大量物业管理的法律问题，需要我们在理论方面更多地去研究，去探讨。

本书全面、系统地介绍了物业管理实施过程中所涉及的法律、法规及相关条款的基本知识及其实务，并穿插了大量的典型法律案例解析，尽力反映目前最新的物业管理法规建设进展和司法精神。主要内容有：物业管理法规概论、物业管理法律关系、物业管理法律规范、物业管理法律责任、物业管理常用法律规范解读、物业管理重要文件、物业管理合同法律制度、物业管理纠纷的法律解决等。每章后面均附有小结和复习思考题。复习思考题包括法律基本知识题和案例分析题两类，以便于读者对物业管理法律法规基本知识的理解、掌握和运用。书后还附有物业管理的相关法律法规文本。

本书主要作为高等院校的物业管理、房地产经营与管理等专业的教学用书，也可供物业管理从业人员培训、学习、参考之用。同时本书对物业服务企业、业主、房地产开发商、物业管理行政主管部门、从事物业管理法律研究工作的人员及律师、法官具有参考价值。

本收由西安欧亚学院物业管理专业教研室兼陕西佳佳物业管理有限公司总经理岳娜女士、南昌大学法学院公共管理学系刘湖北副教授、江西省委党校胡万平先生联合撰写，最后由岳娜统一修订、定稿。由上海市房地科学研究院副院长王青兰博士担任主审。本教材在编写过程中，我们参考了许多学者的著作、教材和论文，在此致以深深的谢意。同时，衷心感谢中国建筑工业出版社领导和编辑给予的指导和帮助。由于时间和编者水平所限，书中错误和不妥之处在所难免，恳请有关专家和广大读者批评指正。

本书根据《中华人民共和国物权法》的有关规定，将"物业管理企业"修改为"物业服务企业"，将"业主公约"修改为"管理规约"，将"业主临时公约"修改为"临时管理规约"特此说明。

目 录

第一章 物业管理法规概述 ·········· 1
 一、我国物业管理及其立法发展概况 ·········· 1
 二、物业管理法规的概念 ·········· 2
 三、建筑物区分所有权 ·········· 3
 四、物业管理法规的立法模式 ·········· 9
 五、物业管理法规的调整对象 ·········· 10
 六、物业管理法规的原则 ·········· 11
 七、物业管理法规的地位 ·········· 12
 八、物业管理法规的作用 ·········· 12
 小结 ·········· 13
 复习思考题 ·········· 14

第二章 物业管理法律关系 ·········· 15
 一、物业管理法律关系的概念 ·········· 15
 二、物业管理法律关系的构成要素 ·········· 16
 三、物业管理法律关系的种类 ·········· 21
 四、物业管理法律关系的特征 ·········· 23
 小结 ·········· 26
 复习思考题 ·········· 26
 阅读材料 ·········· 26

第三章 物业管理法律规范 ·········· 30
 一、物业管理法律规范的概念 ·········· 30
 二、物业管理法律规范的意义 ·········· 30
 三、物业管理法律规范的结构 ·········· 30
 四、物业管理法律规范的类型 ·········· 31
 五、物业管理法律规范的表现形式 ·········· 35
 小结 ·········· 38
 复习思考题 ·········· 39

第四章 物业管理法律责任 ·········· 40
 一、物业管理法律责任的概念 ·········· 40
 二、物业管理法律责任的特征 ·········· 40
 三、物业管理法律责任的构成和归责类型 ·········· 41
 四、物业管理法律责任的种类 ·········· 46
 五、几种具体情况下的法律责任 ·········· 58

  小结 ·· 61
  复习思考题 ·· 61
第五章 物业管理常用法律法规解读 ·· 62
  一、《中华人民共和国民法通则》 ·· 62
  二、《中华人民共和国合同法》 ·· 66
  三、《中华人民共和国价格法》 ·· 70
  四、《中华人民共和国消费者权益保护法》 ·· 73
  五、《中华人民共和国劳动合同法》 ·· 75
  六、《中华人民共和国物权法》 ·· 77
  七、《物业管理条例》 ·· 83
  八、《物业服务收费管理办法》 ·· 97
  九、《前期物业管理招标投标管理暂行办法》 ·· 98
  十、《物业服务收费明码标价规定》 ·· 99
  十一、《物业服务定价成本监审办法(试行)》 ·· 100
  十二、《物业服务企业资质管理办法》 ·· 101
  十三、《城市新建住宅小区管理办法》 ·· 103
  十四、《业主大会和业主委员会指导规则》 ·· 104
  十五、《房屋建筑工程质量保修办法》 ·· 105
  十六、《住宅专项维修资金管理办法》 ·· 107
  十七、《住宅室内装饰装修管理办法》 ·· 109
  十八、《物业管理企业财务管理规定》 ·· 111
  十九、《城市异产毗连房屋管理规定》 ·· 112
  二十、《城市房屋租赁管理办法》 ·· 113
  小结 ·· 115
  复习思考题 ·· 116
第六章 物业服务合同法律制度 ·· 118
  一、物业服务合同概述 ·· 118
  二、物业服务合同的订立与效力 ·· 122
  三、物业服务合同的基本内容 ·· 127
  四、物业服务合同的履行、变更和终止 ·· 130
  五、物业服务合同责任 ·· 132
  小结 ·· 134
  复习思考题 ·· 134
  阅读材料一 ·· 135
  阅读材料二 ·· 139
  阅读材料三 ·· 148
第七章 物业管理重要法律文件 ·· 154
  一、管理规约 ·· 154
  二、业主委员会章程 ·· 164
  三、物业管理公约 ·· 169

四、业主大会议事规则 …………………………………………………… 173
　　五、住户手册 ……………………………………………………………… 175
　　小结 ………………………………………………………………………… 176
　　复习思考题 ………………………………………………………………… 176
　　阅读材料一 ………………………………………………………………… 177
　　阅读材料二 ………………………………………………………………… 182
第八章　物业管理纠纷的法律解决 …………………………………………… 190
　　一、物业管理纠纷的概念和特征 ………………………………………… 190
　　二、物业管理纠纷的种类 ………………………………………………… 191
　　三、物业管理纠纷的起因及其特点 ……………………………………… 193
　　四、区分几种不同性质的物业管理纠纷时应注意的几个问题 ………… 200
　　五、物业管理纠纷的处理方式和程序 …………………………………… 201
　　六、物业管理纠纷处理的原则 …………………………………………… 205
　　七、物业管理各阶段易发纠纷类型及处理 ……………………………… 205
　　小结 ………………………………………………………………………… 216
　　复习思考题 ………………………………………………………………… 216
第九章　国外和香港的物业管理法规简介 …………………………………… 218
　　一、国外和中国香港的物业管理体制 …………………………………… 218
　　二、国外和中国香港的物业管理法简介 ………………………………… 222
　　三、国外和中国香港的物业管理法借鉴 ………………………………… 224
　　小结 ………………………………………………………………………… 226
　　复习思考题 ………………………………………………………………… 226
　　阅读材料 …………………………………………………………………… 227
附录：相关的法律、物业管理行政法规、部门规章、有关文件 …………… 230
　　中华人民共和国物权法（摘录） ………………………………………… 230
　　物业管理条例 ……………………………………………………………… 234
　　物业服务收费管理办法 …………………………………………………… 241
　　物业服务收费明码标价规定 ……………………………………………… 244
　　物业服务定价成本监审办法（试行） …………………………………… 245
　　前期物业管理招标投标管理暂行办法 …………………………………… 247
　　业主大会和业主委员会指导规则 ………………………………………… 252
　　物业服务企业资质管理办法 ……………………………………………… 260
　　房屋建筑工程质量保修办法 ……………………………………………… 264
　　住宅室内装饰装修管理办法 ……………………………………………… 266
　　物业管理企业财务管理规定 ……………………………………………… 271
　　住宅专项维修资金管理办法 ……………………………………………… 274
　　城市异产毗连房屋管理规定 ……………………………………………… 281
　　最高人民法院关于审理建筑物区分所有权纠纷案件具体应用法律若干问题的解释 … 283
　　最高人民法院关于审理物业服务纠纷案件具体应用法律若干问题的解释 ……… 286
参考文献 ………………………………………………………………………… 288

第一章 物业管理法规概述

要　点

◆ 物业管理法规的概念
◆ 建筑物区分所有权
◆ 物业管理法规的立法模式
◆ 物业管理法规的调整对象
◆ 物业管理法规的原则和地位

一、我国物业管理及其立法发展概况

诞生于 1981 年的中国物业管理行业，在经过了 20 多年风风雨雨的发展后，走出了一条辉煌之路。20 多年的物业管理及其立法发展大致经历了四个阶段：

(一) 探索和起步阶段(1981 年 3 月至 1994 年 3 月)

1981 年 3 月 10 日全国第一家物业管理公司——深圳市物业管理公司的成立，在我国率先对计划经济条件下形成的传统房产管理体制进行了改革，开始了对物业管理新体制的探索和实践，拉开了我国物业管理的帷幕，标志着我国物业管理的诞生。走在全国物业管理前列的深圳市创下了数个第一：第一个对商业写字楼实行物业管理；第一个完成房管所向物业服务企业的改制；第一个进行物业管理规范化试点；第一个开展物业管理人员培训，实行持证上岗；第一个开始通过招投标选聘物业管理公司；第一个实行内部物业管理招投标；第一个对物业管理员工实行淘汰制；第一个成立物业管理协会。

(二) 规模化大发展阶段(1994 年 4 月至 1999 年 4 月)

以 1994 年 3 月 23 日建设部 33 号令《城市新建住宅小区管理办法》的颁布和实施为标志(自 1994 年 4 月 1 日起施行)。这个新中国成立以来颁布的全国第一个有关物业管理方面的法规规定：住宅小区应当逐步推行社会化、专业化的管理模式。由物业管理公司统一实施专业化管理。其特点：一是物业管理立法明显加快。国家有关部门制定了一系列有关物业管理的规章和规范性文件，如《国务院关于进一步深化城镇住房制度改革加快住房建设的通知》(国发 [1998] 23 号)、《城市新建住宅小区管理办法》(建设部令第 33 号)、《城市住宅小区物业管理服务收费暂行办法》(国家计划委员会、建设部计价费 [1996] 266 号)、《住宅共用部位共用设施设备维修资金管理办法》(建设部、财政部建住房 [1998] 213 号)、《物业管理企业财务管理规定》(财政部财基字 [1998] 7 号)、《物业管理企业资质管理试行办法》(建设部建住房 [1999] 261 号)、《物业管理委托合同示范文本》(建设部、国家工商行政管理局建房 [1997] 263 号)、《前期物业管理服务协议示范文本》(建设部建住房 [1999] 246 号)等。与此同时，各地在物业管理立法方面也进行了积极的探索。上海、天津、重庆、广东、广西、海南、湖南、江西、河南、陕西等 20 多个省(市、

自治区)制定了物业管理条例,其他省市也普遍颁布了物业管理办法。上述法规、规章和规范性文件对于指导各地物业管理实践起到了良好的作用,也为《物业管理条例》的起草提供了条件。二是物业管理队伍迅速壮大。到1998年底全国物业服务企业12000余家,从业人员150万人(截至2008年,全国物业服务企业总数超过3万家,从业人员超过350万人,物业管理范围已经覆盖了住宅、写字楼、工业区、学校、商场、医院、机场、会展中心、体育场馆、步行街等,管理面积超过120亿平方米)。三是建设部组织召开了三次重要的会议。1995年8月30日,建设部在青岛召开了全国物业管理工作座谈会;同年12年3日建设部在人民大会堂召开了全国城市物业管理优秀住宅小区总结表彰大会;1997年6月7～9日,建设部在大连召开了全国物业管理工作现场会;四是地方物业管理立法步伐加快。《深圳经济特区住宅区物业管理条例》(全国第一部地方性物业管理法规)首开全国物业管理地方立法之先河,对物业管理尽快走上依法管理的轨道起到了至关重要的作用;五是物业管理协会相继成立。1993年6月,深圳市物业管理协会是全国第一家,以后各地相继成立,为国家物业管理协会的创建奠定了基础;六是出版了一大批著作和期刊。

(三) 物业管理市场形成与发展阶段(1999年5月至2003年8月)

以建设部1999年5月23日在深圳市召开的全国物业管理工作会议为标志,使物业管理队伍继续壮大,物业管理市场培育步伐加快,物业管理招投标项目明显增多,各项配套政策进一步完善。深圳市长城物业公司中标北京回龙观是全国规模最大的一次,万科接管建设部机关大院为国家机关实行物业管理起了带头作用。

(四) 规范化发展时期(2003年9月至今)

以2003年国务院第379号令《物业管理条例》的实施为标志。一系列修订的或新的法律法规相继出台,如:《物业服务收费管理办法》(发改价格[2003]1864号),《物业服务收费明码标价规定》(发改价检[2004]1428号),《前期物业管理招投标管理暂行办法》(建住房[2003]130号),《业主大会规程》(建住房[2003]131号)等。特别是自2007年以来,物业管理的法治化进程明显加快,与物业管理相关的政策法规大量出台并付诸实施。首先,作为物业管理的最高专业法规,国务院《物业管理条例》进行了修改;其次,作为物业管理行政法规的相关上位法也有了新的突破,全国人民代表大会及常委会通过了《物权法》和《劳动合同法》,特别是物业管理最基本的理论——建筑物区分所有权写进了《物权法》第六章,为物业管理的法制建设奠定了坚实的基础;再次,围绕《物业管理条例》出台了一系列的配套文件:国家发改委、住房城乡建设部印发的《物业服务定价成本监审办法(试行)》,住房城乡建设部、财政部印发的《住宅专项维修资金管理办法》以及住房城乡建设部修改发布的《物业服务企业资质管理办法》。在国家出台法律法规的同时,物业管理的地方性法规也相继修订、颁布,如深圳、成都等地于2008年1月1日重新修改的地方条例开始实施。以上立法工作的开展,大大加快了物业管理法制化进程,从中央到地方多层次的物业管理政策法律制度日趋完备,物业管理的法律法规层次将有新的突破的趋势,一个内容全面、结构合理、科学规范、特色鲜明的物业管理政策法规体系正在逐步形成。

二、物业管理法规的概念

物业管理法规有广义与狭义之分。广义的物业管理法规,是指调整物业管理关系的法律规范的总和,包括了对物业管理关系进行调整的所有法律规范,比如包括宪法规范、民法规范、经济法规范、行政法规范、刑法规范等,还包括国务院以及中央各部委颁布的条例、规章、规定等,甚至还包括各地方人大和政府颁布的地方性法规与地方规章等。狭义的物业管理法规,人们一般理解为规范物业管理的某一个具体法律文件,如1994年3月建设部颁布的《城市新建住宅小区管理办法》,2003年9月国务院颁布实施、2007年10月修订的《物业管理条例》。本书采用的是广义的物业管理法规,可以从以下两个方面来理解:一是物业管理关系复杂,涉及面很广,迄今为止我国乃至世界各国还没有出现一部大而全的、以"物业管理法"命名的法律;二是调整物业管理关系的这些法律规范分布于多项法律、法规、规章之中。

三、建筑物区分所有权

[案例1-1]

许某和张某是上下楼邻居,分别拥有对所住房屋的所有权。2003年许某的家人感到卫生间太小不方便,就想把紧邻卫生间的厨房改为浴室。不久,许某未经他人同意,擅自改动了单元楼内的排水管道。由于施工不当,许某的浴室在使用时有渗漏现象,渗漏的水不仅影响了楼下张家厨房的使用,而且也破坏了厨房的装潢。张某和许某多次协商未果,遂向人民法院提起诉讼。

这是一起有关建筑物区分所有权方面的纠纷案。

现代社会,世界人口的快速增长、工业化进程的推进、经济的迅猛发展,大批农村人口涌向城市,出现城市人口剧增,因建筑面积增长需求无限性和城市土地有限性的矛盾导致城市土地利用日趋立体化,建筑物不断向多层、高空发展,每栋建筑物本身也出现纵横分割现象,即高层建筑物单元化、套房化。城市里出现了大量的小区公寓住房、单体公寓住房、商务写字楼、商务公寓等建筑物。随之出现了一种普遍社会现象,如一栋住宅高楼被分割为不同部分而为众多住户所有,但是该住宅高楼安装的防火、防盗报警系统装置、电梯、电、燃气、自来水的公用线路和管道,电视公用天线的线路以及构筑物公用部分(如走廊、楼梯、协议共用的业主会客室)不可能属于其中任何一个业主。这样就产生了一种新型的权利,这种权利被多数国家的法律称之为建筑物区分所有权。

建筑物区分所有权,在德国被称为"住宅所有权",在法国被称为"住宅分层所有权",在瑞士则被称为"楼层所有权"。我国民法理论界乃是采用日本法的称谓,叫"建筑物区分所有权"。建筑物区分所有权最早起源于法国民法典的规定,随后被各大陆法系国家以民法典或单行法的形式规定下来。经过长期的实践及理论探索,关于建筑物区分所有权的概念,主要形成了以下几种学说:第一,一元论说。此说认为,建筑物区分所有权即区分所有人对其专有部分的所有权。一元论说是由法国学者为解释法国民法典第六百六十四条所提出的观点,并为以后制定的日本建筑物区分所有权法所继受,该法第二条规定:"本法所称区分所有权,指依以前条所规定的建筑物部分(专有部分)为标的的所有权。"第二,二元论说。此说最初为法国学者针对一元论说的缺漏而提出的补正性观点,认为建筑物区分所有权是由对专有部分的所有权和共用部分的持分权所构成的一项权利。第三,三元论说。此说又称为"最广义区分所有权说",认为建筑物区分所有权系由专有部分所有权、共用部分持分权及因共同关系所生的共同管理权构成。此说也为德国1965年《住宅所有权法》所采用。

（一）建筑物区分所有权的概念和特征

建筑物的区分所有权，是指由若干独立单元构成的建筑物为不同主体（即人们通常所说的业主）所有而形成的复合权利，它包括三方面的权利：其一，每一独立单元的所有人就该独立单元享有的单独的所有权（亦称为专有部分的所有权）；其二，对于该建筑物及其附属物的共有部分，除当事人另有约定外，由业主按其专有部分占整个建筑物的比例享有不可分割的共有所有权；其三，业主的共同管理权。值得注意的是，建筑物的区分所有权虽然是复合性权利，但该权利是以业主对建筑物中的独立单元享有的单独的所有权为基础的权利，其他两项权利是从属于该专有所有权的。因此，区分所有权人取得专有所有权，自然就应取得共有所有权和共同管理权。区分所有权人转让其专有部分时，共有所有权和共同管理权被认为一并转让。总之，这三项权能不可分割，如果作为继承或处分的标的，应将三者视为一体。

建筑物区分所有权的特征是：

1. 复合性

由概念可以得知，建筑物区分所有权是由三方面权利组成的，是一种复合权利。

2. 专有所有权为主导

区分所有人取得专有所有权的同时即取得共有所有权和共同管理权，区分所有人的专有部分的大小决定他的共有所有权和共同管理权的大小；在登记区分所有权时，共有所有权随同专有所有权登记，共同管理权无需登记。

3. 一体性

建筑物区分所有权的三方面权利紧密连接，不可分割，不能进行单独地转让、抵押、继承和抛弃。所以说，建筑物区分所有权是一种整合性权利，它的几个方面只是在认识上具有相对的独立性，在实践中并不是独立的。

4. 权利主体身份的多重性

建筑物区分所有权人（业主）同时是专有部分的专有所有权人、共有部分的共有所有权人和管理建筑物的共同管理权人。而一般不动产所有权，其权利主体之身份只能是单一的，要么作为所有权人，要么作为共有权人，而不得同时具有所有权人和共有权人的双重身份。

（二）专有所有权

1. 专有所有权的客体

专有所有权是指建筑物区分所有人对专有部分享有的占有、使用、收益和处分的权利。

作为专有所有权的客体应符合两个标准：一是构造上的独立性；二是使用上的独立性。

构造上具有独立性，又称为物理上具有独立性，是指在建筑物的构造上可以被区分开，可与建筑物其他部分完全隔离，专有人可以排他地独占地予以使用的建筑物部分。对此，我国还未立法明确规定。日本判例认为区分所有权的客体必须四壁有确定的遮蔽性，一栋建筑物内部若无墙壁间隔不能成为区分所有权的客体。至于间隔，无论是木材、砖块、涂层板等都可以，但屏风、桌椅等不行，因为它们不具有固定性、确定性。所以，未以墙壁间隔的零售市场、摊位等，不得成为区分所有权的客体。在法律上应当明确规定如何判断建筑物构造上具有独立性，因为只有这样才能确定权利客体的范围，而权利范围的确定有赖于客体范围的确定，如果各个权利的客体都不能区分开，那么很难对该权利进行保护。

使用上的独立性，又称为机能上的独立性，即建筑物被区分的各部分，可以为居住、工作或其他的目的而使用。一般讲，主要看是否有独立的出入口和符合建筑物使用的内部专用设备。例如供居住的建筑物，则不仅要有独立出入的门户，而且应具备厨房、卫生间、给水排水管道等必需设备。这与现代建筑物追求居住的舒适、方便和对个人隐私的最大保护是一致的。试想，一个建筑物各部分若没有独立的出入口，出行都要与他人共用一个门户，方便与隐私自然无从谈起；若不具备厨房、卫生间及给水排水管道等基本的生活设施，何来舒适？明确专有部分在使用上应当具有独立性，在现实生活中有重要意义。我国许多地方，尤其是大城市中仍然大量存在着筒子楼和几户合住一套单元房的情况，卫生间、厨房等均系共用，此时，住户对其单独使用的居室则不能主张建筑物区分所有权。

2. 专有部分的范围

确定专有部分的范围也就是对专有所有权的客体进行量化。在理论上有四种学说。①壁心说，认为专有部分的范围达到墙壁、柱、地板和顶棚厚度的中心。②空间说，该说认为专有部分的范围仅限于由墙壁、地板、顶棚所围成的空间部分。③最后粉刷表层说，在空间说的基础上将专有部分延伸至界壁的最后粉刷表层。④壁心和最后粉刷表层说，此说是对上述三种学说的综合折中，认为，在区分所有人之间，尤其是有关建筑物的维护、管理关系上，使用最后粉刷表层说；在对第三人的关系（如买卖、保险、纳税）上，则使用壁心说。

第四种学说兼顾了区分所有建筑物内部关系和外部关系的需要，是比较合理的。在内部关系上，将专有部分的范围划定至界壁等的最后粉刷表层，一方面使得专有所有人可以放心大胆地对房屋内墙进行装潢，如粉刷涂料、悬挂物品，而不必担心侵犯其他所有人的权利。否则依据空间说，作为界壁的墙壁和地板、顶棚等均属共用部分，则专有所有人在对位于自己房间内的界壁进行装饰时，须事先征得其他共用人的同意，这在现实操作中是不大可能的。另一方面，由于现代建筑物的墙壁内预先敷设有大量维持建筑物正常使用所必需的各种管线，采用最后粉刷表层说也避免了壁心说带来的弊端。因为按照壁心说，至墙壁等的中心部分皆属专有部分，则区分所有人可以对其任意使用或变更，这样做明显不利于整体建筑物的维护和管理。在外部关系上，比如为购买房屋而计算房屋面积时，计算的便是至墙壁中心的面积，这样，仅以最后粉刷表层为界有违一般以壁心为界限的交易习惯。

3. 区分所有权人对其专有部分的权利和义务

区分所有权人对其专有部分享有排他的所有权，可以为使用、收益和处分，既可以直接占有和使用，也可以将其出租或让与他人使用。

除此之外，区分所有权人还享有相邻使用权这一与专有部分所有权密切相关的权利。所谓相邻使用权，是指区分所有人，为了维护或改良其专有部分，不得不利用其他区分所有人的独立单元，则可请求使用其他区分所有人的区分所有权。例如，当下一层的顶棚漏水，必须从上一层的地板入手才能进行维修时，居住在上一层的业主有容忍居住在下一层的业主利用自己的专有部分进行建筑物的维修的义务。换句话说，区分所有人为了保证房屋的正常用途，在必须使用其他区分所有人的独立单元时，他有权请求使用他人的专有部分，他人不得拒绝。当然，权利人因上述行为造成其他区分所有人损失的，应给予相应的赔偿。

业主在行使专有部分所有权时，应承担相应的义务。各区分所有权人的权利客体共同存在于同一栋建筑物之中，关系非常紧密，即使区分所有人对自己的专有部分行使权利，也可能违反共同利益，或者损害其他区分所有人的利益。因而各区分所有人都应承担维护整栋建筑物的安全以及合理地使用专有部分的义务。例如，区分所有权人在自己专有部分改建或增建，或进行不良装修，造成对建筑物不当的毁损；未按专有部分本来的用途和目的使用专有部分；或在专有部分堆放危险品等都属于违反义务的行为。

4. 专有部分占有人的权利义务

有时，建筑物的所有权人并不自己居住或使用该建筑物，而将其出租给他人，此时，所有权并未转移，但建筑物的实际占有人并不是区分所有权人，我们将其称为专有部分占有人。专有部分占有人除不得处分该建筑物外，应当享有与区分所有权人完全相同的权利义务，包括共有部分的使用收益权和共同管理权。但另有约定的除外。

[案例1-2]

相邻业主因通风问题产生纠纷怎么办？

[案情介绍]

原告王某住在西城区一个临街巷内，住房是一砖木结构的平房，与王某相邻的刘某因为要开一家粤菜饭馆，便安装了一个大型油烟机，其排烟口设置在自己的房顶上。王某的住房一侧窗户恰好与刘某安装空调冷气机的墙体相邻，两者相距约有1米，中间形成一条窄道，虽不走人，但一直是王某家一层住房主要的通风通道。

刘某的粤菜饭馆正式营业后，王某发现二层房间里总有股油烟味，且一旦开窗通风，油烟味更大。查找原因，王某发现原来是刘某的粤菜饭馆厨房的油烟排放口离自己家二层窗口太近，只要油烟机一开，就会有油烟窜进王某的房间里。王某找刘某商量解决油烟排放问题，刘某置之不理。不得已，王某只好向法院起诉，要求刘某改建油烟机的排放口，赔偿精神损失人民币500元。

[法院审理]

某区人民法院受理此案后先主持双方进行调解，但因双方分歧较大调解无效，人民法院判决如下：

被告刘某的粤菜饭馆排放废气的行为以构成对原告王某合法权的损害。根据《中华人民共和国民法则》第八十三条的规定："不动产的相邻各方，应当按照有利生产，方便生活、团结互助、公平合理的精神，正当确处理通风、通行等方面的相邻关系。给相邻各方造成妨碍或者损失的，应当停止侵害、排除妨碍、赔偿损失"，法院要求被告刘某，停止使用粤菜饭馆的空调器、排油烟机，直到进行相应处理、不影响原告通风为止。

判决宣告后，双方当事人都表示服从该判决。

[法理分析]

本案涉及相邻关系中几个方面的不同问题。相邻关系，从权利的角度可称为相邻权。所谓相邻权，是指两个或两以上的不动产所有人或占有人、使用人、收益人，因一方对自己所有或占有、使用、收益的不动产行使所有权或占有、使用、收益时，享有的要求对方给予必要便利的权利。

正确地处理相邻关系，必须遵守《民法通则》第八十三条规定的"有利生产、方便生活、省事、团结互助、公平合理"的原则。这些原则，既是相邻各方正确行使相邻权、妥善处理相邻关系的原则，同时也是人民法院正确处理相邻纠纷的原则。

本案中主要涉及相邻关系的下列几个方面：

1. 相邻通风

相邻通风权是指房屋的所有人或使用人所享有通过门窗保证其室内与室外空气的流通和正常开关窗户进行室内外空气交换的权利。在实践中，相邻一方的下列行为应视为是对他方通风权的侵犯：

（1）因相邻一方建造房屋或其他设施时未与相邻他方的窗户保证适当距离、相距太近而使相邻他方室内空气通风不畅；或阻挡了相邻他方之窗户而使其无法通风的。

（2）因相邻一方的树枝等延伸到相邻他方窗前，阻碍相邻他方室内空气流通的。

（3）因相邻一方长期存在的原因而迫使相邻他方无法正常开启窗户，如相邻一方在靠近相邻他方窗户处修厕所，设置畜栏或在他方窗下堆放垃圾等；或相邻一方不断制造异味，排放污浊空气、冷气、热气、有害气体，致使他方只好紧闭窗户。此类情况如相邻一方的行为超过国家规定标准，则可按环保问题引起的相邻关系纠纷处理，不够国家规定标准的相邻一方的不良行为，可按侵犯相邻他方通风权来处理。

2. 相邻环保关系

相邻环保关系中的相邻双方因环境问题发生的权利、义务关系，即相邻一方在自己疆界内经营工业或行使其他权利时，则对另一方负有的采取必要的防止污染周围环境、危害人身、财产安全的义务；而另一方对其疆界外的人享有可请求采取必要的防止污染环境措施的权利。通常业主、住户个人因相邻而发生的纠纷，主要是由于噪声、油烟、有毒物、放射性物质、修建厕所、畜栏等散发的臭气引起的，我国对于相邻环保关系没有具体规定，但在《民法通则》中有对于环境保护问题民事责任的规定。

物业管理公司在处理相邻关系时具有协调、调解的义务和责任，物业管理协调、调解不成的，应该由当事人向政府主管部门请求行政处理或直接按照法律程序诉讼或仲裁。

（三）共有所有权

共有所有权是指建筑物区分所有权人依照法律规定或约定，对建筑物的共有部分所享有的占有、使用及收益的权利。

1. 共有所有权的客体

共有部分，指区分所有建筑物，除专有部分以外的其他部分及不属于专有部分的附属物。共有部分既包括供全体区分所有权人使用的全体共有部分，如建筑物的大门、通道、电梯等；也包括仅供部分区分所有权人使用的部分共有部分，如几户共同使用的墙壁、楼地板等。此外，共用部分也可划分为法定共有部分和约定共有部分。前者构造上、利用上没有独立性的部分，如共用出入口、梁柱、楼顶等建筑物的躯体部分；后者指某些构造上和使用上具有独立性的专用部分，根据当事人之间的约定而成为共有部分。

就业主而言，其共有权的客体具体包括以下六类：①建筑区划内的道路（城镇公共道路除外）；②绿地（城镇公共绿地和明示归个人的除外）；③其他公共场所及公用设施；④物业服务用房；⑤建筑物及其附属设施的维修资金；⑥占用业主共有的道路或者其他场地用于停放汽车的车位。

对共有部分的类型进行划分的意义在于明确不同区分所有权人因共有不同的部分而享有不同的权利、承担不同的义务。

2. 共有所有权人的权利和义务

综合国外的立法及我国的实际情况,区分所有人对共有部分的权利包括使用权、收益权、单纯的修缮改良权以及排除他人干涉的权利。

同一建筑物内的任何一位区分所有人,或者说任何一位业主,都有权使用建筑物内的共用部分,并且这种使用不受其专有部分占整个建筑物的比例的限制,这是因为共用部分具有不可分割性,要求业主们按比例或者按份额使用共用部分,不具有可操作性。

同一建筑物内的任何一位业主,都有权按份额获得共用部分所产生收益——通常为出租共有部分供他人做广告而获得的收入。根据私法自治的原理,区分所有权人可以通过约定来确定对共有部分进行使用收益的比例。如果没有约定,则各区分所有权人按其共有的应有部分比例享有,这种比例应当在考虑专有部分的面积和其他因素之后予以确定。

同一建筑物内的任何一位业主,都享有对共有部分的单纯的修缮改良权。所谓单纯的修缮改良权,是指不影响建筑物共用部分的固有性质的修缮改良行为。一般来说,对建筑物进行修缮改良,应首先提出方案,经业主大会通过,方可进行。当他人损害共用部分或者妨碍业主正常使用共用部分时,任何一位业主都有排除干涉的请求权。排除干涉的请求权,可视具体情况,由一名业主行使,也可以由多名业主或全体业主行使。

值得注意的是,区分所有人在行使其对共有部分的权利时,必须遵守相应的义务。业主对共用部分的义务主要有,按共有部分的用途使用该部分,承担因为共有部分日常维护、管理所产生的各种费用以及维护和保存共有部分等义务。共同费用由区分所有权人按其共有的应有部分比例负担,在确定这一比例时,专有部分的面积应是最重要的考虑因素,但同时还应当考虑房屋的物质状态和物理构造,包括房屋的布局是否合理,阳光是否充足以及安静程度等。

(四) 共同管理权

[案例1-3]

业主委员会选举投票权纠纷案

[案情介绍]

某小区共有336套住房,39套未出售。2000年7月,在物业管理主管部门的主持下成立了业主委员会筹备小组,确定14名候选人,从中选举7名委员。经投票选举并公布了当选名单后,部分业主提出开发商将未出售的39套房屋计算为自己的投票权,侵犯了业主选举的合法权益,坚决反对选举结果,要求重新选举。试问:部分业主要求重新选举的观点是否正确?为什么?

[法理分析]

①部分业主要求重新选举的观点不正确;②业主投票权源于对建筑物的区分所有权。根据物权法建筑物区分所有权理论,建筑物区分所有权主要包括对建筑物专有部分的专有权、共用部分的共有权以及作为建筑物所有权人的共同管理权。共同管理权是基于专有权和共有权而产生的权利,是业主投票权的直接来源。一般来讲,开发企业开发建筑物,所有权的取得分为两个阶段:第一阶段是开发企业依法取得土地使用权后,通过开发建设取

得建筑物所有权，即通常所说的"大产权"，此属于物权法上的原始取得；第二阶段是指在建筑物原始取得的基础上，开发企业依法将"大产权"分割为若干区分所有权，并通过出售等方式将建筑物区分所有权转移给建筑物区分所有权人，此属于物权法上的继受取得。因此，开发企业按照业权比例拥有业主大会的投票权以及业主委员会的选举权和被选举权。本案开发企业作为物业所有人将未出售的39套房屋计算为自己的投票权是合法的。部分业主提出开发企业将未出售的39套房屋计算为自己的投票权，侵犯了业主选举的合法权益，没有法律依据。

1. 共同管理权的概念

建筑物的区分所有权人的共同管理权，是指建筑物区分所有人基于同一栋建筑物的构造、权利归属及使用上的密切关系而形成的，作为建筑物管理团体中一员而享有的权利。共同管理权与上述两项权利明显不同的是，专有部分所有权与共有权是财产权，而共同管理权是业主们基于共同的财产利益而形成的身份权，是各区分所有权人就共同关系事务如何作出决定以及该决定应如何被执行而享有的权利。

2. 共同管理权人的权利和义务

同一建筑物内的区分所有权人享有参与订立共同规则的权利；对有关建筑物的重大事项享有表决权；对物业管理人有选任和解任的权利；请求正当管理共同关系事务的权利；请求收取共有部分应得利益的权利。在现实生活中，各区分所有权人的共同管理权主要是通过表决的方式予以实现。除业主们另有约定外，各业主的表决权与业主们所拥有的份额成正比。

各业主在行使其共同管理权时，有遵守共同决议和规则的义务；接受管理者依约管理的义务。

四、物业管理法规的立法模式

经济制度、文化传统、社会组织体系以及物业管理行业的发展程度各异导致各国物业管理的立法模式也不同。总的说来，大致包括民法模式、物业管理法规模式、住宅法模式以及建筑物区分所有权法模式（又称"单行法模式"）。

1. 民法模式

具有代表性的国家如意大利和瑞士，即在民法典中设一定条款，用以规范物业管理中的法律关系。如意大利新民法典的第1117条至1139条关于共同部分和管理人等的规定。其最大的优点在于以民事基本法形式确立了物业管理法规制度，将物业管理纳入民商法的整体调整范围，使民法典更加丰满和完善。其缺点是无法详尽物业管理的诸项制度，使法律的操作性削弱，难以发挥作为法律的价值功能。鉴于此，学者多认为此种模式弊大于利，不足以取。采取此种模式的为个别国家。

2. 物业管理法规模式

此种模式以中国香港和台湾地区为代表，专设物业管理法规，统一规制物业管理法律关系，如香港的《建筑物管理条例》。中国内地物业管理立法，不管是国家还是地方立法，基本都属此种模式。这种立法模式将物业管理法律关系从区分所有权法中独立出来，集中规定，具有显著的特色。从历史上看，此种是关于物业管理立法的最新模式。其关于物业管理的立法带有一定的人法因素，为其他模式的立法所不具备，具有较大的优越性，更符合物业管理的目的。

3. 住宅法模式

住宅法模式的应用以英国、加拿大、澳大利亚、新西兰等国为代表，主要是制定一部住宅法，对各种类型住宅的所有、出租等法律关系进行专门调整。将物业管理融入其中作为一部分。如英国于1957年制定的《住宅法》的第三部分对区分所有建筑物之管理规定为多头管理体制，住宅管理机关为房屋管理当局，包括：依《住宅法》而成立的住宅公司，符合1960年慈善团体法的信托组织；都市发展公司及威尔士乡村发展理事会。此种模式的优点大略如民法模式。其缺点主要是将物业管理局限于住宅，非住宅物业则无法律调整，与日益发展的物业管理不相适应。与我国当前许多地方物业管理立法相似，此种住宅法模式难以满足对各种物业类型进行规范的需要。

4. 建筑物区分所有权法模式

建筑物区分所有权法模式又称单行法模式，其应用以德国、日本、法国等国为代表，专门制定建筑物区分所有权法，其中设专章或专节对物业管理进行调整。如1962年4月4日，日本颁布《有关建筑物区分所有权之法律》，后于1979年和1983年两次修订。该种模式将物业管理法规作为建筑物区分所有权的三大要素之一加以规定，揭示了物业管理法律关系与建筑物区分所有权的内在联系，特别是对明确物业管理中各当事人的法律地位具有重要意义。从民法模式到住宅法模式再到建筑物区分所有权法模式，对物业管理法律关系进行规制的法律层次愈加专业化，内容也日趋具体和完整，符合历史发展逻辑，因此被越来越多的国家所采用。

五、物业管理法规的调整对象

物业管理法规的调整对象包括民事性质的物业管理关系和行政管理性质的物业管理关系。具体内容包括以下几项：

1. 物业财产关系

财产关系是指在物质资料生产、分配、流转和消费过程中所形成的以财产为直接内容的经济关系，财产关系体现在法律上就是财产权利。财产权包括物权、债权、知识产权等，物业的所有权和使用权属于财产权利，是财产权中物权的表现形式，它们是物业管理活动的基础。物业财产关系，实际上就是指物业权属关系。在物业权属关系中，不仅有土地的所有权和使用权、房屋的所有权和使用权，还包括一种特殊的所有权和使用权关系——建筑物区分所有权。

2. 物业建设和经营关系

物业管理同物业形成的全过程的各个阶段，即投资决策、规划设计、工程建设、房屋营销等均有着不可分割的联系。物业管理的早期介入可以从项目的定位、规划设计的完善、建设质量的提高、销售办法的制订等方面为物业建设和经营提供完整的全方位的帮助。物业服务企业要根据早期介入的内容，明确不同时期的工作重点。因此，要想在早期介入过程中发挥好作用，物业服务企业必须配备有相应的专业人才，尤其是必须精通各环节涉及的相关法律制度的法律人才。这对于房地产开发企业、物业服务企业以及业主来说，都是非常必要的。

3. 物业管理主体关系

物业管理主体关系包括合同关系和多方法律行为两种。合同关系即物业所有人（业主）、使用人与物业管理公司之间，基于物业服务合同而发生的关系。物业管理关系基于主体的不同，可分为业主委员会与物业管理公司的物业管理关系、房地产开发企业与物业管理公司的物业管理关系。物业管理中的多方法律行为是指业主之间根据有关法律、法规的规定，通过民主协商等程序，对整个物业管理中的重要问题进行协商达成合意的行为。

4. 物业行政管理关系

物业行政管理关系是指政府在对物业管理活动、物业服务企业进行管理时，在政府有关部门与物业管理公司、业主或非业主使用人及业主委员会之间形成的管理与被管理的关系。政府对物业管理市场的管理主要立足于宏观管理，通过物业管理法律规范来实现管理目标，其基本职能和作用是把物业管理市场置于法律规范监督之下，为物业管理市场充分发挥功能创造良好的外部环境，使物业管理法规制化、规范化。因此，国家对这一领域的行政干预十分必要。

六、物业管理法规的原则

1. **当事人地位平等原则**

（1）依据我国物权法关于建筑物区分所有权法律制度，业主、业主委员会与物业管理公司构成建筑物区分所有权人、区分所有建筑物管理人与区分所有建筑物管理服务人之间平等的法律关系；

（2）依据合同法的法律规定，按照物业管理服务合同构成合同当事人之间平等的法律关系；

（3）依据消费者权益保护法的法律规定，构成消费者与经营者之间的平等的法律关系；

（4）依据经济服务法的相关法律规定，构成服务与被服务之间平等的法律关系。

2. **保障物业合理使用原则**

物业管理是城市管理和房地产开发经营的重要组成部分，一方面，良好的物业管理对于树立城市形象，改善城市投资环境等方面有着积极的作用；另一方面，保持物业和附属设施的完好，不仅能够提高居民的居住生活质量，而且可以使房屋保值、增值。因此，管理好、使用好、经营好物业，对城市的发展、社会的进步都具有极为重要的意义。保障物业的合理使用，从大的方面讲，是加强城市管理的一部分；从小的方面讲，可以为居民创造整洁、文明、安全、生活方便的居住环境，物业管理的推进与发展，改革了我国的城市管理体制和房地产管理体制，改善了广大居民的生活、工作环境，推动了两个文明建设。

3. **保护当事人合法权益的原则**

保护公民和法人的合法权益是我国物业管理法规的重要任务。因为，公民和法人的合法权益是其进行物业交易和正常生产、生活的前提和基础，同时，保护权利人的合法权益也是维护正常的物业管理市场秩序、促进社会主义市场经济发展的必要条件。

（1）任何公民和法人的合法权益均受到法律的保护，毫不例外。

（2）当公民和法人的合法权益受到非法侵犯时，均有权依法通过各种救济途径实现自己的权利，包括依法向人民法院提起诉讼。

（3）任何公民和法人都不得非法侵害其他公民或法人的合法权益，否则，就要承担相应的法律责任。

4. 有利于物业管理业健康发展的原则

物业管理法规不可能对所有的物业管理法律问题作出具体规定。目前我国的物业管理立法和司法落后于物业管理市场经济的发展，难以适应日益出现的纷繁复杂的经济活动的需要，物业管理立法有待于进一步健全、完善。如果在实际生活中，遇到物业管理法规没有相关规定的问题，就要遵循市场经济规律，用市场经济观念判断哪些行为有利于物业管理业的发展，哪些行为不利于物业管理业的发展，凡是有利于物业管理业健康发展的行为，应予以支持和保护。

七、物业管理法规的地位

物业管理法规作为我国社会主义法律体系的一个组成部分，它既具有民事性质的规范，又具有行政性质的规范。前者如物业买卖、租赁、抵押、物业管理合同等市场行为的规定；后者如物业权属登记、物业管理合同备案、物业服务企业资质审批等行政行为的规定。纵观物业管理法规的全部规范，我们认为，其主要性质为民法，并受经济法、行政法的规制，是一个综合性的法律体系。虽然我国物业管理法规的名称冠以"管理"二字，但这种管理不同于传统意义上的房地产管理。该项管理明显具有行政隶属管理性质。产权人、使用人可以通过市场招标的方式来选择管理单位，同时也有权按照一定的法律程序撤换管理单位。确定物业管理单位后，就要通过协商，规定双方的权利和义务，按照规则办事。反之亦然，作为物业管理单位也可以从自身发展考虑，选择合适的物业管理区域进行管理。经济法着眼于从社会整体利益出发，国家依法管理和协调国民经济运行关系。物业管理关系中虽然也有国家对经济生活的调整，但物业管理关系中更多的是平等主体之间的关系，国家对物业管理行为的干预是为了保证物业管理关系中平等主体的权利义务得以实现。而民法是调整平等主体的公民之间、法人之间、公民和法人之间的财产关系和人身关系的法律规范的总称。物业管理法规是一个以民法、物权法为核心，并以行政法、经济法为保障的综合性的法律体系。

八、物业管理法规的作用

市场经济是法制经济，它需要通过一系列的法律、法规、规章来规范经济运行的秩序。物业管理业的蓬勃发展，客观上要求用物业管理法规来加以规范、推动和保障。物业管理法规的作用是指该法的功能实际发挥而对物业管理社会关系秩序产生的现实影响效果或社会效应。加强物业管理法规制建设，对我国现代化的历史进程，对人民群众日常生活秩序，对业主群体的合法权益等有着十分重大的作用。

1. 维护物业管理市场秩序

我国的物业管理市场正处在起步阶段，市场管理还很薄弱，问题很多。首先，物业产权关系不明晰。受物业产权人的委托实行物业管理服务，应以产权明晰为管理的基础。但是很多住宅小区房屋的共有部位、共用的设施设备及小区配套的房屋、设施设备、道路、场地等产权界定尚未明确，责、权、利难以界定，给物业管理和收费带来困难。其次，物业建管之间缺乏有效衔接。一些开发项目在规划设计、施工阶段遗留下较多的问题，建管脱节造成物业管理先天不足。有的工程质量低劣，有的配套设施不完善，有的开发建设单位在商品房促销时，对物业管理作出不切实际的承诺，给后续的管理带来困难。最后，业主与物业服务企业双向选择的机制尚未建立。在大多数地区，物业管理的市场环境没有形成。因此，为了维护物业管理市场秩序，应当通过法律的形式，规范各市场主体的权利和义务，保障物业管理市场的健康发展。

2. 保障物业管理权利人合法权益

物业管理权益是一个统一的、多层次的整体。从现有的物业管理权益来看，主要包括以下一些权益：物业所有权、物业使用权、物业抵押权、物业租赁权等。物业管理权利人包括国家（有时作为特殊民事主体）、公民、法人和其他组织等。物业在现阶段既是重要的生产资料，又是必需的生活资料，因此，成为人们最重视、最宝贵的一种财产形式，也是人们乐于选择的投资对象。国家为了维护物业所有人或者使用人的利益，也为了维护社会稳定，在物业管理法规中规定了许多维护物业管理权益的制度。比如，为规范物业管理服务收费，明确了物业管理收费的定价原则、定价方式和价格构成。

3. 为优质服务创设保障，为解决纠纷提供依据

物业管理的核心内容是物业管理公司为业主提供满意的人居服务。物业管理服务质量的优劣直接关系到能否创建和保持安全舒适的人居环境。物业管理法规既是业主和物业管理公司约定权利义务的法律依据，也是业主和物业管理公司的行为准则。业主所享之权利与物业管理公司提供的服务既不能违约，更不能违法。在遵纪守法的前提下，业主和物业管理公司都必须严格履行合同约定。物业管理公司应为业主提供满意的管理和服务。

在业主与物业管理公司之间因合同的订立与履行发生纠纷时，物业管理法规也是人民法院进行审判的依据。任何法律都有预测的功能，据此，双方在签订合同时即应本着审慎的态度，保证签约时意思表示真实、合同内容合法，合同条款缜密。可见，物业管理法规尚有为纠纷解决提供法律依据的作用与功能。

小　　结

● 物业管理法规，是指调整物业管理关系的法律规范的总和，包括了对物业管理关系进行调整的所有法律规范。

● 建筑物的区分所有权，是指由若干独立单元构成的建筑物为不同主体（即人们通常所说的业主）所有而形成的复合权利，它包括专有所有权、共有所有权和共同管理权三方面的权利，具有复合性、专有所有权为主导、一体性、权利主体身份的多重性等特征。

● 物业管理法规的立法模式大致包括民法模式、物业管理法规模式、住宅法模式以及建筑物区分所有权法模式（又称"单行法模式"）。

● 物业管理法规的调整对象包括民事性质的物业管理关系和行政管理性质的物业管理关系。具体内容包括物业财产关系、物业建设和经营关系、物业管理主体关系、物业行政管理关系。

● 物业管理法规的原则包括当事人地位平等、保障物业合理使用、保护当事人合法权益、有利于物业管理业健康发展等。

● 物业管理法规作为我国社会主义法律体系的一个组成部分，它既具有民事性质的规范，又具有行政性质的规范。物业管理法规是一个以民法、物权法为核心，并以行政法、

经济法为保障的综合性的法律体系。

● 物业管理法规对于维护物业管理市场秩序、保障物业管理权利人合法权益具有重要作用，同时为优质服务创设保障，为解决纠纷提供依据。

复习思考题

1. 什么是物业管理法规？其调整对象有哪些？
2. 什么是建筑物区分所有权？其包括哪几项权利？
3. 物业管理法规的立法模式有哪些？
4. 物业管理法规有哪些原则？
5. 试述物业管理法规的地位。
6. 案例分析：某住宅小区设有 120 个车位的专门停车场，当业主入住后不久发生了是否应该交纳停车费的争议。业主认为，开发商在售楼广告中称提供停车的配套服务，停车场系小区的共用部分，归全体业主所有，既然是业主自己的，理应不该收费，若是外来车辆则可收费。

请分析：停车场的所有权应该归谁？停车场是否应有偿使用？

第二章 物业管理法律关系

要　点

◆ 物业管理法律关系的概念
◆ 物业管理法律关系的构成要素
◆ 物业管理法律关系的种类
◆ 物业管理法律关系的特征

物业管理法律关系是随着物业管理的成长发展起来的一种新型的法律关系，也是当今社会中日益重要的一种社会关系。要想把物业管理工作做好，首先应当理顺物业管理中的法律关系，明确物业管理过程中各种法律关系的性质、构成，正确处理好物业管理过程中各种法律关系。这种法律关系综合了民事法律关系、经济法律关系、行政法律关系等各种要素，既包括业主与业主之间的关系、业主与业主委员会之间的关系，也包括业主与物业服务企业之间的关系，还包括上述主体与政府主管机关之间的关系等。

一、物业管理法律关系的概念

物业管理法律关系是物业管理法律规范在调整物业管理及相关活动的过程中所形成的法定权利义务关系。

法律关系是法律规范在调整人们行为过程中产生的权利义务关系，是一种特殊的社会关系。物业管理法律关系是法律关系中的一种，即由国家物业法律规范确认和调整的，在物业管理和相关活动中主体相互之间形成的具体的权利义务关系。

研究物业管理法律关系具有积极的意义。首先，物业管理法律关系的产生是以物业管理法律规范的存在为前提，如中国现行的物业管理收费的法律规范中明确的有关外销商品房、内销商品房、售后公房等不同档次的物业根据提供服务的不同而采用不同收费标准的规定，依此就可以形成人们在物业管理过程中有关物业管理收费方面的法律关系。实际上，研究物业管理法律关系就是从具体的视角研究现实物业管理法律制度，这对于完善我国物业管理法制建设会产生积极意义。其次，在具体的物业管理行为中，有关当事人必须遵守物业管理法律关系的具体内容，否则将承担相应的法律责任。因此，研究物业管理法律关系，对于加强物业管理立法、执法、守法有着重要意义。

1. **物业管理法律关系是物业管理法规控制、调整物业管理社会关系的产物（结果）**

物业管理法律关系是根据物业管理法律规范确立的以民事经济权利义务为主要内容的社会关系，是用来直接规范现实物业管理关系，使该关系在法律轨道上运行的根本手段和法律模式，它作为法律模式（一种法律关系形式），自始至终规范着被物业管理法律调整的物业管理社会关系，使之符合法规的规定。法律规范是抽象的，因为法律规定是并且只能是针对受其规范的时空之内不特定的一切人和生活事实而发生,而法律关系却是具体的。物业管理法律关系与作为物业管理法规调整对象的社会关系实际上只是一个关系,换言之,受物业管理法规调整的社会关系是以物业管理法律关系出现的。因此,物业管理法律关系是物业管理法规调整约束、组控物业管理关系和活动最直接的基本性方法,是物业管理法规发挥功能的始点,又是归结点。所以,物业管理法律关系论在物业管理法学理论中居于核心地位。研究物业管理法律关系,有利于掌握物业管理法学的核心理论,明了社会物业管理各种关系哪些已被纳入法规组控范围及其组控重点所在,正确理解对物业管理实务活动和纠纷处理所应坚持的"以事实为根据,以法律为准绳"的法律原则,学会运用物业管理社会关系的法律模式去分析、评价、调整物业管理实际关系。

2. 物业管理法律关系是物业管理法规与现实物业管理事务活动发生联系的途径

物业管理法规通过物业管理法律关系实现其调整物业管理社会关系的目的。由于物业管理法律关系与物业管理法律规范紧密结合在一起,是以物业管理法规的存在为前提,因而研究它也就是研究物业管理法规在实施中对现实物业管理社会关系规范化、法制化的适宜程度和组控效果的问题,以便结合物业管理社会关系发展变化实际情况,采取有效措施及时完善物业管理法规和保证其正确实施,这对于加强中国物业管理法制建设,健全物业管理具体法律制度会产生有益的促进作用。

3. 物业管理法律关系是一种由物业管理法规规定的居于特定境位主体间权利义务关系,以有关当事人的境位权利、义务为主要内容

在具体的物业管理实务活动中,有关当事人行为应当遵守物业管理法律关系内容的具体要求,在充分享有权利的同时全面履行自己承担的合法义务,若其行为违反义务规则,就要依法承担相应的法律责任。因此,研究物业管理法律关系,有利于通过完善立法、严格执法、加强司法、采用促进自觉守法综合措施等方式办法,有针对性地解决中国现实改革和发展过程中所产生的物业管理关系各类主体间利益、权利和义务的不平等、不公平、不协调等矛盾问题,有效化解有关当事人间的利益冲突,从而对建立和稳定和谐的物业管理法律秩序起到积极影响效果。

二、物业管理法律关系的构成要素

在法学上,通常把法律关系主体、客体和内容——权利和义务,称为法律关系构成的三要素。物业管理法律关系也是由这三要素构成的。

(一)物业管理法律关系的主体

法律关系的主体就是法律关系的参加者,是法律关系中权利的享受者和义务的承担者。物业管理法律关系的主体是物业管理法律关系的参加者,是物业管理法律关系中权利的享有者和义务的承担者。物业管理法律关系主体与其他法律关系主体一样具有法律性和社会性。法律主体是由法律规范所规定的,而法律规范确定什么人和社会组织能够成为具体法律关系主体不是任意的,而是由一定物质生活条件决定的。同时,物业管理法律关系的广泛性决定了主体的多样性,具体可包括业主、非业主使用人、建设单位、业主自治机构、物业服务企业、行政主管部门等。

根据我国目前物业管理法律法规的相关规定,我国物业管理法律关系的主体可以划分为以下几类:

1. 国家及相关机构

国家在物业管理法律关系中处于支配地位,依法行使管理权。只有国家法律授权的国家行政管理机关才有权对物业管理行为行使监督、管理权。我国《城市新建住宅小区管理办法》第三条规定:"房地产行政主管部门负责小区管理的归口管理工作;市政、绿化、卫生、交通、治安、供水、供气、供热等行政主管部门和住宅小区所在地人民政府按职责分工,负责小区管理中有关工作的监督与指导。"《北京市居住小区物业管理办法》第五条也规定:"市和区、县房屋土地管理机关主管本行政区域居住小区物业管理工作"。可见,国家作为物业管理法律关系中的主体,具有突出的法律地位。

2. 法人

物业管理公司是一种具有独立法人地位的经济实体,是通过企业化、专业化和社会化的经营活动,为物业的所有者、租赁者和社区居民提供全方位服务的社会服务型企业。当然,在物业管理中法人也可能以业主身份出现在物业管理法律关系中。如万科物业管理公司承接住房和城乡建设部大楼的物业管理,住房和城乡建设部是以法人业主的身份与万科物业管理公司签订的物业服务合同。

[案例2-1]

小区管委会在该物业管理纠纷中能否作为原告?

[案情介绍]

上诉人(原审原告):北京市朝阳区×××住宅小区物业管理委员会(以下简称管委会)

被上诉人(原审被告):北京××物业管理有限公司(以下简称北京××公司)、深圳××物业管理有限公司(以下简称深圳××公司)

原告诉称

管委会在原审中诉称:1999年1月8日,北京×××房地产开发有限公司与深圳××公司(即原××物业管理深圳有限公司)签订了《北京×××物业管理全权委托合同》。合同约定,深圳××公司对小区进行物业管理,物业费每建筑平方米4元。1999年12月,北京××公司开始实施物业管理,并收取物业管理费。2001年8月1日,管委会成立。2002年1月,北京××公司退出×××的物业管理服务。管委会成立后即接管了原由开发商承担的对物业服务企业进行监督的职能。

在此过程中,管委会发现北京××公司自1999年12月1日至2001年9月30日向业主收取的费用中有三项共计3252570元的费用属不合理收费,应予退还,且三项费用自2001年9月30日至今的利息已达145633.83元,也应予以退还。再有,北京××公司在撤出现代城的物业管理后,尚有向业主收取的办证押金450元、装修押金15280元、车位押金85800元未予退还,计101530元。现管委会起诉,要求北京××公司、深圳××公司向其退还中修费1428799.75元、停车场管理费837692.88元、停车场维修费74146.33元及停车场能源费911931.07元及上述费用产生的利息145633.83元,退还办证押金450元、装修押金15280元、车位押金85800元。

[法院审理]

一审法院裁判要旨

原审法院经审查认为,管委会未在工商行政管理部门登记注册,未领取营业执照,不能独立承担民事责任,故其不具备诉讼主体资格,不能作为当事人参加诉讼。因此,管委会的起诉不能成立，应予驳回。依照《中华人民共和国民事诉讼法》第一百四十条（三）的规定，裁定驳回管委会的起诉。

二审法院裁判要旨

经审查本院认为，凡法律法规或业主没有明确授权他人行使的权利，都应理解为业主保留给自己行使的权利。管委会代表业主利益在物业管理权限内行使对物业服务企业的监督权和要求赔偿等权利，并不意味着管委会有权请求法院将属于业主的利益直接判归管委会自己享有。现管委会起诉要求深圳××公司与北京××公司将其向业主收取的不合理收费及利息、押金退还给管委会，既没有法律法规依据，也没有"章程"或其他的书面授权，其起诉应予驳回。因此，原审法院裁定驳回管委会的起诉并无不妥。依据《中华人民共和国民事诉讼法》第一百零八条、第一百五十四条之规定，裁定驳回上诉，维持原裁定。

3. 自然人

自然人作为物业管理法律关系的主体，在我国物业管理法律关系中，不仅可以依法享有物业所有权，而且还可以通过平等协商设立房屋抵押、租赁法律关系，与物业管理公司建立委托管理法律关系。因此自然人是一种重要的物业管理法律关系主体。

（二）物业管理法律关系的客体

物业管理法律关系的客体是指法律关系主体承受的权利和义务共同指向的对象，是主体所需合法利益（法益）的外在表现载体。在具体的法律关系场合，权利和义务由客体作为中介而发生联系，客体的存在、变更、转移、灭失始终影响着人与人之间的法律关系，因此客体是法律关系的必不可少的要素之一。

哪些是物业管理法律关系的客体，学术界有不同的认识。第一种观点认为只是物业；第二种观点认为包括物、行为和精神财富（智力成果）；第三种观点认为包括物、行为、精神财富和人（人身安全、人格尊严）。更为中肯的观点是，从客体的利益性实质出发，结合不同类别物业管理法律关系的客体有一定差异的情况，将物业管理法律关系的客体按利益载现形式的不同，划分为物、行为和非物质财富三大类。

1. 物

作为物业管理法律关系的客体是专指物业，包括物业管理辖界范围内的全部物业之实物体和所包容的空间环境。物业既是业主所有权、共有权、自治共管权、使用权等法律关系的客体，又是物业管理公司物业代管权法律关系的客体。

2. 行为

作为物业管理法律关系的客体主要是指国家机关管理性行政服务和物业管理公司按委托管理服务合同提供的有偿服务之行为。"行为"是客体的一种类型，例如运输合同中的运输行为、建筑合同中的建筑行为、劳务合同中的劳动、服务合同中的服务，均为法律关系客体。需要说明的是：作为法律关系客体的行为非指一系列机械之动作，就物业管理而言，达到一定的效果乃是"行为"的应有之义。

根据不同的标准，作为物业管理法律关系客体的行为有不同的分类。

（1）物业管理民事行为与物业管理行政行为。

以物业管理法律关系中主体双方的地位是否平等，分为物业管理民事行为与物业管理行政行为。物业管理民事行为多种多样，在物业管理实践中，业主与物业管理公司的关系是物业管理民事法律关系中最大的一部分,在业主与物业管理公司委托与受托的关系中,双方从事的都是物业管理民事行为。物业管理行政行为是对各种民事行为的监督和管理,物业管理是城市管理的重要组成部分,由于我国目前正处于传统房管体制向市场化的物业管理体制转轨的时期,充分发挥国家行政机关在建立物业管理市场机制方面的作用不容忽视。

政府在物业管理法律关系中的重要地位主要表现在:①对业主委员会的监督和指导;②对物业服务企业的监督和管理;③对普通居住物业管理服务价格的监督和管理;④对物业使用与维护的监督和管理;⑤对违反物业管理法的行为的处罚等。

(2) 物业管理作为行为与物业管理不作为行为。

以行为人的行为是积极的还是消极的,可以把物业管理行为分为物业管理作为行为与物业管理不作为行为。物业管理作为行为是指行为人以积极的活动实施物业管理法所保护或禁止的行为。物业管理作为行为分为两种情形,一种情形,实施物业管理法所保护的行为,如业主参加业主大会或业主代表大会,提出自己的建议;另一种情形,实施物业管理法所禁止的行为,如业主擅自改变房屋、配套设施的用途、结构、外观、毁损设施、设备,危及房屋的安全。物业管理不作为行为是指行为人不为某种行为或不履行某种义务。

物业管理不作为行为也可以分为两种情形,一种情形,行为人为了他人的利益不从事某种行为,如业主享有房屋所有权,其他人对该业主行使所有权承担不干预、不侵犯的消极义务。另一种情形,行为人在能够履行自己应尽义务的情况下不履行该义务,如物业管理行政机关在收到物业服务企业申请资质评定的申请材料以后,超过一定合理的期间,不给予任何答复;物业服务企业收取物业管理费以后没有提供相应的服务。

(3) 物业管理合法行为与物业管理违法行为。

以行为人从事的物业管理行为是否与物业管理法律规范的要求相一致,可以分为物业管理合法行为与物业管理违法行为。物业管理合法行为是与物业管理法律规范相一致的行为;物业管理违法行为是与物业管理法律规范不一致的行为。

3. 非物质财富

即智力活动成果,包括精神、文化财富,如物业区域的文化氛围,物业管理推行 ISO 9000(质量标准)体系,物业服务企业引进 CI 设计,对物业规划的参与和建议,物业中介经纪服务等,它在物业管理中已越来越受到重视。

(三) 物业管理法律关系的内容

物业管理法律关系的内容是指物业管理法律关系主体享有的权利(或职权、权力)和承担的义务(或职责)。主体的权利和义务关系是法律关系最基本的要素和实质,任何法律关系都是在法律关系主体间形成的一种权利与义务关系,因此,权利与义务就构成了法律关系的内容,离开特定的权利与义务,法律关系也就不能构成和存在。

[案例 2-2]

业主房款未还清物业公司有权停水停电吗?

[案情介绍]

某小区物业管理公司由该小区开发商组建成立。某日,开发商给该物业管理公司发来一份通知,称该小区某住户是分期付款购房,但其入住后迟迟未将剩余房款付清。开发商为此要求对该住户采取停水、停电、停气的措施,以迫使该住户及早交款。该物业管理公司遂照此办理，使得该住户无法正常生活。

[**法理分析**]

在房屋买卖法律关系中，买家承担支付房款的义务，享有取得房屋所有的权利。在物业管理法律关系中，业主承担支付物业管理费的义务，享有接受物业服务企业服务的权利。在任何一个法律关系中，责、权、利应一致。

上述案例中的住户，同时是房屋买卖关系以及物业管理关系的主体。他未按期交纳房款，说明他没有履行房屋买卖关系中按时付款的义务，那么他就应该承担相应的民事责任。开发商可以按照购房合同的规定，要求该业主承担违约金、利息等责任甚至可以要求解除合同等。

但如果该住户已按照物业管理合同规定交纳了物业管理费，就意味着他在物业管理法律关系中已经履行了自己的义务，就应该得到完善的物业管理服务，其他人（包括开发商）不能对这种权益进行侵害。

开发商要求物业管理公司用停水、停电、停气的方式使住户按时交款，是对住户合法行使权利的阻挠，是不对的。而物业管理公司按照其要求对住户停水、停电、停气，则违背了其法定职责与义务，更是不对的。

在物业管理法律关系内容中，权利是指物业管理法律关系主体依法具有的，在法律允许的域限（或范围、限度）内，为实现或维护某种利益，按照自己的意志，自由地作出某种行为、控制他人一定行为和利用国家强制力的能力（或可能性、资格）；义务是指物业管理法律关系主体合法承受的，在法律拘束的条件下，为实现或保障对应的权利，按照法定或约定的要求，必须作出或不作出一定行为的负担。

法律权利的结构指权利的内部构成要素和构成方式。一项权利由三项权能或三要素构成：①自主行为的可能性。权利意味着容许权利人行为，能够自主作出一定种类或一定限度的行为；②请求他人（义务人）作出或不作出与权利相关的一定行为的能力，权利的实现有赖于义务的履行；③抗衡他人侵犯权利及权利维系的利益的能力，亦即在合法权益受到他人侵犯的情况下，请求国家强制力保护、追究侵权人法律责任的能力。法律义务是法律要求的某种应做行为，指出了义务人"应当"如何行为的模式，是义务人必要行为的尺度；同时，义务具有义务人实施某种行为（作为或不作为）的必要性或必须遵守性，受到法律强制力的拘束，义务行为是与他人权利相适应的一种受限制的行为选择，具有若不自觉履行就要强制履行的性质。例如，业主有享用公用设施的行为权利，也负有积极交纳维护公用设施费用的义务，若其不履行交费义务，业主委员会或物业管理公司则有权请求法院强制其履行义务。可见，权利和义务是密不可分、相互联系、相互依存和相互制约的，它们的实质内容都是对主体的行为要求和规范。因此，研究物业管理法律关系内容应当密切联系法律规范分类中的行为规范法理。

在不同类别的物业管理法律关系中，主体享有的权利和义务是不同的。同一类型的物业管理法律关系中，如果客体不同，则主体享受的权利和承担的义务范围也不相同。例如，在物业管理的物权法律关系中，业主依法对其拥有的物业享有所有权，包括物业管理公司在内的世上一切人作为义务主体都负有法定的不作为义务（又称消极义务），即负有不得妨碍权利主体依法行使所有权、不得侵害所有权的义务；在物业管理的债权法律关系中，不仅权利主体是特定的，而且义务主体也是特定的，依据特定主体间建立的物业管理合同、特约服务合同、管理规约等不同的债权关系，主体在一般情况下既享有权利，又承担相应的义务，但具体的权利、义务在不同的债权关系里又是存在差别的。在物业管理活动和物业管理行业的行政管理关系中，作为行政主体的国家机关享有的管理权利是职权，或者说是与"服从"(Obedience)义务相对应的"权力"(Power)，这是依据法律规定或政府授权所享有的对物业管理的行业和活动进行管理的职责权力。行政主体享有的职权包括指导权、监督权、处罚权等，既是依法享有的权利，又是对国家应负的职责，是必须行使的职权或必须履行的职责，不可转让和放弃，具有一定的义务性；而作为行政相对人的业主、物业管理公司等被管理方，负有在物业管理法规规定的范围内接受、服从管理的义务。

三、物业管理法律关系的种类

物业管理法律关系的具体种类很多，可按不同标准划分出多种类型。按规范法律关系的法律部类不同，物业管理法律关系可分为民事法律关系、经济法律关系、行政法律关系、刑事法律关系四大类。其中刑事法律关系一般不在物业管理规范性法律文件中直接作出规定，只是指出物业管理行为涉及犯罪的按《中华人民共和国刑法》相应规定处理，因此本节不对物业管理刑事法律关系作论析。

（一）物业管理民事法律关系

物业管理民事法律关系是指根据民法规范（民事法律规范）组控所确立的以民事境位和民事权利义务为内容的物业管理社会关系。

"民法"作为一个法律部门的名称，具有两方面的含义：在性质上是指组控法律地位平等主体之间民事财产关系和人身关系的一系列民事法律规范的总称；在形式上是指通过一定立法程序制定的，按照一定体系编纂的民法典。中国内地目前尚未制定民法典，只有1986年4月12日制定颁布了自1987年1月1日起施行的《中华人民共和国民法通则》。

民事法律关系主要有三个特点：第一，民事法律关系的参与者法律地位平等，当事人之间不存在不平等的命令与服从、管理与被管理的关系；第二，民事法律关系大多是由当事人自愿设立的，是否建立和以何种形式建立何种民事法律关系，一般是由当事人的合法意思决定的；第三，民事法律关系中当事人的权利义务一般是对等的，当事人双方之间互相享有权利并负有义务。另外也有只是一方享有权利，另一方仅负有义务的民事法律关系。

物业管理民事法律关系最主要体现在业主与物业管理公司的合同关系。合同的订立使物业管理民事法律关系具有权利义务明确、履约与解约均有充分依据的特征。

物业管理法律关系中民事法律关系占多数，如物业产权行使法律关系、物业管理或人居服务合同关系、不动产相邻关系、民事违约和侵权关系等。但在物业管理法规中都为避免与专门民法的规定过多重复而较少有对物业管理民事权利义务的具体规定。

物业管理民事法律关系具有一些自身特色：①物业管理民事法律关系的基本主体为业主、业主团体组织和物业服务企业。国家虽然作为城市土地所有者而成为物业的最大业主，但并不以土地业主的身份直接参与物业管理民事法律关系，只是在国有土地使用权出让合同期限届满时，才依法出面收回出让的地块及地上物业。②物业管理民事法律关系的客体主要是物业和基于物业管理发生的服务效果。③物业管理民事法律关系的内容即权利义务的设定，受国家意志制约较强。鉴于物业管理涉及的公共利益较为重大，物业管理法规在尊重民事法律关系当事人自愿的前提下，对当事人的民事权利义务特别是义务作出了较多的指导性和强行性规定。例如，管理规约的订立，物业管理项目委托合同的订立在行为形式上都要求采用书面形式，为规范服务行为的义务提供了《物业管理服务等级标准》等。

(二) 物业管理经济法律关系

物业管理经济法律关系，又称物业管理事业法律关系，是指国家及各级政府职能部门在协调和控制物业管理事业运行过程中与业主、业主团体组织、物业管理事业及其他单位（物业的开发建设单位、公房出售单位等）和社会组织（物业管理行业协会、业主自治团体联合会等）之间依经济法形成的经济境位和经济权利义务关系。

中国物业管理经济法律关系具有一些自身特色：①物业管理经济法律关系分为业主自治管理法律关系和物业管理行业管理法律关系两大板块。其中业主自治管理板块不仅包含物业经济管理的关系内容，而且掺合着人居环境文明建设管理的内容关系。②物业管理经济法律关系中代表国家执行对物业管理事业的归口管理的机关，不是一般综合经济管理部门（如国家计委、国家工商行政管理局等），而是国务院房地产行政主管部门（住房和城乡建设部）和由县级以上地方政府确定负责物业管理归口管理的部门。③物业管理经济法律关系涉及经济法律规范所组控的各种经济关系（规划、计划、财政、物价、工商、税收、金融、会计、劳动、环境保护、反不正当竞争、产品和服务质量监督、消费者权益保护等经济法律关系）。

物业管理经济法律关系，按经济关系的不同性质，可以划分为组织性法律关系和运行性法律关系两类。①物业管理组织性法律关系，是指物业管理法规所组控的有关国家及政府和职能部门，业主及其团体组织，物业服务企业、物业管理协会等相关社会组织和单位，在物业管理事业体系中的主体境位关系以及它们在物业管理经济组织系统中各自存在方式和各自职权、职务、职责的权利义务关系。例如，业主及其团体组织在物业管理事业体系中居于主导地位，业主团体组织采取业主委员会组织形式作为其存在实体，法规对业主委员会及其委员的职权、职务、职责都作出了明确的规定。②物业管理运行性法律关系，是指国家及其代表机关、业主及其团体组织、物业使用人、物业服务企业、其他有关社会组织和单位之间，为了实现一定的物业管理经济目的而通过市场运行机制的国家宏观调控机制所形成的有关物业及其价值形态物（货币、物业维修资金）的占有、使用、经营管理、收益分配和处分法律关系以及提供人居服务经济交易市场法律关系。这类关系是基于物业财产权利归属、运用状况和物业管理服务的经济利益、载体（服务效果、货币）交易事实而发生和变化，又可称为物业管理财产性法律关系。

(三) 物业管理行政法律关系

物业管理行政法律关系是指受与物业管理相关的行政法组控而在政府、物业管理归口主管行政部门、其他有关职能部门之间及其与业主、物业使用人、业主团体组织、物业服务企业、其他与物业管理有关的社会组织和单位之间形成的行政管理事务方面的境位、权利义务关系。

物业管理行政法律关系一般划归行政管理法律关系类，中国物业管理法规对物业管理行政法律关系的规定有以下侧重点：

(1) 解决多头行政管理混乱问题，明确政府职能部门的归口主管权和分工管理权关系。县级以上各级人民政府依法指定本级政府的物业管理归口管理行政部门,其他相关行政职能部门按各自管辖权限配合主管部门实施管理。

(2)解决行政"不作为"问题,政府有关机关应充分行使其管理职能。行政机关不得任意干预属于社会组织和个人自主决定的事项,不得滥用行政职权,严格依法办事。只要属于物业管理事务中业主与服务公司合法约定的事项,行政机关就不能干涉干预。另一方面,凡属于政府有关机关职责范围内的事,有关机关应当积极主动依法行政。但从这些年的物业管理实践上来看,政府"不作为"的现象较之于政府违法干预的现象更为普遍。归口机关不明确,纠纷发生求告无门。《物业管理条例》明确规定了国务院建设行政主管部门负责全国物业管理的监督管理工作,县级以上地方人民政府房地产行政主管部门负责本行政区域内物业管理活动的监督管理工作。并赋予房地产行政主管部门处理投诉、罚款、吊销资质证书等职权。这些规定既为政府机关依法行政提供了法律依据,也对政府机关不得不作为,不得怠于行使其职权职责提出了强制性要求。因此,政府有关机关应当更加积极主动地履行其职责,而对政府的"不作为",业主和物业管理公司亦享有监督之权。

(3)解决物业管理事业发展经济障碍问题,将行政管理法律关系与经济管理法律关系有机结合起来,充分利用行政资源和社会资源,以行政立法和行政执法方式积极促进物业管理市场和物业管理行业健康发展,保护业主自治管理的经济利益。社会化业主自治管理与专业化、市场化物业管理相结合体制建立和实行的核心目的,是更高效地使物业保值增值和可持续地增进人居环境文明福利。为达此目的,物业管理法规及有关政策文件要求:市场调节与政府监控要结合,遵循利益规律和市场规律,依经济原则和法制原则协调各方管理关系,建立物业管理市场机制,培育人居服务市场体系,鼓励正当市场竞争活动,规范物业管理市场行为,支持物业管理行业自律管理,保持政府对市场适度有力的监控,高效查处物业管理方面违法行为的投诉案件,加强政府对业主自治管理和物业服务企业标准化服务的行政指导,运用政府考评手段和舆论宣传力量促进物业管理行业整体竞争能力和服务质量水平全面提高,保证业主自治管理这一社会事务民主制度新生事物不断发展和良性运行。

在促进物业管理行业健康,全面提高整体素质和质量水平方面,中国政府主管部门现有所谓"四大法宝":立法(加强立法,以法引导和护航)、资质(通过资质管理促进物业服务企业保持和不断增强自身实力,推动大型物业管理集团公司出现和创立、保护物业管理品牌,影响物业管理全行业的集约化规模管理经营和服务价格理性化)、招标(建立和健全物业管理全面招标投标制度,实行物业管理市场准入制度和适者生存市场法则,鼓励竞争和提倡优质优价)、考评(利用业绩和利益挂钩的行政考评机制,发挥社会主义竞赛的优越性,使优胜劣汰的市场竞争压力和先进促后进的社会主义竞赛活力融为一种合力,形成持久的、年年兴起的全行业创优争先的高潮)。这"四大法宝"在一定程度上反映了中国物业管理行政法律关系的重点内容和中国特色。

四、物业管理法律关系的特征

物业管理法律关系的自身特征主要表现为以下几个方面:
1. 物业管理法律关系产生、变更的基础是服务协议
[案例2-3]
业主是否有权解聘物业管理公司?

[案情介绍]

某小区物业管理公司原由小区开发商聘请,业主入住后对该物业管理公司不满意,双方矛盾很大,小区业主委员会决定解聘该公司,但该公司称:其与开发商有委托管理合同,且业主购楼时与开发商的契约中已订明:"同意开发商委托的管理公司管理",因此,业主现在无权解聘管理公司,业主称服务质量不好,无法举证,且物业管理服务质量没有统一标准,所以物业管理公司不存在违约,如果业主坚持解聘,就要承担相应的违约责任。为此,业主与物业管理公司争执不下,诉诸法院。(1)试析本案所涉及的法律问题。(2)对此类纠纷应如何解决。

[法理分析]

(1)本案涉及的是物业管理法律关系问题。

(2)物业管理法律关系产生、变更的基础是服务协议。在物业管理过程中,物业管理公司的管理权来自于产权人的授权。在物业开发阶段,产权是开发商的,因而这时只有开发商有权决定请哪一家物业管理公司参与开发和日后过渡期的管理;在业主入主后,由于产权的转移,物业管理的决定权也随之转移了,由业主的所有权派生出来的管理权或委托管理权自然也属于业主,因此,开发商委托的物业管理公司在完成了过渡期的管理后,物业管理的决定权就随即从开发商手上转移到了业主手上,业主委员会可以根据对原开发商聘用的物业管理公司的考察来决定是续聘还是改聘别的更好的物业管理公司。

(3)本案中,物业管理公司拒绝交出管理权的理由不能成立,业主委员会在与物业管理公司自行协商不成的情况下,可请求政府主管部门行政调处或提起司法诉讼。

2. 物业管理法律关系是由多重关系共同组成的统一体

物业区分所有关系和物业管理业务内容的复杂性决定了物业管理法律关系的复杂性和复合性,使其在性质上体现出多重特征。物业管理法律关系既包括横向的平等主体之间在物业委托管理和特约服务过程中发生的物权、债权等民事法律关系,又有纵向的法律地位不平等主体之间即与物业管理有关国家职能机关同业主、业主团体、物业使用人、物业服务企业、物业开发建设单位之间所发生的行政管理关系,还包括因国家对物业管理行业和物业管理市场的调控干预而发生的经济法律关系。因此,物业管理法律关系具有一定的综合性,是由多种性质的法律关系交叉重叠复合构成的,这就使它与只具有某种单一性质的法律关系相区别。

3. 物业管理法律关系基本主体的特定性

物业管理法律关系的基本主体是享有物业所有权的业主及其团体和合法取得物业管理权的物业服务企业,它们之间是平等的民事主体关系,通过市场机制作用和合同来建立有偿的管理服务关系。物业管理法律关系的内容即主体间的权利义务,既有平等主体间的民事关系,又有不平等主体间的行政管理关系。

4. 物业管理法律关系中业主居于主导地位

对业主主导地位的理解主要表现在以下两个方面:

① 物业管理法规明确规定在物业管理法律关系中,行政主管机关的职责限于指导和监督两项基本任务,其指导具有行政劝告、行政参谋帮助性质,没有决定性,其监督实际限于物业管理法规实施监察的范围,并不包括对物业服务企业业绩监督的内容。至于住房和城乡建设部组织的有关物业管理评优的活动,也只是以行政辅助方式促进物业服务企业

提高服务质量，争创企业品牌，促进物业管理行业的发展跨上新台阶，并不能以此左右业主及业主团体对委托哪一个物业服务企业进行受托物业管理事务的独立意志。因此，物业管理的行政主管机关和参管机关都不能依法成为物业管理的主导主体。有关行政机关依法应当尊重业主及其团体在合法范围内的自主选择和决定权利。

② 物业管理法规明确规定了业主基于对物业和财产权而享有自治权，物业服务企业的聘用和辞退由业主方依法抉择，重大物业管理措施的出台、变更和废止也由业主方民主决策，受托开展物业管理业务的专业企业应依其与业主及业主团体方同意的合同和物业管理规约从事自己的受托事务活动，接受业主的民主监督，违背业主及其团体意志而擅自作为或不作为的物业服务企业，难免被业主及其团体"炒鱿鱼"，而政府物业管理主管机关和物业服务企业自己依法不能也无权强行改变业主及其团体的合法意志和干涉其自主权的行使。特别需要指出的是：业主的自治权在其委托物业管理公司代行管理权开始，就应充分尊重"合同自治"。业主自治权的合同性是指：合同既是业主自治权的契约形式，也是业主实行自律必须遵守的行为规范。优质的物业管理服务，不但来源于业主的自治，而且有赖于业主的自律。而这相辅相成的两方面都具体体现在对合同的严格遵守。

5. 物业管理法律关系的客体有特殊性

物业管理法律关系的客体是物业和基于物业派生出来的服务。物业虽属物的范畴，但又不同于传统法律规定的不动产或房地产之物，现代意义的物业更突出物业转托的空间和环境，保护业主们的共有共用空间权和共享环境权是现代物业管理法规的重点任务之一。从物业服务企业的产品类型看，其产品是服务类产品，这种服务虽然像其他商业性服务一样具有有偿性，但是受特定物业管理辖区的范围限制，且受国家对住宅物业管理的特别优惠之政策的调控。

6. 物业管理法律关系的国家干预程度比较大

物业的价值，物业围界的人居环境和工作环境对于业主、城市生活和城市风貌的利益关系都有很大影响，物业占用的土地所有权属于国家，土地用途受国家管制，土地上的房屋和其他定着物管理状况对于土地的增值情况影响也很大。因此，国家为保护业主的重大利益，维护国有土地收益，避免因管理不善而人为地造成物业类社会财富的减损，为促进人居环境和城市工作、投资环境的可持续改善，必然要通过法规政策对物业管理市场和物业服务企业资质的管理、某些物业管理运作环节和行为关系施以必要的有效干预。这种干预也是国家对物业管理行业的管理，干预的目的也在于引导物业管理行业的健康发展。例如政府对物业管理招投标活动的管理，推行《前期物业管理招投标管理暂行办法》，对业主委员会实行登记确认制度，政府物业管理行政主管部门负责组织特定住宅区的首次业主会议，选举产生业主委员会，对管理规约、委托物业管理服务合同实行备案公示制度，物业管理收费标准由政府核定或限定制度，政府财政、审计部门依法对物业管理专项维修费的收取、管理和使用情况进行监督和审计，政府组织旧住宅区的整治活动以利实行物业管理等。

7. 物业管理法律关系的产生、变更、终止有严格的程序性和要式性

业主团体的组建，管理规约的订立，物业服务企业的选聘、续聘、改聘，物业和管理权交接，物业管理权的行使，物业管理实施的技术规程等都要按法规规定的程序和具体的行为规则进行，比较重要的物业管理法律关系的成立、变更和终止，应当采用法规规定的特定书面形式等，并由有关政府职能机关通过备案登记予以公示，以确保物业管理法律关

系的稳定性和严肃性。

小　结

● 物业管理法律关系是物业管理法律规范在调整物业管理及相关活动的过程中所形成的法定权利义务关系。研究物业管理法律关系，对于加强物业管理立法、执法、守法有着重要意义。

● 物业管理法律关系由主体、客体和内容三要素构成。

● 按规范法律关系的法律部类不同，物业管理法律关系可分为民事法律关系、经济法律关系、行政法律关系、刑事法律关系四大类。

● 物业管理法律关系具有以下几个方面的特征：①物业管理法律关系产生、变更的基础是协议委托；②物业管理法律关系是由多重关系共同组成的统一体（物业管理法律关系性质的多重性）；③物业管理法律关系基本主体的特定性；④物业管理法律关系中业主居于主导地位；⑤物业管理法律关系的客体有特殊性；⑥物业管理法律关系的国家干预程度比较大；⑦物业管理法律关系的产生、变更、终止有严格的程序性和要式性。

复习思考题

1. 什么是物业管理法律关系？
2. 物业管理法律关系有哪些构成要素？
3. 按照法律部类，物业管理法律关系可分为哪几大类？
4. 试述物业管理法律关系的特征。
5. 谈谈你对业主委员会法律地位的看法。
6. 案例分析：

① 某小区的居民因对现有物业管理公司的服务不满意，一部分居民自发成立了小区业主委员会，公开向社会招聘了另一家物业管理公司，要求现有的物业管理公司退出该小区，交出管理权。而现有的这家物业管理公司却拒不承认新成立的业主委员会的合法性，拒绝退出。请分析：部分居民自发成立的业主委员会是否具备合法的主体资格？为什么？

② 张先生在某一住宅小区购买了一套高级住宅。因为他是位生意人，所以将住宅作抵押向某银行进行了贷款。银行为了确保贷款回收，将该套房进行了诉讼保全措施。张先生由于生意上的不成功，停止了向物业公司交付物业管理费。物业管理公司认为张先生的房子在，暂时不交物业管理费也没什么大的关系，只要房子在，不怕业主不交费。由于张先生没有及时返还银行的贷款，银行向法院提起诉讼。经过长时间的诉讼，法院判决将张先生的房子进行拍卖，拍卖结果银行竞买成功。于是，该套房子易主。该银行又将该套房通过房地产中介代理机构转让给了胡女士。这时，物业管理公司决定正式追讨该房所欠的物业管理费。结果，银行拒付，胡女士也拒付过户前的物业管理费，张先生又不知去向，致使该房所欠的物业管理费一直没能收缴。请分析：物业管理公司该向谁追讨该房的物业管理费？物业管理公司的做法有什么缺陷？该怎样做才是正确的？

[阅读材料]

业主委员会，在抗争中寻求回归与超越

中国内地第一个业委会

没有人能说得清楚，是从什么时候开始业主委员会变成了一个充满了"火药味"的维

权代名词。事实上，这个发轫于地产商主观意志推动的民间组织，现在正在被蒙上一层浓厚的意识形态色彩，被更多的人当作是一种直接区别于发展商、物业管理公司甚至是"官方"的"民间力量"。作为地产业直接派生的产物，当我们站在一个行业的角度来重新审视它的时候，竟充满了模糊与困惑。这15年的曲折行进中，我们无法说清它在走着一条怎样的道路——超越、背离或者是回归。

世纪创造——电费问题促成第一业委会

在中国物业管理界声名显赫的陈之平如今已离开他的事业发祥地——万科，正是这个从一名管理处的普通电工一直做到万科物业董事长、万科集团副总的传奇人物，在1991年的春天，直接促成了中国第一个业主委员会的诞生。

1990年7月，陈之平入职万科的地产处女作——深圳天景花园物业管理处，担任一名普通电工。此时，入伙不久的天景花园正在为一个难题伤透脑筋。原因是相关部门对商业用电和商住楼宇用电的收费存在误会，天景花园的电费一直按商业用电计费，为此小区业主颇为不满。在万科物业保存的一份资料中如此描述当时管理处所面临的窘境，"磨破了嘴，跑断了腿"，但仍旧无济于事。

一次偶然的机会，某位与供电局领导颇有私交的业主在不经意间竟轻易将困扰管理处许久的难题摆平，天景花园从此按照居民用电收费。这个只可意会却难以摆上台面的偶然事件，后来变成了天景花园成立业委会的重要契机。

升任天景花园管理处主任的陈之平和他的同事们由此得到启发，"搞物业管理，如果离开了管理对象的参与那真是步入了一个极大的误区。"于是，天景花园开始酝酿一个大胆的想法——成立"业主管理委员会"，让业主参与到小区的管理中来。这一构想很快得到包括王石在内万科地产以及小区业主的支持。

1991年3月22日——一个被写入中国物业管理教科书的日子——当天晚上7点30分，天景花园4栋B座底层的管理处会议室，天景花园业主委员会成立大会暨第一次委员会例会悄然召开，王石、姚牧民、郭兆斌等万科高层悉数到场，中国第一个业主委员会宣告成立。

求同存异的15年和谐恋

在天景花园业委会成立会议上，蓝云、郭文辉、林建平、黄有安、李士奇、肖幼美等当选为天景花园第一届业主委员会委员，当时并没有业主委员会主任这一名称，而是叫做"会长"，这一名称在天景花园一直沿用到现在。同时还设有执行秘书一职，由管理处主任陈之平兼任，直接对业主委员会负责，这一职务在如今已逐渐淡出业主委员会，物业管理公司的工作人员不再进入业主委员会。

在当天制定的《天景花园业主委员会章程》内，明确规定"天景花园业主委员会是本屋村最高权力机构，代表业主的利益"。

在天景花园业主委员会第二届会长（主任）林建平于1995年写给全国优秀管理住宅小区检查团的一封信中，充满着自豪，"我们感到欣慰的是在同万科物业的管理者一起共建文明小区。""我们认为尽管业主大会及委员会是住宅小区的最高权力机构，但是它与物业管理部门是相辅相成、互为依存的。"林建平曾形象地比喻，"业主委员会与物业管理公司就是一对恋人，要相互沟通，求同存异，才能把小区建设好。"

作为第一，天景花园业委会成立的原始动机来源于"让业主共同参与小区的管理"，这15年来，天景花园业委会一直在忠实地履行着自己的这一使命，与物业管理公司一道，共同致力于小区和谐氛围的营造。

如今，这个于1988年开发的小区仍旧干净整洁、充满活力、温情洋溢。让人惊讶的是与其一墙之隔的另一同年代小区，却显得破败不堪。

在背离和抗争中升华

天景花园业主委员会的尝试最终获得了政府主管部门的认可并加以借鉴，成为1994年颁布实行的《深圳市经济特区物业管理条例》的重要内容之一。随后全国各地陆续通过的物业管理条例，都吸收了这一模式，业委会成为物业管理法规的重要内容。

在稍后的几年内，深圳业主委员会的数量开始迅速增加，业主委员会开始在大大小小的楼盘内陆续出现，据保守估计，目前已达到600多个。

几乎可以肯定的是，这些后来者当中，大多数没有像天景花园的业主委员会一般，从一开始就能真正享受到"共同管理"的待遇，如天景花园一般达到如今颇为"和谐"的社区环境，甚至连最起码的，与发展商、物业管理公司的和平共处都变得异常艰难。从某种角度看，在此后的一段时间内，业主委员会开始逐渐背离或者说已很难企及他的初衷——共同管理，大多数的业主委员会为了维护自己应有的权益而开始奋起抗争，并最终形成了一股与发展商、物业管理公司相对立的民间力量，甚至一度成为维权的代名词。此外，还有更多的楼盘正在为业主委员会的成立而苦苦挣扎，甚至付出血的代价。一个让人沮丧的现实是，许多后来者的进程竟远没有前辈天景花园那般顺利。

另一方面，有的业主委员会在天景花园"共管"的基础上实现了超越，走向"业主自治"，其中最为典型的事件是，2001年9月17日，深圳景洲大厦业主在业委会主任邹家健的带领下进行自主投票表决，成功抛弃地产商的物业管理公司，在社会上公开招标寻找合适的管家。这一举措在举国上下产生了巨大的轰动，许多业委会纷纷效仿，却鲜见成功。但在2003年国务院颁布的《物业管理条例》中，"业主有权公开选聘物业管理公司"已作明文规定，《物业管理条例》相关条款在某种程度上直接体现了邹家健曾经鼓与呼的内容。

历经15年的发展，当我们重新回头来对业主委员会进行一番梳理时，竟充满了迷茫，我们无法说清楚这15年它是在进行着一条怎样的道路，但现实通往理想，注定会有很长的路走，这是一种历史的必然。

世纪观察——业委会嬗变折射地产之殇

相比于第一个业主委员会的轻松降生，现在那些正在筹备成立业主委员会的人们足可以用历尽艰辛来形容，即使这样，也并不意味着就能够顺利成立，不少业主委员会都在重复着胎死腹中的悲剧。

第一个业主委员会是由发展商、物业管理公司自发缔造的，但15年后的今天，两者已赫然成为业委会成立的最大障碍。

这绝非危言耸听，也不是凭借一两篇（何止一两篇）维权报道而以偏概全，看一个数字就知道，截至2004年的统计数据，深圳市目前共有业主委员会600家，但与遍地的楼盘相比，这个数字是微不足道的。这还是走在全国前列的深圳，在北京，仅仅200多家。深圳市的物业管理覆盖率达95%，这让好多人津津乐道，但从来没有人去统计业主委员会的成立率是多少。

我们现在所看到的大多数业主委员会委员，都变成了一个个披着铠甲满腔悲愤的勇士，他们在维权。这与成立业主委员会的初衷——共同管理小区已经完全背离，由地产商和物业公司一手缔造的产物最终却站到了他的对立面，甚至成为自己的掘墓人（如景洲大厦炒掉物管）。陈之平说现在不少人在骂他，我不知道会不会是因为他一手促成了第一个业委会的原因，但肤浅地想想，假如没有第一个，岂不是天下太平？

从"和谐共管"到维权、到自治，业委会的 15 年，是一场痛苦的嬗变。从中折射出的是，法制建设的加速，公民意识的觉醒，社会的进步。但绕了一个大圈，业委会最终的诉求还是让自己行使主人的权利，滑稽的是，天景花园业主委员会早在 15 年前成立之初就达到了这一点。

业委会这面镜子真正映射出的是一幕地产发展商与业主公民意识不断抗争的历程。

世纪人物——业委会最终将走向自治

陈之平 中国业主委员会的缔造者，中国物业管理协会副会长，清华大学研究院房地产 EMBA 特邀讲师，深圳市之平物业发展管理有限公司执行董事。1990 年 7 月南下深圳入职万科。历任管理处电工、主任、万科物业董事长、总经理、万科集团副总经理。在 1991 年 3 月任天景花园管理处主任时，促成了中国第一个业主委员会的诞生。

黄金楼市：请简单概括一下目前业主委员会的现状？

陈之平：现在的业主委员会大致可以分成四种情况，一是可以和发展商物业管理公司进行有组织的对话交流，基本能达到共同管理小区的目的。二是由于发展商和物业公司的不透明，成立业委会的动机就是为了维权。第三种是别有企图的，为了从中捞取好处。第四种是很多业主不愿意参与业委会，致使业委会沦为物业管理公司的傀儡。

黄金楼市：将来的趋势呢？

陈之平：业主自治。这需要整个物业管理行业的完全市场化。

资料来源：根据南方都市报 2005 年 06 月 17 日相关报道改编。

第三章 物业管理法律规范

要 点

- ◆ 物业管理法律规范的含义
- ◆ 物业管理法律规范的结构
- ◆ 物业管理法律规范的表现形式

法律规范是法的最基本的构成单位,是构成法律的细胞。法律是由许多法律规范构成的。法律规范是一种特殊的行为规范。在所有的社会行为规范中,只有法律规范是由国家制定或认可,并以国家强制力保证其实施的。法律规范是物业管理有序运作的基本前提和重要保障。在物业管理领域,没有法律规范,管理服务行为便无章可循。

一、物业管理法律规范的概念

物业管理法律规范是指由国家特定机关制定或认可而具有普遍约束力,反映执政集团对物业管理社会秩序的利益要求和组控意志,并依靠政权强制力量保证实施的,用以组控物业管理社会关系中某一类具体关系或某一具体活动类型的行为规范。

二、物业管理法律规范的意义

法律规范是法最基本的构成单位,是构成法律的细胞,其总和就是广义的法律。法律规范有不同类型,但其中心规范是行为规范,其他类型规范都属于与行为规范配套的规范。法律规范主要通过一个或几个法律条文来表述,是法律条文的内容,也是一个规范性法律文件中的最基本的完整组成部分,并由若干个法律规范的有机结合形成一个规范性法律文件。一个法律制度是由若干个法律规范组合构成的,若干个法律制度构成一个法律领域或法律部门,若干个法律部门共同构成一国的法律体系。因此,学法用法以及研究物业管理法规必须重点掌握法律规范原理,以便从规范分析的角度对物业管理规范性法律文件内容做到全面、准确的理解和把握。

三、物业管理法律规范的结构

法律规范的表达方式不能含糊,必须有一个严谨的逻辑结构,即由假定、处理、制裁三部分组成,法学上称之为法律规范三要素。物业管理法律规范也是由这三要素组成。

1. 假定——物业管理法律规范适用的前提

假定就是在物业管理法律规范中规定的适用该规范的条件和情况的那一部分,只有合乎那种条件,出现了那种情况,才能适用该规范的有关规定。例:《城市异产毗连房屋管理规定》第十条规定:"因使用不当造成异产毗连房屋损坏的,由责任人负责修缮。"

第十二条规定:"异产毗连房屋的一方所有人或使用人有造成房屋危险行为的,应当及时排除危险;他方有权采取必要措施,防止危险发生;造成损失的,责任方应当负责赔偿。"

2. 处理——物业管理法律规范的核心

处理就是指法律规范中规定的具体行为规范的那一部分,即法律规范中规定人们应当做什么,不应当做什么;允许做什么,禁止做什么,或者要求做什么等。

例:《物业管理条例》第五十条规定:"物业管理区域内按照规划建设的公共建筑和共用设施,不得改变用途。业主依法确需改变公共建筑和共用设施用途的,应当在依法办理有关手续后告知物业服务企业;物业服务企业确需改变公共建筑和共用设施用途的,应当提请业主大会讨论决定同意后,由业主依法办理有关手续。"

3. 制裁——物业管理法律规范的保证

制裁是指法律规范中规定的违反该法律规范所带来的法律后果、法律责任的那一部分,即对违反该法律规范的行为给予的处置。

例:《物业管理条例》第六十一条规定:"物业服务企业聘用未取得物业管理职业资格证书的人员从事物业管理活动的,由县级以上地方人民政府房地产行政主管部门责令停止违法行为,处 5 万元以上 20 万元以下的罚款;给业主造成损失的,依法承担赔偿责任。"

《中华人民共和国治安管理处罚法》(自 2006 年 3 月 1 日起施行)第五十八条规定:违反关于社会生活噪声污染防治的法律规定,制造噪声干扰他人正常生活的,处警告;警告后不改正的,处二百元以上五百元以下罚款。

四、物业管理法律规范的类型

近年来学术界对物业管理法律规范的有关问题进行了众多有益的探讨,但其研究大都着重在物业管理法律规范的结构、效力、体系方面,尽管这种从整体性上的研究非常重要,有助于将物业管理法律规范与其他社会规范区别开来,但是,由于目前我国物业管理法律法规尚不完善,所以这种仅仅停留在整体上的研究还远远不够,还必须对物业管理法律规范规定的内容进行分类研究,明确物业管理法律规范的类型,这对于促进物业管理的法制建设,使物业管理活动真正做到有法可依,具有重要意义。

按不同的分类标准,物业管理法律规范可以划分出多种不同的类型。按照物业管理法律规范规定的内容指向性质和用途或作用不同,应该包括境位规范、权责规范、行为规范、技术规范、冲突规范和申明规范六大基本类型。

1. 境位规范

境位规范是指物业管理主体在不同类别的法律关系中以特定社会角色出现时所处的法律地位及有关该地位设置和维护条件的模式化规范。其内容可包括三个方面:

(1) 地位规范,即与法律关系类别相应的物业管理主体的具体法律地位。例如,根据建筑物的区分所有权,在物业管理过程中,业主是所有权人,业主委员会是管理人,物业管理公司是服务人;在物业管理民事法律关系中,当事人地位平等,当事人之间不存在不平等的命令与服从、管理与被管理的关系;在物业管理行政法律关系中,行政主体居于管理者的地位,而行政相对人则居于被管理者的地位;在物业管理事业体系中,业主及其团体组织居于主导的地位等。目前我国现有的法律法规中,缺乏对业主委员会具体法律地位的界定,应该尽快完善。

(2) 资质或条件规范,即要求入居物业管理法定地位的主体本身应具备的资格或资质条件。物业管理单位要入居企业法人地位,其组织设立必须符合《公司法》第十九条规定的有关有限责任公司的五项条件和《物业管理资质管理办法》第五、六条规定的物业管理公司的具体资质条件标准。

(3) 关系规范,即物业管理法定地位中主体与其他相关地位中主体之间的基本地位关系。例如,根据《中华人民共和国民法通则》第三条规定,物业管理法律关系当事人在民事活动中是地位平等关系;《物业管理条例》第二十条规定,在物业管理区域内,业主大会、业主委员会应当积极配合相关居民委员会依法履行自治管理职责,支持居民委员会开展工作,并接受其指导和监督。在物业管理主体间关系规范中,目前我国现有的法律法规需要完善的是物业服务企业和业主委员会之间的关系。

2. 权责规范

权责规范是指在物业管理过程中参与主体可享有的或可取得的基本权益,应承担的基本义务以及法律责任的模式化规范。其内容可包括三个方面:

(1) 权利规范,即在物业管理过程中主体自己作出某种行为、要求他人作出或不作出某种行为的权利之规范。权利规范可细分为绝对权利(亦称对世权,如所有权、自由权、身份权等)规范、相对权利(亦称对人权,包括债权、请求权等)规范、授权权利规范(自身原本无权,但由于有权机构的授权从而获得权利)和任意性权利规范(人们在无明确法律规定时可以自行确定相互间权利义务)四种。《物业管理条例》第六条规定的业主的权利和《城市新建住宅小区管理办法》第八条规定的物业管理公司的权利都属于绝对权利规范;《中华人民共和国民法通则》第八十四条规定的债权人有权要求债务人按照合同的约定或者依照法律的规定履行义务,属于相对权利规范;按照全国人民代表大会的授权,深圳、珠海、汕头、厦门4个经济特区所在地的人民代表大会及其常务委员会可以制定包括物业管理问题在内的法规在本经济特区实施的权利,属于授权权利规范;在物业管理活动中,业主与物业服务企业通过《物业服务合同》约定的彼此间的权利则属于任意性权利规范。

(2) 义务规范,是指在物业管理过程中主体必须作出一定的行为、承担一定积极作为的义务的强行性法律规范。在法律条文中义务规范通常使用"必须"、"应当"或者直接标明"义务"的字样来表述。该种规范一经确立,就必须遵行,不允许人们以任何方式加以变更或违反,否则就必须承担相应的法律后果。例如《物业管理条例》第七条规定的业主在物业管理活动中必须履行的义务和第二十四条规定的住宅物业建设单位应当通过招投标的方式选聘具有相应资质的物业服务企业,就属于义务规范。

(3) 法律责任规范,又称法律后果规范,是指在物业管理过程中主体对其涉法行为所引起的依法予以奖助或惩罚的后果承受方式的规范。该规范表明行为主体应对自己行为的社会后果负责之利害反馈关系。法律后果规范又可根据奖惩内容不同细分为四种,即奖励规范(包括物质奖励、精神奖励和其他形式的奖励)、护助规范(指默示无奖无罚而对合法行为依法予以一般保护和提供必要帮助的规范)、惩戒规范(又称追加惩罚性必为义务规范,包括制裁、强制、补救三项规范)和免责规范(指对特定情况下所为的有社会危害性的行为依法免予追究法律责任的规范)。

例如，中华人民共和国建设部 2005 年 1 月 11 日《关于公布 2004 年度全国物业管理示范住宅小区(大厦、工业区)验评结果的通知》中关于授予 143 个物业管理项目"2004 年度全国物业管理示范住宅小区(大厦、工业区)"称号的规定则属于奖励规范。《中华人民共和国物权法》第七十八条中关于"业主大会或者业主委员会作出的决定侵害业主合法权益的，受侵害的业主可以请求人民法院予以撤销"之规定，属于护助规范；《物业管理条例》第六章关于法律责任的规定内容，则基本上是由惩戒规范构成的。物业管理法规中一般不直接规定免责规范，遇有需免责的情况，则援用民法、合同法中的有关免责规定。

应注意的是，由于与物业管理活动有关的法律责任种类繁多，惩戒规范中民事责任、行政责任和刑事责任在物业管理法律责任制度中合并存在，并且出现"法律责任复合"的现象非常普遍，不少违反物业管理法规的行为都要依法由违法行为人承担多种责任。这种法律责任的复杂性决定了在确定物业管理法律责任时，要周全考虑相关法律法规对某一种行为从不同角度所设定的责任规范。

同时，设定法律责任的目的是直接显示国家强制力量的存在和威力，使被破坏而失衡了的原有合法权利义务关系恢复平衡，从而保障有关法律规范的贯彻执行和有效地维护社会法律秩序。法律责任是权利的保障机制，也是执法严肃性的灵魂。要使责任人真正不能逃避应承担的法律责任，关键是执法机关的执法到不到位，就此而言，完善法律责任规范就是完善执法机制，这是法制建设的一项极其艰巨的任务。正是由于法律责任规范的重要功能和意义，现行专门的系统化的物业管理规范性文件都专设"法律责任"或"罚则"章节，以确保立法目的的实现。

3. 行为规范

行为规范，是指处于物业管理法定境位中的主体行为时的指导原则、行为内容、行为形式的模式化规范。其内容可包括四个方面：

(1) 行为指导原则规范，即主体行为应遵循的一般原则。例如《中华人民共和国民法通则》第四、六、七条规定的民事主体行为原则，《中华人民共和国合同法》第三、四、五、六、七条规定的合同当事人行为原则，《物业服务收费管理办法》第五条规定的物业服务收费应当遵循合理、公开以及费用与服务水平相适应的原则，都是物业管理有关当事人应当遵循的行为指导原则。

(2) 作为行为规范，又称命令规范，是指要求物业管理当事人必须或应当作出一定积极行为的规范。如《物业管理条例》第三十六条规定的物业服务企业应当按照物业服务合同的约定，提供相应的服务；《物业服务收费管理办法》第十五条规定的业主应当按照物业服务合同的约定按时足额交纳物业服务费用或者物业服务资金等，就属于作为行为规范。

(3) 禁止行为规范，又称禁止性规范，是指禁止物业管理当事人作出某种行为以及违反此项禁止性规范应受到相应处罚的法律规范。其特点是被禁止的行为常常是直接地危害执政机关保护的社会关系和社会秩序。在法律条文中禁止行为规范通常使用"不得"或"禁止"的字样来表述，若作为了禁止行为，将受到相应的处罚。例如，《物业管理条例》第十九条规定，业主大会、业主委员会应当依法履行职责，不得作出与物业管理无关的决定，不得从事与物业管理无关的活动；第五十一条规定，业主、物业服务企业不得擅自占用、挖掘物业管理区域内的道路、场地，损害业主的共同利益。《住宅室内装饰装修管理办法》第五条规定的关于住宅室内装饰装修活动的禁止行为等。

（4）程序规范，是指物业管理主体在具体行为过程中应符合的行为条件、应遵循的行为形式和办事手续、环节、规程及顺序方面的规范。例如《物业管理条例》和《业主大会规程》中关于业主大会召开程序、业主们选举业主委员会委员的投票程序、物业维修资金和公用设施专用资金动用程序的规定，都属于程序规范。程序规范往往与主体义务规范紧密结合为一体，法学中称之为"程义合成规范"。

4. 技术规范

技术规范是指物业管理当事人在利用自然力、生产工具、交通工具、房地产等物质性对象、造修物质产品和从事管理、经营、服务的行为过程中应遵循的技术标准、达标及检验操作技术方法和规程以及其他评估、计算等技术办法的模式化规范。其内容可以包括两个方面：

（1）事物状态描述规范，即对某种事物的形状、表现、质量、包含因素、评定标准等作出描述性规定。例如，住建部颁布的《房屋接管验收标准》中关于新建房屋接管验收应具备的条件规定；《全国物业管理示范住宅小区标准及评分细则》中标准内容的规定；《物业管理条例》第三十五条关于物业服务合同内容的规定；《物业服务收费管理办法》第十一条关于物业服务成本或者物业服务支出构成的规定等，都属于事物状态描述规范。

（2）技术方法推行规范，即以法定形式推荐和实行某种技术操作程序和方法。例如，《全国物业管理示范住宅小区标准及评分细则》中关于评分细则的规定；《物业管理条例》和《业主大会和业主委员会指导规则》中关于业主大会的召开、表决的投票计算方法、业主委员会委员产生办法等的规定，都属于技术方法推行规范。

在专门的技术规程、鉴定标准、检验评定标准等规范性文件中，技术方法推行规范往往与程义合成规范（程序规范和义务规范结合）相交融形成整体。而传统法理学都忽略了对技术规范的分析，只是简单化地将技术规范视为行为规范或行为规范的组成内容。实际上，物业管理业务工作大部分涉及物业维护、房屋修缮、机电设备和市政设施维修养护、人居环境和工作环境改良、白蚁防治、危房管理和鉴定等许多专业性技术，国家往往有相关技术标准和技术规程，业主方也会提出技术标准方面的要约而被物业管理公司承诺。因此，在确定物业管理技术操作活动后果的法律责任时，必须充分注意有关法定技术规范和约定技术规范中关于技术问题和法律责任的规定。这里，我们将技术关系纳入法律规定的内容、制定技术规范的根本目的在于：避免使用某种非法定技术和技术方法时产生某种社会无法承受的危害后果。

5. 冲突规范

冲突规范，又称为"法律选择规范"，是指规范性文件规定了几种可供选择的情况而由国家机关（通常是执法机关）自行确定、自由量裁的规范。冲突规范是在调整法律关系中产生的。它本身既不规定当事人的权利、义务，也不规定使用何种程序来实现当事人的权利、义务，而是通过指导，来告诉法官选择哪个法律法规来处理法律关系。因此它也被称为"法律适用规范"，其目的是通过选择，指引正义的实现。

例如，《物业管理条例》第三十条规定：建设单位应当按照规定在物业管理区域内配置必要的物业管理用房。但我国目前尚没有今后可能也难以就此作出统一的规定，所以执法机关在处理这方面的纠纷时，可以参照各地人民政府根据本地区的实际情况作出的有关规定;《物业管理条例》第三十一条规定:建设单位应当按照国家规定的保修期限和保修范围,承担物业的保修责任。这说明执法机关可以按照诸如《中华人民共和国建筑法》或《建设工程质量管理条例》中的有关规范来处理其中的法律关系。

6. 申明规范

申明规范是指为了辅助物业管理当事人准确理解和正确实施规范性文件中的境位规范、权责规范、行为规范、技术规范、冲突规范而对须加申明、解释、说明的事项专门作出的模式化规范。其内容可以包括五个方面:

(1) 立法目的规范,是指关于本法律法规的立法理由依据和立法宗旨目的的规定,通常在各规范性文件的第一条或首部作出规定。例如《物业管理条例》第一条规定:为了规范物业管理活动,维护业主和物业服务企业的合法权益,改善人民群众的生活和工作环境,制定本条例。《物业服务收费管理办法》第一条规定:为规范物业服务收费行为,保障业主和物业服务企业的合法权益,根据《中华人民共和国价格法》和《物业管理条例》,制定本办法。

(2) 定义规范,又称释义规范,是指规范性文件中所采用的某些术语、概念、符号、公式等的定义性解释、说明的规定。例如《物业管理条例》第二条关于"物业管理"、第六条关于"业主",《物业服务收费管理办法》第二条关于"物业服务收费",《物业服务企业资质管理办法》第二条关于"物业服务企业"概念的立法定义,都属于定义规范。

(3) 法律效力规范,是指关于规范性文件生效适用的范围、对象、时间的规定。例如《中华人民共和国消费者权益保护法》第二条规定,消费者为生活消费需要购买、使用商品或者接受服务,其权益受本法保护;本法未作规定的,受其他有关法律、法规保护。《中华人民共和国价格法》第二条规定,在中华人民共和国境内发生的价格行为,适用本法。《物业管理条例》第七十条规定:本条例自2003年9月1日起施行。

(4) 准用性规范,是指对特定事项在法定情况下出现时,由于本规范性文件没有具体明确规定而准许援用本法中有关条文规定或援用其他规范性文件中相关规定作出处理的规范。例如《物业服务收费管理办法》第二十一条规定,物业服务企业违反价格法律、法规和规定,由政府价格主管部门依据《中华人民共和国价格法》和《价格违法行为行政处罚规定》予以处罚。

(5) 委任性规范,是指对特定事项,由于本规范性文件中没有作出直接规定,而规定授权、委托某一专门机关负责制定或解释这方面的规则内容之规范。例如《物业管理条例》第五十四条第3款规定,专项维修资金收取、使用、管理的办法由国务院建设行政主管部门会同国务院财政部门制定;《物业服务收费管理办法》第六条规定,物业服务收费应当区分不同物业的性质和特点分别实行政府指导价和市场调节价。具体定价形式由省、自治区、直辖市人民政府价格主管部门会同房地产行政主管部门确定。

五、物业管理法律规范的表现形式

目前,我国还没有形成一套完整、系统的物业管理法律规范体系。我国物业管理法律体系主要由《宪法》、法律、行政法规、地方性法规、规章等构成。

1. 宪法

全国人民代表大会制定的《中华人民共和国宪法》(以下简称《宪法》),规定国家的根本制度和根本任务，是国家的根本大法，具有最高的法律效力，也是制定各层级物业管理法律规范的依据。《宪法》本身鉴于其原则性，概括性的母法特征，对物业管理法律规范未作出具体详尽的规定，但其涉及物业管理内容的规定，则是制定各层级物业管理法律规范的基本依据和指导思想。

《宪法》中有许多涉及物业权属的条款。比如第十条规定："城市的土地属于国家所有。农村和城市郊区的土地，除由法律规定属于国家所有的以外，属于集体所有；宅基地和自留地、自留山，也属于集体所有……一切使用土地的组织和个人必须合理地利用土地"。第十三条规定"国家保护公民合法的收入、储蓄、房屋和其他合法财产的所有权"等。这些规范，对物业管理的立法、司法均有最高指导作用。

2. 法律

法律是指国家最高权力机关全国人民代表大会及其常务委员会制定、颁布的规范性文件的总称，其法律效力和地位仅次于《宪法》，包含了调整一般民事、经济关系的基本法律和调整具体民事、经济关系的专门法律。

1986年的《中华人民共和国民法通则》，根据《宪法》和我国实际情况，规定了包括土地、房屋在内的所有权、使用权等一系列问题，是我国调整民事活动和民事关系的基本大法，是进行民事活动必须遵循的基本准则，也是物业管理法规必须遵循的准则。

1994年的《中华人民共和国城市房地产管理法》，是规范城市范围内取得房地产开发用地，从事房地产开发和交易，实施房地产管理的法律。在当时，从专业上看，物业管理是房地产业的分支行业。《城市房地产管理法》为城市房地产业的健康发展提供了基本的法律依据和法律保障。

1994年的《中华人民共和国公司法》，对有限责任公司与股份有限公司的性质、地位、股东的权利、公司内部管理体制、股份发生和转让等作了规定，是我国公司包括物业管理公司必须遵循的准则。

1999年的《中华人民共和国合同法》（以下简称《合同法》），是规范我国社会主义市场经济运行的最基本的法律之一，对于保护合同当事人的合法权益，维护社会经济秩序，具有重要作用。民事性质的物业管理关系往往都是通过合同的形式来规范双方当事人的行为，所以，《合同法》是物业服务合同签订和履行的基本法。

2007年的《中华人民共和国物权法》，是我国规范财产关系的民事基本法律，特别是其中第六章"业主的建筑物区分所有权"和第七章"相邻关系"的有关规定，与物业管理活动有着直接的关系。

除此之外，还有其他相关的法律，如《中华人民共和国城乡规划法》、《中华人民共和国建筑法》、《中华人民共和国价格法》、《中华人民共和国劳动合同法》、《中华人民共和国消费者权益保护法》、《中华人民共和国侵权责任法》等。

3. 行政法规

行政法规是国家最高行政机关国务院根据《宪法》和法律制定的有关国家行政管理活动的规范性文件，包括条例、规定、办法三种形式。

国务院领导和管理经济工作和城乡建设，可以根据宪法和法律，制定行政法规。与物业管理活动相关的行政法规主要有：1991年国务院发布的《城市房屋拆迁管理条例》，1998年的《城市房地产开发经营管理条例》；1996年的《房产税暂行条例》，1993年的

《土地增值税暂行条例》，1997年的《契税暂行条例》，2000年的《建设工程质量管理条例》，2003年的《物业管理条例》，2009年的《保安服务管理条例》以及其他相关的行政法规。

4. 地方性法规

地方性法规是指由省、自治区、直辖市或全国人大常委会特别授权的城市（如深圳市等）的人民代表大会及其常委会制定和发布的，实施于本地区的规范性文件。省、自治区、直辖市，省、自治区的人民政府所在地的市和经国务院批准的较大的市的人民代表大会及其常务委员会根据本行政区域的具体情况和实际需要，在不与宪法、法律、行政法规相抵触的前提下，可以制定和颁布地方性法规。民族自治地方（自治区、自治州、自治县）的人民代表大会有权依照当地民族的政治、经济和文化的特点，制定自治条例和单行条例。目前已制定有大量物业管理法规，它们在本行政区域范围内生效。例如，《成都市物业管理条例》（2007年8月10日经成都市第十四届人民代表大会常务委员会第三十四次会议通过，2008年1月1日起施行）；《福建省物业管理条例》（2006年9月28日经福建省第十届人民代表大会常务委员会第二十五次会议通过，2007年1月1日起施行）等。

深圳、珠海、汕头、厦门4个经济特区所在地的人民代表大会及其常务委员会，按照全国人民代表大会的授权，可以制定包括物业管理问题在内的法规，在本经济特区实施。如《深圳经济特区物业管理条例》（2007年9月25日经深圳市第四届人民代表大会常务委员会第十四次会议于通过，2008年1月1日起施行）等。

5. 规章：国务院部门规章、地方性规章

（1）部门规章

部门规章是由国务院有关部、委、办、署根据宪法、法律、行政法规制定下发的规范性文件。从严格意义上来说，国务院的各部门并没有行政立法权，部门规章在法院的司法中只有"参照"作用。但是，实际上，部门规章是我国当前有关物业管理的法律规范中非常重要的一部分。大量的部门规章是我们在研究物业管理中必须参考的规范。

国务院的各部、各委员会根据法律和国务院的行政法规，在本部门的权限内，发布规章。涉及规范物业管理活动的，主要有：

1998年的《物业管理企业财务管理规定》（财政部发布）；

1989年的《城市异产毗连房地产屋管理规定》（原建设部发布，2001年修订）；

1994年的《城市新建住宅小区管理办法》（原建设部发布）；

1995年的《城市房屋租赁管理办法》（原建设部发布）；

1996年的《城市房地产中介服务管理规定》（原建设部发布，2001年修订）；

2000年的《房屋建筑工程质量保修办法》（原建设部发布）；

2000年的《全国物业管理示范住宅小区（大厦、工业区）标准及评分细则》（原建设部发布）；

2002年的《住宅室内装饰装修管理办法》（原建设部发布）；

2003年的《前期物业管理招标投标管理暂行办法》（原建设部发布）；

2004年的《关于加强住宅质量管理的若干意见》（原建设部发布）；

2004年的《物业服务企业资质管理办法》（原建设部发布，2007年修订）；

2004年的《物业服务收费管理办法》（原建设部、发改委发布）；

2004年的《物业服务收费明码标价规定》(原建设部、发改委发布);
2007年的《物业服务定价成本监审办法(试行)》(原建设部、发改委发布);
2007年的《住宅专项维修资金管理办法》(原建设部、财政部发布);
2010年的《业主大会和业主委员会指导规则》(住房城乡建设部发布)。

(2) 地方性规章

地方性规章则是由拥有一定地方立法权(主要是经济管理立法权)的城市人民政府制定的实施于本地区的规范性文件。从法理上看,地方人民政府制定的规章在法律上只有参照作用,但在实践中,大量的地方性规章在物业管理中起着非常重要的作用。例如,1999年7月7日北京市人民政府发布的《北京市住宅小区物业管理办法》,对北京市的物业管理就有极为重要的规范作用;又如在1998年10月1日前施行于广州地区的住宅小区物业管理办法和小区业主联合会办法,也对当时的物业管理起过一定的规范作用。

6. 司法解释

为了适应司法实践的需要,最高人民法院作出了许多司法解释,作为立法的补充和执法的依据。如最高人民法院1998年发布的《关于贯彻执行〈中华人民共和国民法通则〉若干问题的意见(试行)》、2003年发布的《关于审理商品房买卖合同纠纷案件适用法律若干问题的解释》、2009年发布的《关于审理建筑物区分所有权纠纷案件具体应用法律若干问题的解释》和《关于审理物业服务纠纷案件具体应用法律若干问题的解释》等。

7. 政策文件

考虑到立法条件的不成熟,而对物业领域的改革又势在必行,中共中央、国务院颁布了许多具有重大指导意义和现实针对性的政策文件。例如,1994年的《关于深化城镇住房制度改革的决定》、1998年《关于进一步深化城镇住房制度改革的决定》、2005年的《关于做好稳定住房价格工作的意见》、2006年的《国务院关于加强土地调控有关问题的通知》、2007的《国务院关于解决城市低收入家庭住房困难的若干意见》等。

8. 其他规范性文件

其他规范性文件通常是指那些无权制定行政规章的行政机关(如省、自治区、直辖市人民政府下属的委、局、普通的市,非国务院特批的较大的市、县、区政府及其部门),在其法定职权范围内制定的、在一定区域范围内具有普遍约束力的文件。其他规范性文件的法律效力低于法律、法规和规章的效力,但可作为行政机关实施具体行政行为的依据。例如,《江西省多层住宅物业管理公共服务等级指导标准》、《南昌市城市房屋装修管理办法》等。

另外,需注意的是,在物业管理过程中涉及的诸如管理规约、物业服务合同示范文本等文件,这些文件虽然不是由立法机关制定的,本身不具有法律效力,但在一定条件下会对当事人产生法律约束力。如业主大会通过的管理规约对全体业主具有约束力。如果物业服务企业与业主按照有关部门制订的物业服务合同范本签订了物业服务合同,那么该合同就会产生法律效力。

小 结

● 物业管理法律规范是指由国家特定机关制定或认可而具有普遍约束力,反映执政集团对物业管理社会秩序的利益要求和组控意志,并依靠政权强制力量保证实施的,用以组控物业管理社会关系中某一类具体关系或某一具体活动类型的行为规范。物业管理法律规范是物业管理法的最基本的构成单位,是构成物业管理法律体系的细胞。

● 物业管理法律规范有一个严谨的逻辑结构,由假定、处理、制裁三要素组成,其中假定是前提,处理是核心,制裁是保障。

● 按不同的分类标准,物业管理法律规范可以划分出多种不同的类型。按照物业管理法律规范规定的内容指向性质和用途或作用不同,应该包括境位规范、权责规范、行为规范、技术规范、冲突规范和申明规范六大基本类型。

● 目前,我国还没有形成一套完整、系统的物业管理法律规范体系。我国物业管理法律体系主要由宪法、法律、行政法规、地方性法规、规章、司法解释、政策文件和其他规范性文件等构成。

复习思考题

1. 什么是物业管理法律规范?
2. 试述物业管理法律规范的结构。
3. 物业管理法律规范有哪些表现形式?
4. 案例分析:

我国物业管理立法已形成以《宪法》为根本法,《民法通则》、《合同法》、《物权法》等法律为基本法,以《物业管理条例》为中心,加之配套的物业服务收费、物业服务企业资质等行政法规和地方性法规、规章的物业管理法律体系,在一定程度上确立了我国的物业管理法律制度的框架。以下是我国颁布的一些与物业管理有关的规范性文件:①《宪法》、②《物业管理条例》、③《民法通则》、④《业主大会和业主委员会指导规则》、⑤《物权法》、⑥《物业服务企业资质管理办法》、⑦《广东省物业管理条例》、⑧《江西省物业管理服务收费管理办法》、⑨《物业服务收费明码标价规定》、⑩《深圳经济特区住宅区物业管理条例》。请根据法律效力由高到低,排列以上的规范性文件(如果效力相同则并列)。

第四章 物业管理法律责任

要　点

◆ 物业管理法律责任的特征
◆ 物业管理法律责任的构成因素和归责类型
◆ 物业管理法律责任的种类
◆ 承担物业管理民事责任的方式

物业管理法律责任制度是国家对物业管理社会关系进行调整的一个重要方面。法律责任的主要功能体现为处罚违法行为、补偿受害损失、教育人们守法。国家通过对物业管理法律责任的确定，有利于保护当事人的合法权益，促进义务人履行义务。法律责任是权利的保障机制，也是执法的重要依据。现行的物业管理规范性文件一般均专设了"法律责任"或"罚则"章节。

一、物业管理法律责任的概念

物业管理法律责任是指违法行为人或违约行为人对其违法或违约行为应承担的某种强制性不利的法律后果。

二、物业管理法律责任的特征

1. 物业管理法律责任必须和物业管理的违法行为或违约行为相联系

如果没有构成物业管理违法行为或违约行为，则不能承担物业管理法律责任。而物业管理违法行为则必须是违法行为构成四个要件的统一，缺少任何一个要件，要使公民、法人或其他组织承担物业管理法律责任都是不允许的。

2. 物业管理法律责任必须有物业管理法律法规或合同的事先约定

如果没有物业管理法律规范的事先规定，就不能要求行为人承担物业管理法律责任。首先，物业管理法律责任的种类由法律规范事先规定，不得创设法律规范未规定的新种类的物业管理法律责任；其次，物业管理法律责任的内容由法律规范事先规定，不得创设与法律规范规定不同的内容。因此，许多物业管理法中都设有专章规定"法律责任"。

3. 物业管理法律责任必须是对违法行为人或违约行为人的一种制裁

物业管理法律责任是一种对违法行为人或违约行为人不利的法律后果，这显示了物业管理法律、法规对于这种行为的否定性评价，并且体现了法律、法规对此种行为的制裁。对于物业管理刑事责任、行政责任的承担，由国家主动干预，而对于物业管理民事责任，国家通常并不主动干预，是否向违法行为人主张，取决于受害人，即受害人享有自由处分权，对此，法律是允许的。

4. 物业管理法律责任由国家强制力保证实施

法律责任与道德责任的重要区别所在，就是法律责任具有国家法律所赋予的强制性和约束力，道德责任是靠社会公共舆论和行为人自我约束、自我反省予以实现的，而不能凭借国家强制力去强迫实施。物业管理法律责任由国家司法机关和其他法律、法规授权的机关依法追究，任何个人或社会组织都不能行使这一职权。如物业管理公司对其管理服务范围内的业主或使用人无处罚权，但可以根据合同、公约等契约的约定，要求对方服从其管理，如果对方违反约定，可以依法请求人民法院追究违法者的民事责任。

三、物业管理法律责任的构成和归责类型

1. 物业管理法律责任的构成和归责原则含义

物业管理法律责任的构成是指据以确定物业管理法律责任的法定要素所组成的归责条件。法律责任中的归责，是指因违法行为所导致的事实后果是否应当由违法行为关系当事人承担的判断过程，它根据事先确定的标准和规则判断当事人是否应当承担法律责任，回答各种法律责任如何认定的问题。所谓归责条件，是指为确定法律责任的有无、种类及其大小而由法定的判别要素组成的依据。归责条件是归责和认定物业管理法律责任的关键所在，因而也是物业管理法律责任问题中最重要的核心内容。

归责原则是指基于一定的归责事由而确定责任是否成立的法律原则，它反映了一国评价违法行为的特定社会物质生活条件和社会基本价值观念。在归责原则中，归责事由居于核心地位。所谓归责事由，是指立法者基于特定的社会物质生活条件的发展状况和社会生产力的发展要求，根据其立法指导思想，按其价值观分配法律事实引发的损害结果而在法律上确认的惟一和核心的责任原因。归责事由决定着归责原则的变化和发展。在古代法中盛行的是结果责任原则，它以损害结果为其惟一归责事由。近代以来，受个人自治、意思自由的社会价值观影响，盛行过错责任原则，使人承担责任的不是行为或行为结果，而是过错。20世纪形成的现代法，基于科技突飞猛进和社会的急剧变迁，使社会中危险因素激增，为合理分配风险，现代法在某些法律事实引起的法律责任确定方面规定了无过错责任，这是对古代法的结果责任的扬弃，是一个"正—反—合"的辩证运动过程的成果。

归责原则的基础性作用主要有三：①决定法律责任的构成要件。例如，如果合同法采取过错责任原则，违约责任的构成要件应包括违约行为和违约方的过错。违约方只有能证明自己违约无过错的，才不构成违约责任；若是采取无过错责任原则，违约责任的构成要件仅违约行为一项，违约方没有必要证明自己是否有过错。②决定违法赔偿的范围。③决定法律责任的承担方式。例如，在结果责任原则下，赔偿损失是违约责任的主要方式；在过错责任原则下，违约金是违约责任的主要形式。

由于物业管理中违法行为具体种类很多，涉及诸如民事违约责任、民事侵权责任、行政责任、刑事责任等不同种类的物业管理法律责任，其具体的构成要件也各有一定差异。因此，在此只能从各种法律责任构成的一般规律和归责类型角度作出一般性的说明。

2. 物业管理法律责任的一般构成

在一般情况下，法律责任的归责条件由下列四要素构成：

（1）行为违法。法律责任一般是由违法行为的发生而引起的，因此，违法本身的构成条件，自然应当成为法律责任构成的基础和必要的前提条件。

(2) 损害结果。损害是指给被侵害方造成的利益损失和伤害。损害的形式主要有人身的损害、财产的损害、精神的损害和其他利益方面的损害。损害的范围包括直接实际损害和丧失预期可得利益的间接损害。行为具有一定程度的社会危害性，给社会特定利益关系造成了危险或损害，并且危害结果达到了法律规定应追究相应法律责任的程度，是构成物业管理法律责任的一个必要条件。在有些法律责任中，损害结果不是必要要素。

(3) 因果联系。违法行为与损害结果之间应当存在因果联系。法律上的因果联系不是一般的因果关系，而是指某种事实上的行为与特定损害结果之间的必然联系。如果某项损害结果不是因某人的行为所必然引起的，则该行为人就不对该项结果负责。由于行为与结果之间的联系多种多样，有必然联系和偶然联系之分，有直接联系和间接联系之分，有一果多因和一因多果之分，因此在把物业管理法律责任归于某一违法行为时，必须搞清楚违法行为与特定的损害结果之间的联系，这对于行为定性、确定法律责任种类和大小具有重大影响。例如某栋高层楼宇突然停电，造成一些搭乘电梯业主被困于电梯中数小时，甚至影响了个别业主完成业务的利益。这就要查清停电原因是由于本楼内某业主违章用电使电路突然短路造成的，还是电缆铺设时遗留下来的电路短路问题，或是物业管理公司职工、外来人员有意破坏造成的，或是供电部门已事先通知物业管理公司暂停供电时间而由于公司疏忽，未采取在停电前停开电梯的措施造成。在查清停电原因或违法行为与停电损害结果之间因果关系之前，是不能确定责任归属的。

(4) 行为人心理主观过错状态。过错是指行为人实施行为时对自己的违法行为及其后果的一种心理认识状态，分为故意和过失两种表现形式。直接和间接故意的违法行为应负法律责任，重大过失的违法行为一般要负民事责任或行政责任，在法律有明文规定时才须负刑事责任。对物业管理中的民事侵权行为行政违法行为和刑事违法行为的归责，大多数是采取过错责任归责原则。

除上述一般归责四要素外，在确定物业管理法律责任实务中，还应考虑行为人的责任能力即违法行为人承担法律责任的资格和条件。行为人有无责任能力，主要是指他能否通过自己的意志或意识来理性地理解法律的要求，辨认自己行为的目的、性质和后果，并能够最终支配、控制自己行为并承认不利的行为法律报应的能力。无民事行为能力和限制民事行为能力的自然人通常不具有或不完全具有责任能力，因而其对自己所实施的违法行为就依法不负责任或不负完全责任，但其行为引发的民事损害赔偿责任依法转由其法定监护人承担。无论什么人只要损害了他方的合法权益，一律应依法承担相应的法律责任，这是法律面前人人平等原则的具体表现和要求。

[案例 4-1]

在小区内摔伤物业公司是否承担责任？

[案情介绍]

2000 年 1 月 7 日上午，徐某去厂房上班，在通往厂房载货电梯的台阶上行走，因当天厂房三楼漏水正好滴在台阶上，由于天气寒冷出现结冰。徐某走上台阶滑倒摔伤。医院诊断为：左肩肱骨骨折伴肩关节脱位。徐某摔伤当天，该厂房的物业管理单位派人员前去探望。徐某要求物业公司对此事承担责任，物业公司认为没有义务承担，双方各执己见，因此起诉至法院。请分析物业管理公司是否应承担责任？为什么？

[法理分析]

① 被告物业管理公司的行为符合侵害生命健康权的民事责任构成要件，应承担侵权的民事责任。

第一，物业管理单位的行为具有违法性。《上海市居住物业管理条例》第十二条规定："物业管理服务应当保持住宅和公共设施完好，环境整洁优美、公共秩序良好，保障物业使用方便、安全。发现住宅的共用部位、共用设施或者公共设施损坏时，立即采取保护措施，并按照物业管理服务公司的约定进行维修。"可见，本案被告作为物业管理单位，有法定义务立即采取保护措施。

第二，产生了损害原告生命健康权的后果。

第三，被告的不作为行为与原告的损害之间有因果关系。

第四，被告物业管理单位有过错。本案被告作为厂房的物业管理单位负有保障物业使用方便、安全的义务，这应属专业管理人应尽的特别注意义务。

② 原告有过错，应对自身伤害承担主要责任。本案中，原告对自己摔伤有明显的过错，表现在以下三个方面：

第一，厂房外侧电梯系载货电梯是该厂房内所有职工应知的，原告作为公司员工，上下班应走人行通道。原告不愿登楼梯，执意乘载货电梯，主观上存在故意。

第二，原告应当看到台阶上有结冰，从安全起见，原告应走人行通道，其主观上有过失。

第三，原告在朝载货电梯行走时，被告曾劝原告不要走此台阶，以免滑倒摔伤，但原告不听劝阻，仍走上台阶。

《中华人民共和国民法通则》第一百三十一条规定："受害人对于损害的发生也有过错的，可以减轻侵害人的民事责任。"据此，原告应当对自己的过错行为承担主要责任。被告物业管理单位虽未及时修理、清除结冰或采取积极的防护措施，但已尽到了及时警示和告知的义务，应当减轻其赔偿责任。

[法院审理]

原告作为公司员工，上下班应走人行通道，白天行走，也应看到台阶上有结冰，并应当预见到滑冰的危险性，故应对摔伤的行为负主要责任。

但被告作为厂房的物业管理单位应对物业公共配套设施完好起保养维修的责任，在接到厂房漏水报修通知后，理应及时修理，但未提供及时安排修理的有效证据，发现结冰后未及时清除或采取积极的防范措施，故对原告滑倒致伤应承担一定的责任。

3. 物业管理法律责任的归责类型

在物业管理法律责任体系中，不同行为的归责基础即追究法律责任考虑的归责要素是不尽一致的，因而使归责条件存在一定的差别，表现为不同的归责原则。根据归责原则的不同，可将物业管理法律责任的构成划分为不同的归责类型。主要有三种归责类型：

（1）过错责任类型。凡是因实施了违法行为而致人损害者，如果不能证明自己主观上没有过错，就被推定为有过错并承担相应的法律责任。过错的性质和程度，反映着行为人对自己行为的认识水平。法律要求每一位具有行为能力的主体能够理性地预见自己行为的后果，并对自己的行为后果负责。过错责任类型具备一般归责四要素。按过错责任归属何方主体的情况不同，可分出侵害人过错责任、受害人过错责任和侵害人、受害人双方过错责任三种具体类型。如果受害人本人对受损害也有过错的，则可减轻侵害人的责任。

[案例4-2]

某大厦窗户玻璃坠落致人伤害赔偿纠纷案

[案情介绍]

某大厦是被告某实业公司开发的写字楼，其产权属实业公司，主要通过出租的方式使用。该大厦的物业管理由实业公司委托给某物业服务企业管理。大厦共16层，由于其窗户玻璃安装存在质量问题，使用中曾数次发生玻璃坠落之事，租户普遍提出意见，但实业公司未及时进行修缮处理。2001年5月21日下午3时许，13层广告公司的员工肖某在关窗户时用力过猛，致玻璃坠落并破碎，玻璃碎片下落插入当时正在楼下搬运货物的孙某的头顶部，致使孙某当场昏迷。孙某的同事当即将其送往医院脑外科抢救，先后用去医疗费、护理费、误工损失费等共计人民币8万元。事后，孙某将实业公司、肖某及物业服务企业告上法庭，要求三被告承担赔偿责任。

被告肖某辩称：玻璃下落伤人系该窗户玻璃安装不牢所致，而非本人责任，实业公司作为某大厦的所有人和管理人应承担赔偿责任。

被告实业公司辩称：玻璃掉落伤人系租户肖某关窗不当所致，本公司对此不能承担责任。

被告物业服务企业辩称：某大厦窗户玻璃安装存在质量问题，物业服务企业曾多次向实业公司反映，要求其出资修缮，但实业公司始终未予答复。物业服务企业已尽管理职责，故不应承担赔偿责任。

请分析本案谁应当承担民事责任？为什么？

[法理分析]

本案的核心是谁应当承担民事责任。

本案产生的原因，一是由于该楼窗户玻璃安装存在质量问题，使用中曾数次发生玻璃坠落，但没有及时得到维修；二是13层广告公司的员工肖某在关窗户时用力过猛，致玻璃坠落。因此，要确定谁应当承担本案的法律责任，首先就应当搞清楚对于窗户玻璃安装存在质量问题却没有及时得到维修的责任。根据物业产权行使的法律限制原则和相邻权的有关理论，产权的行使不得妨害他人利益，不得妨害公共利益。本案中物业存在安全隐患，危及公共利益及他人合法权益，存在足以造成致以人民群众财产或者人身安全损害的缺陷。由于这种缺陷的存在使不确定的人或者确定的一定范围内的人或者财产因之负有可能遭受损害的风险，如果这种风险不及时排除，就可能造成财产损失或者人身伤害。根据民法原理，业主有及时维修的义务，如果这种伤害或者人身损害发生，则责任人负有赔偿的义务。

《物业管理条例》第五十六条规定，物业存在安全隐患，.危及公共利益及他人合法权益时，责任人应当及时维修养护，有关业主应当给予配合。

本案实业公司作为某大厦的所有人，应当承担主要责任。

其次，关于肖某的责任。肖某关窗时用力过猛，是窗户玻璃坠落的直接原因，与孙某的伤害存在必然的直接关系，因此肖某应当承担法律责任。但由于窗户玻璃安装存在质量问题，使得玻璃存在安全隐患，也是窗户玻璃坠落的原因，与孙某的伤害存在间接的因果关系，因此肖某应当与实业公司共同承担法律责任。

关于物业服务企业的责任，主要是看其是否具有过错。从本案的案情来看，物业服务企业对某大厦窗户玻璃安装存在质量问题曾向实业公司提出改进的请求，但实业公司并未答复，说明物业服务企业对窗户玻璃安全问题已引起足够的重视。如果物业服务合同没有特别的约定，物业服务企业不应当承担赔偿责任。

（2）无过错责任类型。又称严格责任类型。只要行为人作出特定侵权行为或违约行为而造成损害结果，不论其主观有无过错，即使无过错仍应当依法承担法律责任。这种责任类型适用于产品责任、某些特殊侵权责任和合同违约责任。《合同法》第一百零七条对违约责任的原则规定就是无过错责任原则。无过错责任的优点突出表现在涉及无过错责任的诉讼中，举证责任倒置和抗辩事由受严格限制，原告只需向法庭证明自己受损害的事实存在和该损害与被告相关，或者只证明被告未履行合同义务的事实，不要求举证证明被告有过错，也不要求被告证明自己对于不履行义务或作出侵权行为无过错，免去了证明过错有无的困难。被告只能举证证明原告未受损害、受损害是原告自己的行为或第三人的行为所导致的或者损害是不可抗力造成的，但不得单纯证明本人无过错而要求免除责任，从而加强了对受害人的保护，也方便裁判，节省诉讼成本。对于合同关系而言，违约责任是由合同义务转化而来，本质上是出于当事人双方约定，不是法律强加的，法律确认合同拘束力，在一方不履行时追究违约责任，不过是执行当事人的意愿和约定而已。不履行合同与违约责任直接联系，二者互为因果关系，违约责任采用无过错归责原则，有利于促使当事人严肃对待合同，有利于维护合同的严肃性，增强当事人的责任心和法律意识。由于物业管理中存在大量的服务合同关系，因而掌握无过错责任类型的法理知识，对物业管理关系各方都是十分必要的。

[案例 4-3]

无过错责任案件

[案情介绍]

某住宅小区一楼业主谢先生度假回来后，发现家中积满了污水，经查是因为该门栋排水管道倒灌所致，谢先生以物业管理公司没有履行管理职责为由，要求物业管理公司给予损失赔偿，但物业管理公司称排水管道是通畅的，不应该负管理责任，因此拒绝赔偿。试析：本案中物业管理公司是否应承担责任？为什么？

[法理分析]

1. 本案中物业管理公司应承担严格责任即无过错责任。

无过错责任是指当事人承担责任的要件并不以过错为前提，只要不能证明是被侵权人的过错，法律规定的责任主体就要承担责任。

2. 在物业管理关系的当事人中，对管理公司或开发商将更多地适用严格责任。

物业管理是一种服务，严格地讲也是一种产品，因服务质量的瑕疵引起的后果，即使不存在故意或过失，物业管理公司或开发商也要承担相应责任。因此，本案中的管理公司和开发商均不能免责，他们应首先对业主谢先生承担责任，然后再通过有关途径明确他们各自的责任（有无责任或责任大小）。

（3）公平责任类型。又称衡平责任。凡是当事人对发生的损害都没有过错，也没有作出违法行为，但受害人要求有关当事人承担民事责任的，法院依据《民法通则》第一百三十二条规定，可以根据实际情况，按照公平合理原则由当事人分担民事责任。

[案例4-4]

公平责任案件

[案情介绍]

某物业管理公司开展学雷锋活动，职工王某到业主李某家免费帮助擦窗户，在干活过程中不慎失足摔倒跌断股骨，经住院治疗，花费人民币2000元。王某提出希望物业管理公司和作为受益人的业主李某适当承担一部分医疗费用。但物业管理公司和李某互相推诿。气愤之下，王某不仅要求物业管理公司和李某承担医疗费，而且要求物业管理公司给予精神损失补偿费3000元。

请问：王某的要求是否合理？为什么？

[法理分析]

凡是当事人对发生的损害都没有过错，也没有作出违法行为，但受害人要求有关当事人承担民事责任的，法院依据《民法通则》第一百三十二条规定，可以根据实际情况，按照公平合理原则由当事人分担民事责任。对于本案，可以依法按公平责任类型处理，物业管理公司和作为受益人的业主李某应适当承担一部分医疗费用。但是公平责任不适用于精神损害赔偿场合。

物业管理法律责任必须得以实现，才能恢复被破坏了的权利义务关系的平衡，才能保障有关法规规定的贯彻执行，才能使受责人从所处的受责状态中解脱出来。法律责任的实现即责任人所处受责的必为状态的消除，可分两类实现方式：一类称法律责任的积极实现，指责任承担人通过自觉的或在法律强制下，实际履行了由法律责任产生的特殊必为义务，从而结束其受责状态；另一类称法律责任的消极实现，指责任承担人并未实际履行由法律责任产生的特殊必为义务，而因法定条件或情况的出现，使其从受责状态中解脱出来，消除了其承担的法律责任。能脱责的法定条件主要有：权利除斥期间和诉讼时效届满；责任承担人是自然人死亡、是组织解散或终止(也可能发生责任转承关系)；享有主张追究法律责任权利的某些民事关系当事人放弃主张权(如放弃接受民事赔偿的权利)；属于"告诉才处理"案件的法律责任由于原告撤诉而解除；司法机关裁判免除责任人的法律责任。

四、物业管理法律责任的种类

物业管理法律责任有多种分类，包括：公法责任和私法责任；过错责任、无过错责任和公平责任；职务责任和个人责任；财产责任和非财产责任等。按法律责任的内容不同，一般分为民事法律责任、经济法律责任、行政法律责任、刑事法律责任四类。违宪法律责任不在物业管理法律责任范围。各种法律责任可以单独发生，也可能与其他法律责任同时发生，换言之，一种违法行为不一定只承担一种法律责任，许多场合违法行为人要承担两种以上法律责任，即出现所谓"法律责任复合(或竞合)"现象。

(一) 刑事责任

1. 刑事责任的概念

刑事责任是指行为人因违反刑法的规定、实施犯罪行为所应承担的法律后果，是由国家审判机关依法给予行为人相应的刑事制裁。

例：《物业管理条例》第六十三条规定："物业服务企业挪用专项维修资金，情节严重的，并由颁发资质证书的部门吊销资质证书；构成犯罪的，依法追究直接负责的主管人员和其他直接责任人员的刑事责任。"

2. 刑事责任的特征
(1) 刑事责任由于行为人实施犯罪行为而产生；
(2) 刑事责任只能由人民法院依照法定程序追究；
(3) 刑事责任是犯罪分子承担的一种最严厉的法律制裁方法。

3. 承担刑事责任的方式：刑事处罚
(1) 主刑：管制；拘役；有期徒刑；无期徒刑；死刑。
(2) 附加刑：罚金；剥夺政治权利；没收财产。

(二) 民事责任

1. 民事责任的概念
民事责任是指民事主体违反合同义务或法定民事义务而应承担的法律后果。

2. 民事责任的特征
(1) 民事责任是因为违反民事义务而承担的法律后果。在物业管理民事法律关系中，义务人都应当根据法律或者合同履行义务。如果义务人不履行义务，就要承担法律上不利的后果。义务的存在总是先于民事责任。
(2) 民事责任是一种以财产为主要内容的法律责任。法律要求民事责任的承担者主要是从经济方面承担责任，以弥补受损害人的经济损失。
(3) 民事责任的范围与违法行为所造成的损害范围相适应。民事责任的主要目的是为了保护受害者的合法权益，而不是为了惩罚违法行为人，所以，民事责任的范围主要决定于损害的范围。

3. 民事责任的种类
(1) 违约责任：是指一方不履行物业服务合同义务或履行义务不符合约定，依法应当承担的继续履行、采取补救措施、赔偿损失等民事责任。

例：《物业管理条例》第三十六条规定："物业服务企业未能履行物业服务合同的约定，导致业主人身、财产安全受到损害的，应当依法承担相应的法律责任。"

违约责任的基本法律特征有二：一是基于能以金钱来衡量、计算的合同当事人一定经济利益而产生的财产责任；二是可由当事人在法律允许的范围内自行约定，这也是合同自愿（自由）原则的基本要求。其他由法律直接规定的民事责任如侵权责任、缔约过失责任、因无因管理债务产生的民事责任等原则上不允许当事人自由约定。

在合同法领域，违约责任居于核心地位，它实质上是债务人所负合同债务的转化形态，是当事人不履行或不正确履行合同债务的法律报应，其目的在于督促当事人遵守自己作出的承诺。基于合同相对性原则，合同产生的债权是相对权，在一方违约时，债权人仅能向债务人请求损害补救或赔偿，债务人亦仅对债权人承担责任。违约责任与合同责任不能混同，合同责任包括因合同而产生的各种责任，如因合同无效可能产生的行政责任，因合同诈骗而产生的刑事责任等。

物业管理活动是建立在物业服务合同和管理基础上的，因而违约责任是物业管理活动最容易引致的法律责任。

(2) 侵权责任：是指在物业管理民事活动中，民事主体因违法实施侵犯公、私财产权和公民、法人人身权的行为而应承担的不利后果。

例：《物业管理条例》第六十六条规定："有下列行为之一的，由县级以上地方人民政府房地产行政主管部门责令限期改正，给予警告，并按照本条第二款的规定处以罚款；所得收益，用于物业管理区域内物业共用部位、共用设施设备的维修、养护，剩余部分按照业主大会的决定使用：

1) 擅自改变物业管理区域内按照规划建设的公共建筑和共用设施用途的；
2) 擅自占用、挖掘物业管理区域内道路、场地，损害业主共同利益的；
3) 擅自利用物业共用部位、共用设施设备进行经营的。

个人有前款规定行为之一的，处1000元以上1万元以下的罚款；单位有前款规定行为之一的，处5万元以上20万元以下的罚款。"

根据对构成侵权责任的条件的不同要求，可分出一般侵权行为的民事责任和特殊侵权的民事责任两类。同时具备损害事实、违法行为(造成损害的侵犯是违法的行为)、违法行为和损害事实之间有因果关系、违法行为人有过错这四个构成要件(条件)，就能发生一般侵权行为的民事责任。特殊侵权民事责任是指不具备一般侵权行为责任的全部构成要件，而法律规定当事人也须承担民事责任的行为。

[案例4-5]
燃气公司检修案
[案情介绍]

某物业公司发现其管理的小区内有燃气泄漏情况，经与燃气公司联系后，燃气公司派了两名工作人员前来检修。工作人员在距道路中心0.5米处挖了一个直径和深度都将近1米的坑，因天色已晚，燃气公司工作人员准备明天再修，于是关闭了急闸门后离去。当晚10时许，小区居民李先生从朋友处喝酒回家，结果掉进坑内，造成左脚踝骨骨折和多处擦伤，在送医院治疗时，因医疗器械消毒不彻底，护士在给李先生处理擦伤时，使李先生感染了破伤风病毒，最后导致李先生死亡。

李先生的亲属及朋友找到物业管理公司要求赔偿，其理由是：李先生掉到坑内、受伤、死亡，一切都起源于物业公司找燃气公司来检修。试分析：

① 李先生亲朋所言的理由是否有道理？李先生本人是否应承担责任？
② 本案中，涉及《民法通则》中的几种民事责任？谁应承担？理由是什么？
③ 物业管理公司是否应承担民事责任？为什么？

[法理分析]

① 李先生亲朋所言的理由是没有道理，因为物业管理公司的最初行为是履行其工作职责，物业公司找燃气公司来检修与李先生掉到坑内、受伤、死亡等没有必然的因果关系；李先生本人应承担部分责任，因为李先生是一位具有完全民事权利能力和民事行为能力的公民，他应该预见到自己酒后的行为结果，根据《民法通则》第一百三十一条规定："受害人对于损害的发生也有过错的，可以减轻侵害人的民事责任。"

② 本案中涉及两方面的民事责任。一是燃气公司应承担民事侵权责任，《民法通则》第一百二十五条规定："在公共场所、道旁或者通道上挖坑、修缮安装地下设施等，没有设置明显标志和采取安全措施造成他人损害的，施工人应当承担民事责任。"二是医院应承担民事侵权责任，《民法通则》第一百二十九条规定："因紧急避险采取措施不当或者超

过必要的限度，造成不应有的损害的，紧急避险人应当承担适当的民事责任。"

③ 物业管理公司应该承担适当的民事责任。《物业管理条例》第五十一条规定："业主、物业服务企业不得擅自占用、挖掘物业管理区域内的道路、场地，损害业主的共同利益。因维修物业或者公共利益，业主确需临时占用、挖掘道路、场地的，应当征得业主委员会和物业服务企业的同意；物业服务企业确需临时占用、挖掘道路、场地的，应当征得业主委员会的同意。业主、物业服务企业应当将临时占用、挖掘的道路、场地，在约定期限内恢复原状。"

物业管理中的侵权行为及民事责任主要有下列几种：

① 国家机关或其工作人员因执行职务造成侵权损害的民事责任。根据我国《宪法》第四十一条和《民法通则》第十二条规定，由于国家机关或者国家机关工作人员在执行职务中，侵犯公民、法人和其他组织的合法权益，造成损害的，应当承担民事责任，由有关国家机关负责赔偿。例如，《城市危险房屋管理规定》第二十五条规定了房地产管理部门的危房鉴定机构在哪些情况下应承担民事责任。(第二十四条 有下列情况的，鉴定机构应承担民事或行政责任：(一)因故意把非危险房屋鉴定为危险房屋而造成损失；(二)因过失把危险房屋鉴定为非危险房屋，并在有效时限内发生事故；(三)因拖延鉴定时间而发生事故。)

② 法人对其工作人员执行职务造成侵权损害的民事责任。物业管理公司是企业法人，法人的活动是通过其法定代表人和员工执行职务(管理)的行为来实现的，他们的职务活动也就是法人的行为，法人对自己的法定代表人和其他工作人员执行职务中超越权限(如滥用管理职权)或违反法定义务(如玩忽职守)的侵权行为应依法承担民事责任。这种责任按照民法理论属转承责任，即侵权损害虽然是由法人单位的员工造成的，但对损失的赔偿应由其所在单位(物业管理公司)先行承担，而对该员工如何追究其责任，则属单位内部管理责任制范围。

③ 因产品质量不合格致人损害的民事责任。物业管理中常见的产品质量不合格是房屋建筑工程质量和物业维修质量不合格。如商品房在交付使用后，发生了部分墙体裂缝、倒塌、致人伤亡，用户财产被损坏，该房屋的开发建设方和销售方应当承担赔偿损失的民事责任；如果物业管理公司将该房倒塌部分修复，但因维修质量不合格又倒塌伤人损物的，则应由公司承担赔偿责任。关于建筑工程质量不合格的民事索赔问题，有关法律、法规已有明文规定。例如《民法通则》第一百二十二条的原则规定，《建筑法》第八十条规定："在建筑物的合理使用寿命内，因建筑工程质量不合格受到损害的，有权向责任者赔偿。"2000年1月10日国务院发布施行的《建设工程质量管理条例》第三条规定："建设单位、勘察单位、设计单位、施工单位、工程监理单位依法对建设工程质量负责。"《城市房地产开发经营管理条例》第十六条第2项规定："房地产开发行业应当对其开发建设的房地产开发项目的质量承担责任。"现行物业管理规范性文件一般把共用物业维修责任人确定为业主团体或住宅小区管委会，并没有对物业管理公司实施维修行为结果质量不合格的责任追究问题作出明文规定，应立法完善弥补。应注意产品质量责任属于一种无过错的严格责任，与属于疏忽责任的服务责任不同，服务责任是有过错责任，承担责任的基础是未尽合理注意义务。

④ 因建筑施工或物业维修施工而产生的侵权责任。《民法通则》第一百二十五条规

定:"在公共场所、道旁或者通道上挖坑、修缮安装地下设施等,没有设置明显标志和采取安全措施,造成他人损害的,施工人应当承担民事责任。"对这条规定,经常从事物业维修施工的物业管理公司应高度重视。

⑤ 建筑物等物所有人或管理人的侵权责任。《民法通则》第一百二十六条规定:"建筑物,或者其他设施以及建筑物上的搁置物、悬挂物发生倒塌、脱落、坠落造成他人损害的,它的所有人或者管理者应当承担民事责任,但能够证明自己没有过错的除外。"该法条规定的是一种过错推定原则,即物的所有人或管理人如举不出证据证明自己没有过错,就推定其有过错,须依法承担相应的民事责任。如果能举证证明受害方自己也有过错,那么根据《民法通则》第一百三十一条的规定,可相对减轻其责任。一些业主或物业使用人常在阳台、窗台上摆放一些杂物或花盆,若不注意固定而发生脱落、坠落致人损害的,要负担赔偿责任。有的住宅小区篮球场上篮球架已朽坏欲倒,若物业管理公司不注意及时加固、维修或拆除,一旦倒塌下来致人伤害,则公司难免要自负或与业主团体负连带赔偿责任。

⑥ 饲养的动物致人损害的民事责任。在居住区内,有许多业主、物业使用人饲养各种宠物,由于管理不当,宠物咬伤人或践踏其他业主财物的事常有发生。《民法通则》第一百二十七条规定:"饲养的动物造成他人损害的,动物饲养人和管理人应当承担民事责任;由于受害人的过错造成损害的,动物饲养人或者管理人不承担民事责任;由于第三人的过错造成损害的,第三人应当承担民事责任。"

⑦ 破坏、污染环境的侵权责任。《民法通则》第一百二十四条规定:"违反国家保护环境防止污染的规定,污染环境造成他人损害的,应当依法承担民事责任。"环境保护和持续改善是物业管理的重要任务之一。在物业管理域界内,一些住户装修住房,将装修垃圾随意倾倒在绿化地或公共场所,由此造成物业管理公司增加恢复绿地原状和清运垃圾的费用,应由违章倾倒垃圾者赔偿或支付。

⑧ 无行为能力人、限制民事行为能力人致人损害的民事责任。在住宅小区内,常发生孩童损坏公用设施、设备等行为,物业管理公司应根据《民法通则》第一百三十三条规定,要求其监护人承担民事赔偿责任。

⑨ 因妨害行为而产生的侵权责任。这主要是指因违反《民法通则》第一百三十三条规定的不动产相邻关系义务而引起的停止侵害、排除妨碍、赔偿损失民事责任。

(3) 违约责任与侵权责任的区别

违约责任与侵权责任二者不仅基本概念定义不同,而且在构成要件等方面有重大差别。

这直接影响到当事人以何种诉由起诉及可能获得的结果。违约责任与侵权责任的具体区别如下:

① 违反原有义务不同。违约责任是在双方当事人自己约定的合同基础上发生的,所以违约的一方补偿对方当事人因此而造成的损失,实际上是他所承担合同义务的继续;侵权责任是法定的,侵权责任人违反的不是自己约定的义务,而是违反了法律的直接规定,当造成损害时才发生法律责任。

② 保护的权利性质不同。违约行为所侵犯的是债权关系,即相对的权利,因此违约责任要保护的也是这种相对的债权及债务关系;侵权行为是侵害所有权、人身权等绝对权

利而发生的责任,因此侵权责任的目的是保护财产所有权和与经济利益有关的人身权等绝对性权利。

③ 构成要件不同。我国《合同法》规定的是无过错责任;而侵权行为一般是过错责任。因此,当事人以违约责任为诉由的,无需举证对方有过错;如以侵权责任为诉由的,常需证明对方有过错。另外,一般情况下,只有存在损害后果才能构成侵权行为,所引起的侵权责任也当然以损害为构成要件;违约行为不以损害为一般构成要件,因此违约责任的成立不一定以损害为要件,只有赔偿损失人损害为成立要件,而违约金责任、强制实际履行责任均不以损害为构成要件。

④ 对责任人的要求不同。根据房地产合同法律制度的要求;不具有完全行为能力的人没有签订物业管理合同、房地产合同、管理规约的行为能力,因而也没有承担此类合同责任的责任能力;在侵权行为关系主体中,无行为能力和限制行为能力的人同样可以实施侵害房地产(物业)所有权和人身权的行为,造成损害的,也应承担责任,从本人财产中支付赔偿费用,不足部分,由监护人适当赔偿,但单位担任监护人的除外。此外,违约责任人一般仅限于违约行为人,其他人不负担违约责任;而根据《民法通则》第一百三十三条规定,实施侵权行为人以外的人——监护人也可以经转承责任而成为侵权责任的主体。

⑤ 对第三人的责任不同。在违约责任中,如果因第三人的过错致合同债务不能履行,债务人首先应向债权人负责,然后才能向第三人赔偿;在侵权责任中,贯彻了对自己行为负责的原则,行为仅对因自己的过错致他人损害的后果负责。在违约责任中,债务人的代理人,对于不履行债务有故意或过失时,债务人应依自己的故意或过失,负同样的责任。

⑥ 赔偿范围不同。违约责任的范围或赔偿损失额可由当事人预先在合同中约定,如果没有这种约定,依《合同法》的规定,赔偿损失额应当相当于受害人因违约而受的损失,一般包括直接损失和间接损失。违约责任的内容也仅仅具有财产内容,如支付违约金等。按《民法通则》第一百一十七条和第一百一十九条规定,侵权责任的赔偿范围原则上包括直接和间接损失,在侵害人格权时,按《民法通则》第一百二十条规定,还可进行精神损害赔偿;不法行为造成他人死亡的,按《民法通则》第一百一十九条规定,赔偿范围还要扩张至死者生前抚养的人必要的生活费用等。侵权责任的内容,既有财产性也有非财产性。

[案例4-6]

张某被高压电灼伤诉物业服务企业不作为赔偿纠纷案

[案情介绍]

张某9岁,小学二年级学生。一天放学后,张某去同学李某家玩。李某家住三楼,楼前有棵大榕树,树枝伸到李某家的阳台。两人在室内玩时听到外面有飞机的声音,就跑到阳台上去观看。两人没有看到飞机,但看到树上有鸟,张某即用身边的铁条去打鸟,结果被挂在树上的折断的高压电线所吸而触电受伤,后被送到医院住院治疗。经人民法院法医鉴定,其伤情属重伤范围。

经查,在距离李某家阳台垂直距离大约5米的地方,有10千伏高压电线。事发前天晚上有7级大风,是大风将电线刮断,落在了树上,导致损害的发生。

事后,张某的父母向人民法院提起诉讼,认为物业服务企业未尽小区内的管理职责,对电线刮断的事实未引起充分的注意,在管理上有过错,应承担赔偿责任。电力公司作为高压电线的经营人，负有保障电力设施安全的义务，但其未履行，也应承担赔偿责任。

被告物业服务企业辩称，电线属电力设施，应属电力公司管理，不属物业服务企业管理的范围，张某的损害应由电力公司负责，物业服务企业不负赔偿责任。

电力公司辩称：公司架设的高压电线与李某家楼房之间的垂直距离大于5米，符合国家关于10千伏高压电线与建筑物的垂直距离不小于3米的规定。张某的家长让无民事行为能力的小孩独自去同学家玩，未尽监护职责，也应承担相应的责任。

请分析：①物业管理公司是否应承担赔偿责任？为什么？②电力公司是否应承担赔偿责任？为什么？

[法理分析]

① 物业服务企业不应承担损害赔偿责任。

居民住宅小区内的高压电线属电力公司的设施，应属电力公司的管理范围。供电部门与业主之间存在的是一种供应合同的关系。其相关管线和设备设施是其提供服务的必要设施，是其履行合同的一部分。供电部门有义务对相关的管线和设备设施进行维修、养护，本案中的高压线属此范围。

物业服务合同与供电合同不属于同一法律关系，物业管理权源于建筑物的所有权。物业管理的目的是为了维护物业的正常使用功能，其管理范围应限制在建筑物及与建筑物密不可分的配套设施设备上。本案的高压电线属电力公司的设施，不属于案发小区建筑物的配套设施，所以不应属于物业服务企业管理的范围。

虽然本案提起的是侵权之诉，而不是违约之诉，但侵权的责任首先是适用过错责任原则，合同关系正是界定电力部门和物业服务企业是否具有过错的依据。

《物业管理条例》第五十二条第一款规定："供水、供电、供气、供热、通信、有线电视等单位，应当依法承担物业管理区域内相关管线和设施设备维修、养护的责任。"条例的这种规定理清了物业服务企业与供水、供电、供气、供热、通信、有线电视等单位的责任界线，为法院判案提供了直接依据。

② 电力公司应承担损害赔偿责任。

根据上述分析，电力公司对高压线具有维修维护的责任。本案电力公司未能及时检修刮断的电力设施，其过错是明显的，因此应当承担损害赔偿责任。实际上，根据我国民法的有关规定，即使电力公司没有过错，也应当承担无过错赔偿责任。《民法通则》第一百二十三条规定："从事高空、高压、易燃、易爆、剧毒、放射性、高速运输工具等对周围环境有高度危险的作业造成他人损害的，应当承担民事责任。如果能够证明损害是由受害人故意造成的，不承担民事责任"。本案属于高压电线对他人造成损害的情况，电力公司又没有证明张某的损害结果是张某故意造成的，受害人张某触电受伤时年仅9岁，系无民事行为能力人，其对高压电线的危险性是缺乏认识的，也不可能故意造成自身损害。故电力公司不具备免责条件，应当依法承担民事责任。

⑦ 诉讼管辖不同。根据《民事诉讼法》第二十四条规定，因合同纠纷提起的诉讼由被告住所地或者合同履行地人民法院管辖。该法第二十五条还规定，合同的双方当事人可以在书面合同中协议选择被告住所地、合同履行地、合同签订地、原告住所地、标的物所在地人民法院管辖，但不得违反本法对级别管辖和专属管辖的规定。第二十九条规定，因侵权行为提起的诉讼，由侵权行为地或者被告住所地人民法院管辖。

⑧ 诉讼时效不同。时效在民法中是指一定的事实状态经过一定的时间导致一定民事法律后果(报应)的制度，包括取得时效和诉讼时效。诉讼时效是指权利人于一定期间内不行使请求人民法院保护其民事权利的权利即丧失实体法上的胜诉权益，法院对其民事权利不再予以保护的法律制度。因违约而产生的请求违约方承担责任的权利，按《民法通则》第一百三十五条规定，诉讼时效期间一般为 2 年；但在延付或拒付租金、寄存财物被丢失或者损毁的情况下，按《民法通则》第一百三十六条第二款至第四款规定，诉讼时效期间为 1 年。按《合同法》第一百二十九条规定因国际货物买卖合同和技术进出口合同争议提起诉讼或者申请仲裁的期限为 4 年。因侵权行为所产生的请求权，按《民法通则》第一百三十五条规定，诉讼时效期间一般为 2 年；但因身体受到伤害而产生的赔偿损失请求权，按《民法通则》第一百三十六条第一款规定，诉讼时效期间为 1 年。

⑨ 免除条款的效力不同。法律一般不允许当事人以协议排除或限制其未来的责任，但对某些免责条款也承认其效力。相对来说，免除违约责任的条款较免除侵权责任的条款更易被法律所承认。

⑩ 责任方式不同。违约责任主要是财产责任，包括强制实际履行、支付违约金、赔偿损失、价格制裁，仅有合同解除为非财产责任；侵权责任既包括财产责任(如赔偿损失)，也包括非财产责任，如消除影响、恢复名誉、赔礼道歉。

(4) 违约责任与侵权责任竞合

违约行为侵害的是债权(相对权)，侵权行为侵害的是所有权、知识产权、人身权等绝对性权利。两者在一般情况下不会发生竞合，但在特殊情况下却有可能竞合。

责任竞合是指同一行为符合民法规定的数种责任要件的情形。从同一行为产生的请求权角度看，则为请求权之竞合。在民法中，违约责任与侵权责任的竞合是最为常见的。产生责任竞合的原因是由于从不同角度针对某类社会行为关系作出的数个平行的法律规范发生竞合，这使同一行为可能符合数个法律规范要求的条件，且这些规范均能够适用，从而发生责任竞合。责任竞合的存在既体现了违法行为的复杂性和多重性，又反映了合同法与侵权法既相互独立、又相互渗透的状况。

违约责任与侵权责任的竞合主要发生在如下情形：

① 合同当事人的违约行为，同时侵犯了法律规定的强行性义务，包括保护、照顾、通知、忠实等附随义务或其他法定不作为义务。在某些情况下，一方当事人违反法定义务的行为，同时违反了合同担保的义务。

② 在某些情况下，侵权行为直接构成违约的原因，所谓"侵权性的违约行为"。如物业管理中的停车场看管人员作为车辆保管员，依保管合同占有某业主的小轿车并非法使用，造成轿车毁损、丢失。违约行为也可能造成侵权的后果，此谓"违约性的侵权行为"，如供电部门因违约中止供电，致用电对方当事人财产和人身遭受损害。

③ 侵权关系当事人之间事先存在着一种合同关系，一方实施故意侵害对方权利并造成对方损害的侵权行为时，该加害行为不仅可作为侵权行为，也可以作为违反了当事人事先规定的义务的违约行为对待。

④ 一种违约行为虽然只符合一种责任要件，但是，法律从保护受害人的利益出发，要求合同当事人根据侵权行为制度提出请求或提起诉讼，或者将侵权行为责任纳入合同责任的适用范围。

早在1989年，在中国最高人民法院下发的《全国沿海地区涉外、涉港澳经济审判工作座谈会纪要》中，就明确承认责任竞合，并允许当事人选择有利于自己的一种诉因提起诉讼。

《合同法》使责任竞合有了普遍法律意义。《合同法》第一百二十二条规定："因当事人一方的违约行为，侵害对方人身、财产权益的，受损害方有权选择依照本法要求其承担违约责任或者依照其他法律要求承担侵权责任。"这条规定表明，在违约行为与侵权行为发生竞合时，当事人可选择行使违约责任请求权或侵权责任请求权。应注意，当事人不能同时以两个诉由起诉，即不能取得双倍赔偿。当事人的任何一个请求权满足后，另一个请求权因此而终止。但当事人的任何一个请求权未能实现的(其原因可能是已过诉讼时效或败诉等)，当事人仍可基于另一请求权提起诉讼。

4. 承担民事责任的方式

承担民事责任的方式，《民法通则》第一百三十四条规定了主要有十种形式，可以单独适用，也可以合并适用：

① 停止侵害。指对行为人正在实施的侵权行为，受害人有权请求其停止实施或请求人民法院制止实施。

② 排除妨碍。指权利人行使其权利受到他人不法阻碍或妨害时，有权请求行为人排除或请求人民法院强制排除妨碍。

③ 消除危险。指在有造成财产或人身损害之虞时，权利人有权请求行为人消除或请求人民法院强制其消除。

④ 返还财产。指权利人的财产被行为人非法侵占时，权利人有权请求返还该财产。此种责任方式的一个前提是原物尚存在。

⑤ 恢复原状。指在财产被不法损害或性能状态被改变而有复原的可能时，受害人有权请求恢复到财产未受损坏或未改变时的状态。

⑥ 修理、重作、更换或退回。指受害人财产受到损害，受害人有权要求行为人采取修理、重作、更换或退回的方式，弥补、挽回所造成的损失。

⑦ 赔偿损失。指行为人以其财产填补受害人的损失。这是承担民事责任的最普遍、适用最广的方式。

⑧ 支付违约金。指依法律规定或当事人约定，违约方向对方支付一定数额的金钱。这种责任方式只适用于违反合同的民事责任。

⑨ 消除影响、恢复名誉。指公民或者法人的人格权(如姓名权、肖像权、名誉权、荣誉权)受到不法侵害时，有权通过人民法院要求行为人以公开形式承认过错，澄清事实，或者辟谣，消除所造成的不良影响，以恢复未受损害时社会对其品行、才能或信用的良好评价。

⑩ 赔礼道歉。指公民或法人的人格权受到不法侵害时，权利人可请求行为人当面承认错误，表示歉意，以保护其人格尊严。

(三) 行政责任

1. 行政责任的概念

行政责任是指物业管理行政主体和物业管理行政相对人的行为违反物业管理法律规范而必须承担的法律责任。

2. 行政责任的特征

(1) 行政责任的主体是行政法律关系主体。

根据责任主体的不同，可将行政责任分为行政主体的行政责任、行政公务人员的行政责任和行政相对人的行政责任。行政主体是在行政法律关系中行使行政管理职权、处于支配地位的行政机关和法律、法规授权的组织；行政公务人员是在行政法律关系中代表行政主体行使行政职权、履行行政职责的工作人员；行政相对方就是在行政法律关系中与行政主体相对应，处于被管理和被支配地位的公民、法人和其他组织。

(2) 行政责任是基于行政法律关系而发生的。

行政法律关系主体应当履行法定职责和义务。行政责任是行政法律关系主体不履行法定职责和义务所引起的法律后果，它是以行政法律义务为基础的，没有行政法律义务，也就没有行政责任。

3. 承担行政责任的方式

(1) 行政主体承担行政责任的方式：①通报批评；②赔礼道歉，承认错误；③恢复名誉，消除影响；④返还权益，恢复原状；⑤停止违法行为；⑥撤销违法决定；⑦撤销违法的抽象行为；⑧履行职务；⑨纠正不当；⑩行政赔偿。

例：《中华人民共和国治安管理处罚法》第一百一十七条规定："公安机关及其人民警察违法行使职权，侵犯公民、法人和其他组织合法权益的，应当赔礼道歉；造成损害的，应当依法承担赔偿责任。"

(2) 行政公务人员承担行政责任的方式：①通报批评；②赔礼道歉，承认错误；③退赔、恢复原状；④停止违法行为；⑤采取经济制裁措施；⑥赔偿损失；⑦行政处分；⑧罢免(行政处分：警告、记过、记大过、降级、撤职、开除)。

例：《物业管理条例》第六十九条规定："国务院建设行政主管部门、县级以上地方人民政府房地产行政主管部门或者其他有关行政管理部门的工作人员利用职务上的便利，收受他人财物或者其他好处，不依法履行监督管理职责，或者发现违法行为不予查处，构成犯罪的，依法追究刑事责任；尚不构成犯罪的，依法给予行政处分。"

(3) 行政相对人承担行政责任的方式：①承认错误、赔礼道歉；②行政处罚；③限期改正；④责令停止违法行为；⑤恢复原状、返还权益(行政处罚：警告、限期停业整顿、暂扣或吊销营业执照、没收非法所得、罚款、行政拘留等)。

例1：《物业管理条例》第六十一条规定："违反本条例的规定，物业服务企业聘用未取得物业管理职业资格证书的人员从事物业管理活动的，由县级以上地方人民政府房地产行政主管部门责令停止违法行为，处5万元以上20万元以下的罚款；给业主造成损失的，依法承担赔偿责任。"

例2：《住宅室内装饰装修管理办法》第三十四条规定："装修人因住宅室内装饰装修活动侵占公共空间，对公共部位和设施造成损害的，由城市房地产行政主管部门责令改正，造成损失的，依法承担赔偿责任。"第三十五条规定："装修人未申报登记进行住宅室内装饰装修活动的，由城市房地产行政主管部门责令改正，处500元以上1000元以下的罚款。"

4. 物业管理行政相对人违法行为的种类

在物业管理过程中需追究行政责任的行政违法行为可以归纳为以下四类：

(1) 物业服务企业的行政违法行为。

① 非法经营行为。指不具备从事物业管理的资质和能力的企业，以物业管理公司的名义违法从事物业管理经营活动。具体表现为三种情形：一是无证经营。指未取得物业管理资质证书而从事物业管理业务的营业行为。二是超越资质能力经营。指低资质的物业服务企业超越自身资质能力等级从事高资质物业服务企业才能受托管理的业务，使所管理物业与其所持资质证书等级不相符合的营业行为。三是超越营业执照登载的经营范围而从事与其设立目的相违背的其他经营活动。前两种情形，由物业管理行政主管机关依法责令其停止违法行为，没收违法所得，并可处以罚款。第三种情形由工商行政管理部门依法处理，予以相应处罚。

② 不正当竞争行为。指物业服务企业在市场交易中违反公平竞争的法律规定和公认的商业道德，采用不正当手段损害其他经营者的合法权益，扰乱社会经济秩序的行为。例如在物业管理招投标过程中，投标者搞串通投标、抬高标价，或者投标者和招标者相互勾结，以排挤竞争对手的公平竞争。对不正当竞争行为，一般由县级以上工商行政管理部门依据我国《反不正当竞争法》及配套法规、规章进行查处。对招投标活动中的不正当竞争行为，中标无效，监督检查部门可以根据情节处以 1 万元以上 20 万元以下的罚款。

③ 擅自作为行为。指物业服务企业在实施物业管理过程中，违反物业管理法规的禁为规范或者违反物业服务合同中的禁为约定，擅自作出的犯禁行为。例如擅自扩大收费范围、提高收费标准，擅自改变公用设施专用基金和住宅维修资金的用途，擅自改变专用房屋的用途或未按规定使用，擅自不按规定定期公布收入账目等。对擅自作为行为，物业管理行政主管机关和有关物价等行政管理部门应当责令其限期改正，并可处以罚款；情节严重的，物业管理行政主管部门可以降低其物业管理资质等级，直至吊销其资质证书，并可建议工商行政管理机关依法注销其物业管理这一经营项目。

④ 不履行或不忠实履行管理义务的行为。指物业服务企业不履行物业服务合同规定义务或者违反忠实义务，不尽心尽力履行管理义务，致使物业管理制度不健全、管理混乱、对物业管理和维修养护不善的行为。对该种行为，物业管理行政主管机关可以责令其限期改正和赔偿委托方损失，并视情节给予警告或者处以罚款；情节严重的也可以降低其物业管理资质等级，直至吊销其资质证书。

⑤ 损害消费者合法权益的行为。指物业服务企业在向消费者提供服务时，违反《消费者权益保护法》第三章关于经营者的义务之规定，所作出的侵害消费者合法权益的行为。对此类行为，工商行政管理部门和其他有关部门在各自的职权范围内依法采取措施予以惩处。

⑥ 其他违反行政管理法规的行为。

(2) 业主委员会、业主、物业使用人或者其他单位、个人的行政违法行为。

① 决定违法行为。指业主大会、业主代表大会、业主委员会作出违反国家、地方有关物业管理规范性文件的规定之决定行为。对此类行为，由物业管理行政主管部门依法责令其限期改正或者撤销其决定。

② 擅自作为行为。指违反物业合理法规的禁为义务规范而擅自作出的犯禁行为。例如，业主委员会违反不得从事各种投资和经营活动的禁令而擅自进行经营的，物业管理行政主管部门应当责令限期改正，可以并处罚款。又如业主、非业主使用人在使用房屋过程

中，擅自改变房屋结构、外貌和用途等，物业管理行政主管机关和有关行政部门应当责令其限期改正，恢复原状，可以并处罚款。

③ 不履行法定应为义务行为。指违反物业管理法规的作为义务规范而不作出法规所要求的行为。例如《深圳市经济特区住宅区物业管理条例》第四十二条第二款、第四十三条规定了业主等人对房屋等物业定期修缮、粉刷的义务，若不履行该项法定义务，按第五十六条第(三)项规定，市、区住宅管理部门应当责令其限期修缮或粉刷；逾期拒不修缮或粉刷的，可处以3000元以上5000元以下的罚款。

（3）开发建设单位、售房单位的行政违法行为。

① 未履行法定前期物业管理义务的行为。指开发建设单位作为新建房屋出售单位以及公有住宅出售前的管理单位，违反物业管理法规关于前期物业管理的规定，不履行或不完全履行自己在物业管理方面依法应作为的义务之行为。

② 不履行物业移交法定义务的行为。指房屋出售单位在向业主委员会、物业服务企业移交物业时，未按规定移交有关该宗物业的工程建设资料和提供成本价物业管理用房、微利价部分商业用房的行为。

③ 不履行物业维修专用基金代收代存法定义务的行为。主要指新建房屋出售单位在销售时，未按规定代表物业管理方向购房者收取法定的应缴交的物业维修专用基金，或者代收后不按规定及时存入指定的银行专用账户的行为。此外，公有住房出售单位也可能作出不履行设立物业维修资金法定义务的义务。

④ 其他行政违法行为。例如，新建房屋出售单位未按规定对建筑实行保修的行为；单独转让房屋的共用部位、共用设备或公共设施的所有权、使用权的行为；不履行对售出的房屋实行保修义务的行为等。

开发建设单位、售房单位表现出上列违法行为的，由市级或区、县级房地产管理部门责令其改正、限期履行，可以并处罚款；情节严重的，可以暂停开发建设单位的房地产开发资质。

（4）妨碍管理的违法行为。

妨碍管理的违法行为是指行政相对人妨碍、阻挠国家物业管理行政主管部门等有关行政管理部门和其他享有物业管理监督权的主体，依法对物业管理实施的客观管理监督事实行为。大致分为两类：

① 妨碍执行公务的行为。指物业管理公司及其员工和物业的业主、使用人以非法手段，无理阻挠、妨碍国家有关行政管理部门执行公务的活动，如阻碍对自己所为的违章建筑行为所进行的行政查处公务活动，妨碍刁难环境、卫生、园林部门，消防部门等的检查活动。对这类行为，可依照《治安管理处罚条例》分别情况予以警告、罚款、行政拘留等行政处罚，必要时可对行为人实行劳动教养等行政措施。

② 妨碍实施监督行为。指物业服务企业及其工作人员拒绝或阻碍业主团体组织及业主对物业管理工作实施正常监督的行为。这种妨碍行为不仅有违物业委托管理合同的监督约定，而且违反国家物业管理法规对业主团体组织和业主的授权规范，应当承担相应的行政责任。但现行物业管理规范性文件对这类行为还没有明文规定相应的行政责任，只是视为违约行为，今后应通过立法加强和完善物业管理监督法制，增加规定与监督相配套的行政责任。

五、几种具体情况下的法律责任

(一) 关于物业权属方面的法律责任

1. 违反《土地管理法》的法律责任

《中华人民共和国土地管理法》中关于非法占用土地的法律责任：未经批准或者采取欺骗手段骗取批准，非法占用土地的，由县级以上人民政府土地行政主管部门责令退还非法占用的土地；对非法占用土地单位的直接负责的主管人员和其他直接责任人员，依法给予行政处分；构成犯罪的，依法追究刑事责任。

2. 违反《城市房屋权属登记管理办法》的法律责任

(1) 以虚报、瞒报房屋权属情况等非法手段获得房屋权属证书的，由登记机关收回其房屋权属证书或者公告其房屋权属证书作废，并可对当事人处以 1000 元以下罚款。

(2) 涂改、伪造房屋权属证书的，其证书无效，登记机关可对当事人处以 1000 元以下罚款。

(3) 非法印制房屋权属证书的，登记机关应当没收其非法印制的房屋权属证书，并可对当事人处以 1 万元以上 3 万元以下的罚款；构成犯罪的，依法追究刑事责任。

(4) 因登记机关工作人员工作过失导致登记不当，致使权利人受到经济损失的，登记机关对当事人的直接经济损失负赔偿责任。

(5) 登记机关的工作人员玩忽职守、徇私舞弊、贪污受贿、滥用职权、超越管辖范围颁发房屋权属证书的，由所在机关给予行政处分；情节严重、构成犯罪的，依法追究刑事责任。

(二) 关于物业使用方面的法律责任

1. 违反《城市异产毗连房屋管理规定》的法律责任

(1) 因使用不当造成异产毗连房屋损坏的，由责任人负责修缮。

(2) 异产毗连房屋的一方所有人或使用人有造成房屋危险行为的，应当及时排除危险；他方有权采取必要措施，防止危险发生；造成损失的，责任方应当负责赔偿。

(3) 异产毗连房屋的一方所有人或使用人超越权利范围，侵害他方权益的，应停止侵害，并赔偿由此而造成的损失。

2. 违反《住宅室内装饰装修管理办法》的法律责任

(1) 因住宅室内装饰装修活动造成相邻住宅的管道堵塞、渗漏水、停水停电、物品毁坏等，装修人应当负责修复和赔偿；属于装饰装修企业责任的，装修人可以向装饰装修企业追偿。

装修人擅自拆改供暖、燃气管道和设施造成损失的，由装修人负责赔偿。

(2) 装修人因住宅室内装饰装修活动侵占公共空间，对公共部位和设施造成损害的，由城市房地产行政主管部门责令改正，造成损失的，依法承担赔偿责任。

(3) 装修人未申报登记进行住宅室内装饰装修活动的，由城市房地产行政主管部门责令改正，处 500 元以上 1000 元以下的罚款。

(4) 装修人违反本办法规定，将住宅室内装饰装修工程委托给不具有相应资质等级企业的，由城市房地产行政主管部门责令改正，处 500 元以上 1000 元以下的罚款。

(5) 装饰装修企业自行采购或者向装修人推荐使用不符合国家标准的装饰装修材料，造成空气污染超标的，由城市房地产行政主管部门责令改正，造成损失的，依法承担赔偿责任。

（6）住宅室内装饰装修活动有下列行为之一的，由城市房地产行政主管部门责令改正，并处罚款：①将没有防水要求的房间或者阳台改为卫生间、厨房间的，或者拆除连接阳台的砖、混凝土墙体的，对装修人处 500 元以上 1000 元以下的罚款，对装饰装修企业处 1000 元以上 1 万元以下的罚款；②损坏房屋原有节能设施或者降低节能效果的，对装饰装修企业处 1000 元以上 5000 元以下的罚款；③擅自拆改供暖、燃气管道和设施的，对装修人处 500 元以上 1000 元以下的罚款；④未经原设计单位或者具有相应资质等级的设计单位提出设计方案，擅自超过设计标准或者规范增加楼面荷载的，对装修人处 500 元以上 1000 元以下的罚款，对装饰装修企业处 1000 元以上 1 万元以下的罚款。

（7）未经城市规划行政主管部门批准，在住宅室内装饰装修活动中搭建建筑物、构筑物的，或者擅自改变住宅外立面、在非承重外墙上开门、窗的，由城市规划行政主管部门按照《城市规划法》及相关法规的规定处罚。

（8）装修人或者装饰装修企业违反《建设工程质量管理条例》的，由建设行政主管部门按照有关规定处罚。

（9）装饰装修企业违反国家有关安全生产规定和安全生产技术规程，不按照规定采取必要的安全防护和消防措施，擅自动用明火作业和进行焊接作业的，或者对建筑安全事故隐患不采取措施予以消除的，由建设行政主管部门责令改正，并处 1000 元以上 1 万元以下的罚款；情节严重的，责令停业整顿，并处 1 万元以上 3 万元以下的罚款；造成重大安全事故的，降低资质等级或者吊销资质证书。

（10）物业管理单位发现装修人或者装饰装修企业有违反本办法规定的行为不及时向有关部门报告的，由房地产行政主管部门给予警告，可处装饰装修管理服务协议约定的装饰装修管理服务费 2～3 倍的罚款。

（11）有关部门的工作人员接到物业管理单位对装修人或者装饰装修企业违法行为的报告后，未及时处理，玩忽职守的，依法给予行政处分。

(三) 关于物业交易方面的法律责任

1. 违反《城市房屋租赁管理办法》的法律责任

业主或物业服务企业在房屋租赁中有下列行为之一的，由人民政府房地产管理部门对责任者给予行政处罚：①伪造、涂改《房屋租赁证》的，注销其证书，并可处以罚款；②不按期申报、领取《房屋租赁证》的，责令限期补办手续，并可处以罚款；③未经出租人同意和未办理登记备案，擅自转租房屋的，其租赁行为无效，没收其非法所得，并可处以罚款。

2. 违反《城市房地产中介服务管理规定》的法律责任

《城市房地产中介服务管理规定》中的相关禁止条款有第九条第一款：严禁伪造、涂改、转让《房地产估价师执业资格证书》《房地产估价师注册证》《房地产估价员岗位合格证》《房地产经纪人资格证》。第二十一条：房地产中介服务人员在房地产中介活动中不得有下列行为：①索取、收受委托合同以外的酬金或其他财物，或者利用工作之便，牟取其他不正当的利益；②允许他人以自己的名义从事房地产中介业务；③同时在 2 个或 2 个以上中介服务机构执行业务；④与一方当事人串通损害另一方当事人利益；⑤法律法规禁止的其他行为。

具体法律责任如下:

(1) 违反本规定,有下列行为之一的,由直辖市、市、县人民政府房地产管理部门会同有关部门对责任者给予处罚:①未取得房地产中介资格擅自从事房地产中介业务的,责令停止房地产中介业务,并可处以1万元以上3万元以下的罚款;②违反本规定第九条第一款规定的,收回资格证书或者公告资格证书作废,并可处以1万元以下的罚款;③违反本规定第二十一条规定的,收回资格证书或者公告资格证书作废,并可处以1万元以上3万元以下的罚款;④超过营业范围从事房地产中介活动的,处以1万元以上3万元以下的罚款。

(2) 因委托人的原因,给房地产中介服务机构或人员造成经济损失的,委托人应当承担赔偿责任。

(3) 房地产管理部门工作人员在房地产中介服务管理中以权谋私、贪污受贿的,依法给予行政处分;构成犯罪的,依法追究刑事责任。

(四) 关于物业管理方面的法律责任

1. 违反《城市新建住宅小区管理办法》的法律责任

(1) 房地产产权人和使用人的法律责任。

房地产产权人和使用人有下列行为之一的,由物业管理公司予以制止、批评教育、责令恢复原状、赔偿损失:①擅自改变小区内土地用途的;②擅自改变房屋、配套设施的用途、结构、外观,毁损设施、设备、危及房屋安全的;③私搭乱建,乱停放车辆,在房屋共用部位乱堆乱放,随意占用、破坏绿化、污染环境、影响住宅小区景观、噪声扰民的;④不照章交纳各种费用的。

(2) 物业管理公司的法律责任。

物业管理公司有下列行为之一的,房地产产权人和使用人有权投诉;管委会有权制止,并要求限期改正;房地产行政主管部门可对其予以警告、责令限期改正、赔偿损失,并可处以罚款:①房屋及公用设施、设备修缮不及时的;②管理制度不健全,管理混乱的;③擅自扩大收费范围,提高收费标准的;④私搭乱建,改变房地产和公用设施用途的;⑤不履行物业管理合同及管理办法规定义务的。

2. 违反《住宅专项维修资金管理办法》的法律责任

(1) 开发建设单位违反本办法第十三条规定将房屋交付买受人的,由县级以上地方人民政府建设(房地产)主管部门责令限期改正;逾期不改正的,处3万元以下的罚款;开发建设单位未按本办法第二十一条规定分摊维修、更新和改造费用的,由县级以上地方人民政府建设(房地产)主管部门责令限期改正;逾期不改正的,处以1万元以下的罚款。

(2) 维修资金代管单位违反规定,挪用维修资金或者造成维修资金损失的,由当地财政部门和房地产行政主管部门按规定进行处理。情节严重的,应追究直接责任人员和领导人员的行政责任;构成犯罪的,应依法追究刑事责任;物业服务企业挪用住宅专项维修资金,情节严重的,除按前款规定予以处罚外,还应由颁发资质证书的部门吊销其资质证书。

(3) 对违反住宅专项维修资金专用票据管理规定的行为,按照《财政违法行为处罚处分条例》的有关规定追究法律责任。

(4) 县级以上人民政府建设(房地产)主管部门、财政部门及其工作人员利用职务上的便利,收受他人财物或者其他好处,不依法履行监督管理职责,或者发现违法行为不予查处的,依法给予处分;构成犯罪的,依法追究刑事责任。

小　结

● 物业管理法律责任是指违法行为人或违约行为人对其违法或违约行为应承担的某种强制性不利的法律后果。它必须和物业管理的违法行为或违约行为相联系、必须有物业管理法律法规或合同的事先约定、必须是对违法行为人或违约行为人的一种制裁、必须由国家强制力保证实施。

● 在一般情况下，物业管理法律责任的归责条件由行为违法、损害结果、因果联系、行为人心理主观过错状态等四要素构成。

● 根据归责原则的不同，可将物业管理法律责任划分为三种归责类型，即过错责任类型、无过错责任类型和公平责任类型。

● 按法律责任的内容不同，物业管理法律责任一般可分为民事法律责任、经济法律责任、行政法律责任、刑事法律责任四类。

● 民事责任可分为违约责任和侵权责任两类，虽然两者经常发生竞合，但它们不仅基本概念定义不同，而且在构成要件上有重大差别，即在违反原有义务、保护的权利性质、构成要件、对责任人的要求、对第三人的责任、赔偿范围、诉讼管辖、诉讼时效、免除条款的效力、责任方式等方面都不同。

● 承担民事责任的方式有：①停止侵害；②排除妨碍；③消除危险；④返还财产；⑤恢复原状；⑥修理、重作、更换或退回；⑦赔偿损失；⑧支付违约金；⑨消除影响、恢复名誉；⑩赔礼道歉。

复习思考题

1. 什么是物业管理法律责任？它有哪些特征？
2. 物业管理法律责任的一般构成要素有哪些？
3. 物业管理法律责任有哪些归责类型？
4. 试论物业管理法律责任的种类。
5. 物业管理的违约责任与侵权责任有什么区别？
6. 承担物业管理民事责任的方式有哪些？
7. 物业服务企业的行政违法行为有哪些表现形式？
8. 案例分析：

某日下午5时许，家住某小区的11岁女孩笑某放学回家后，在其居住的楼下与同学一起打网球，但网绳突然断开，网球飞到楼上一层平台上。笑某在攀登草坪边70厘米高的钢筋护栏取网球时，不慎跌落在钢筋护栏的尖头上，护栏尖头扎进她的胸部，笑某被立即送往医院治疗。经诊断"右胸利器心房贯通伤"，住院半个月后出院。但不久又因心包积液、心肌损害、上呼吸道感染等并发症先后两次入院治疗，共计支付医疗费3万余元。笑某家属认为，物业公司安装的钢筋护栏设置不当是笑某受伤的主要原因，遂将小区物业管理公司告上法庭，要求被告赔偿笑某医疗费、营养费、父母护理误工费、精神损失费等共计26万元，并承担诉讼费用。

请分析：在本案中，笑某和物业管理公司各自应承担什么责任？为什么？

第五章 物业管理常用法律法规解读

要　点

◆《民法通则》对民事责任承担方式的规定
◆《劳动合同法》的主要内容及其对物业服务行业的影响
◆《物权法》对物业管理的影响
◆《物业管理条例》的主要内容
◆《物业服务收费管理办法》对物业服务成本构成内容的规定
◆《物业服务收费明码标价规定》的具体内容
◆《城市新建住宅小区管理办法》对物业管理公司权利和义务的规定
◆ 住宅室内装饰装修活动的禁止行为
◆ 异产毗连房屋使用应遵循的原则和规定

　　法律规范是法最基本的构成单位，是构成法律的细胞。而法律规范是通过一系列的法律条文来表述的，所以全面、准确的理解和把握现行的物业管理规范性法律文件的内容，对于规范物业管理行为具有重要作用。

一、《中华人民共和国民法通则》

　　民法是调整平等主体的自然人之间、法人之间、自然人和法人之间的财产关系和人身关系的法律规范的总称。物业管理法律关系中民事法律关系占多数，民法是物业管理活动中最常用的法律规范，因此需要重点了解掌握。

　　1986年4月12日由第六届全国人民代表大会第四次会议通过、1987年1月1日起施行的《中华人民共和国民法通则》直至今天仍是我国调整民事活动和民事关系的基本大法，它概括地确定了我国民法的基本原则、基本制度和主要内容，为从事民事活动提供了共同遵循的法律规范，是进行民事活动必须遵守的基本准则，也是物业管理法规必须遵循的准则。《民法通则》共九章、一百五十六条，主要包括基本原则、公民（自然人）、法人、民事法律行为和代理、民事权利、民事责任、诉讼时效、涉外民事关系的法律适用等部分。

　　此外，1988年4月2日，最高人民法院发布了《关于贯彻执行〈中华人民共和国民法通则〉若干问题的意见（试行）》，共二百条，详细规定了如何具体适用《民法通则》中的各项规定，该司法解释在实践中应用非常广泛，也应学习掌握。

　　《民法通则》常用的法律规定有：

　　1. 民法的基本原则

　　包括民事活动当事人地位平等的原则，民事活动应当遵循自愿、公平、诚实信用的原则；公民、法人的合法的民事权益不受侵犯的原则，民事活动必须遵守法律和国家政策的原则，民事活动应当尊重社会公德，不得损害社会公共利益等等。业主、业主大会与物业服务企业之间是平等的民事关系，要遵循民法的基本原则。

例：第三条　当事人在民事活动中的地位平等。

第四条　民事活动应当遵循自愿、公平、等价有偿、诚实信用的原则。

第五条　公民、法人的合法的民事权益受法律保护，任何组织和个人不得侵犯。

第六条　民事活动必须遵守法律，法律没有规定的，应当遵守国家政策。

第七条　民事活动应当尊重社会公德，不得损害社会公共利益，破坏国家经济计划，扰乱社会经济秩序。

2. 对公民（自然人）和法人民事权利能力和民事行为能力的规定

关系着业主、业主大会和物业服务企业等是否有资格作为民事法律关系的主体，以自己的名义依法独立享有民事权利和承担民事义务。

例：第九条　公民从出生时起到死亡时止，具有民事权利能力，依法享有民事权利，承担民事义务。

第三十六条　法人是具有民事权利能力和民事行为能力，依法独立享有民事权利和承担民事义务的组织。

[案例5-1]

未满18岁的业主有没有投票权？

[案情介绍]

某住宅小区成立业委会过程中，在核定产权人出席会议参加投票时，发现产权人有一位竟是13岁的孩子，经过了解方知，这孩子姓蔡，是附近中学一名初中生，是独生子，其父母考虑到自己逐渐年迈，购买的房产迟早都要留给孩子的，让孩子作为产权人，可免除以后缴遗产税等繁琐之事。

了解了此事之后，业主委员会成立过程就没有通知蔡某参加，召开的业主大会也没让蔡某参加，因为大部分业主认为蔡某属于限制行为能力的人，没有参加业主大会的资格。物业管理公司也坚决反对蔡某参加。蔡某认为自己的合法权益受到了侵犯，就把小区业委会与物业管理公司告上了法院，要求法院主持公道、维持自己的合法权益。

两被告认为，蔡某年仅13岁，属于《民法通则》上限制行为能力的人，他没有独立进行民事活动的能力，即不能参与与其年龄、智力不相适应的民事活动。没有让蔡某参加业主大会是有一定道理及法律根据的。请求法院判决驳回原告的诉讼请求。

[法理分析]

我国《民法通则》规定，按照不同年龄阶段和理智是否正常，将自然人的民事行为能力分为完全的民事行为能力、限制的民事行为能力和无民事行为能力三类。自然人的民事行为能力就是指自然人能以自己的行为取得民事权利承担民事义务的资格。公民的民事行为能力通常包括以下内容：即公民以自己的行为获得民事权利、承担民事义务的能力以及公民以自己行为获得处分其财产的能力和承担财产的责任的能力，由于受年龄、智力、精神状态等限制通常分为完全民事行为能力、无民事行为能力和限制民事行为能力。

① 完全民事行为能力是指达到法定成年年龄的公民。通常18岁以上的公民是成年人，具有完全民事行为能力，可以独立进行民事活动，是完全民事行为能力人。

② 无民事行为能力是指不具有以自己行为取得民事权利、承担民事义务的资格；不满10岁的未成年人或虽已达成年而完全不能辨认自己行为的精神病人是无民事行为能力人，他们的民事活动由其法定代理人代理。

③ 限制民事行为能力是指具有部分民事行为能力。10周岁以上不满18周岁的未成年人是限制民事行为能力人，可以进行与其年龄、智力相适应的民事活动，其他民事活动要由法定代理人代理。限制民事行为能力的人可以从他们的行为与本人生活相关联的程度、本人的智力或精神状况能否理解其行为，并且预见其行为后果以及行为涉及的财产数额、行为的性质等方面来认定，但限制民事行为能力的进行接受奖励、赠与、报酬等对本人有利，且不设定负担的行为应认定有效。

本案中该业主不满18周岁，属于限制民事行为能力的人，其民事活动要由其法定代理人代理，即由其监护人（父母）作为代表参加业主大会，并参加投票。

[法院审理]

人民法院认为原告蔡某依《民法通则》的相关规定属于限制民事行为能力的人，其可以进行与其年龄、智力相适应的民事活动，其他民事活动要由法定代理人代理，且业主大会的决议是要求每个业主都要遵守的，不能只让业主承担相应的民事行为结果而不允许其参与民事行为。人民法院认为原告的诉讼请求符合公平原则且有法可依，故判决确认原告有参与业主大会的权利，及原告有投票权。

3. 对民事法律行为和代理的规定

包括何为民事法律行为，民事法律行为应当具备的条件，什么是无效的民事行为和可撤销、可变更的民事行为及其法律后果，什么是代理，哪些情况属于无权代理等。在物业管理领域里，业主、业主大会和物业服务企业等的民事活动要想受到法律的保护，就必须使其符合民法对民事法律行为和代理的有关规定。

4. 对民事权利的规定

民事权利中与物业管理关系密切的是财产所有权、物权和债权。《民法通则》中对物权的原则性规定是解决不动产权属问题的重要依据。此外，这部分还规定了不动产的相邻各方应当按照有利生产、方便生活、团结互助、公平合理的精神，正确处理给水、排水、通行、通风、采光等方面的相邻关系。给相邻方造成妨碍或者损失的，应当停止侵害、排除妨碍、赔偿损失。这条规定对解决相邻业主之间的常见纠纷有实际意义。对债权的规定主要适用于合同和侵权问题。为了担保债务的履行，当事人可以设置保证、抵押、定金、留置等担保方式。《民法通则》作为我国民法的基本法，其对民事权利的规定是原则性、纲领性的，更加详细的规定有赖于《合同法》、《担保法》和《物权法》。

[案例5-2]

物业公司如何解决邻里之间的纠纷？

[案情介绍]

申某住在某小区25号楼10单元703房间，他的邻居住户夏某住在702房间。自2001年6月起，夏某把该房出租给别人，租户每天都在703房间和702房间门前丢弃大量的饭盒、报纸等垃圾，并且租户在晚上总传出刺耳的音响声，直到深夜，吵得申某一家无法在晚上看书学习或入睡。申某多次向夏某和租户提出意见，都没有见效。后经有人指点，认为物业管理公司签订了服务合同，有维护小区工作、生活环境正常的义务，承担管理责任,物业管理公司出面调解更加合乎情理。申某便要求物业管理公司维护其生活环境正常状况。

后物业管理公司出面协调,租户说:"我在自己家里,有自由自在生活的权利,你们谁也管不着,你物业管理公司只管外面的事就行了。"租户依旧我行我素,物业管理公司也帮不了忙。申某认为以物业管理公司没有尽管理职责,遂向有关行政部门投诉。

请分析:物业管理公司应如何处理此纠纷?有什么法律依据?

[法理分析]

住宅小区内,由于各业主的生活习惯、兴趣爱好、文化品位、经济基础等方面的差异,有时难免会发生一些碰撞,甚至会出现个别住户之间的争吵,一旦住户之间发生争吵,该由谁来处理?有的认为应该由物业管理公司来解决,有的认为业主委员会也该参加管理。到底应怎样看待此事呢?如何解决邻里之间的纠纷呢?

① 物业管理法律关系涉及面广泛,物业管理中的当事人权利义务很复杂,一般需以文书形式明确规定,因为物业业主作为房地产产权人或使用人,并不意味着可以随心所欲地使用该物业。一个住宅小区,就是一个社会,每个人的自由都为他人的权利所限制,因为个人的自由权是以不侵犯他人的自由权为前提的。自由不是绝对的,而是相对的,当你的行为影响到别人,侵犯了别人已有的权利时,就应该受到限制。在本案例中,租户的行为虽然不是违法行为,是正常的日常生活行为,但当它对别人造成一定的影响时,就应该受到约束和限制。

②《民法通则》第八十三条规定:"不动产的相邻各方,应当按照有利生产、方便生活、团结互助、公平合理的精神,正确处理给水、排水、通行、通风、采光等方面的相邻关系。给相邻方造成妨碍或者损失的,应当停止侵害,排除妨碍,赔偿损失。"

《城市房产毗连房屋暂行规定》第五条规定:"所有人和使用人对房屋的使用和修缮,必须符合城市规划、房地产管理、消防和环境保护等部门的要求,并应按照有利使用、共同协商、公平合理的原则,正确处理毗连关系。"第六条规定:"所有人和使用人对共有、共用的门厅、阳台、屋面、楼道、厨房、厕所以及院落、给水排水设施等,应共同合理使用并承担相应的义务。"

《城市新建住宅小区管理办法》第十四条规定,对房地产产权人和使用人违反本办法规定,有下列行为之一的,由物业管理公司予以制止、批评教育、责令恢复原状、赔偿损失:(一)擅自改变小区内土地用途的;(二)擅自改变房屋、配套设施的用途、结构、外观,毁损设施、设备,危及房屋安全的;(三)私搭乱建、乱停乱放车辆,在房屋共用部位乱堆乱放,随意占用、破坏绿化、污染环境、影响住宅小区景观,噪声扰民的;(四)不照章交纳各种费用的。

房地产行政管理部门要求某物业管理公司履行职责,对承租人的行为予以制止、批评教育、责令恢复原状、赔偿损失。

③ 从理论上来说,业主们可以通过业主大会和业委会来民主决定住宅小区的许多事情,因为物业管理涉及人们的日常生活,并不总是需要警察或法庭来严肃处理,最好的办法就是以管理公约来规范业主的日常生活行为。本案例最终是由行政部门从中调解,由物业管理公司协助组织召开业主大会,制定和通过了管理公约,公约要求每个业主要按约定行事。否则就违反了相互之间的承诺,构成违约。

5. 对民事责任的规定

主要包括什么情况下应承担民事责任,违反合同的民事责任和侵权的民事责任的构成,承担民事责任的方式等。

例:第一百二十五条 在公共场所、道旁或者通道上挖坑、修缮安装地下设施等,没有设置明显标志和采取安全措施造成他人损害的,施工人应当承担民事责任。

第一百三十四条 承担民事责任的方式主要有:

(一)停止侵害;

(二)排除妨碍;

(三)消除危险;

(四)返还财产;

(五)恢复原状;

(六)修理、重作、更换;

(七)赔偿损失;

(八)支付违约金;

(九)消除影响、恢复名誉;

(十)赔礼道歉。

以上承担民事责任的方式,可以单独适用,也可以合并适用。

人民法院审理民事案件,除适用上述规定外,还可以予以训诫、责令具结悔过、收缴进行非法活动的财物和非法所得,并可以依照法律规定处以罚款、拘留。

6. 诉讼时效制度

主要规定了诉讼时效的种类和期间,何为诉讼时效的中止、中断等。民事主体在向人民法院请求保护民事权利时要特别注意诉讼时效的问题。

例:第一百三十五条 向人民法院请求保护民事权利的诉讼时效期间为两年,法律另有规定的除外。

二、《中华人民共和国合同法》

《中华人民共和国合同法》作为调整平等民事主体之间的交易关系的法律,是我国民法的重要组成部分。1999年3月15日第九届全国人民代表大会第二次会议通过了《中华人民共和国合同法》(以下简称《合同法》),该法自1999年10月1日起施行,在此之前长期发挥作用的《中华人民共和国经济合同法》、《中华人民共和国涉外经济合同法》和《中华人民共和国技术合同法》同时废止。《合同法》包括总则和分则两大部分,共二十三章四百二十八条,是一部详尽、严密、具有操作性的法律,为包括物业管理在内的市场经济活动提供了较为完善的法律保护。为保障《合同法》的顺利实施,最高人民法院于1999年12月1日通过了《关于适用〈中华人民共和国合同法〉若干问题的解释(一)》,自1999年12月29日起施行。

《合同法》的总则部分规定了基本原则,规范了合同的订立、合同的有效或无效及合同的履行、变更和解除、保全、违反合同的责任等问题。分则主要包括各种类型的合同,如买卖合同、供用电、水、气、热力合同、赠与合同、租赁合同、委托合同、居间合同等有名合同的有关规定。其中租赁合同、供用电、水、气、热力合同、委托合同、居间合同等是物业服务企业和业主常用的合同类型。

《合同法》采取了约定优先的原则，即有约定的依约定，无约定的依法定的规则。当事人依法享有自愿订立合同的权利。合同法规范的对象是交易关系，决定了合同法较之于民法的其他法律更强调平等协商和诚实信用原则。

《合同法》常用的法律规定有：

1. 合同法的基本原则

平等、自愿、公平、诚实信用、守法和尊重社会公德等基本原则是从事交易活动的当事人必须遵循的行为模式。在签订物业服务合同时，双方处于平等地位，应该在权利义务对等的基础上订立合同，一方不得将自己的意志强加于另一方。

2. 订立合同时要注意的问题

法律法规规定采用书面形式的，应当采用书面形式，如物业服务合同、房屋转让合同、房屋租赁合同都应采用书面形式。《物业管理条例》第二十一条规定："在业主、业主大会选聘物业服务企业之前，建设单位选聘物业服务企业的，应当签订书面的前期物业服务合同。"合同的主要条款应齐备详尽，一般包括当事人的名称或者姓名和住所、标的、数量、质量、价款或者报酬、履行期限、地点和方式、违约责任、解决争议的方法等。为使合同能够订立得更加严谨，以保护当事人的权益，当事人可以参照各类合同的示范文本订立合同。物业服务合同的当事人双方就可以参照有关部门公布的物业服务合同示范文本订立合同。该部分特别规定了格式条款的使用问题，物业服务企业如果作为提供格式合同的一方应特别注意。当事人订立合同，采取要约、承诺方式。

例：第十条　当事人订立合同，有书面形式、口头形式和其他形式。

第三十九条　采用格式条款订立合同的，提供格式条款的一方应当遵循公平原则确定当事人之间的权利和义务，并采取合理的方式提请对方注意免除或者限制其责任的条款，按照对方的要求，对该条款予以说明。

格式条款是当事人为了重复使用而预先拟定，并在订立合同时未与对方协商的条款。

[案例5-3]

没有合同为依据，出了问题怎么办？

[案情介绍]

A物业管理公司与某住宅小区的业委会联系对该小区进行管理。业委会与物业管理公司未签订合同。双方口头说明管理事项。后来，由于夏日炎热，狂风暴雨次数较多，对小区的外部设施和花草树木破坏较大，物业管理公司对小区进行了全面整顿，令小区恢复了往日漂亮整洁的模样，为此，A物业管理公司垫了一大笔钱在里面，后来公司贴出公告通知业主交增收的管理费，业主们都为增收大量的管理费不解："我们没有委托物业管理公司管理这么多事项，也没有答应在每月该交的费用上同意增交超支的管理费。"约定管理费中只说了每月的管理费，业主不能保证交其额外收取的管理费，物业管理公司无根无据，怎能凭空向业主们要求多交管理费呢？业主们拒绝交管理费。双方争执不下，最后A物业管理公司向法院起诉。请分析：物业管理公司的做法有什么不妥？为什么？

[法理分析]

① 订立物业服务合同必须以书面形式。《物业管理条例》第三十五条规定，业主委员会应当与业主大会选聘的物业服务企业订立书面的物业服务合同。《合同法》第十条规定，

当事人订立合同,有书面形式、口头形式和其他形式。法律、行政法规规定采用书面形式的,应当采用书面形式。《物业管理条例》的规定就属于法律、行政法规规定"采用书面形式的,应当采用书面形式"的情形。以口头形式订立合同具有简便易行、迅速快捷的特点,但是由于口头合同没有必要的凭证,一旦发生纠纷,当事人举证比较困难,司法机关难以查清事实真相,容易产生推卸责任、相互扯皮的现象,不易分清责任。而书面形式的合同由于对当事人之间约定的权利义务都有明确的文字记载,能够提示当事人适时地正确履行合同义务,当发生合同纠纷时,也便于分清责任,正确、及时地解决纠纷,因而对于不能及时清结、标的较大、涉外的合同,都不宜采用口头形式。物业管理具有综合性、公益性、专业性的显著特征,应当采取书面形式。本案就是因为没有签订书面的物业服务合同,导致了双方的分歧。

② 不以书面形式签订物业服务合同的法律后果。对于不以书面形式签订物业服务合同的法律后果,《物业管理条例》没有作出明确的规定,根据《合同法》第五十二条的规定,违反法律、行政法规的强制性规定的合同无效。但合同形式违法并不必然导致合同无效,《合同法》第三十六条规定,法律、行政法规规定或者当事人约定采用书面形式订立合同,当事人未采用书面形式,但一方已经履行主要义务,对方接受的,该合同成立。根据《合同法》的规定,合同无效,自始无效。合同无效,因该合同取得的财产,应当予以返还;不能返还或者没有必要返还的,应当折价补偿。有过错的一方应当赔偿对方因此所受到的损失,双方都有过错的,应当各自承担相应的责任。

[法院审理]

法院调查清楚了A物业管理公司为小区管理支付的费用,且证明了每笔开支的合理性和正当性,确认A物业管理公司是把钱花在了小区必须修缮、养护和管理的地方上了,且与早先约定的日常管理事项大致相同,最后以公平、公正原则而不是以合同为依据而宣判小区业主支付给A管理公司超支的费用。

[案例5-4]

合同条款侵犯了业主的权益怎么办?

[案情介绍]

2002年3月,王某购买某住宅小区三居室一套。4月入住后,发现某房地产开发公司委托的某物业管理公司在与开发商签订的管理合约中有许多问题,侵犯了消费者权益,其中规定"业主有责任保证管理公司可收取任何费用。物业管理公司不承担保障业主人身及财产安全的责任。"业主王某把物业管理公司推上了被告席,诉称:开发商与某物业管理公司签订的物业管理合约规定有许多问题,侵犯了业主权益,请求法院支持其要求变更或解除合约规定的诉讼请求。

被告辩称:原告购买某住宅小区住房时,就表明原告将接受被告的管理,而同时也表明原告接受了该物业公司与开发商签订的"管理合约"。管理合约是开发商与物业公司签订的,原告无权拒绝承认。"管理合约"中的约定事项由开发商与物业公司约定,是双方协商一致约定的有效条款,原告个人无权就该类条款提出变更或拒绝承认的请求,人民法院应查明事实,驳回原告的诉讼请求。

请分析:王某的要求是否合理?为什么?

[法理分析]

① 根据《物业管理条例》第三十五条规定，业主委员会应当与业主大会选聘的物业服务企业订立书面的物业服务合同。物业服务合同应当对物业管理事项、服务质量、服务费用、双方的权利义务、专项维修资金的管理与使用、物业管理用房、合同期限、违约责任等内容进行约定。第三十六条规定，物业服务企业应当按照物业服务合同的约定，提供相应的服务。物业服务企业未能履行物业服务合同的约定，导致业主人身、财产安全受到损害的，应当依法承担相应的法律责任。

② 我国《合同法》第五条规定："当事人应当遵循公平原则确立各方的权利和义务。"第七条规定："当事人订立合同，应当遵守法律、行政法规，尊重社会公德，不得扰乱社会经济秩序，损害社会公共利益。"第三十九条规定："采用格式条款订立合同的，提供格式条款的一方应当遵循公平原则确定当事人之间的权利和义务，并采取合理的方式提请对方注意免除或限制其责任的条款，按照对方的要求，对该条款予以说明。"

格式条款就是当事人为了重复使用而预先拟定，并在订立合同时未与对方协商的条款。本案中的"管理合约"对王某来说是由物业管理公司早已拟定的格式合同，因为它是物业管理公司为了对消费者重复使用而预先拟定而未与消费者协商的合同，其中合同中"业主有责任保证管理公司收取任何费用"条款损害了消费者（业主）权益的条款，应是无效条款。而"管理合约"中的"不承担保障业主人身及财产安全的责任"条款，免除了物业管理公司的责任，排除了刘方的主要权利，根据《合同法》第四十条关于"提供格式条款一方免除其责任、加重对方责任、排除对方主要权利的，该条款无效"的规定，是无效条款。

③ 本案中某物业管理公司无理要求"业主有责任保证管理公司收取任何费用"，"不承担保障业主人身及财产安全的责任"，违背了合同订立的目的，排除了其主要的义务，不可能达到劳务服务的质量标准，使合同的目的失去了意义，法律应不予保护。《合同法》还规定，合同当事人的法律地位是平等的，一方不得把自己的意志强加给另一方，双方应在协商一致的基础上订立合同，且遵循公平原则和合法原则。

[法院判决]

人民法院经审理查明，本案中订立的"管理合约"中确实存在着许多问题，侵犯了业主的权益，其中有些条款排除了被告方的主要责任，加重了业主的责任。根据《合同法》有关规定，人民法院判决认定"管理合约"中某些条款无效。

3. 关于合同效力的规定

包括合同生效的时间，无效合同、可撤销和可变更合同的法律后果等。合同生效是指已经成立的合同开始发生以国家强制力保障的法律约束力，即合同发生法律效力。在物业管理领域，民事主体要想使自己签订的合同具备法律效力，就必须使其符合合同法对有效合同的规定。

例：第五十二条　有下列情形之一的，合同无效：

（一）一方以欺诈、胁迫的手段订立合同，损害国家利益；

（二）恶意串通，损害国家、集体或者第三人利益；

（三）以合法形式掩盖非法目的；

（四）损害社会公共利益；

（五）违反法律、行政法规的强制性规定。

第五十三条　合同中的下列免责条款无效：

（一）造成对方人身伤害的；

（二）因故意或者重大过失造成对方财产损失的。

第五十四条　下列合同，当事人一方有权请求人民法院或者仲裁机构变更或者撤销：

（一）因重大误解订立的；

（二）在订立合同时显失公平的。

一方以欺诈、胁迫的手段或者乘人之危，使对方在违背真实意思的情况下订立的合同，受损害方有权请求人民法院或者仲裁机构变更或者撤销。

当事人请求变更的，人民法院或者仲裁机构不得撤销。

4. 对履行合同的规定

当事人应按照约定全面履行自己的义务。在合同的履行过程中，当事人应当遵循诚实信用原则，根据合同的性质、目的和交易习惯履行通知、协助、保密义务。合同生效后，当事人不得因姓名、名称的变更或者法定代表人、负责人、承办人的变动而不履行合同义务。此外还有关于合同履行抗辩权、代位权与撤销权的规定等。目前很多物业管理纠纷是在物业服务合同履行过程中，因一方或双方履行合同不符合约定而引发的，在解决这类问题或追究责任的过程中要适用《合同法》的这部分规定。

5. 对合同的变更、转让和终止的规定

当事人协商一致，可以变更合同。《合同法》对合同转让的几种情形作了规定，以避免由于合同的转让而可能导致的纠纷。合同的终止可能由多种情形导致，无论哪种情形，当事人之间的权利义务关系都会消灭。当事人如果协商一致，可以解除合同。该部分的条款还对解除合同的法定事由作了规定。

6. 对违约责任的规定

当事人一方不履行合同义务或者履行合同义务不符合约定的，应当承担继续履行、采取补救措施或者赔偿损失等违约责任。《合同法》中规定了违约责任的构成要件、违约行为的种类、承担违约责任的方式等内容。

三、《中华人民共和国价格法》

《中华人民共和国价格法》（以下简称《价格法》）1997年12月29日第八届全国人民代表大会常务委员会第二十九次会议通过，1998年5月1日起施行，共七章四十八条。常用的法律规定有：价格制定的方式、经营者的价格行为、政府的定价行为、价格总水平控制、价格监督检查、法律责任等。

例：第三条　国家实行并逐步完善宏观经济调控下主要由市场形成价格的机制。价格的制定应当符合价值规律，大多数商品和服务价格实行市场调节价，极少数商品和服务价格实行政府指导价或者政府定价。

第二十三条　制定关系群众切身利益的公用事业价格、公益性服务价格，自然垄断经营的商品价格等政府指导价、政府定价，应当建立听证会制度，由政府价格主管部门主持，征求消费者、经营者和有关方面的意见，论证其必要性、可行性。

其主要内容有：

1. 适用对象

在中华人民共和国境内发生的价格行为，适用《价格法》。《价格法》所称价格包括商品价格和服务价格。商品价格是指各类有形产品和无形资产的价格。服务价格是指各类有偿服务的收费。物业管理收费属于服务价格，下面重点论述服务价格的具体范围。

服务价格统称收费，是服务或劳务交换价值的货币表现形式，它不出售实物，而以一定的设备工具和服务性劳动，为消费者或经营者提供某种服务所收取的费用。服务价格的具体范围：

(1) 现行所称的各种经营性收费即企业、事业单位以盈利为目的，借助一定的场所、设备和工具提供经营性服务所收取的费用。它由经营成本、利润、税金构成。例如：邮电资费、房屋租赁费、理发、照相、洗澡等各种居民生活服务收费、各种修理收费、文化娱乐收费、旅游收费、仓储收费、中介代理服务费等。

(2) 现行所称的各种事业性收费即政府办的事业单位在向社会提供公共服务的过程中，按照国家有关政策规定，为弥补或部分弥补服务成本而收取的费用。其特征是：收费主体具有非盈利性，即在向社会服务的过程中以非盈利为目的；收费依据具有很强的政策性，收费标准的制定必须以国家在一定时期内的政治、经济、技术、文化教育政策为依据；收费主体与收费对象之间所反映的是服务性劳动的部分补偿。这类收费主要有医疗收费、教育收费、培训费、咨询费、检验费、鉴定费等。

2. 定价形式

[案例 5-5]

物业公司以高档为由高收费应如何处理？

[案情介绍]

2002年4月，陆某在北京市某高档住宅小区购买了一套房子，在办理入住手续时物业管理公司向他出示了小区住宅管理公约和物业收费标准，陆某对该小区物业收费之高产生疑问。因为按物业管理公司的标准计算，他每年要付费1万多元，是陆某原住小区物业管理公司收费的4倍多。陆某认为其收费太高拒绝接受，物业公司说不签就不可入住。因此陆某与物业公司产生了纠纷。请分析：物业公司的收费标准如何确定？陆某该怎么做？

[法理分析]

对于高档住宅的物业管理收费全国没有统一的规定。

《价格法》第六条规定：商品价格和服务价格，除依照本法第十八条规定适用政府指导价或者政府定价外，实行市场调节价，由经营者依照本法自主制定。

《物业服务收费管理办法》第六条规定：物业服务收费应当区分不同物业的性质和特点分别实行政府指导价和市场调节价。具体定价形式由省、自治区、直辖市人民政府价格主管部门会同房地产行政主管部门确定。第七条规定：物业服务收费实行政府指导价的，有定价权限的人民政府价格主管部门应当会同房地产行政主管部门根据物业管理服务等级标准等因素，制定相应的基准价及其浮动幅度，并定期公布。具体收费标准由业主与物业服务企业根据规定的基准价和浮动幅度在物业服务合同中约定。实行市场调节价的物业服务收费，由业主与物业服务企业在物业服务合同中约定。

根据上述规定，本案中的高档住宅收费项目及标准可由物业服务企业与小区业主委员会协商确定。业主委员会成立前，收费项目及标准以房屋使用管理维修公约中的约定为准。陆某认为物业管理收费过高，可以向有关部门申请仲裁，也可向人民法院提起民事诉讼。

国家支持和促进公平、公开、合法的市场竞争，维护正常的价格秩序，对价格活动实行管理、监督和必要的调控。国家实行并逐步完善宏观经济调控下主要由市场形成价格的机制。价格的制定应当符合价值规律，大多数商品和服务价格实行市场调节价，极少数商品和服务价格实行政府指导价或者政府定价。

（1）市场调节价是指由经营者自主制定，通过市场竞争形成的价格。经营者是指从事生产、经营商品或者提供有偿服务的法人、其他组织和个人。

（2）政府指导价是指依照《价格法》规定，由政府价格主管部门或者其他有关部门，按照定价权限和范围规定基准价及其浮动幅度，指导经营者制定的价格。

（3）政府定价是指依照《价格法》规定，由政府价格主管部门或者其他有关部门，按照定价权限和范围制定的价格。

采用何种定价形式，在实际工作中有三个判断依据：

（1）垄断程度凡宜于也能够形成竞争的商品和服务，应放开价格，实行市场调节价，凡不宜或难以形成竞争的商品或服务，即垄断性强的商品或服务，应由政府制定价格，实行政府指导价或政府定价。

（2）资源约束程度凡资源约束相对较小，供给的价格弹性相对较大的产品，宜放开价格，实行市场调节价；凡资源稀缺，供给的价格弹性较小的产品，宜由政府制定价格，实行政府指导价或政府定价。

（3）重要程度凡与国民经济发展和人们生活关系重大的极少数商品价格、重要的公用事业价格、重要的公益性服务价格，政府在必要时可以实行政府指导价或者政府定价；反之，其他价格可以放开，在市场竞争中形成。

3. 经营者的价格行为

商品价格和服务价格，除依法规定适用政府指导价或者政府定价外，实行市场调节价，由经营者依照《价格法》自主制定。经营者定价，应当遵循公平、合法和诚实信用的原则。经营者定价的基本依据是生产经营成本和市场供求状况。经营者进行价格活动，享有下列权利：①自主制定属于市场调节的价格；②在政府指导价规定的幅度内制定价格；③制定属于政府指导价、政府定价产品范围内的新产品的试销价格，特定产品除外；④检举、控告侵犯其依法自主定价权利的行为。

经营者销售、收购商品和提供服务，应当按照政府价格主管部门的规定明码标价，注明商品的品名、产地、规格、等级、计价单位、价格或者服务的项目、收费标准等有关情况。经营者不得在标价之外加价出售商品，不得收取任何未予标明的费用。经营者不得有下列不正当价格行为：①相互串通，操纵市场价格，损害其他经营者或者消费者的合法权益；②在依法降价处理鲜活商品、季节性商品、积压商品等商品外，为了排挤竞争对手或者独占市场，以低于成本的价格倾销，扰乱正常的生产经营秩序，损害国家利益或者其他经营者的合法权益；③捏造、散布涨价信息，哄抬价格，推动商品价格过高上涨的；④利用虚假的或者使人误解的价格手段，诱骗消费者或者其他经营者与其进行交易；⑤提供相同商品或者服务，对具有同等交易条件的其他经营者实行价格歧视；⑥采取抬高等级或者压低等级等手段收购、销售商品或者提供服务，变相提高或者压低价格；⑦违反法律、法规的规定牟取暴利；⑧法律、行政法规禁止的其他不正当价格行为。

4. 政府的定价行为

下列商品和服务价格，政府在必要时可以实行政府指导价或者政府定价：①与国民经济发展和人民生活关系重大的极少数商品价格；②资源稀缺的少数商品价格；③自然垄断经营的商品价格；④重要的公用事业价格；⑤重要的公益性服务价格。

政府指导价、政府定价的定价权限和具体适用范围，以中央的和地方的定价目录为依据。中央定价目录由国务院价格主管部门制定、修订，报国务院批准后公布。地方定价目录由省、自治区、直辖市人民政府价格主管部门按照中央定价目录规定的定价权限和具体适用范围制定，经本级人民政府审核同意，报国务院价格主管部门审定后公布。省、自治区、直辖市人民政府以下各级地方人民政府不得制定定价目录。

四、《中华人民共和国消费者权益保护法》

1993年10月31日第八届全国人民代表大会常务委员会第四次会议通过，自1994年1月1日起施行，共八章五十五条。常用的法律规定有：经营者与消费者的交易原则、消费者的权利、经营者的义务、国家对消费者合法权益的保护、消费者组织、争议的解决、法律责任等。

例：第四条 经营者与消费者进行交易，应当遵循自愿、平等、公平、诚实信用的原则。

第三十四条 消费者和经营者发生消费者权益争议的，可以通过下列途径解决：

（一）与经营者协商和解；

（二）请求消费者协会调解；

（三）向有关行政部门申诉；

（四）根据与经营者达成的仲裁协议提请仲裁机构仲裁；

（五）向人民法院提起诉讼。

《消费者权益保护法》第二章，对消费者的权利作了系统的规定，概括起来有以下9项：

1. 在购买、使用商品和接受服务时享有人身、财产安全不受损害的权利，简称安全权。

2. 享有知悉其购买、使用的商品接受的服务的真实情况的权利，简称知悉真情权或知情权。

3. 享有自主选择商品或者服务的权利，简称自主选择权。

4. 依法享有公平交易的权利，简称公平交易权。

5. 因购买、使用商品或者接受服务受到人身、财产损害的，享有依法获得赔偿的权利，简称赔偿权。

6. 享有依法成立维护自身合法权益的社会团体的权利，简称结社权。

7. 享有获得有关消费和消费者权益保护方面的知识的权利，简称知识获取权。

8. 享有其人格尊严、民族风俗习惯得到尊重的权利，简称受尊重权。

9. 享有对商品和服务以及保护消费者权益工作进行监督的权利，简称监督权。

[案例 5-6]

物业管理公司影响业主行使知情权时怎么处理?

[案情介绍]

某小区物业管理公司贴出了通知业主交本月管理费的通知,其中一些费用只列出了应交的总额,没有具体列各项目的具体费用。为此,小区的大部分业主要求物业管理公司定期公布所有物业管理费各项开支总数及细节,接受大家监督。物业管理公司负责人认为,他们只要根据物业管理委托合同所制定的服务要求开展工作,定期公布告诉大家是收支平衡还是超支便可以了,又不是审计,不需要公布细节。业主与该物业管理公司便产生了矛盾,后双方争持不下,业主向人民法院起诉。原告诉请:请求法院保护业主作为消费者的知情权。被告辩称:被告虽然没有具体列出各项目的具体费用,但每个月的收支平衡状况都给业主公布了,并且物业管理公司按照委托合同提供服务,也按照合同进行收费,业主没有必要知道公司财务会计上的细节,这是公司内部问题,公司有权决定是否对外公布。因此,请人民法院保护自己的权利,驳回原告的诉讼请求。

请分析:业主的要求是否合理?物业管理公司的说法是否正确?为什么?

[法理分析]

(1)《中华人民共和国消费者权益保护法》第八条规定:"消费者享有知悉其购买、使用的商品或者接受服务的真实情况的权利。消费者有权根据商品或者服务的不同情况,要求经营者提供商品的价格、产地、生产者、用途、性能、规格、等级、主要成分、生产日期、有效期限、检验合格证明、使用方法说明书、售后服务,或者服务的内容、规格、费用等有关情况。"物业管理关系是一种民事经济关系,物业管理合同关系是一种平等主体之间的协议关系,从合同的分类理论来讲,物业管理合同属于劳务合同,主要涉及劳务服务方面的权利义务,业主作为一方当事人对劳务服务的内容、规格、费用等有关情况享有知情权。

对消费者来讲,知悉真情权是自己的一项重要权利。对经营者来说,提供给消费者有关商品的真实情况,则是自己应尽的义务。只有把商品的价格、性能、用途、规格、等级、主要成分告知消费者,才能保证消费者进行有效的选择,从而使消费者避免重复购买或买非所需,达到自己的购买目的;消费者了解到有关商品的产地、生产者、生产日期、有效期限、检验合格证明等真实情况后,也可以辨别经营者所提供商品的真伪,判断商品的优劣,从而防止上当受骗;经营者提供给消费者产品使用方法说明书等,也可以使消费者能够正确使用和消费自己所购买的商品。

(2)业主知情权主要包括以下内容:①业主有权对物业管理服务质量进行了解;②业主有权对物业管理公司制定的各项规章制度及管理规约进行了解;③业主有权对每个月的经费收入与支出情况进行了解;④业主有权对住宅小区(大厦)内的管理中出现的重大事故(事件)进行了解;⑤业主有权对物业管理内容的重大调整、修改进行了解;⑥业主有权对选聘物业服务企业的情况进行了解;⑦业主有权对物业管理的投诉情况进行了解。

(3)在讲业主知情权时,并不是要求物业管理公司每干一件事情都必须向业主或业主委员会汇报,得到批准,而是业主对一些关系到小区居民生活、学习、休息、环境建设、管理水平的重大事件需要了解,即使对物业管理公司账目的了解,也是总体了解,如每个月收入多少,各类物业管理工作开支多少,这些费用支出是否合理,出现的亏损原因何在等,并不是每一笔支出做什么用、是否合理都需要物业管理公司说明,这些可以由审计部门按照有关规定定期审查。

[**法院审理**]

人民法院根据《城市新建住宅小区管理办法》所认定的业主与物业管理公司系委托管理合同关系,并且根据《消费者权益保护法》的规定,认为业主作为消费者享有的知情权,因此在判决书中确认了业主有知情权。

五、《中华人民共和国劳动合同法》

《中华人民共和国劳动合同法》(以下简称《劳动合同法》)是一部用以明确劳动合同双方当事人的权利和义务,保护劳动者合法权益以及构建和发展和谐稳定的劳动关系的法律。在物业管理法律关系中,物业服务人员与物业服务企业之间劳资关系的确立和解除都应通过这一法律规范加以解决。因此,该法在规范物业服务行业劳资关系,促进物业服务行业健康有序发展中起着举足轻重的作用。

该法由中华人民共和国第十届全国人民代表大会常务委员会第二十八次会议于2007年6月29日通过,自2008年1月1日起施行。《劳动合同法》全文共八章,九十八条。主要包括劳动合同的订立、劳动合同的履行和变更、劳动合同的解除和终止、特别规定(集体合同、劳务派遣、非全日制用工)、监督检查、法律责任等内容。

2008年9月18日,温家宝总理发布中华人民共和国国务院令第535号:《中华人民共和国劳动合同法实施条例》(以下简称《条例》)已经2008年9月3日国务院第25次常务会议通过,现予公布,自公布之日起施行。全文共六章三十六条,旨在贯彻实施《中华人民共和国劳动合同法》,使其更具操作性。其围绕劳动合同的订立、劳动合同的解除和终止,劳务派遣、法律责任等作出了详细规定。

《劳动合同法》常用的法律规定有:

1. 劳动合同法的适用范围

《劳动合同法》对适用对象作出了明确的规定。例:

第二条 中华人民共和国境内的企业、个体经济组织、民办非企业单位等组织(以下称用人单位)与劳动者建立劳动关系,订立、履行、变更、解除或者终止劳动合同,适用本法。国家机关、事业单位、社会团体和与其建立劳动关系的劳动者,订立、履行、变更、解除或者终止劳动合同,依照本法执行。

2. 劳动者权益保护的相关规定

《劳动合同法》对企业聘用员工、解除劳动合同关系等方面都作出了明文规定,旨在更好保护员工利益不受侵害。

(1)规定"用人单位自用工之日起即与劳动者建立劳动关系",保护事实劳动关系中劳动者的权益,并在第十四条和第八十二条中具体规定了对用人单位未及时与劳动者订立书面劳动合同的处理方法。

(2)在劳动合同中增加了工作地点、工作时间和休息休假、社会保险、职业危害防护等必备条款(第十七条)。

(3)增加了劳动者与用人单位签订无固定期限劳动合同的几种情形(第十四条)。

(4)对劳动合同约定的试用期期限、试用期工资及试用期内用人单位解除劳动合同的情形作出了新的规定(第十九条、第二十条和第二十一条)。

(5) 规定了劳动者可以立即解除劳动合同的情形(第三十八条)。

(6) 取消了劳动合同的约定终止，增加了劳动合同法定终止的情形和限制终止劳动合同的情形(第四十四条和第四十五条)。

(7) 增加了用人单位依法向劳动者支付经济补偿的情形(第四十六条)。

(8) 在第五章中对集体合同、劳务派遣和非全日制用工进行了新的规范。

[案例 5-7]

劳动合同中的试用期该如何计算？

[案情介绍]

毕业生王某应聘成为一家物业公司的一名员工，之后该公司与王某签订了一份为期3年的劳动合同，并同时规定了试用期为6个月。3年之后，王某以合同期满为由欲与公司解除劳动关系，但该物业公司则宣称合同尚未到期，公司与王某签订的合同期限应为3年加6个月的试用期，即3.5年，如果王某要提前结束合同，就应赔偿公司的损失。双方协商未果，最后诉诸法律。

[法理分析]

《劳动合同法》第十九条："劳动合同期限三个月以上不满一年的，试用期不得超过一个月；劳动合同期限一年以上不满三年的，试用期不得超过两个月；三年以上固定期限和无固定期限的劳动合同，试用期不得超过六个月。试用期包含在劳动合同期限内。"可见，王某和物业公司签订合同约定的6个月的试用期是包含在3年之内的，即3年中的前6个月是试用期。因此，王某要求物业公司履行合同解除劳动关系是合情合理合法的。

[法院审理]

法院认为，王某终止劳动关系是有法可依，是在合同期满之后终止劳动关系的，因此裁定，王某终止与物业公司的劳动关系并不需要赔偿任何经济损失。

3. 企业合法权益保护的相关规定

(1) 为了保护用人单位商业秘密，促进创新、促进公平竞争，新规定了竞业限制制度。劳动者违反竞业限制约定的，应当按照约定向用人单位支付违约金(第二十三条和第二十四条)。

(2) 为了适应企业结构调整、参与市场竞争的需要，《劳动合同法》放宽了用人单位依法解除劳动合同的条件，新规定了在企业转产、重大技术革新、经营方式调整，经变更劳动合同后，仍需裁减人员的；其他因劳动合同订立时所依据的客观经济情况发生重大变化，致使劳动合同无法履行的，企业可以依法裁减人员，同时放宽了用人单位裁减人员的程序要求(第四十一条)。

(3) 补充规定了用人单位可以随时通知劳动者解除劳动合同的情形(第三十九条第四款和第五款)。

(4) 增加了用人单位提前三十日以书面形式通知劳动者解除劳动合同的替代方式，即：用人单位可以用额外支付劳动者一个月工资的方式代替提前三十日书面通知解除劳动合同(第四十一条)。

4. 《劳动合同法》实施的积极影响

(1) 促进企业规范经营

《劳动合同法》作为一部矫正劳资关系的法律，针对我国长期以来的不合理用工状况，在保护劳动者就业权益、分类规范不同劳动用工形式、明确用人单位法律责任、保护用人单位的合法权益、健全劳动关系协调机制等五方面都有细致的规定，加大了对劳动者的保护力度，加重了用人单位的违法成本。如《劳动合同法》规定"用人单位自用工之日起超过1个月但不满1年未与劳动者订立书面劳动合同的，应当向劳动者每月支付2倍的工资"，同时还要被视为用人单位与劳动者已订立无固定期限劳动合同，用人单位如违法辞工要支付2倍的经济补偿金。

《劳动合同法》颁布以后，许多企业都感到了一定的压力，尤其是对于劳动密集型的物业服务企业而言，压力更大。已经有不少物业企业开始调整原来的管理方法，如用工一定要签订合同等，以适应新法的规定。

（2）促进企业改革，提高经营活力

长期以来，绝大多数物业服务企业被低廉的物业服务收费所迫，只能通过包括克扣员工应该享受的社会保险金、延长员工的工作时间又不按规定结算加班报酬等多种不合法、不合理、不合情的做法，来降低物业服务的成本支出，以勉强维持低水平的物业服务。新法实施后，如何改变以往的这种状况，如何规避风险，如何调整经营，成为各物业服务企业必须考虑的迫切问题。2007年底北京物业管理协会召开的关于《劳动合同法》对物业管理行业的影响的研讨会，其中来自各知名物业服务企业的经理就提出了多项改革设想和措施。现实的压力必然产生实际的改革行动，专家预测，近年我国物业服务企业将迎来改革高潮。

（3）加快行业优胜劣汰，提高行业整体素质

在《劳动合同法》颁布实施之后，物业管理行业重新洗牌将无法避免。实际上，在物业管理行业内部的竞争，如今已愈演愈烈。一些实力较弱，尚未形成品牌效应的中小物业服务企业将被"扫地出门"，物业管理行业将同时进入两个时期，"兼并重组时期"和"寡头垄断形成初期"。这将大大有利于行业的可持续健康发展，整个行业的形象将得到改善。同时，也有利于减轻《劳动合同法》实施对行业的冲击，有利于《劳动合同法》在物业管理行业的实施。

六、《中华人民共和国物权法》

全国人大十届五次会议于2007年3月16日表决，参加表决的近3000名人大代表以2799票赞成、52票反对、37票弃权的表决结果，高票通过了《中华人民共和国物权法》（以下简称《物权法》），并于2007年10月1日起施行。《物权法》共五篇十九章、一附则、二百四十七条。

《物权法》是民法的重要组成部分，是规范财产关系的民事基本法律，调整物的归属和利用而产生的民生关系。作为调整有形财产关系的法律，物权法要回答三个问题：一是物是谁的；二是对物享有什么权利，其他人负有什么义务；三是怎样保护物权，侵害物权的人要承担什么法律责任。这部法律的作用直接体现在两个方面：一是定分止争；二是物尽其用。

《物权法》中与物业管理有直接关系的是第六章"业主的建筑物区分所有权"。其他章节与物业管理有间接关系。比如，第二篇"所有权"的其他章节。

《物权法》第六章主要强调了这么两层意思：第一，业主的权利、责任和义务，特别是业主对自己共有财产的自治权（包括：第七十、七十一、七十二、七十五、七十六、八十三条等）。第二，强调了业主财产的"共有"概念（第七十三、七十四条）。

《物权法》与物业管理有关的内容主要体现在以下几方面：

（一）规定了建筑物的区分所有权

1. 建筑物区分所有权

《物权法》第七十条规定："业主对建筑物内的住宅、经营性用房等专有部分享有所有权，对专有部分以外的共有部分享有共有和共同管理的权利。"由此第一次以基本法的形式确定了建筑物的权属以及区分所有权的基本内涵。而建筑物区分所有权与物业管理的各项活动息息相关，建筑物区分所有权不仅是建立物业管理活动中的业主大会、业主委员会、管理规约等制度的基础，而且还涵盖了物业管理立法、物业管理各责任主体的法律地位、物业管理法律关系、业主的权利义务、物业管理公司的选聘、物业管理服务合同的订立、管理费的收取和使用、建筑物共同费用的分摊、装修管理、建筑物整体的使用和管理以及维修保养、建筑物的修缮改良以及更新重建、共有收益的分配与使用等在物业管理活动中所遇到的一系列理论和实践问题，并能以建筑物区分所有权的角度从理论和法律关系上对此作出合理合法的解释，因此，建筑物区分所有权构筑了物业管理的理论体系和法律基础。

2. 建筑区划内的道路、绿地及其他相关场所、设施的共有权

《物权法》第七十三条规定："建筑区划内的道路，属于业主共有，但属于城镇公共道路的除外。建筑区划内的绿地，属于业主共有，但属于城镇公共绿地或者明示属于个人的除外。建筑区划内的其他公共场所、公用设施和物业服务用房，属于业主共有。"

这样，确定了建筑区划内除个人专有以及国家所有的权利以外原则上归业主共有。这是首次立法明确了业主对建筑区划内的绿地、道路以及物业管理用房等公共设施的权益，也避免了由此而产生的一系列物业纠纷。之前，不少楼盘发生过这样的事情：开发商通过附加条款约定，小区的外墙立面、小区道路及其收益，都属于开发商所有。这种做法将在物权法实施后被杜绝。

这里需要注意的一个概念是，"属于城镇公共绿地或者明示归个人的除外"，这与现在的做法有很大的区别。现实中，有不少开发商将高楼的楼顶改造成花园后，以一定价格单独出售给小区以外的人或者是小区内的某个业主。这种情况也引起了许多业主的声讨和质疑。那么究竟开发商能否把楼顶卖给小区外的人，或小区内部的某个业主？

过去虽然有部门规章规定公用的楼顶不能出售，但规章的法律层次比较低，违反规章并不会导致合同无效，因此这种现象比较多，情况也比较混乱。《物权法》通过后，楼顶和楼道、电梯一样，是属于业主共同所有的，不能卖给某个业主；如果某个露台在结构上属于某个业主专有，则需具体分析。如果明显属于公用的绿地，实际上却被个别业主专用，这就需要依法追究，但根据第七十三条的规定，原则上小区绿地是业主共有的，但也有两种情况除外，一是城市公共绿地；二是明示规定归个人所有的。对于后者，就是说如果"明示"给了住户，是可以的，但必须依业主与开发商的合约执行。

[案例5-8]

小区会所纠纷案

[案情介绍]

盛先生等95位业主购买了由上海××房地产开发有限公司(下称A公司)开发的上海大华×××小区的房屋。A公司在当初与业主的预售合同及一贯所做的各类广告中，一直宣称有3700平方米会所，会所包括韵律操室、棋牌室、室内恒温游泳池、按摩室等。小区物业还曾发文给业主，要求业主们签名同意修建、装饰会所。然而，几个月后，曾经签名的业主愕然发现，想象中的会所俨然变成了一个霓虹闪烁的"超五星级豪华大浴场"(即×××俱乐部)。尽管俱乐部给部分业主办理了"88折"优惠卡，令人咋舌的高档消费仍令绝大多数业主望而却步。更令业主们无法忍受的是，浴场门口严重堵塞的交通，日日笙歌的声、光污染以及安全等问题。业主通过调查发现，A公司将原本登记为小区会所的场地全部转让给了上海××(集团)有限公司(下称B公司)，B公司又将其转让给了徐先生，徐先生随即投资了×××俱乐部——一家目前上海市最豪华的休闲娱乐场所。业主认为，A公司在其宣传广告及预售合同中关于会所及具体内容的承诺理应兑现，B公司与×××休闲娱乐公司作为受让人及实际承租人均不应擅自改变房屋用途；他们严重侵害了业主们的合法权益。2004年10月，盛先生等95位业主一纸诉状将开发商告上法庭，同时成为被告的A公司及上海×××休闲娱乐有限公司。业主们要求，被告按照承诺的具体内容和服务方式提供小区会所。

[法院审理]

2004年11月18日下午，上海市普陀区法院开庭审理了这起案件，并于2004年11月26日下达一审判决书，小区95位业主败诉。75位一审原告决定继续参加二审上诉。2005年2月17日，部分业主的二审上诉在上海市二中院开庭审理。3月14日上海市二中院作出维持一审的判决。这一判决为终审判决。

[法理分析]

这场官司争论焦点在两方面：一是法院认为，售房合同中明确约定小区会所设施提供有偿服务，但未约定具体的服务项目、价格、对象等，鉴于开发商是会所的所有权人，故其可以行使所有权人的一切权利；另外，A公司售楼时的宣传资料仅是一般的要约邀请，并非合同组成部分。法院认为，×××俱乐部的经营内容与会所介绍的功能基本吻合，也为业主提供了一定优惠，所以判决不支持业主们的诉讼请求。

但事实上，预售合同对会所的某些内容没有约定或约定不明，不等同于当事人对有关会所的所有意思表示自始不存在。

首先，开发商是格式合同的提供者，其负有促进义务进一步全面适当履行的随附义务，即有义务提醒或通知业主们签署有关会所的补充协议。如果开发商没有履行对会所未约定内容进行补充约定之通知义务，构成对随附义务的违反，是对主合同义务的持续违约，应当承担违约的民事责任。

其次，退一步讲，即使合同约定不明，也不应借此判令业主败诉。就审判机关而言可以依据《合同法》第六十二条、第四十一条的立法精神，依照不利于格式合同提供一方而作出解释和判定。本案中，会所的主要争议在于没有约定服务价格和服务方式。依据第六十二条相关规定，价款或报酬不明确的，应按照订立合同时当地的市场价格履行。而×××俱乐部提供的服务价格，是豪华娱乐场所价格。

另外，在广告内容是否属于商品房预售合同的争议上，可参照《最高院关于审理商品房买卖合同纠纷案件适用法律若干问题的解释》第三条规定,"商品房销售广告和宣传资料为要约邀请,但出卖人就商品房开发规划范围内的房屋及相关设施所作的说明和允诺具体确定,并对商品房买卖合同的订立以及房屋价格的确定有重大影响的,应视为要约。该说明和允诺即使未载入商品房买卖合同,亦应视为合同内容,当事人违反的,应承担违约责任"。据此,开发商的广告内容应作为合同内容。更重要的是,法院还在判决中依据了一个本身有争议的事实作为判案依据,这令人匪夷所思。法院认为"由于会所已登记在开发商名下,所以其就是所有权人,可以行使占有、使用、收益、处分的权利"。

这里存在两个错误,一是开发商将会所登记在自己名下且将其出售,出售行为本身是否构成侵权、是否合法存在,法院视而不见,进而还写在判决书里将出售行为合法化;二是法院的裁判将所有权绝对化,忽略了物权或所有权的行使受到债权的限制。

(二) 规定了规划车位、车库的权属确定规则

物权法虽然对规划的车库、车位没有直接规定所有权,但是规定了归属原则和规则。《物权法》第七十四条规定:"建筑区划内,规划用于停放汽车的车位、车库应当首先满足业主的需要。建筑区划内,规划用于停放汽车的车位、车库的归属,由当事人通过出售、附赠或者出租等方式约定。占用业主共有的道路或者其他场地用于停放汽车的车位,属于业主共有。"

[案例5-9]

车库纠纷案

[案情介绍]

某城市花园在3幢楼下建有连片整体地下车库,共有59个机动车停车位。开发商在销售住宅时曾经向业主承诺:小区配建地下车库供业主停车。但业主们入住后却发现,开发商为了牟利,以8万元的单价将车位卖给小区附近的一家公司。在多次向开发商争取停车权无效的情况下,该小区业主委员会向人民法院起诉开发商,最终法院判决开发商将车库归还业主。

[法理分析]

该案例的判决与《物权法》的精神是一致的。按照《物权法》规定,小区内的车位、车库,业主拥有优先使用权,所以开发商擅自将其高价出租或出售给小区以外单位或个人的做法,都是违法的。该条规定主要是用于保障业主的停车权,为其生活提供便利。

1. 占用小区内道路停车收益归全体业主

随着人们生活水平的提高,汽车已经逐渐从原来的奢侈品变为许多中产家庭的必需品,一辆辆四轮的机器在给人们生活带来便利的同时,也带来了停车难这个难题。尤其在车位资源紧张的小区,更是常常带来纷争。

《物权法》规定,小区内不是专门用于停放汽车的公用道路,权利属于业主共有,这意味着,开发商、物业公司不能对车位收费所得据为己有;如果需要收费,在扣除必要管理费后的所得款应属于业主共有。

如果有车的业主无偿占据了小区的公共道路,则损害了无车业主的利益,因此只有让全体业主共同分享停车利益,天平才能得到平衡。

2. 车库的归属要通过合同约定

与占用公共道路停车不同的是本身就用于停车的地下车库。

目前大型小区均配备了地下车库,地下车位到底归谁?业主还是开发商?这个问题一直困扰着楼市。开发商认为"谁开发谁受益",车库是自己开发的,自然要归自己所有。而业主认为,车库作为小区的配套,自然应该归全体业主所有。《物权法》则规定,由当事人即开发商和业主协商确定车库的归属。此举体现了民法自治的原则。还有,目前最普遍的做法,地下车位是不发产权证的,也因此造成开发商和业主纠纷不断。《物权法》既然已经明确了车库的归属,比如由开发商出售给业主,那么车位就应该属于业主所有,车库的产权证也就应该颁发。地下车库拥有产权证,可以让复杂的事情简单化,也可以让车库自由流通。

(三) 确定了业主的共同决定权

《物权法》第七十六条规定,涉及建筑物以及附属设施的管理与使用的重大事项由业主共同决定。"下列事项由业主共同决定:(一)制定和修改业主大会议事规则;(二)制定和修改建筑物及其附属设施的管理规约;(三)选举业主委员会或者更换业主委员会成员;(四)选聘和解聘物业服务企业或者其他管理人;(五)筹集和使用建筑物及其附属设施的维修资金;(六)改建、重建建筑物及其附属设施;(七)有关共有和共同管理权利的其他重大事项。"特别规定了"筹集和使用建筑物及其附属设施的维修资金以及改建、重建建筑物及其附属设施的决定应当经专有部分占建筑物总面积 2/3 以上的业主且占总人数 2/3 以上的业主同意,其他事项应当经专有部分占建筑物总面积过半数的业主且占总人数过半数的业主同意。"如果说一个小区的总建筑面积是 60 万平方米、总户数 3000 户,那么如果小区要决定诸如动用物业维修资金这样的事情时,需要面积超过 40 万平方米,并且总户数超过 2000 户的业主同意。这比现行的国务院《物业管理条例》等相关法律法规要求更加严格,对于目前出现的越来越多的"航母小区"来说,操作更为复杂。

共同决定是一种共同行为,该行为区别于单方行为(如遗嘱)和协议行为(如合同)。共同决定指两个以上行为主体平行作出意思表示,而作出一致的意思表示达到一定比例时产生法律效力的行为。共同决定可以通过协商、征询意见、会议表决等形式形成。业主如何行使共同决定权《物权法》没有作出限制性规定,《物权法》只是在第七十五条用选择性规范规定了"业主可以设立业主大会,选举业主委员会。地方人民政府有关部门应当对设立业主大会和选举业主委员会给予指导和协助"的义务。

物权法共同决定权的设立,方便了业主对共同管理权的行使,将有利于保护业主权利,与此同时,物业服务企业的经营稳定性遭到了巨大的挑战。

(四) 赋予了业主对物业管理方式和物业管理人的选择权

《物权法》第八十一条明确规定:"业主可以自行管理建筑物及其附属设施,也可以委托物业服务企业或者其他管理人管理。"这样,就赋予了业主物业管理方式的选择权,确定了业主在物业管理活动中的主导地位,即业主可以选择自己管理、选择物业服务企业管理或者选择其他方式的管理。相应的,因为物业管理方式选择权的确定,以往司法实践中的"事实服务"、"无因管理"等法律关系的认定将不再有合理性,在物业服务企业与业主的纠纷中解决中,物业服务企业会处于不利的地位。

《物权法》第八十一条规定:"对建设单位聘请的物业服务企业或者其他管理人,业主有权依法更换。"第八十二条规定:"物业服务企业或者其他管理人根据业主的委托管理建筑区划内的建筑物及其附属设施,并接受业主的监督。"这样,《物权法》明确规定了业主对物业管理人的选择权以及相关的更换权即解聘权。根据《物权法》第二条规定:"本法所称物权,是指权利人依法对特定的物享有直接支配和排他的权利",业主选择物业管理方式以及选聘物业服务企业和解聘物业服务企业不再受他人干预。随着《物权法》的实施,业主更换物业服务企业可能会形成一个高潮,物业服务企业应当早有准备,更重要的是改善服务,赢得业主的信任。

(五) 规定了业主的司法救济权

《物权法》第七十八条规定:"业主大会或者业主委员会的决定,对业主具有约束力。但业主大会或者业主委员会作出的决定侵害业主合法权益的,受侵害的业主可以请求人民法院予以撤销。"

虽然众口难调,小区对于重大事项的决定不可能让每一个业主都称心如意,但是如果这个决定严重损害了业主的权益,那也是不行的。《物权法》规定,受到侵害的业主可以请求人民法院受理,并且对这个决定予以撤销。以前小区发生这样的问题,一般会由行政主管部门出面责令改正或者予以撤销,给小区业主提供的是一种行政救济的途径,而现在物权法的规定,则是首次提供了一种司法救济的途径,更能保证司法的准确性。

《物权法》第八十三条规定:"业主应当遵守法律、法规以及管理规约。业主大会和业主委员会,对任意弃置垃圾、排放污染物或者噪声、违反规定饲养动物、违章搭建、侵占通道、拒付物业费等损害他人合法权益的行为,有权依照法律、法规以及管理规约,要求行为人停止侵害、消除危险、排除妨害、赔偿损失。业主对侵害自己合法权益的行为,可以依法向人民法院提起诉讼。"

该条规定,确认了如果业主违反法律、法规和管理规约,受侵害的业主有权通过诉讼期寻求司法救济,业主大会、业主委员会可以要求行为人停止侵害、消除影响等。同时,受侵害的业主可以通过诉讼来保护自己的权益,比如非法养狗、恶意拖欠物管费并煽动其他业主拒交物管费用,这些损害其他业主合法权益的行为,今后一旦发生,业主都可以向人民法院提起诉讼。而之前业主的不良行为都是通过管理规约来制约的。管理规约的法律约束力非常薄弱,起不到应有的作用,诉讼则可以为这种约束力提供保障。

物权法的规定,排除了物业服务企业对于侵权业主的诉权。这样规定,在一定程度上减轻了物业服务企业的责任,但与此同时物业服务企业的大量管理工作必须依靠业主大会和业主委员会的支持,否则物业服务企业的工作难以进行。因此,物业服务企业应当积极支持小区成立业主大会并与业主委员会建立良好的关系,以使经营活动保持正常进行。

(六) 对相邻建筑物的通风、采光和日照作出明确规定,为公民维护"阳光权"提供了法律依据

[案例5-10]

采光纠纷案

[案情介绍]

某居民因邻近项目影响其采光,而将开发商告上了法庭,法院对此案作出判决:开发商赔偿1万元。法院认为,虽然该项目已通过规划部门审批,但行政许可的建设行为在客观上并不能完全排除对原告民事权利的侵犯。

[法理分析]

相邻关系占据了《物权法》整整一章的篇幅,把现行的一些法律法规中有关用水排

水、通风采光等相邻关系的规定全部集合起来。不仅小区内居民之间处理邻里纠纷可以此为依据，小区之间、小区和周边建筑之间，也都存在相邻问题，也可以照此解决。建筑物不得妨碍相邻居民，不仅仅是对规划部门的要求，更是对开发企业的约束。

《物权法》第八十九条规定："建造建筑物，不得违反国家有关工程建设标准，妨碍相邻建筑物的通风、采光和日照。"

第九十二条规定："不动产权利人因用水、排水、通行、铺设管线等利用相邻不动产的，应当尽量避免对相邻的不动产权利人造成损害；造成损害的，应当给予赔偿。"

近年来，随着城市建设速度加快，住宅建设用地供应趋紧，加之一些城市在对新建住宅楼规划审批环节中存在漏洞，有些开发商违规施工，超规划建设，导致新建住宅楼层数过高，密度过大，周围的楼盘被它遮盖得"暗无天日"；有些人甚至为求便利，私搭乱建，影响相邻建筑的通风、采光，使基于"阳光权"引发的纠纷日益增多。

《物权法》第八十四条规定："不动产的相邻权利人应当按照有利生产、方便生活、团结互助、公平合理的原则，正确处理相邻关系。"第八十五条规定："法律、法规对处理相邻关系有规定的，依照其规定；法律、法规没有规定的，可以按照当地习惯。"

总之，《物权法》的基本作用就是定分止争，通过确定物的权属，减少因权属不清引起的纷争。现在，物业管理纠纷纷繁复杂，但其根源就在于权属不清，《物权法》的颁布，对物业管理具有正本清源的作用。它确定了建筑物以及建筑区划内相关场所、设施和物业管理用房的权属，同时规定了业主的权利以及行使权利的方式，为物业管理制度的完善提供了法律基础。

《物权法》确定了业主在物业管理活动中的主导地位，这样可能会带来物业管理制度的重构。物业管理的权利边界进一步清晰，物业管理的利益格局将发生改变，物业服务企业对此应当给予足够的重视。物业服务企业应当调整企业战略和服务思路，通过改善管理和提高服务质量赢得业主的信任。

七、《物业管理条例》

2003年5月28日，国务院第九次常务会议通过了《物业管理条例》（国务院第379号令），并于2003年6月8日颁布，自2003年9月1日起施行。全文共七章七十条。国务院颁布《物业管理条例》具有里程碑式的意义，它标志着我国物业管理进入了法制化、规范化发展的阶段。《物业管理条例》是目前我国第一部物业管理行政法规。为确保《物业管理条例》与2007年10月1日起实施的《物权法》相符，2007年8月26日温家宝总理签署国务院令第504号，公布《国务院关于修改〈物业管理条例〉的决定》，自2007年10月1日起施行。该决定对原文中的第十一、十二、十九条有关内容作了修改，将"物业管理企业"修改为"物业服务企业"，将"业主公约"修改为"管理规约"，将"业主临时公约"修改为"临时管理规约"，并对个别条文的文字作了修改。

《物业管理条例》确立了一系列重要的物业管理制度，对业主及业主大会、前期物业管理、物业管理服务、物业的使用和维护等方面作了明确规定，并明确了相应的法律责任。《物业管理条例》的颁布施行，为维护物业管理市场秩序、规范物业管理活动、保障业主和物业服务企业合法权益提供了法律保障；对于促进物业管理健康发展，进一步改善人民群众的生活和工作环境具有十分重要的意义。

《物业管理条例》的主要内容可归纳为：建立了 10 项基本制度；明令业主的 4 项权益；明令物业服务企业的 7 项权责；明令 6 项禁止行为；规范 2 项书面合同；法规授权 3 项规定；13 种情况下的法律责任等。

(一) 10 项基本制度

1. 告知制度

(1) 住宅小区的业主大会会议，应当同时告知相关的居民委员会。(第十四条)

(2) 业主大会、业主委员会作出的决定违反法律、法规的，物业所在地的区、县人民政府房地产行政主管部门或者街道办事处、乡镇人民政府，应当责令限期改正或者撤销其决定，并通告全体业主。(第十九条)

(3) 住宅小区的业主大会、业主委员会作出的决定，应当告知相关的居民委员会，并认真听取居民委员会的建议。(第二十条)

(4) 业主依法确需改变公共建筑和共用设施用途的，应当在依法办理有关手续后告知物业服务企业。(第五十条)

(5) 业主需要装饰装修房屋的，应当事先告知物业服务企业。
物业服务企业应当将房屋装饰装修中的禁止行为和注意事项告知业主。(第五十三条)

2. 业主委员会备案制度

业主委员会应当自选举产生之日起 30 日内，向物业所在地的区、县人民政府房地产行政主管部门和街道办事处、乡镇人民政府备案。业主委员会委员应当由热心公益事业、责任心强、具有一定组织能力的业主担任。业主委员会主任、副主任在业主委员会委员中推选产生。(第十六条)

3. 招标投标制度

国家提倡建设单位按照房地产开发与物业管理相分离的原则，通过招投标的方式选聘具有相应资质的物业服务企业。

住宅物业的建设单位，应当通过招投标的方式选聘具有相应资质的物业服务企业；投标人少于 3 个或者住宅规模较小的，经物业所在地的区、县人民政府房地产行政主管部门批准，可以采用协议方式选聘具有相应资质的物业服务企业。(第二十四条)

4. 承接验收制度

(1) 物业服务企业承接物业时，应当对物业共用部位、共用设施设备进行查验。(第二十八条)

(2) 物业服务企业承接物业时，应当与业主委员会办理物业验收手续。(第三十七条)

5. 保修责任制度

(1) 建设单位应当按照国家规定的保修期限和保修范围，承担物业的保修责任。(第三十一条)

(2) 供水、供电、供气、供热、通信、有线电视等单位，应当依法承担物业管理区域内相关管线和设施设备维修、养护的责任。(第五十二条)

(3) 物业存在安全隐患，危及公共利益及他人合法权益时，责任人应当及时维修养护，有关业主应当给予配合。责任人不履行维修养护义务的，经业主大会同意，可以由物业服务企业维修养护，费用由责任人承担。(第五十六条)

[案例 5-11]

物业管理公司不及时维修设施造成损伤如何处理？

[案情介绍]

某住宅小区 25 号楼的公用水箱出现渗透现象，该栋楼的业主们向物业管理公司反映了情况，要求其及时予以修缮，但物业管理公司一直未采取措施。有一天，住在该栋楼的业主王某回家经过楼前通道时，因地面积水滑溜而不幸摔倒，导致右腿骨折，被送往医院治疗。

王某要求物业管理公司赔偿其医药费、营养费及误工补贴等相关费用未果，把物业管理公司告上法院。请分析王某的要求是否合理？为什么？

[法理分析]

根据建筑物区分所有权，物业管理公司与业主的维修责任划分为：

业主作为物业的所有权人，应对其专有的物业承担维修养护责任。因此，房屋的室内部分，即户门以内的部分和设备，包括水、电、气户表以内的管线和自用阳台，由业主负责维修。

房屋的共用部分和共用设施设备，包括房屋的外墙面、楼梯间、通道、屋面、给水排水管道、公用水箱、加压水泵、电梯、消防设施等房屋主体公用设施，由物业管理公司组织定期养护和维修。

根据《物业管理条例》第五十六条规定，物业存在安全隐患，危及公共利益及他人合法权益时，责任人应当及时维修养护，有关业主应当给予配合。责任人不履行维修养护义务的，经业主大会同意，可以由物业服务企业维修养护，费用由责任人承担。本案中，小区物业管理公司对公用水箱的渗漏，应及时予以维修而未维修，致使王某因地面积水滑溜而摔倒住院，应由物业管理公司对王某的损失给予赔偿。

6. 交接制度

物业服务合同终止时，物业服务企业应当将物业管理用房和本条例第二十九条第一款规定的资料交还给业主委员会。

物业服务合同终止时，业主大会选聘了新的物业服务企业的，物业服务企业之间应当做好交接工作。（第三十九条）

7. 资质管理制度

国家对从事物业管理活动的企业实行资质管理制度。具体办法由国务院建设行政主管部门制定。（第三十二条）

8. 人员资格制度

从事物业管理的人员应当按照国家有关规定，取得职业资格证书。（第三十三条）

9. 专项维修资金制度

住宅物业、住宅小区内的非住宅物业或者与单幢住宅楼结构相连的非住宅物业的业主，应当按照国家有关规定交纳专项维修资金。专项维修资金属业主所有，专项用于物业保修期满后物业共用部位、共用设施设备的维修和更新、改造，不得挪作他用。专项维修资金收取、使用、管理的办法由国务院建设行政主管部门会同国务院财政部门制定。（第五十四条）

[案例5-12]
物业公司挪用维修资金应如何处理？
[案情介绍]
某小区业主委员会成立后，发现物业维修资金存在许多问题：一是物业公司和开发商身份合一，作为开发商，其应缴物业维修资金未缴；二是作为物业管理公司，其挪用了部分物业维修资金。

经业主委员会与物业公司交涉，公司明确表示作为开发商，维修资金是应该缴的，但未表态何时缴，缴给谁。对于挪用资金原因是由于业主拒付管理费，物业公司入不敷出，挪用维修资金出于无奈，而且其挪用也是用于小区的管理，用于对业主服务。

业主委员会最后决定开设物业维修资金专门账户，将物业公司代管的资金划入专户，并书面督促开发商10日内缴齐应缴资金；物业公司挪用部分逐步收回。然而物业公司及开发商无视业主委员会的决定，仍拖延不缴维修资金，挪用部分也以种种借口不交给业主委员会。业主委员会于是向法院起诉。

业主委员会诉请：请求人民法院判决被告开发商交维修资金，判决被告物业管理公司返还挪用的维修资金。

被告某小区物业公司辩称：维修资金挪为他用，但最终仍用在为小区居民服务上，并没有被贪污或浪费，羊毛还用在羊身上，而且造成挪用的原因在于一些业主不交管理费使物业公司入不敷出，物业公司实属迫不得已。

请分析：物业管理公司的做法是否正确？为什么？若不对，该受到什么处罚？
[法理分析]

① 在前期物业管理期间（即业主委员会成立之前），物业管理公司由开发商选聘，业主通常向物业管理公司办理入住手续，并向其交纳物业维修资金。由于缺乏有力的监督，开发商延迟缴纳其应承担的物业维修资金以及物业管理公司挪用物业维修资金就成为可能，特别是开发商拖延交纳物业维修资金的现象比比皆是。开发商往往采取在业主委员会成立后及时补缴物业维修资金的方法以回避其法律责任，而有些开发商因到时不能足额补缴物业维修资金被业主委员会推上被告席。

②本案业主委员会虽然最终作出了实事求是的决定，但其中的是非曲直似乎并未弄清。根据有关规定，开发商和购房者均应在签订房屋买卖合同时缴纳物业维修资金。在前期物业管理维修期间，开发商应将物业维修资金以业主委员会的名义存入金融机构，设立专门账户，任何人不得随意动用。业主委员会成立之后，开发商应将物业维修资金移交给业主委员会，由业主委员会委托物业管理单位管理，专项用于物业维修，不得挪作他用。

③根据《物业管理条例》第五十四条规定，住宅物业、住宅小区内的非住宅物业或者与单幢住宅楼结构相连的非住宅物业的业主，应当按照国家有关规定交纳专项维修资金。专项维修资金属业主所有，专项用于物业保修期满后物业共用部位、共用设施设备的维修和更新、改造，不得挪作他用。专项维修资金收取、使用、管理的办法由国务院建设行政主管部门会同国务院财政部门制定。第六十三条规定："违反本条例的规定，挪用专项维修资金的，由县级以上地方人民政府房地产行政管理部门追回挪用的专项维修资金，给予警告，没收违法所得，可以并处挪用数额2倍以下的罚款；物业服务企业挪用专项维修资金，情节严重的可由颁发资质证书的部门吊销资质证书；构成犯罪的，依法追究直接负责

的主管人员和其他直接责任人员的刑事责任。"

10. 报告制度

(1) 对物业管理区域内违反有关治安、环保、物业装饰装修和使用等方面法律、法规规定的行为，物业服务企业应当制止，并及时向有关行政管理部门报告。（第四十六条）

[案例5-13]

业主有权锯掉小区里自栽的树木吗？

[案情介绍]

某住宅小区内25号楼103房的业主曹某要将自己住房门口的一棵枝叶茂盛的大树锯掉，其理由是该树挡住家里的阳光。物业管理公司得知此消息后，多次上门劝解，业主曹某不听，他认为自己有理，树是自己栽的，物业管理公司无权管，并准备了工具要锯掉此树，物业管理公司不能用强制方法强行制止，以避免矛盾激化，发生人身冲突，就此事向有关行政部门投诉。

被诉人辩称：自己对所锯掉的树木拥有所有权，对树木有处分的权利，锯掉树木是自己处分私人财产的行为，任何人或单位不得干涉。物业管理公司无权过问此事。

请分析：物业管理公司是否有权干涉曹某的行为？为什么？

[法理分析]

根据《物业管理条例》第七条第一款第二项规定，业主在物业管理活动中遵守物业管理区域内物业共用部位和共用设施设备的使用、公共秩序和环境卫生的维护等方面的规章制度。第四十六条规定，对物业管理区域内违反有关治安、环保、物业装饰装修和使用等方面法律、法规规定的行为，物业服务企业应当制止，并及时向有关行政管理部门报告。有关行政管理部门在接到物业管理公司的报告后，应当依法对违法行为予以制止或者依法处理。

本案中曹某违反法规，又不听物业管理公司的批评劝告，擅自破坏绿化，是违反行政法规的行为，应对自己的行为承担责任。

物业管理公司接受了业主的委托，对住宅小区进行全面管理，它不仅对房屋、设备进行管理修缮，同时也对所管的小区内的场地以及绿地、树木进行管理、维护，对绿地树木的管理是正当工作行为。无论是国家栽种的，还是私人栽种的，一旦成活以后，再要把它锯掉或处理掉，不仅要得到物业管理公司的同意，还要得到当地城建、园林部门的批准，否则将属于破坏绿化，是要受到相应处罚的。

(2) 物业服务企业应当协助做好物业管理区域内的安全防范工作。发生安全事故时，物业服务企业在采取应急措施的同时，应当及时向有关行政管理部门报告，协助做好救助工作。（第四十七条）

[案例5-14]

业主出差在外，家中被盗谁负责任？

[案情介绍]

2002年8月20日，北京某住宅小区的江先生因公外出一周回家，发现自己家中一片狼藉，明显是遭盗贼洗劫，后阳台铁门被撬开，室内有被翻箱倒柜的痕迹。江先生存放柜子、抽屉中的金银首饰及现金均被盗，折合人民币价值5.8万余元。为此江先生要求物业管理公司赔偿损失。被小区物业管理部门拒绝，从而发生纠纷。江先生诉称：小区物业管理不善，导致他家被盗，造成经济损失，要求物业管理部门赔偿其损失。

小区物业管理公司辩称：治安费仅是物业管理费中的一小部分，主要用于小区日常治安开支。发生这类事件，物业管理部门只能积极配合公安部门破案，争取为住户挽回损失。至于住户提出的赔偿问题，因没有先例，物业管理部门不可能对此进行赔偿。

请分析：物业管理公司是否应进行赔偿？为什么？

[法理分析]

①《物业管理条例》第四十七条规定，物业服务企业应当协助做好物业管理区域内的安全防范工作。发生安全事故时，物业服务企业在采取应急措施的同时，应当及时向有关行政管理部门报告，协助做好救助工作。

② 本案中因物业管理公司措施不到位，导致住户居室被盗，物业公司要承担管理责任，并负责完善管理措施；至于赔偿问题，因目前缺乏相应的法规依据，根据民法有关规定，因物业管理公司不按合同约定提供管理服务造成的损失，业主有权要求物业公司赔偿。但由于受损情况也难确定，只能根据物业管理公司的过失、损失情况来确定物业管理部门承担的责任。

(二) 业主的 4 项权益

1. 业主大会决定《物业管理条例》第十一条第(五)项和第(六)项规定的事项，应当经专有部分占建筑物总面积 2/3 以上的业主且占总人数 2/3 以上的业主同意；决定《物业管理条例》第十一条规定的其他事项，应当经专有部分占建筑物总面积过半数的业主且占总人数过半数的业主同意。

业主大会或者业主委员会的决定，对业主具有约束力。

业主大会或者业主委员会作出的决定侵害业主合法权益的，受侵害的业主可以请求人民法院予以撤销。（第十二条）

2. 业主依法享有的物业共用部位、共用设施设备的所有权或者使用权，建设单位不得擅自处分。（第二十七条）

3. 物业管理用房的所有权依法属于业主。未经业主大会同意，物业服务企业不得改变物业管理用房的用途。（第三十八条）

4. 专项维修资金属业主所有，专项用于物业保修期满后物业共用部位、共用设施设备的维修和更新、改造，不得挪作他用。（第五十四条）

(三) 物业服务企业的 7 项权责

1. 从事物业管理活动的企业应当具有独立的法人资格。（第三十二条）

2. 一个物业管理区域由一个物业服务企业实施物业管理；（第三十四条）

建设单位应当按照规定在物业管理区域内配置必要的物业管理用房。（第三十条）

3. 物业服务企业应当按照物业服务合同的约定，提供相应的服务。物业服务企业未能履行物业服务合同的约定，导致业主人身、财产安全受到损害的，应当依法承担相应的法律责任。（第三十六条）

秩序维护员在维护物业管理区域内的公共秩序时，应当履行职责，不得侵害公民的合法权益。（第四十七条）

[案例 5-15]

卢某因被抢劫致损要求物业服务企业承担民事责任纠纷案

[案情介绍]

某日晚9时许,卢某在所住大楼的电梯内遭不法分子的袭击而受伤。卢某以物业服务企业未尽物业管理职责,未在电梯内设置电梯工,从而导致伤害后果的发生为由,向法院提起诉讼。

卢某诉称:其与被告物业服务企业签订了物业服务合同,约定由被告某物业服务企业向其提供物业管理服务。而被告为了自身利益,在未办理房屋租赁登记和治安登记手续的情况下,将未出售的空置房屋出租,造成大楼内外来人口复杂。被告的行为违反了物业服务合同中关于物业服务企业应进行保安管理和应依照《住户手册》独立实施管理的约定,其遭到伤害是物业服务企业违反合同所致,故要求解除与被告某物业服务企业签订的物业服务合同,被告应赔偿医疗费、交通费、误工费、营养费、护理费、学习中断费及精神损失费共计人民币86402元。

某物业服务企业辩称:保安服务的范围是指为维护物业管理区域的公共秩序而实施的防范性安全保卫活动。其进行物业管理时,并不负有保证每个居民人身安全的义务。案发时,门岗当班的保安人员未见陌生人进入大楼。且其从未承诺在电梯内设置电梯工,故不同意原告的诉讼请求,但愿从道义上给予原告一次性经济补偿人民币2000元。

请分析:卢某的要求是否合理?为什么?

[法理分析]

① 本案的焦点是物业服务企业是否履行了物业服务合同约定的保安服务义务,这是物业服务企业是否承担法律责任的依据。《物业管理条例》第三十六条第二款规定:"物业服务企业未能履行物业服务合同的约定,导致业主人身、财产安全受到损害的,应当依法承担相应的法律责任。"

② 物业管理区域内发生的刑事犯罪,物业服务企业是否应当承担责任,应该具体分析。物业管理中安全服务的性质是一种群防群治的安全防范服务,关键是看物业服务企业的保安防范工作是否到位。如果保安防范工作没有疏忽,不存在管理上的缺陷,则物业服务企业就不应当承担责任;相反如果根据物业服务合同的约定,物业服务企业存在明显的过错,则应当承担未履行合同或者履行合同存在瑕疵的赔偿责任。

本案中的物业服务合同并没有对保安的概念和职责进行清楚界定,对于保安的解释,认为应当理解为为物业使用创造方便安全的条件以及维护小区公共秩序的良好与稳定,而不是广义上的社会安全。因为保安义务并不能等同于保镖义务,也不能要求物业服务企业确保物业小区内所有财产和人身的安全。保安义务重在履行过程,只要履行了保安义务,但仍无法阻止损害结果发生的,提供保安义务的一方应当不再承担民事责任。

③ 本案中的卢某虽然在其居住大楼电梯内遭受不法侵害,但并不能因此认定物业服务企业在履行保安义务上存在过错。该电梯内并不要求物业服务企业员工值班,在电梯内没有物业服务企业的员工并非物业服务企业有过错。物业服务企业不可能确保电梯、楼道等场所人身和财产的安全,物业服务企业也不可能接受这种义务。因此,物业服务企业对业主在电梯、楼道等场所遭侵害所致的损失,如果没有证据证明物业服务企业存在管理上的过错,就不承担民事责任。

[法院审理]

一审法院经审理认为:原告与被告订立的物业服务合同系双方自愿,合法有效,被告某物业服务企业虽在合同中承诺了保安服务，但这种保安服务应限于防范性安全保卫活动，并不能要求完全根除治安案件。被告某物业服务企业确已在小区设置了门岗及保安员，卢某不能提供其遭袭击和伤害系物业服务企业不履行职责所致的证据，故要求被告某物业服务企业承担侵权的赔偿责任缺乏事实和法律依据，法院难予支持。被告某物业服务企业自愿补偿人民币2000元，于法无悖，可予准许。至于原告提出解除双方签订的物业服务合同，因该合同不同于一般的民事合同，一旦解除，不利于该地区的房屋管理，与《物业管理条例》中有关解聘物业服务企业的规定不符，何况双方在合同订立中，也没有约定相关的内容，无法定的解除合同的事由，故对该项请求不予支持。判决如下：

① 原告要求解除与被告签订的物业服务合同的诉讼请求不予支持。

② 原告要求被告赔偿人民币86402元的诉讼请求不予支持。

③ 被告某物业服务企业在本判决生效之日起十日内补偿原告人民币2000元。

一审判决后，卢某不服提起上诉，坚持原审诉称理由，要求被告物业服务企业承担违约责任，赔偿其因该起事件造成的全部损失共计86402元，撤销一审法院判决第二项。

二审法院经审理认为，从物业管理的定义来看，物业管理是对物业进行维护、修缮、管理，对物业管理区域内的公共秩序、交通、消防、环境卫生、绿化等事项提供协助或服务活动。因此，"保安"应该理解为为物业使用创造方便安全的条件，以及维护小区公共秩序的良好与稳定，而不是指广义上的社会安全。物业服务企业不承担业主、使用人的人身安全保险责任。没有特别约定的，物业服务企业不承担业主、使用人的人身、财产损害赔偿责任。鉴于本案双方在物业服务合同中没有关于人身、财产损害赔偿的特别约定，故某物业服务企业不承担卢某人身损害的赔偿之责。卢某在某物业服务企业管理的区域内遭不法分子袭击致伤，直接责任人为实施不法行为的犯罪分子，应由其承担相应的损害赔偿责任。卢某之人身损害与某物业服务企业的管理行为无直接因果关系，判决驳回上诉，维持原判。

[案例5-16]

保安半夜入民宅，物业公司是否应赔偿给业主造成的精神损失？

[案情介绍]

2002年6月25日凌晨，某住宅区张先生夫妇被室内的响动惊醒，立即起床并打开卧室的门，发现有人已走到客厅和卧室过道处，这个人是物业公司的保安。张先生夫妇无法忍受保安如此进行"保安工作"，就把物业公司告上了法庭，要求物业管理公司为保安深夜入室的行为给予书面道歉，并赔偿每人精神损失费。

被告辩称：物业管理公司的保安人员是由于在深夜值班时发现张先生家的家门虚开，在按铃房内无反应的可疑情况下，他才进入房内进行查看的，完全是履行职责，是对张先生夫妇的安全负责的行为。并且，根据物业公司了解的情况及相关物业管理制度，保安当时不可能掌握张先生家的钥匙，而张先生没有任何物品丢失，也无门锁及其他损坏后果。物业管理公司认为在此种情况下保安入室没有违法，只属于违纪行为，因为公司的《住户手册》规定，保安员在社区内作24小时巡逻，如遇紧急情况，应按登记的电话号码联系有关住户并立即通知公安部门或消防等部门，如无法联系有关住户时，即邀请公安人员或消防人员开启正门，进入单元审查事故情况，并作适当处理。

请分析：物业管理公司的辩称是否合理？为什么？

[法理分析]

① 根据《中华人民共和国民法通则》第五条："公民、法人的合法的民事权益受法律保护，任何组织和个人不得侵犯。"第一百二十一条："国家机关或者国家机关工作人员在执行职务中，侵犯公民、法人的合法权益造成损害的，应当承担民事责任。"第一百三十四条："承担民事责任的方式主要有：（一）停止侵害；（二）排除妨碍；（三）消除危险；（四）返还财产；（五）恢复原状；（六）修理、重作、更换；（七）赔偿损失；（八）支付违约金；（九）消除影响、恢复名誉；（十）赔礼道歉。以上承担民事责任的方式，可以单独适用，也可以合并适用。人民法院审理民事案件，除适用上述规定外，还可以予以训诫、责令具结悔过、收缴进行非法活动的财物和非法所得，并可以依照法律规定处以罚款、拘留。"

② 按照有关法律规定和惯例，任何单位和个人不能私入民宅，否则被视为侵权。但也有例外，因为物业公司的保安员有着极为特殊的注意义务，须保护范围内的财产安全，维护服务范围内的正常秩序，做好服务区域内的防火、防盗、防爆炸、防破坏、防治安灾害及事故等安全防范工作。

《物业管理条例》第四十七条规定：保安人员在维护物业管理区域内的公共秩序时，应当履行职责，不得侵害公民的合法权益。在本案中，物业管理公司对自己聘请的保安员的职务行为应承担责任，造成损失的应赔偿损失。

[法院审理]

法院认为，保护业主的安全，维护业主的利益是物业管理公司的职责。但在履行职责时应注意采取适当合理的方式，如果措施不当侵害了业主的权利，应承担相应的法律责任。物业公司保安员在值班时进入张先生夫妇房间，其自称因为房门虚掩，为张先生夫妇的安全和利益而入室检查。而按照《住户手册》规定，遇此紧急情况其既不与业主家电话联系，又未请公安人员见证，该行为是不符合有关规定的，侵害了公民住宅不受侵犯的权利。而且其是在张先生夫妇深夜熟睡之机闯入，给张先生夫妇带来了一定的精神刺激，影响了生活，应该就此不当行为承担责任。因该保安员是在履行职务中侵害了张先生夫妇的权利，故由物业公司承担责任。关于赔礼道歉的方式，因该事实仅发生在原、被告之间，口头方式已经足够消除影响，因此法院对张先生夫妇要求书面致歉的请求不予支持。对物业公司作的口头致歉行为予以认可。

4. 物业服务收费应当遵循合理、公开以及费用与服务水平相适应的原则，区别不同物业的性质和特点，由业主和物业服务企业按照国务院价格主管部门会同国务院建设行政主管部门制定的物业服务收费办法，在物业服务合同中约定。（第四十一条）

业主应当根据物业服务合同的约定交纳物业服务费用。业主与物业使用人约定由物业使用人交纳物业服务费用的，从其约定，业主负连带交纳责任。

已竣工但尚未出售或者尚未交给物业买受人的物业，物业服务费用由建设单位交纳。（第四十二条）

5. 物业服务企业可以根据业主的委托提供物业服务合同约定以外的服务项目，服务报酬由双方约定。（第四十四条）

6. 违反物业服务合同约定，业主逾期不交纳物业服务费用的，业主委员会应当督促其限期交纳；逾期仍不交纳的，物业服务企业可以向人民法院起诉。（第六十七条）

【案例 5-17】

业主因服务质量问题拒缴管理费应如何处理？

[案情介绍]

荣某在某花园小区购买一套三居室。2000年1月在入住时签署了前期物业管理合同，并缴纳了半年物业管理费，自那以后到2002年6月长达两年时间一直未缴。物业管理公司一直按管理合同规定的事项和服务质量标准开展工作，其服务得到了大多数业主的认可。荣某以服务水平不高，本人未能享受到优质服务为由拒交，与物业管理公司发生了纠纷，物业管理公司在多次催收管理费未果的情况下向法院递了诉状。原告物业管理公司诉请：要求法院依法判决荣某缴纳所欠的管理费及利息。被告荣某辩称：原告服务水平不高，被告未能享受到合同要求的服务质量标准，故被告不缴物业管理费是有一定根据的。

请分析：物业管理公司和荣某的说法谁的正确？为什么？

[法理分析]

根据《物业管理条例》第七条第一款第五项规定，业主在物业管理活动中，应按时交纳物业服务费用。第四十二条规定，业主应当根据物业服务合同的约定交纳物业服务费用。业主与物业使用人约定由物业使用人交纳物业服务费用的，从其约定，业主负连带交纳责任。已竣工但尚未出售或者尚未交给物业买受人的物业，物业服务费用由建设单位交纳。

在物业管理中，物业管理公司工作开展需要一定资金保证，它的经费来源主要是靠收取业主的物业管理费。因此，作为业主来讲，应遵守管理规约，按时缴纳物业管理费，否则物业管理公司由于经费不足，将无法开展管理工作，导致服务水平下降。业主对物业管理公司有意见非常正常，应该按照公约规定向物业管理公司反映，向业主委员会汇报，必要时由业主委员会向物业管理公司下达整改通知。如果物业管理公司接到通知后仍旧没有认真改正，那么业主委员会有权通过业主大会提前解聘和辞退物业管理公司，如果物业管理公司不理，可依法诉讼，讨回公道。

7. 物业服务企业确需改变公共建筑和共用设施用途的，应当提请业主大会讨论决定同意后，由业主依法办理有关手续。（第五十条）

（四）6 项禁止行为

1. 业主大会、业主委员会应当依法履行职责，不得作出与物业管理无关的决定，不得从事与物业管理无关的活动。（第十九条）

2. 物业使用人在物业管理活动中的权利义务由业主和物业使用人约定，但不得违反法律、法规和管理规约的有关规定。（第四十八条）

3. 物业服务企业可以将物业管理区域内的专项服务业务委托给专业性服务企业，但不得将该区域内的全部物业管理一并委托给他人。（第四十条）

4. 物业管理区域内按照规划建设的公共建筑和共用设施，不得改变用途。（第五十条）

【案例 5-18】

物业服务企业在小区空地上开设酒吧争议案。

[案情介绍]

某住宅小区的物业服务企业张贴出一张公告：为了安全起见，将要关闭一扇出入小区的大门，广大业主只能从另外一扇大门出入。物业服务企业在被关闭的那扇大门附近的空地上开设了酒吧,对外营业,并将开设的酒吧承包给一个业主经营。对此,广大业主十分不满,认为出入小区的大门被关闭后进出很不方便,占用空地开设酒吧影响小区环境。业主们纷纷要求重新打开大门,撤除酒吧。

请分析业主的要求是否合理?为什么?

[**法理分析**]

本案的焦点是物业服务企业是否有权改变物业公共部位的用途。

小区空地属于公共部位,所有业主均可以合理利用。但是,任何人都无权擅自占用或者改变小区内的公共部位之使用性质。《物业管理条例》第五十条规定:"物业管理区域内按照规划建设的公共建筑和共用设施,不得改变用途。"业主依法确需改变公共建筑和共用设施用途的,应当在依法办理有关手续后告知物业服务企业;物业服务企业确需改变公共建筑和共用设施用途的,应当提请业主大会讨论决定同意后,由业主依法办理有关手续。本案中,物业服务企业未经业主同意就自行改变公共部位的使用性质开设酒吧,侵害了业主们的合法权益,也没有经过有关部门的批准,属于违法行为。另外,小区的大门属于小区的公共设施,按照其设计用途,是为业主出入之用的,是在考虑了物业小区全体业主合理需要基础上确定的,应当按照其设计用途加以利用,不得随意关闭。

5. 业主、物业服务企业不得擅自占用、挖掘物业管理区域内的道路、场地,损害业主的共同利益。(第五十一条)

[**案例5-19**]

业主利用小区空地搭建车棚纠纷案

[**案情介绍**]

2002年5月,江先生新买了一辆汽车,由于小区车位较少,江先生无处停放自己的汽车。经了解得知楼下有一片空地,物业服务企业没有搞绿化或其他设施计划,不如平整一下做个车棚。未经批准,江先生请来师傅施工时,物业服务企业发现此事,并制止继续施工,告诉江先生个人不可随意占用小区内场地。江先生认为小区内场地属于业主大家所有,他们有权使用,为此江先生与物业服务企业发生了纠纷。

请分析:江先生的做法是否正确?应如何处理此类纠纷?

[**法理分析**]

《物业管理条例》第五十一条规定:"业主、物业服务企业不得擅自占用、挖掘物业管理区域内的道路、场地,损害业主的共同利益。因维修物业或者公共利益,业主确需临时占用、挖掘道路、场地的,应当征得业主委员会和物业服务企业的同意;物业服务企业确需临时占用、挖掘道路、场地的,应当征得业主委员会的同意。业主、物业服务企业应当将临时占用、挖掘的道路、场地,在约定的期限内恢复原状。"物业管理区域内的道路、场地是物业管理区域的有机组成部分,其所有权属于全体业主。无论是业主还是物业服务企业都不能擅自占用或者挖掘物业管理服务区域内的道路、场地。

本案中江先生占用物业管理区域内的空地,并不是出于维修物业或者公共利益需要,也没有征得业主大会和物业服务企业的同意,江先生的行为违反了规定,应当尽快恢复原状。

根据《物业管理条例》第六十六条的规定,县级以上地方人民政府房地产行政主管部门应当对江先生予以警告,责令限期改正,没收违法所得,并可处以罚款。

本案中江先生的行为侵犯了其他业主共有人的合法权益。根据《物业管理条例》的规定，受侵害的业主或者物业服务企业除了可向房地产行政主管部门要求对江先生进行行政处罚外，还可直接以侵权或违反公约为由，向人民法院提起民事诉讼。

6. 业主依法享有的物业共用部位、共用设施设备的所有权或者使用权，建设单位不得擅自处分。（第二十七条）

（五）2项书面合同

1. 前期物业服务合同

在业主、业主大会选聘物业服务企业之前，建设单位选聘物业服务企业的，应当签订书面的前期物业服务合同。（第二十一条）

建设部于2004年9月6日以建住房［2004］155号印发《前期物业服务合同（示范文本）》，供建设单位与物业服务企业签约参考使用。正文共九章四十三条，有四个附件和一个使用说明。主要内容包括：

第一章　物业基本情况；第二章　服务内容与质量；第三章　服务费用；第四章　物业的经营与管理；第五章　物业的承接验收；第六章　物业的使用与维护；第七章　专项维修资金；第八章　违约责任；第九章　其他事项。

附件一：物业构成明细；附件二：物业共用部位明细；附件三：物业共用设施设备明细；附件四：前期物业管理服务质量标准。

2. 物业服务合同

业主委员会应当与业主大会选聘的物业服务企业订立书面的物业服务合同。

物业服务合同应当对物业管理事项、服务质量、服务费用、双方的权利义务、专项维修资金的管理与使用、物业管理用房、合同期限、违约责任等内容进行约定。（第三十五条）

北京市国土房管局于2004年6月3日发布了修改后的《物业服务合同（示范文本）》，其与前期物业服务合同有两大区别：一是合同主体不同。本合同的主体是业主大会和物业服务企业；前期物业服务合同的主体是开发商和物业服务企业。二是适用阶段不同。本合同适用于业主大会成立后，业主大会选聘物业管理公司，与其签订服务合同；前期物业服务合同适用于业主大会、业主委员会成立前，开发商选聘物业服务企业。

《物业服务合同（示范文本）》共分为九章四十条，主要内容包括总则、物业服务内容、物业服务质量、物业服务费用、双方权利义务、合同期限、合同变更和解除的约定、违约责任等。

［案例5-20］

业主委员会解聘前期物业服务企业纠纷案

［案情介绍］

北京某房地产开发公司聘请某物业服务企业为其开发的某小区进行物业管理。业主入住时同意开发公司与某物业服务企业签订的物业服务合同。2005年1月，该小区入住率达到50％以上时，小区业主委员会接到大部分业主对被告管理服务不满意的投诉。该小区业主委员会自成立以后没有跟被告续签物业服务合同，因此，业主委员会要求另选聘物业服务企业。由于某物业服务企业不同意解除，小区业主委员会诉诸法院。

原告小区业主委员会诉称，某物业服务企业服务差，大部分业主不满意，要求解聘该企业。被告物业服务企业辩称：被告早期与某房地产开发公司签有物业服务合同，且业主购楼时与某房地产开发公司的契约中已订明,同意某房地产开发公司委托的管理企业管理。因此,业主无权解聘物业服务企业。请求法院驳回原告的诉讼请求。

请分析:物业管理公司和业主委员会谁的做法正确?为什么?

[**法理分析**]

本案的核心在于业主委员会是否有权解除前期物业服务合同。

① 选聘或续聘物业服务企业是业主委员会代表业主享有的权利之一。《城市新建住宅小区管理办法》第七条规定,管委会有决定选聘或续聘物业服务企业的权利。《北京市居住小区物业管理办法》第八条规定,居住小区已交付使用并且入住率达到50%以上时,应当建立物业管理委员会。物业管理委员会成立后,由其决定物业服务企业的续聘或解聘。《物业管理条例》也作出了相应的规定。

本案中,该小区物业服务企业是开发企业聘请的,在业主委员会成立之前,业主一旦购房就应当接受该物业服务企业的管理。但等到业主委员会成立后,有权召开业主大会,作出续聘该物业服务企业或另选聘其他物业服务企业的决定。

② 业主委员会的权利不受前期物业服务合同期限的限制。

《物业管理条例》第二十六条规定:"前期物业服务合同可以约定期限;但是期限未满、业主委员会与物业服务企业签订的物业服务合同生效的,前期物业服务合同终止。"这样规定,其实就是以法规的形式规定了前期物业服务合同的解除条件,授予了业主委员会终止前期物业服务合同,另行选聘物业服务企业的权利。当然,如果前期物业服务合同没有到期,而且业主委员会还没有与其他物业服务企业签订物业服务合同,则不得解除前期物业服务合同,否则,构成违约;如果前期物业服务合同已到期,业主委员会又与原来的物业管理公司签订了合同,这时再解除合同关系,也要承担违约责任。

[**法院审理**]

法院认为:根据《城市新建住宅小区管理办法》第七条规定和《物业管理条例》的有关规定,业主委员会可以应广大业主的要求另选聘物业服务企业。故判决原告有权解除物业服务合同,另选聘物业服务企业签订合同。

(六) 授权3项规定

1. 物业管理区域的划分应当考虑物业的共用设施设备、建筑物规模、社区建设等因素。具体办法由省、自治区、直辖市制定。(第九条)

2. 国家对从事物业管理活动的企业实行资质管理制度。具体办法由国务院建设行政主管部门制定。(第三十二条)

3. 专项维修资金收取、使用、管理的办法由国务院建设行政主管部门会同国务院财政部门制定。(第五十四条)

(七) 13种情况下的法律责任

1. 第五十七条 违反本条例的规定,住宅物业的建设单位未通过招投标的方式选聘物业服务企业或者未经批准,擅自采用协议方式选聘物业服务企业的,由县级以上地方人民政府房地产行政主管部门责令限期改正,给予警告,可以并处10万元以下的罚款。

2. 第五十八条 违反本条例的规定,建设单位擅自处分属于业主的物业共用部位、共用设施设备的所有权或者使用权的,由县级以上地方人民政府房地产行政主管部门处5万元以上20万元以下的罚款;给业主造成损失的,依法承担赔偿责任。

3. 第五十九条　违反本条例的规定，不移交有关资料的，由县级以上地方人民政府房地产行政主管部门责令限期改正；逾期仍不移交有关资料的，对建设单位、物业服务企业予以通报，处1万元以上10万元以下的罚款。

4. 第六十条　违反本条例的规定，未取得资质证书从事物业管理的，由县级以上地方人民政府房地产行政主管部门没收违法所得，并处5万元以上20万元以下的罚款；给业主造成损失的，依法承担赔偿责任。

以欺骗手段取得资质证书的，依照本条第一款规定处罚，并由颁发资质证书的部门吊销资质证书。

5. 第六十一条　违反本条例的规定，物业服务企业聘用未取得物业管理职业资格证书的人员从事物业管理活动的，由县级以上地方人民政府房地产行政主管部门责令停止违法行为，处5万元以上20万元以下的罚款；给业主造成损失的，依法承担赔偿责任。

6. 第六十二条　违反本条例的规定，物业服务企业将一个物业管理区域内的全部物业管理一并委托给他人的，由县级以上地方人民政府房地产行政主管部门责令限期改正，处委托合同价款30%以上50%以下的罚款；情节严重的，由颁发资质证书的部门吊销资质证书。委托所得收益，用于物业管理区域内物业共用部位、共用设施设备的维修、养护，剩余部分按照业主大会的决定使用；给业主造成损失的，依法承担赔偿责任。

7. 第六十三条　违反本条例的规定，挪用专项维修资金的，由县级以上地方人民政府房地产行政主管部门追回挪用的专项维修资金，给予警告，没收违法所得，可以并处挪用数额2倍以下的罚款；物业服务企业挪用专项维修资金，情节严重的，并由颁发资质证书的部门吊销资质证书；构成犯罪的，依法追究直接负责的主管人员和其他直接责任人员的刑事责任。

8. 第六十四条　违反本条例的规定，建设单位在物业管理区域内不按照规定配置必要的物业管理用房的，由县级以上地方人民政府房地产行政主管部门责令限期改正，给予警告，没收违法所得，并处10万元以上50万元以下的罚款。

9. 第六十五条　违反本条例的规定，未经业主大会同意，物业服务企业擅自改变物业管理用房的用途的，由县级以上地方人民政府房地产行政主管部门责令限期改正，给予警告，并处1万元以上10万元以下的罚款；有收益的，所得收益用于物业管理区域内物业共用部位、共用设施设备的维修、养护，剩余部分按照业主大会的决定使用。

10. 第六十六条　违反本条例的规定，有下列行为之一的，由县级以上地方人民政府房地产行政主管部门责令限期改正，给予警告，并按照本条第二款的规定处以罚款；所得收益，用于物业管理区域内物业共用部位、共用设施设备的维修、养护，剩余部分按照业主大会的决定使用：

（一）擅自改变物业管理区域内按照规划建设的公共建筑和共用设施用途的；

（二）擅自占用、挖掘物业管理区域内道路、场地，损害业主共同利益的；

（三）擅自利用物业共用部位、共用设施设备进行经营的。

个人有前款规定行为之一的，处1000元以上1万元以下的罚款；单位有前款规定行为之一的，处5万元以上20万元以下的罚款。

11. 第六十七条　违反物业服务合同约定，业主逾期不交纳物业服务费用的，业主委员会应当督促其限期交纳；逾期仍不交纳的，物业服务企业可以向人民法院起诉。

12. 第六十八条　业主以业主大会或者业主委员会的名义，从事违反法律、法规的活动，构成犯罪的，依法追究刑事责任；尚不构成犯罪的，依法给予治安管理处罚。

13. 第六十九条　违反本条例的规定，国务院建设行政主管部门、县级以上地方人民政府房地产行政主管部门或者其他有关行政管理部门的工作人员利用职务上的便利，收受他人财物或者其他好处，不依法履行监督管理职责，或者发现违法行为不予查处，构成犯罪的，依法追究刑事责任；尚不构成犯罪的，依法给予行政处分。

八、《物业服务收费管理办法》

为规范物业管理服务收费行为，保障业主和物业服务企业的合法权益，国家发展改革委员会、建设部根据《中华人民共和国价格法》和《物业管理条例》，制定了《物业服务收费管理办法》（发改价格〔2003〕1864号）并于2003年11月13日颁布。该办法于2004年1月1日起施行，原国家计委、建设部印发的《城市住宅小区物业管理服务收费暂行办法》（计价费〔1996〕266号）同时废止。全文共二十四条。

与以往的同类法规相比，《物业服务收费管理办法》对全国的物业收费方式、物业成本计算标准作出了新规定，是指导和规范我国物业服务收费行为的重要依据。

相对于以前的物业服务收费政策，新的办法市场化色彩更浓，突出表现在以下4点：

1. 物业服务收费将告别政府统一定价

物业服务收费将区分不同物业的性质和特点分别实行政府指导价和市场调节价。其中，政府指导价并不是统一定价，主管部门不但要根据物业管理服务等级标准等因素制定相应的基准价，还将定出浮动幅度，并定期公布。具体收费标准则由业主与物业服务企业根据规定的基准价和浮动幅度在物业服务合同中约定。这样，政府部门在做好行业管理和价格指导的同时，把物业服务收费价格的确定权交给了业主与物业服务企业，交给了市场，这有利于推进物业管理的市场化进程，有利于业主增强自我管理能力和树立良好的物业服务消费意识。此外，新办法还要求物业服务企业按照政府价格主管部门的规定实行明码标价，在物业管理区域内的显著位置将服务内容、服务标准以及收费项目、收费标准等有关情况进行公示，便于业主对其进行监督，做到明明白白消费。

2. 引入了物业服务费用"酬金制"形式

《物业服务收费管理办法》第九条规定："业主与物业服务企业可以采取包干制或者酬金制等形式约定物业服务费用。"

包干制是指由业主向物业服务企业支付固定物业服务费用，盈余或者亏损均由物业服务企业享有或者承担的物业服务计费方式。

酬金制是指在预收的物业服务资金中按约定比例或者约定数额提取酬金支付给物业服务企业，其余全部用于物业服务合同约定的支出，结余或者不足均由业主享有或者承担的物业服务计费方式。这区别于长期以来大多数地区实行的业主向物业服务企业支付固定物业服务费用的包干制形式。《物业服务收费管理办法》明确规定，酬金制下的物业服务收费包括物业服务支出和酬金两部分，预收的物业服务支出属于代管性质，为所交纳的业主所有，物业服务企业不得将其用于物业服务合同约定以外的支出。酬金制的引入，便于业主对物业服务费用的收支情况进行监督，提高了物业服务收费的透明度，也让物业服务企业的合法权益得到了保障。此外还规定，物业服务企业应当向业主大会或者全体业主公布物业服务资金年度预决算,并每年不少于1次公布物业服务资金的收支情况,业主或者业主大会对公布的物业服务资金年度预决算和物业服务资金的收支情况提出质询时,物业服务企业应当及时答复;物业服务收费采取酬金制方式,物业服务企业或者业主大会可以按照物业服务合同约定聘请专业机构对物业服务资金年度预决算和物业服务资金的收支情况进行审计。

3. 明确了物业共用部位、共用设施设备的大修、中修和更新、改造费用不算物业成本

该办法明确规定,物业共用部位、共用设施设备的大修、中修和更新、改造费用,应当通过专项维修资金予以列支,不得计入物业服务支出或者物业服务成本。

4. 强调了物业服务企业收取物业服务费用的权利和业主的交费义务

第十五条:业主应当按照物业服务合同的约定按时足额交纳物业服务费用或者物业服务资金。业主违反物业服务合同约定逾期不交纳服务费用或者物业服务资金的,业主委员会应当督促其限期交纳;逾期仍不交纳的,物业服务企业可以依法追缴。

业主与物业使用人约定由物业使用人交纳物业服务费用或者物业服务资金的,从其约定,业主负连带交纳责任。

物业发生产权转移时,业主或者物业使用人应当结清物业服务费用或者物业服务资金。

第十六条:纳入物业管理范围的已竣工但尚未出售,或者因开发建设单位原因未按时交给物业买受人的物业,物业服务费用或者物业服务资金由开发建设单位全额交纳。

5. 规范了物业服务成本的构成内容。

第十一条:物业服务成本或者物业服务支出构成一般包括以下部分:

(1) 管理服务人员的工资、社会保险和按规定提取的福利费等;

(2) 物业共用部位、共用设施设备的日常运行、维护费用;

(3) 物业管理区域清洁卫生费用;

(4) 物业管理区域绿化养护费用;

(5) 物业管理区域秩序维护费用;

(6) 办公费用;

(7) 物业服务企业固定资产折旧;

(8) 物业共用部位、共用设施设备及公众责任保险费用;

(9) 经业主同意的其他费用。

九、《前期物业管理招标投标管理暂行办法》

为了规范物业管理招标投标活动,保护招标投标当事人的合法权益,促进物业管理市场的公平竞争,建设部在2003年6月26日颁布了《前期物业管理招标投标管理暂行办法》(建住房[2003]130号),自2003年9月1日起施行,共五章四十四条,就前期物业管理招标投标的遵循原则、监督管理机构、组织实施方式、程序、有关注意事项等作出了规定。业主和业主大会通过招标投标的方式选聘具有相应资质的物业服务企业的,参照该办法执行。主要内容有:

1. 前期物业管理招标投标的遵循原则和监督管理机构(第四、五条)

(1) 前期物业管理招标投标应当遵循公开、公平、公正和诚实信用的原则。

(2)国务院建设行政主管部门负责全国物业管理招标投标活动的监督管理。

省、自治区人民政府建设行政主管部门负责本行政区域内物业管理招标投标活动的监督管理。

直辖市、市、县人民政府房地产行政主管部门负责本行政区域内物业管理招标投标活动的监督管理。

2. 前期物业管理招标投标的组织实施方式和应该注意的问题（第七至十九条）

例：第八条　前期物业管理招标分为公开招标和邀请招标。

招标人采取公开招标方式的，应当在公共媒介上发布招标公告，并同时在中国住宅与房地产信息网和中国物业管理协会网上发布免费招标公告。

招标公告应当载明招标人的名称和地址，招标项目的基本情况以及获取招标文件的办法等事项。

招标人采取邀请招标方式的，应当向3个以上物业管理企业发出投标邀请书，投标邀请书应当包含前款规定的事项。

3. 投标的程序和注意事项（第二十至二十五条）

例：第二十二条　投标人应当按照招标文件的内容和要求编制投标文件，投标文件应当对招标文件提出的实质性要求和条件作出响应。

投标文件应当包括以下内容：

（一）投标函；

（二）投标报价；

（三）物业管理方案；

（四）招标文件要求提供的其他材料。

4. 对开标过程的规定、评标委员会的组成方式、评标委员会委员的任职资格、评标结果的产生过程、注意事项和中标结果的通知与签约等（第二十六至三十九条）

例：第二十八条　评标由招标人依法组建的评标委员会负责。

评标委员会由招标人代表和物业管理方面的专家组成，成员为5人以上单数，其中招标人代表以外的物业管理方面的专家不得少于成员总数的2/3。

评标委员会的专家成员，应当由招标人从房地产行政主管部门建立的专家名册中采取随机抽取的方式确定。

与投标人有利害关系的人不得进入相关项目的评标委员会。

十、《物业服务收费明码标价规定》

2004年7月19日国家发展和改革委员会和建设部颁布（发改价检[2004]1428号），自2004年10月1日起施行，共十三条，就物业服务收费明码标价的原则、主管部门、具体内容、方式、价格变更、违规处罚等作出了规定。

1. 物业服务收费明码标价的原则

第三条　物业服务企业实行明码标价，应当遵循公开、公平和诚实信用的原则，遵守国家价格法律、法规、规章和政策。

2. 物业服务收费明码标价的主管部门

第四条　政府价格主管部门应当会同同级房地产主管部门对物业服务收费明码标价进

行管理。政府价格主管部门对物业服务企业执行明码标价规定的情况实施监督检查。

3. 物业服务收费明码标价的具体内容

第六条 物业服务收费明码标价的内容包括：物业服务企业名称、收费对象、服务内容、服务标准、计费方式、计费起始时间、收费项目、收费标准、价格管理形式、收费依据、价格举报电话 12358 等。

实行政府指导价的物业服务收费应当同时标明基准收费标准、浮动幅度，以及实际收费标准。

4. 物业服务收费明码标价的方式

第七条 物业服务企业在其服务区域内的显著位置或收费地点，可采取公示栏、公示牌、收费表、收费清单、收费手册、多媒体终端查询等方式实行明码标价。

第八条 物业服务企业接受委托代收供水、供电、供气、供暖、通信、有线电视等有关费用的，也应当依照本规定第六条、第七条的有关内容和方式实行明码标价。

5. 物业服务收费价格的变更

第十条 实行明码标价的物业服务收费的标准等发生变化时，物业服务企业应当在执行新标准前一个月，将所标示的相关内容进行调整，并应标示新标准开始实行的日期。

6. 对物业服务收费明码标价违规的处罚

第十一条 物业服务企业不得利用虚假的或者使人误解的标价内容、标价方式进行价格欺诈。不得在标价之外，收取任何未予标明的费用。

第十二条 对物业服务企业不按规定明码标价或者利用标价进行价格欺诈的行为，由政府价格主管部门依照《中华人民共和国价格法》、《价格违法行为行政处罚规定》、《关于商品和服务实行明码标价的规定》、《禁止价格欺诈行为的规定》进行处罚。

十一、《物业服务定价成本监审办法（试行）》

为提高政府制定物业服务收费的科学性、合理核定物业服务定价成本，根据《政府制定价格成本监审办法》、《物业服务收费管理办法》等有关规定，2007 年 9 月 10 日国家发展改革委和建设部颁布了《物业服务定价成本监审办法（试行）》，自 2007 年 10 月 1 日起施行，共二十六条，明确了物业服务定价成本的构成、相关项目的审核方法和标准。

1. 物业服务定价成本审核的原则

第五条 物业服务定价成本审核应当遵循以下原则：

（一）合法性原则。计入定价成本的费用应当符合有关法律、行政法规和国家统一的会计制度的规定。

（二）相关性原则。计入定价成本的费用应当为与物业服务直接相关或间接相关的费用。

（三）对应性原则。计入定价成本的费用应当与物业服务内容及服务标准相对应。

（四）合理性原则。影响物业服务定价成本各项费用的主要技术、经济指标应当符合行业标准或者社会公允水平。

2. 物业服务定价成本的构成

第七条 物业服务定价成本由人员费用、物业共用部位共用设施设备日常运行维护费用、绿化养护费用、清洁卫生费用、秩序维护费用、物业共用部位共用设施设备及公众责任保险费用、办公费用、管理费公摊、固定资产折旧以及经业主同意的其他费用组成。

3. 相关项目的审核方法和标准

第六条 核定物业服务定价成本，应当以经会计师事务所审计的年度财务会计报告，原始凭证与账册或者物业服务企业供的真实、完整、有效的成本资料为基础。

第十八条 物业服务定价成本相关项目按本办法第十九条至第二十二条规定的方法和标准审核。

第十九条 工会经费、职工教育经费、住户公积金以及医疗保险费、养老保险费、失业保险费、工伤保险费、生育保险费等社会保险费的计提基数按照核定的相应工资水平确定；

工会经费、职工教育经费的计提比例按国家统一规定的比例确定，住户公积金和社会保险费的计提比例按当地政府规定比例确定，超过规定比例的不得计入定价成本。医疗保险费用应在社会保险费中列支，不得在其他项目重复列支；其他应在工会经费和职工教育经费中列支的费用，也不得在相关费用项目中重复列支。

第二十条 固定资产折旧采用年限平均法，折旧年限根据固定资产的性质和使用情况合理确定。企业确定的固定资产折旧年限明显低于实际可使用年限的，成本监审时应当按照实际可使用年限调整折旧年限。固定资产残值率按 3%～5% 计算；个别固定资产残值较低或者较高的，按照实际情况合理确定残值率。

第二十一条 物业服务企业将专业性较强的服务内容外包给有关专业公司的，该项服务的成本按照外包合同所确定的金额核定。

第二十二条 物业服务企业只从事物业服务的，其所发生费用按其所管辖的物业项目的物业服务计费面积或者应收物业服务费加权分摊；物业服务企业兼营其他业务的，应先按实现收入的比重在其他业务和物业服务之间分摊，然后按上述方法在所管辖的各物业项目之间分摊。

十二、《物业服务企业资质管理办法》

2004 年 2 月 24 日建设部第 29 次常务会议讨论通过，2004 年 3 月 17 日建设部第 125 号令发布，自 2004 年 5 月 1 日起施行。2007 年 11 月 26 日根据《建设部关于修改〈物业服务企业资质管理办法〉的决定》修正。修正后全文共二十三条，就物业服务企业的资质等级标准、资质等级的管理等作出了相应的规定。

(一) 资质等级标准

物业服务企业资质等级分为一、二、三级。

一级资质：

1. 注册资本人民币 500 万元以上；

2. 物业管理专业人员以及工程、管理、经济等相关专业类的专职管理和技术人员不少于 30 人。其中，具有中级以上职称的人员不少于 20 人，工程、财务等业务负责人具有相应专业中级以上职称；

3. 物业管理专业人员按照国家有关规定取得职业资格证书；

4. 管理两种类型以上物业，并且管理各类物业的房屋建筑面积分别占下列相应计算基数的百分比之和不低于 100%：

(1) 多层住宅 200 万平方米；

(2) 高层住宅 100 万平方米；

(3) 独立式住宅(别墅)15万平方米；
(4) 办公楼、工业厂房及其他物业50万平方米。

5. 建立并严格执行服务质量、服务收费等企业管理制度和标准，建立企业信用档案系统，有优良的经营管理业绩。

二级资质：

1. 注册资本人民币300万元以上；
2. 物业管理专业人员以及工程、管理、经济等相关专业类的专职管理和技术人员不少于20人。其中，具有中级以上职称的人员不少于10人，工程、财务等业务负责人具有相应专业中级以上职称；
3. 物业管理专业人员按照国家有关规定取得职业资格证书；
4. 管理两种类型以上物业，并且管理各类物业的房屋建筑面积分别占下列相应计算基数的百分比之和不低于100%：

(1) 多层住宅100万平方米；
(2) 高层住宅50万平方米；
(3) 独立式住宅(别墅)8万平方米；
(4) 办公楼、工业厂房及其他物业20万平方米。

5. 建立并严格执行服务质量、服务收费等企业管理制度和标准，建立企业信用档案系统，有良好的经营管理业绩。

三级资质：

1. 注册资本人民币50万元以上；
2. 物业管理专业人员以及工程、管理、经济等相关专业类的专职管理和技术人员不少于10人。其中，具有中级以上职称的人员不少于5人，工程、财务等业务负责人具有相应专业中级以上职称；
3. 物业管理专业人员按照国家有关规定取得职业资格证书；
4. 有委托的物业管理项目；
5. 建立并严格执行服务质量、服务收费等企业管理制度和标准，建立企业信用档案系统。

(二) 资质等级的管理

1. 分级审批制度

第四条　国务院建设主管部门负责一级物业服务企业资质证书的颁发和管理。

省、自治区人民政府建设主管部门负责二级物业服务企业资质证书的颁发和管理，直辖市人民政府房地产主管部门负责二级和三级物业服务企业资质证书的颁发和管理，并接受国务院建设主管部门的指导和监督。

设区的市的人民政府房地产主管部门负责三级物业服务企业资质证书的颁发和管理，并接受省、自治区人民政府建设主管部门的指导和监督。

2. 资质等级核定制度

第九条　申请核定资质等级的物业服务企业，应当提交下列材料：

(一) 企业资质等级申报表；
(二) 营业执照；

（三）企业资质证书正、副本；

（四）物业管理专业人员的职业资格证书和劳动合同，管理和技术人员的职称证书和劳动合同，工程、财务负责人的职称证书和劳动合同；

（五）物业服务合同复印件；

（六）物业管理业绩材料。

3. 承接业务规定

第八条　一级资质物业服务企业可以承接各种物业管理项目。二级资质物业服务企业可以承接 30 万平方米以下的住宅项目和 8 万平方米以下的非住宅项目的物业管理业务。三级资质物业服务企业可以承接 20 万平方米以下住宅项目和 5 万平方米以下的非住宅项目的物业管理业务。

第十九条　物业服务企业超越资质等级承接物业管理业务的，由县级以上地方人民政府房地产主管部门予以警告，责令限期改正，并处 1 万元以上 3 万元以下的罚款。

4. 资质证书管理

第十二条　资质证书分为正本和副本，由国务院建设主管部门统一印制，正、副本具有同等法律效力。

第十三条　任何单位和个人不得伪造、涂改、出租、出借、转让资质证书。

第二十条　物业服务企业出租、出借、转让资质证书的，由县级以上地方人民政府房地产主管部门予以警告，责令限期改正，并处 1 万元以上 3 万元以下的罚款。

十三、《城市新建住宅小区管理办法》

1994 年 3 月 23 日建设部以第 33 号令发布，1994 年 4 月 1 日起施行，全文共十九条，主要内容包括：

1. 详细规定管委会的权利和义务

第七条　管委会的权利：（一）制定管委会章程，代表住宅小区的产权人、使用人，维护房地产产权人和使用人的合法权利；（二）决定选聘或续聘物业管理公司；（三）审议物业管理公司制订的年度管理计划和小区管理服务的重大措施；（四）检查、监督各项管理工作的实施及规章制度的执行。

管委会的义务：（一）根据房地产产权人和使用人的意见和要求，对物业管理公司的管理工作进行检查和监督；（二）协助物业管理公司落实各项管理工作；（三）接受住宅小区内房地产产权人和使用人的监督；（四）接受房地产行政主管部门、各有关行政主管部门及住宅小区所在地人民政府的监督指导。

2. 详细规定了物业管理公司的权利和义务

物业管理公司的权利：（一）物业管理公司应当根据有关法规，结合实际情况，制定小区管理办法；（二）依照物业管理合同和管理办法对住宅小区实施管理；（三）依照物业管理合同和有关规定收取管理费用；（四）有权制止违反规章制度的行为；（五）有权要求管委会协助管理；（六）有权选聘专营公司(如清洁公司、保安公司等)承担专项管理业务；（七）可以实行多种经营，以其收益补充小区管理经费。

物业管理公司的义务：（一）履行物业管理合同，依法经营；（二）接受管委会和住宅小区内居民的监督；（三）重大的管理措施应当提交管委会审议，并经管委会认可；（四）接受房地产行政主管部门、有关行政主管部门及住宅小区所在地人民政府的监督指导。

3. 明确规定了物业管理合同的内容

第十条 物业管理合同应当明确：（一）管理项目；（二）管理内容；（三）管理费用；（四）双方权利和义务；（五）合同期限；（六）违约责任；（七）其他。

4. 规定了对房地产产权人、使用人、物业管理公司违规行为的处罚办法

第十四条 房地产产权人和使用人违反本办法规定，有下列行为之一的，由物业管理公司予以制止、批评教育、责令恢复原状、赔偿损失：（一）擅自改变小区内土地用途的；（二）擅自改变房屋、配套设施的用途、结构、外观，毁损设施、设备，危及房屋安全的；（三）私搭乱建，乱停乱放车辆，在房屋共用部位乱堆乱放，随意占用、破坏绿化、污染环境、影响住宅小区景观，噪声扰民的；（四）不照章交纳各种费用的。

第十五条 物业管理公司违反本办法规定，有下列行为之一的，房地产产权人和使用人有权投诉；管委会有权制止，并要求其限期改正；房地产行政主管部门可对其予以警告、责令限期改正、赔偿损失，并可处以罚款：（一）房屋及公用设施、设备修缮不及时的；（二）管理制度不健全，管理混乱的；（三）擅自扩大收费范围，提高收费标准的；（四）私搭乱建，改变房地产和公用设施用途的；（五）不履行物业管理合同及管理办法规定义务的。

十四、《业主大会和业主委员会指导规则》

为了规范业主大会的活动，维护业主的合法权益，根据《物权法》和《物业管理条例》等法律法规的规定，住建部于2009年12月1日颁布了《业主大会和业主委员会指导规则》（建房〔2009〕274号，以下简称《指导规则》），将《物权法》和《物业管理条例》中的有关规定细化，使其更具操作性。全文共五章六十四条，自2010年1月1日起施行。

《指导规则》主要内容包括：

1. 详细规定业主大会的筹备程序和筹备机构；（第8~15条）
2. 进一步明确业主大会的职责；（第17条）
3. 规定了管理规约、业主大会的议事规则应当具备的主要内容；（第18、19条）
4. 规定了业主大会和业主委员会会议的召集方式、议程、作出有效决定必须具备的条件；（第21~30条、37~42条）
5. 明确业主委员会的产生方式、机构设置、职责和业主委员会委员的任职条件；（第31~36条）
6. 明确规定业主委员会委员的变更和适用资格终止的情形；（第43~48条）
7. 规定了业主大会和业主委员会的指导和监督机制。（第49~61条）

[案例5-21]

业委会解聘物业服务企业纠纷案。

[案情介绍]

服务于某小区的物业公司即将到期，是否让原物业公司继续服务，成了小区不少业主议论的话题。有部分业主认为可继续聘用原物业公司，有的业主则不同意，有的业主表示无所谓。因业主意见不统一，业委会通过发放征求意见书的方式，并根据大多数业主的意见，决定解聘原物业服务公司。但原物业公司以业主委员会没有召开业主大会为由，拒绝

交接。

请分析：业主委员会可否通过发放征求意见书的方式解聘物业服务企业？

[法理分析]

涉及小区公共管理等重要事情时，往往需要召开业主大会。

不过由于一些业主工作忙，或者有的业主抱着"事不关己、高高挂起"的心态，不关心小区管理，导致业主大会的召开存在较多困难。

为此，《业主大会和业主委员会指导规则》第22条规定："业主大会会议可以采用集体讨论的形式，也可以采用书面征求意见的形式；但应当有物业管理区域内专有部分占建筑物总面积过半数的业主且占总人数过半数的业主参加。采用书面征求意见形式的，应当将征求意见书送交每一位业主；无法送达的，应当在物业管理区域内公告。凡需投票表决的，表决意见应由业主本人签名。"至于商讨的议题是否得到通过，则需要对表决投票进行统计。

十五、《房屋建筑工程质量保修办法》

根据《建设工程质量管理条例》的规定，建设工程实行质量保修制度。建设工程承包单位在向建设单位提交工程竣工验收报告时，应当向建设单位出具质量保修书。2000年6月30日建设部以第80号令发布了《房屋建筑工程质量保修办法》（于2000年6月26日经第24次部常务会议讨论通过）。全文共二十二条。

房屋建筑工程质量保修，是指对房屋建筑工程竣工验收后在保修期限内出现的质量缺陷，予以修复。质量缺陷，是指房屋建筑工程的质量不符合工程建设强制性标准以及合同的约定。房屋建筑工程在保修范围和保修期限内出现质量缺陷，施工单位应当履行保修义务，并对造成的损失承担赔偿责任。建设单位和施工单位应当在工程质量保修书中约定保修范围、保修期限和保修责任等，双方约定的保修范围、保修期限必须符合国家有关规定。另外，房地产开发企业售出的商品房保修，还应当执行《城市房地产开发经营管理条例》和《商品房销售管理办法》的有关规定。

1. 房屋建筑工程的最低保修期限

第七条：在正常使用条件下，房屋建筑工程的最低保修期限为：①地基基础工程和主体结构工程，为设计文件规定的该工程的合理使用年限；②屋面防水工程、有防水要求的卫生间、房间和外墙面的防渗漏，为5年；③供热与供冷系统，为2个供暖期、供冷期；④电气系统、给水排水管道、设备安装为2年；⑤装修工程为2年。其他项目的保修期限由建设单位和施工单位约定。

第八条：房屋建筑工程保修期从工程竣工验收合格之日起计算。

2. 房屋建筑工程的保修程序

①第九条："房屋建筑工程在保修期限内出现质量缺陷，建设单位或者房屋建筑所有人应当向施工单位发出保修通知。施工单位接到保修通知后，应当到现场核查情况，在保修书约定的时间内予以保修。发生涉及结构安全或者严重影响使用功能的紧急抢修事故，施工单位接到保修通知后，应当立即到达现场抢修。"第十二条：施工单位不按工程质量保修书约定保修的，建设单位可以另行委托其他单位保修，由原施工单位承担相应责任。②第十条：发生涉及结构安全的质量缺陷，建设单位或者房屋建筑所有人应当立即向当地建设行政主管部门报告，采取安全防范措施；由原设计单位或者具

有相应资质等级的设计单位提出保修方案,施工单位实施保修,原工程质量监督机构负责监督。③第十一条:保修完成后,由建设单位或者房屋建筑所有人组织验收。涉及结构安全的,应当报当地建设行政主管部门备案。④第十三条:保修费用由质量缺陷的责任方承担。

3. 房屋建筑工程的损害赔偿

① 第十四条:在保修期限内,因房屋建筑工程质量缺陷造成房屋所有人、使用人或者第三方人身、财产损害的,房屋所有人、使用人或者第三方可以向建设单位提出赔偿要求。建设单位向造成房屋建筑工程质量缺陷的责任方追偿。②第十五条:因保修不及时造成新的人身、财产损害,由造成拖延的责任方承担赔偿责任。③第十七条:下列情况不属于依法规定的保修范围(即法定免责范围):因使用不当或者第三方造成的质量缺陷;不可抗力造成的质量缺陷。

[案例5-22]

因新买房屋漏水业主能否拒交物业管理费?

[案情介绍]

胡女士看中了某处商品房的顶层,在一次性付清全部房款后顺利入住,同时向物业管理公司交纳了当年的物业管理费。入住后两个月雨季来临,几场大雨之后,胡女士发现天花板有水洇湿的现象,后来竟然发展到漏雨的地步,胡女士于是找到物业管理公司报修。物业管理公司通知了原施工单位,施工单位重新在楼顶进行了防水处理。胡女士此时已经对现在的房屋有些反感,经过和开发商协商后准备换房,但是双方对漏雨造成损失的赔偿问题产生了争议。

胡女士认为自己购买房屋就为了居住,现在因为漏雨无法居住,并且自己进行的装修也遭到破坏,她认为这是开发商造成的,所以准备不再交纳第二年的物业管理费和供暖费。

开发商认为自己出售的房屋有质量问题是事实,也愿意赔偿胡女士部分经济损失,但是他们认为自己已经同意为胡女士调换房屋,自己和胡女士之间没有纠纷。

物业管理公司认为自己及时联系维修房屋,并且现在看来房屋存在质量问题也不是物业管理不到位,如果胡女士不交纳物业管理费他们无法接受,并且,因为这个小区是采用小区外的供热厂的热力供热,统一供暖时间已到,如果胡女士不交纳供暖费,他们就要受到经济损失。

[法理分析]

胡女士不能直接向物业管理公司主张抵消。《合同法》第九十九条所讲的抵消是指:当事人互负到期债务,该债务的标的物种类、品质相同的,任何一方可以将自己的债务与对方的债务抵消,但依照法律规定或者按照合同性质不得抵消的除外。

开发商、胡女士、物业公司三者存在债权、债务关系。

开发商与胡女士之间存在合同关系,因为房屋质量问题,开发商基于赔偿责任对胡女士负有债务。

胡女士与物业管理公司之间存在合同关系,如果物业管理公司如约履行自己的义务,胡女士不交纳物业管理费,那么就是胡女士对物业公司负有债务;关于供暖费的问题,一般是业主和物业管理公司单独签有供暖协议,应当依照执行,如果胡女士拒绝交纳供暖费,那么胡女士对物业管理公司负有债务。

开发商与物业管理公司之间没有债权、债务关系。胡女士开始主张抵消是不妥的,因为开发商对胡女士负债而胡女士却对物业管理公司负债,这两种债务虽然都是金钱债务,但是并不符合"当事人互负到期债务"的条件。

十六、《住宅专项维修资金管理办法》

为了加强对住宅专项维修资金的管理,保障住宅共用部位、共用设施设备的维修和正常使用,维护住宅专项维修资金所有者的合法权益,根据《物权法》、《物业管理条例》等法律、行政法规,住房和城乡建设部、财政部于2007年12月4日以165号令发布了《住宅专项维修资金管理办法》,全文共四十四条,自2008年2月1日起施行。1998年12月16日建设部、财政部发布的《住宅共用部位共用设施设备维修基金管理办法》(建住房[1998]213号)同时废止。

(一)物业维修资金的概念

第二条规定:本办法所称住宅维修资金是指专项用于住宅共用部位、共用设施设备保修期满后的维修和更新、改造的资金。

这里由旧《办法》的"基金"改为了"资金",在概念上实际更准确一些。一般而言,基金不能使用本金只能使用增值部分;而资金不但可以动用本金也可以动用所产生的增值收益,而且可以再次收取,以满足房屋维修之用。

(二)住宅专项维修资金专用以保障共用部位和共用设施的正常使用

住宅专项维修资金管理实行专户存储、专款专用、所有权人决策、政府监督的原则,专用以保障住宅共用部位、共用设施设备的维修和正常使用。(第一、四条)

《住宅专项维修资金管理办法》还对住宅共用部位和共用设施设备进行了界定,共用部分一般包括:住宅的基础、承重墙体、柱、梁、楼板、屋顶以及户外的墙面、门厅、楼梯间、走廊通道等;共用设施设备,是指由住宅业主或者住宅业主及有关非住宅业主共有的附属设施设备,一般包括电梯、天线、照明、消防设施、绿地、道路、路灯、沟渠、池、井、非经营性车场车库、公益性文体设施和共用设施设备使用的房屋等。(第三条)

(三)业主按拥有物业的建筑面积交存住宅专项维修资金

业主按照其专有部分建筑面积缴纳住宅专项维修资金,具体缴纳办法如下:

商品住宅的业主、非住宅的业主按照所拥有物业的建筑面积交存住宅专项维修资金,每平方米建筑面积交存首期住宅专项维修资金的数额为当地住宅建筑安装工程每平方米造价的5%~8%。(第七条)

出售公有住房的情况下,业主按照所拥有物业的建筑面积交存住宅专项维修资金,每平方米建筑面积交存首期住宅专项维修资金的数额为当地房改成本价的2%;售房单位按照多层住宅不低于售房款的20%、高层住宅不低于售房款的30%,从售房款中一次性提取住宅专项维修资金。(第八条)

(四)住宅专项维修资金须在银行设专户储存

业主大会成立前,交存的住宅专项维修资金,由物业所在地直辖市、市、县人民政府建设(房地产)主管部门代管,建设(房地产)主管部门应当委托所在地一家商业银行,作为本行政区域内住宅专项维修资金的专户管理银行,并在专户管理银行开立住宅专项维修资金专户。开立住宅专项维修资金专户，应当以物业管理区域为单位设账，按房屋户门号设分户账；未划定物业管理区域的，以幢为单位设账，按房屋户门号设分户账。(第十条)

业主大会成立后，业主大会应当委托所在地一家商业银行作为本物业管理区域内住宅专项维修资金的专户管理银行，并在专户管理银行开立住宅专项维修资金专户；开立住宅专项维修资金专户，应当以物业管理区域为单位设账，按房屋户门号设分户账。此前由建设(房地产)主管部门代管的专项维修资金应划转至新开设的账户。由业主大会建立住宅专项维修资金管理制度。(第十五条)

根据《住宅专项维修资金管理办法》，业主分户账面住宅专项维修资金余额不足首期交存额30％的，应当及时续交；成立业主大会的，续交方案由业主大会决定。(第十七条)

(五) 住宅专项维修资金可用以投资一级国债市场

第二十六条规定，在满足一定条件前提下，维修资金可用以购买国债，这些条件包括：

只能购买一级市场新发行国债。利用住宅专项维修资金购买国债，应当在银行间债券市场或者商业银行柜台市场购买一级市场新发行的国债，并持有到期。

利用业主交存的住宅专项维修资金购买国债的，应当经业主大会同意；未成立业主大会的，应当经专有部分占建筑物总面积2/3以上的且占总人数2/3以上业主同意；利用从公有住房售房款中提取的住宅专项维修资金购买国债的，应当根据售房单位的财政隶属关系，报经同级财政部门同意。

禁止利用住宅专项维修资金从事国债回购、委托理财业务或者将购买的国债用于质押、抵押等担保行为。

第二十七条规定：利用住宅专项维修资金购买国债的增值收益，应当转入住宅专项维修资金滚存使用。

(六) 住宅专项维修资金不得挪作他用

住宅专项维修资金应当专项用于住宅共用部位、共用设施设备保修期满后的维修和更新、改造，不得挪作他用。(第十八条)

(七) 四项费用不得从住宅专项维修资金中列支

第二十五条规定：下例费用不得从住宅专项维修资金中列支：

一是依法应当由建设单位或者施工单位承担的住宅共用部位、共用设施设备的维修、更新和改造费用；

二是依法应当由相关单位承担的供水、供电、供气、供暖、通信、有线电视等管线和设施设备的维修、养护费用；

三是应当由当事人承担的因人为损坏住宅共用部位、共用设施设备所需的修复费用；

四是根据物业服务合同约定，应当由物业服务企业承担的住宅共用部位、共用设施设备的维修和养护费用。

(八) 住宅专项维修资金账目每年至少公布一次

第三十条 直辖市、市、县人民政府建设(房地产)主管部门，负责管理公有住房住宅专项维修资金的部门及业主委员会，应当每年至少一次与专户管理银行核对住宅专项维修资金账目，并向业主、公有住房售房单位公布下列情况：(一)住宅专项维修资金交存、使用、增值收益和结存的总额；(二)发生列支的项目、费用和分摊情况；(三)业主、公有住房售房单位分户账中住宅专项维修资金交存、使用、增值收益和结存的金额；（四）其他有关住宅专项维修资金使用和管理的情况。业主、公有住房售房单位对公布的情况有异议的，可以要求复核。

十七、《住宅室内装饰装修管理办法》

住宅室内装饰装修是建筑装饰装修的重要组成部分，直接关系到广大居民的切身利益。为了加强住宅室内装饰装修管理，保证装饰装修工程质量和安全，维护公共安全和公众利益，根据有关法律、法规，建设部于 2002 年 3 月 5 日以 110 令发布了《住宅室内装饰装修管理办法》（2002 年 5 月 1 日起施行）。全文共八章四十八条。在城市从事住宅室内装饰装修活动，实施对住宅室内装饰装修活动的监督管理，应当遵守该办法。

（一）住宅室内装饰装修的概念

住宅室内装饰装修，是指住宅竣工验收合格后，业主或者住宅使用人（以下简称装修人）对住宅室内进行装饰装修的建筑活动。

住宅室内装饰装修应当保证工程质量和安全，符合工程建设强制性标准。工程投资额在 30 万元以下或者建筑面积在 300 平方米以下，可以不申请办理施工许可证的非住宅装饰装修活动参照《住宅室内装饰装修管理办法》执行。住宅竣工验收合格前的装饰装修工程管理，按照《建设工程质量管理条例》执行。

（二）住宅室内装饰装修的一般规定

1. 住宅室内装饰装修的禁止行为

住宅室内装饰装修活动，禁止下列行为：①未经原设计单位或者具有相应资质等级的设计单位提出设计方案，变动建筑主体和承重结构；②将没有防水要求的房间或者阳台改为卫生间、厨房间；③扩大承重墙上原有的门窗尺寸，拆除连接阳台的砖、混凝土墙体；④损坏房屋原有节能设施，降低节能效果；⑤其他影响建筑结构和使用安全的行为。

建筑主体，是指建筑实体的结构构造，包括屋盖、楼盖、梁、柱、支撑、墙体、连接接点和基础等。承重结构，是指直接将本身自重与各种外加作用力系统地传递给基础地基的主要结构构件及其连接接点，包括承重墙体、立杆、柱、框架柱、支墩、楼板、梁、屋架、悬索等。

2. 住宅室内装饰装修的注意事项

（1）装修人的特别注意事项。装修人从事住宅室内装饰装修活动，应注意以下事项：①未经城市规划行政主管部门批准，不得搭建建筑物、构筑物；②未经城市规划行政主管部门批准，不得改变住宅外立面，在非承重外墙上开门、窗；③未经供暖管理单位批准，不得拆改供暖管道和设施；④未经燃气管理单位批准，不得拆改燃气管道和设施。

（2）增加楼面荷载的注意事项。住宅室内装饰装修超过设计标准或者规范增加楼面荷载的，应当经原设计单位或者具有相应资质等级的设计单位提出设计方案。

（3）改动防水层的注意事项。改动卫生间、厨房间防水层的，应当按照防水标准制订施工方案，并做闭水试验。

装修人经原设计单位或者具有相应资质等级的设计单位提出设计方案变动建筑主体和承重结构的，或者装修活动涉及以上（1）、（2）、（3）项内容的，必须委托具有相应资质的装饰装修企业承担。

（4）装饰装修企业的注意事项。装饰装修企业应注意以下事项：①装饰装修企业必须按照工程建设强制性标准和其他技术标准施工，不得偷工减料，应确保装饰装修工程质量。②装饰装修企业从事住宅室内装饰装修活动，应当遵守施工安全操作规程，按照规定采取必要的安全防护和消防措施，不得擅自动用明火和进行焊接作业，保证作业人员和周围住房及财产的安全。

（5）装修人和装饰装修企业的共同注意事项。装修人和装饰装修企业从事住宅室内装饰装修活动，不得侵占公共空间，不得损害公共部位和设施。

（三）住宅室内装饰装修的开工申报与监督

1. 开工申报

装修人在住宅室内装饰装修工程开工前，应当向物业服务企业或者房屋管理机构（以下简称物业管理单位）申报登记。非业主的住宅使用人对住宅室内进行装饰装修，应当取得业主的书面同意。申报登记应当提交下列材料：

①房屋所有权证（或者证明其合法权益的有效凭证）；②申请人身份证件；③装饰装修方案；④变动建筑主体或者承重结构的，需提交原设计单位或者具有相应资质等级的设计单位提出的设计方案；⑤涉及有关部门的批准行为的，需提交有关部门的批准文件，涉及设计单位的设计行为的，需提交设计方案或者施工方案；⑥委托装饰装修企业施工的，需提供该企业相关资质证书的复印件。非业主的住宅使用人，还需提供业主同意装饰装修的书面证明。

物业管理单位应当将住宅室内装饰装修工程的禁止行为和注意事项告知装修人和装修人委托的装饰装修企业。装修人对住宅进行装饰装修前，应当告知邻里。

装修人，或者装修人和装饰装修企业，应当与物业管理单位签订住宅室内装饰装修管理服务协议，住宅室内装饰装修管理服务协议应当包括下列内容：①装饰装修工程的实施内容；②装饰装修工程的实施期限；③允许施工的时间；④废弃物的清运与处置；⑤住宅外立面设施及防盗窗的安装要求；⑥禁止行为和注意事项；⑦管理服务费用；⑧违约责任；⑨其他需要约定的事项。

禁止物业管理单位向装修人指派装饰装修企业或者强行推销装饰装修材料。

2. 开工监督

物业管理单位应当按照住宅室内装饰装修管理服务协议实施管理，装修人不得拒绝和阻碍物业管理单位依据住宅室内装饰装修管理服务协议的约定，对住宅室内装饰装修活动的监督检查。物业管理单位发现装修人或者装饰装修企业有违反住宅室内装饰装修的一般规定行为的，应当立即制止；已造成事实后果或者拒不改正的，应当及时报告有关部门依法处理。对装修人或者装饰装修企业违反住宅室内装饰装修管理服务协议的，追究违约责任。

有关部门接到物业管理单位关于装修人或者装饰装修企业有违反注意事项行为的报告后，应当及时到现场检查核实，依法处理。

任何单位和个人对住宅室内装饰装修中出现的影响公众利益的质量事故、质量缺陷以及其他影响周围住户正常生活的行为，都有权检举、控告、投诉。

（四）住宅室内装饰装修的委托与承接

承接住宅室内装饰装修工程的装饰装修企业，必须经建设行政主管部门资质审查，取得相应的建筑业企业资质证书,并在其资质等级许可的范围内承揽工程。装修人委托企业承接其装饰装修工程的,应当选择具有相应资质等级的装饰装修企业。装修人与装饰装修企业应当签订住宅室内装饰装修书面合同,明确双方的权利和义务。住宅室内装饰装修合同应当包括下列主要内容:①委托人和被委托人的姓名或者单位名称、住所地址、联系电话;②住宅室内装饰装修的房屋间数、建筑面积,装饰装修的项目、方式、规格、质量要求以及质量验收方式;③装饰装修工程的开工、竣工时间;④装饰装修工程保修的内容、期限;⑤装饰装修工程价格,计价和支付方式、时间;⑥合同变更和解除的条件;⑦违约责任及解决纠纷的途径;⑧合同的生效时间;⑨双方认为需要明确的其他条款。

住宅室内装饰装修工程发生纠纷的,可以协商或者调解解决。不愿协商、调解或者协商、调解不成的,可以依法申请仲裁或者向人民法院起诉。

(五) 室内环境质量

住宅室内装饰装修,对室内环境质量有如下要求:①装饰装修企业从事住宅室内装饰装修活动,应当严格遵守规定的装饰装修施工时间,降低施工噪声,减少环境污染;②住宅室内装饰装修过程中所形成的各种固体、可燃液体等废物,应当按照规定的位置、方式和时间堆放和清运。严禁违反规定将各种固体、可燃液体等废物堆放于住宅垃圾道、楼道或者其他地方;③住宅室内装饰装修工程使用的材料和设备必须符合国家标准,有质量检验合格证明和有中文标识的产品名称、规格、型号、生产厂厂名、厂址等。禁止使用国家明令淘汰的建筑装饰装修材料和设备;④装修人委托企业对住宅室内进行装饰装修的,装饰装修工程竣工后,空气质量应当符合国家有关标准。装修人可以委托有资格的检测单位对空气质量进行检测。检测不合格的,装饰装修企业应当返工,并由责任人承担相应损失。

(六) 竣工验收与保修

住宅室内装饰装修工程竣工后,装修人应当按照工程设计合同约定和相应的质量标准进行验收。验收合格后,装饰装修企业应当出具住宅室内装饰装修质量保修书。物业管理单位应当按照装饰装修管理服务协议进行现场检查,对违反法律、法规和装饰装修管理服务协议的,应当要求装修人和装饰装修企业纠正,并将检查记录存档。

住宅室内装饰装修工程竣工后,装饰装修企业负责采购装饰装修材料及设备的,应当向业主提交说明书、保修单和环保说明书。在正常使用条件下,住宅室内装饰装修工程的最低保修期限为2年,有防水要求的厨房、卫生间和外墙面的防渗漏为5年。保修期自住宅室内装饰装修工程竣工验收合格之日起计算。

十八、《物业管理企业财务管理规定》

为了规范物业服务企业财务行为,根据《企业财务通则》,结合物业服务企业的经营特点,财政部于1998年3月12日以财基字[1998]7号发布了《物业管理企业财务管理规定》,自1998年1月1日起施行。全文共五章二十二条。主要内容有:

1. 规定了代管基金的范围和使用办法(第二章)

例:第三条 代管基金是指企业接受业主管理委员会或者物业产权人、使用人委托代管的房屋共用部位维修资金和共用设施设备维修资金。

房屋共用部位维修资金是指专项用于房屋共用部位大修理的资金。房屋的共用部位,是指承重结构部位(包括楼盖、屋顶、梁、柱、内外墙体和基础等)、外墙面、楼梯间、走廊通道、门厅、楼内存车库等。

共用设施设备维修资金是指专项用于共用设施和共用设备大修理的资金。共用设施设备是指共用的给水排水管道、公用水箱、加压水泵、电梯、公用天线、供电干线、共用照明、散热器干线、消防设施、住宅区的道路、路灯、沟渠、池、井、室外停车场、游泳池、各类球场等。

2. 规定了物业服务企业成本和费用的构成内容(第三章)

例：第八条　企业在从事物业管理活动中发生的各项直接支出，计入营业成本。营业成本包括直接人工费、直接材料费和间接费用等。实行一级成本核算的企业，可不设间接费用，有关支出直接计入管理费用。

直接人工费包括企业直接从事物业管理活动等人员的工资、奖金及职工福利费等。

直接材料费包括企业在物业管理活动中直接消耗的各种材料、辅助材料、燃料和动力、构配件、零件、低值易耗品、包装物等。

间接费用包括企业所属物业管理单位管理人员的工资、奖金及职工福利费、固定资产折旧费及修理费、水电费、供暖费、办公费、差旅费、邮电通信费、交通运输费、租赁费、财产保险费；劳动保护费、保安费、绿化维护费、低值易耗品摊销及其他费用等。

3. 规定了物业服务企业营业收入及利润的构成内容(第四章)

例：第十四条　主营业务收入是指企业在从事物业管理活动中，为物业产权人、使用人提供维修、管理和服务所取得的收入，包括物业管理收入、物业经营收入和物业大修收入。

物业管理收入是指企业向物业产权人、使用人收取的公共性服务费收入、公众代办性服务费收入和特约服务收入。

物业经营收入是指企业经营业主管理委员会或者物业产权人、使用人提供的房屋建筑物和共用设施取得的收入，如房屋出租收入和经营停车场、游泳池、各类球场等共用设施收入。

物业大修收入是指企业接受业主管理委员会或者物业产权人、使用人的委托，对房屋共用部位、共用设施设备进行大修取得的收入。

第十九条　其他业务收入是指企业从事主营业务以外的其他业务活动所取得的收入，包括房屋中介代销手续费收入、材料物资销售收入、废品回收收入、商业用房经营收入及无形资产转让收入等。

商业用房经营收入是指企业利用业主管理委员会或者物业产权人、使用人提供的商业用房，从事经营活动取得的收入，如开办健身房、歌舞厅、美容美发屋、商店、饮食店等的经营收入。

十九、《城市异产毗连房屋管理规定》

1989年11月21日建设部令第5号发布，自1990年1月1日起施行。2001年8月15日根据《建设部关于修改〈城市异产毗连房屋管理规定〉的决定》修正。全文共二十一条。主要规定有：

1. 异产毗连房屋的概念

第二条 本规定所称异产毗连房屋,系指结构相连或具有共有、共用设备和附属建筑,而为不同所有人所有的房屋。

2. 异产毗连房屋的使用原则

第五条 所有人和使用人对房屋的使用和修缮,必须符合城市规划、房地产管理、消防和环境保护等部门的要求,并应按照有利使用、共同协商、公平合理的原则,正确处理毗连关系。

3. 异产毗连房屋共有、共用部位的使用规定

第六条 所有人和使用人对共有、共用的门厅、阳台、屋面、楼道、厨房、厕所以及院路、给水排水设施等,应共同合理使用并承担相应的义务;除另有约定外,任何一方不得多占、独占。

所有人和使用人在房屋共有、共用部位,不得有损害他方利益的行为。

第七条 异产毗连房屋所有人以外的人如需使用异产毗连房屋的共有部位时,应取得各所有人一致同意,并签订书面协议。

第八条 一方所有人如需改变共有部位的外形或结构时,除须经城市规划部门批准外,还须征得其他所有人的书面同意。

4. 异产毗连房屋的修缮责任及其费用规定

第九条 异产毗连房屋发生自然损坏(因不可抗力造成的损坏,视同自然损坏),所需修缮费用依下列原则处理:

(一)共有房屋主体结构中的基础、柱、梁、墙的修缮,由共有房屋所有人按份额比例分担。

(二)共有墙体的修缮(包括因结构需要而涉及的相邻部位的修缮),按两侧均分后,再由每侧房屋所有人按份额比例分担。

(三)楼盖的修缮,其楼面与顶棚部位,由所在层房屋所有人负责;其结构部位,由毗连层上下房屋所有人按份额比例分担。

(四)屋盖的修缮:

(1)不上人房盖,由修缮所及范围覆盖下各层的房屋所有人按份额比例分担。

(2)可上人屋盖(包括屋面和周边护栏),如为各层所共用,由修缮所及范围覆盖下各层的房屋所有人按份额比例分担;如仅为若干层使用,使用层的房屋所有人分担一半,其余一半由修缮所及范围覆盖下层房屋所有人按份额比例分担。

(五)楼梯及楼梯间(包括出屋面部分)的修缮:

(1)各层共用楼梯,由房屋所有人按份额比例分担。

(2)为某些层所专用的楼梯,由其专用的房屋所有人按份额比例分担。

(六)房屋共用部位必要的装饰,由受益的房屋所有人按份额比例分担。

(七)房屋共有、共用的设备和附属建筑(如电梯、水泵、散热器、水卫、电照、沟管、垃圾道、化粪池等)的修缮,由所有人按份额比例分担。

二十、《城市房屋租赁管理办法》

1995年4月28日经建设部第五次部常务会议通过(第42号令),《城市房屋租赁管理

办法》自 1995 年 6 月 1 日起施行。全文共七章三十八条。主要规定有：

1. 房屋不得出租的情形（第一章）

第六条　有下列情形之一的房屋不得出租：

（一）未依法取得房屋所有权证的；

（二）司法机关和行政机关依法裁定、决定查封或者以其他形式限制房地权利的；

（三）共有房屋未取得共有人同意的；

（四）权属有争议的；

（五）属于违法建筑的；

（六）不符合安全标准的；

（七）已抵押，未经抵押权人同意的；

（八）不符合公安、环保、卫生等主管部门有关规定的；

（九）有关法律、法规规定禁止出租的其他情形。

2. 房屋租赁合同的内容（第二章）

第九条　房屋租赁，当事人应当签订书面租赁合同，租赁合同应当具备以下条款：

（一）当事人姓名或者名称及住所；

（二）房屋的坐落、面积、装修及设施状况；

（三）租赁用途；

（四）租赁期限；

（五）租金及交付方式；

（六）房屋修缮责任；

（七）转租的约定；

（八）变更和解除合同的条件；

（九）违约责任；

（十）当事人约定的其他条款。

3. 房屋租赁实行登记备案制度（第三章）

第十三条　房屋租赁实行登记备案制度。

签订、变更、终止租赁合同的，当事人应当向房屋所在地市、县人民政府房地产管理部门登记备案。

第十四条　房屋租赁当事人应当在租赁合同签订后 30 日内，持本办法第十五条规定的文件到市、县人民政府房地产管理部门办理登记备案手续。

4. 房屋租赁当事人的权利和义务（第四章）

第十九条　当事人按照租赁合同的约定，享有权利，并承担相应的义务。

5. 房屋转租的有关规定（第五章）

第二十七条　承租人在租赁期限内，征得出租人同意，可以将承租房屋的部分或全部转租给他人。

出租人可以从转租中获得收益。

第二十八条　房屋转租，应当订立转租合同。转租合同必须经原出租人书面同意，并按照本办法的规定办理登记备案手续。

小　结

- 物业管理法律关系中民事法律关系占多数，民法是物业管理活动中最常用的法律规范，因此需要重点了解掌握。《民法通则》规定民事责任承担方式有：停止侵害；排除妨碍；消除危险；返还财产；恢复原状；修理、重作、更换；赔偿损失；支付违约金；消除影响、恢复名誉；赔礼道歉。
- 《合同法》规范的对象是交易关系，决定了其较之于民法的其他法律更强调平等协商和诚实信用原则。
- 物业管理关系是一种民事经济关系，物业管理合同关系是一种平等主体之间的协议关系，从合同的分类理论来讲，物业管理合同属于劳务合同，主要涉及劳务服务方面的权利义务，业主作为一方当事人对劳务服务的内容、规格、费用等有关情况享有知情权。
- 《劳动合同法》主要包括劳动合同的订立、劳动合同的履行和变更、劳动合同的解除和终止、特别规定（集体合同、劳务派遣、非全日制用工）、监督检查、法律责任等内容。《劳动合同法》实施的积极影响包括：促进企业规范经营；促进企业改革，提高经营活力；加快行业优胜劣汰，提高行业整体素质等。
- 《物权法》中与物业管理有直接关系的是第六章"业主的建筑物区分所有权"。物权法确定了建筑物以及建筑区划内相关场所、设施和物业管理用房的权属，同时规定了业主的权利以及行使权利的方式，为物业管理制度的完善提供了法律基础。
- 国务院颁布的《物业管理条例》是我国第一部物业管理行政法规，具有里程碑式的意义，它标志着我国物业管理进入了法制化、规范化发展的阶段，它的颁布施行，为维护物业管理市场秩序、规范物业管理活动、保障业主和物业服务企业合法权益提供了法律保障；对于促进物业管理健康发展，进一步改善人民群众的生活和工作环境具有十分重要的意义。因此物业管理从业人员应熟练掌握并正确运用其规定。《物业管理条例》确立了一系列重要的物业管理制度，对业主及业主大会、前期物业管理、物业管理服务、物业的使用和维护等方面作了明确规定，并明确了相应的法律责任。其主要内容可归纳为：建立了10 项基本制度；明令业主的 4 项权益；明令物业服务企业的 7 项权责；明令 6 项禁止行为；规范 2 项书面合同；法规授权 3 项规定；13 种情况下的法律责任等。
- 《物业服务收费管理办法》对全国的物业收费方式、物业成本计算标准作出了规定，是指导和规范我国物业服务收费行为的重要依据。
- 《前期物业管理招标投标管理暂行办法》就前期物业管理招标投标的遵循原则、监督管理机构、组织实施方式、程序、有关注意事项等作出了规定。业主和业主大会通过招标投标的方式选聘具有相应资质的物业服务企业的，应参照该办法执行。
- 《物业服务收费明码标价规定》就物业服务收费明码标价的原则、主管部门、具体内容、方式、价格变更、违规处罚等作出了相应规定。
- 《物业服务定价成本监审办法（试行）》明确了物业服务定价成本的构成、相关项目的审核方法和标准。
- 《物业服务企业资质管理办法》就物业服务企业的资质等级标准、资质等级的管理等作出了相应的规定。
- 在目前有关物业管理的法律法规体系中，《城市新建住宅小区管理办法》对物业管理公司的权利和义务作了最为详细的规定。

● 在正常使用条件下，房屋建筑工程的最低保修期限为：①地基基础工程和主体结构工程，为设计文件规定的该工程的合理使用年限；②屋面防水工程、有防水要求的卫生间、房间和外墙面的防渗漏，为5年；③供暖与供冷系统，为2个供暖期、供冷期；④电气系统、给水排水管道、设备安装为2年；⑤装修工程为2年。

● 《住宅专项维修资金管理办法》对住宅专项维修资金的管理，保障住宅共用部位、共用设施设备的维修和正常使用，维护住宅专项维修资金所有者的合法权益等作出了一系列规定。

● 住宅室内装饰装修是建筑装饰装修的重要组成部分，直接关系到广大居民的切身利益。在城市从事住宅室内装饰装修活动，实施对住宅室内装饰装修活动的监督管理，应当遵守《住宅室内装饰装修管理办法》。

复习思考题

1. 不动产相邻各方应按什么原则处理彼此间的关系？
2. 《劳动合同法》的实施对物业服务行业造成的积极影响有哪些？
3. 《民法通则》规定承担民事责任的方式有哪些？
4. 试述《物业管理条例》的主要内容。
5. 《物业管理条例》规定了哪十项基本制度？
6. 《物业服务收费管理办法》对物业服务成本构成内容是如何规定的？
7. 物业服务收费明码标价的具体内容有哪些？
8. 物业服务收费明码标价可采取哪些方式？
9. 试述《城市新建住宅小区管理办法》对物业管理公司权利和义务的规定。
10. 试述在正常使用条件下房屋建筑工程的最低保修期限。
11. 住宅室内装饰装修活动有哪些禁止行为？
12. 物业服务企业在加强装饰装修管理过程中应主要做好哪些工作？
13. 试述物业服务企业营业成本的构成内容。
14. 异产毗连房屋的使用应遵循什么原则和规定？
15. 试述房屋租赁合同应包含的主要内容。
16. 哪些情形下的房屋不得出租？
17. 案例分析：

(1) 建筑面积约100万平方米的某住宅小区于2004年12月底建成，在选择物业管理机构时，开发商没有进行招投标，而是自己成立了一个物业管理部直接接管了该小区。请分析：①开发商的做法是否合适？为什么？②根据《物业管理条例》的规定，开发商应受到怎样的处理？③什么情况下可以不采用招投标的方式选聘物业管理公司？

(2) 某物业管理公司负责某商品住宅小区的管理工作。最近，该物业管理公司以给业主生活提供方便为由，单方面作出决定，将1号楼的地下室出租给小商贩经营小型超市。请分析：①物业管理公司将地下室出租的做法是否妥当，为什么？如果不妥，应受到怎样的处理？②住宅小区1号楼的地下室所有权归谁？③出租地下室所得租金应如何处理？

(3) 2001年1月，某住宅小区与ABC物业管理公司签订物业委托管理合同。某住宅小区由ABC物业管理公司管理。2001年8月，江先生入住某住宅小区之后，一直没有缴纳过物业费。当物业管理公司催促他缴物业管理费时，江先生认为自己买了房子自己住，自己管理，不需要物业公司的管理。江先生拒绝承认物业管理公司与业主委员会签订的委托管理合同为由拒绝缴纳，并声明他将不会跟物业管理公司建立任何物业委托管理关系。业委会多次出面调解也没有结果。请问：①江先生的做法是否正确？为什么？②物业管理公司应该怎么做？

（4）某高档商品住宅小区环境优美，绿化覆盖率超过30%。物业管理公司以给业主生活提供方便为由，单方面作出决定，在中心花园草地边设了几个售货亭，出租给小商贩经营。请分析：①物业管理公司设置售货亭的做法是否妥当，为什么？如果不妥，应受到怎样的处理？②住宅小区内的中心花园草地所有权归谁？③在草地边设置售货亭所得租金收益应如何处理？

（5）某物业管理公司经费出现了困难，经理王先生通知会计小杨先从物业共用部位、共用设施设备专项维修资金中拿出一部分周转一下。请分析：①小杨应该按王经理的意见去做吗？为什么？②谁有权决定专项维修资金的使用？③按照《物业管理条例》的规定，如果物业服务企业私自挪用专项维修资金，将受到怎样的处罚？

（6）××房地产公司是××大厦的开发商和业主，项目竣工后将由其下属子公司××物业管理公司负责物业管理工作。××公司蔡经理提出要与总公司签订物业管理委托合同，而××公司总经理葛先生认为××大厦的物业管理不是委托型物业管理，而是自主经营型物业管理，不需要签订物业管理委托合同。请问：①他们两位谁的观点正确？②物业管理公司在什么情况下接管物业时需要签订物业管理合同？③物业管理合同主要包括哪些条款？

（7）某小区共有住宅279户，人口1000多人。小区前期物管因处理违法建筑不力等原因与小区大部分业主发生纠纷，故在未办理移交手续的情况下于2004年1月14日自行撤出。由于有消防隐患、一户一表、物业用房等诸多遗留问题未能解决，没有新的物管企业愿意接管该小区。小区于同年1月17日成立业主委员会，报区房管局备案，并召开业主大会，以2/3多数业主通过决定由业主委员会暂时对小区物业进行自治管理。

小区业主委员会接手小区物管工作后，立即就小区存在的违法建筑、消防隐患、物业用房等问题向房管局、规划局、消防处等有关政府主管部门进行反映，希望能够得到合理解决，同时按照业主大会通过的约定开始向小区业主收取物业管理费以维持小区物管的正常工作开支。

但业主委员会的工作很快就遇到了麻烦。政府部门对反映的问题相互推诿，虽然业主委员会的成员长时间四处奔波，但均未得到解决。

同时，小区内个别业主拒缴物业管理费，使得业主委员会的自治管理难以为继。这些个别业主认为业主委员会没有收取物管费的资格，没有资格对小区进行物业管理，甚至认为业主委员会是打着自治管理的旗号为少数几个人谋私利。受这些业主的影响，越来越多的业主加入了拒缴物管费的行列。而小区业主也由此逐渐分化成两大阵营，争吵不休。

眼见小区自治物业管理即将陷入瘫痪，业主委员会在与欠费业主协商对话无果的情况下，被迫以欠费业主中态度最坚决者作为被告，向所在区人民法院提起民事诉讼，请求法院判决被告支付欠缴的物管费及滞纳金。

业主委员会原本希望法院的判决恢复小区的自治管理，但法院的判决结果却让他们大失所望。所在区人民法院经审理后认为：①原告业主委员会既非公民、法人，又不符合法律规定的"其他组织"的要件，因此不属于民事诉讼的当事人，不能成为诉讼主体；②物业管理关系的主体使业主和物业服务企业，原、被告之间的关系不属于《物业管理条例》调整范畴；③原告本次诉讼的提起，没有取得业主大会的授权，也不能作为执行业主大会的意思表示。因此，所在区人民法院裁定驳回了业主委员会的起诉。

经上诉，市中级人民法院维持了原判。业主委员会被迫停止收费，小区管理陷入瘫痪。

请分析：①业主委员会能否成为诉讼主体？②业主委员会能否自己管理物业？③业主委员会能否起诉业主拒缴物业管理费的行为？④业主委员会起诉业主拒缴物业管理费的行为是否要得到业主大会的批准？

第六章 物业服务合同法律制度

要　点

◆ 物业服务合同的概念和特征
◆ 物业服务合同的种类
◆ 订立物业服务合同的基本原则
◆ 物业服务合同的基本内容

物业服务合同是物业管理公司对物业进行管理的法律依据,是物业管理活动中确立管理者与被管理者,聘方与被聘方之间法律关系的一个最重要的法律文件。物业服务合同是随着物业管理行业的兴起而出现的一种新的合同形式,物业服务合同是为物业管理市场服务的重要手段。

一、物业服务合同概述

(一) 物业服务合同的概念和特征

物业服务合同是由房地产开发企业或业主委员会与其选聘的物业管理公司之间签订的由物业管理公司对物业管理区域进行综合管理的法律文件。物业服务合同又称物业管理合同、物业管理服务合同。

物业服务合同具有以下特征:

1. 物业服务合同是典型的劳务合同

物业服务合同是物业管理公司依照约定完成处理有关事务的劳务合同。如《上海市居住物业管理条例》第十九条规定:"物业管理服务合同中当事人应当约定下列物业管理服务事项:①住宅共用部位、共用设备的使用管理、维修和更新;②物业管理区域内公共设施的使用管理、维修和更新;③电梯、水泵等房屋设备的运行服务;④保洁服务;⑤秩序维护管理;⑥物业维修、更新费用的账务管理;⑦物业档案资料的保管。物业管理服务合同中当事人可以约定下列物业管理服务事项:①住宅的自用部位和自用设备的维修、更新;②业主委员会委托的其他物业管理服务事项。"

2. 物业管理公司以要约人的费用办理要约事务

物业管理公司因办理要约事务的费用由要约人承担,要约人有义务提供要约事务的必要费用,物业管理公司垫付的必要费用,要约人应偿还费用及其利息。

3. 物业服务合同以当事人之间相互信任为前提

《城市新建住宅小区管理办法》规定:"住宅小区应当逐步推行社会化、专业化的管理模式。由物业管理公司统一实施专业化管理。"因此,管理模式是社会化、专业化的。具体管理运作统一由物业管理公司实施。"统一"就是对小区内的房屋建筑及其设备、市政公用设施、绿化、卫生、交通、治安和环境容貌等管理项目进行维护、修缮与整治的全部管理。除非物业服务合同另有约定或为了要约人的利益在特殊情况下，才可以转约，否则物业管理公司应亲自办理要约事务。在实践中，为了业主的利益，物业管理公司往往将某些事项转约给向物业区内提供其他方面专业服务的有关单位，如绿化、秩序维护管理、环卫、燃气、供水、供电等公司。

［案例6-1］

物业服务企业转托部分管理事项后如何承担法律责任？

［案情介绍］

2002年9月，A小区业主大会委托某物业服务企业对该小区进行管理，该物业服务企业为了节约开支，将小区内的绿化管理委托给某无资质的绿化管理公司，由该公司负责对A小区内的绿化进行养护。2003年8月，A小区内的花草上出现了许多小虫，物业服务企业通知绿化管理公司派人前来喷洒药水，但由于工作人员的疏忽，误将除草剂当作治虫剂，结果导致A小区内80%的绿化面积受损，损失达3万余元。后来，绿化管理公司人去楼空。A小区的业委会要求物业服务企业赔偿损失，而物业服务企业则以委托已得到业委会同意为由拒绝承担责任，他们认为绿化管理公司是接受业委会的委托，与物业管理公司无关。业委会遂将物业服务企业告到法院，要求赔偿所受损失。

［法理分析］

本案涉及物业服务企业将部分管理事项转托给第三人后，谁对转托事项承担责任的问题。

(1) 物业服务企业有权转委托部分服务事项。

我国《物业管理条例》第三十四条规定："一个物业管理区域由一个物业服务企业实施物业管理。"第四十条规定："物业服务企业可以将物业管理区域内的专项服务业务委托给专业性服务企业，但不得将该区域内的全部物业管理一并委托给他人。"第六十二条规定："违反本条例的规定，物业服务企业将一个物业管理区域内的全部物业管理一并委托给他人的，由县级以上地方人民政府房地产行政主管部门责令限期改正，处委托合同价款30%以上50%以下的罚款；情节严重的，由颁发资质证书的部门吊销其资质证书。委托所得收益，用于物业管理区域内物业共用部位、共用设施设备的维修、养护，剩余部分按照业主大会的决定使用；给业主造成损失的，依法承担赔偿责任。"

为了使物业管理服务职责明确，防止发生相互推诿的现象，法律规定一个物业管理区只能由一家物业服务企业进行物业管理服务。但为了提高服务水平和服务质量，降低服务成本，允许物业服务企业将部分物业管理事项委托给其他专业公司。同时，禁止物业服务企业收取差价，将物业管理服务事项全部转包，从而损害业主利益，故物业服务企业享有将部分管理事项转委托的权利。

(2) 业委会对同意转委托承担转托事项的法律责任范围。

我国《合同法》第四百条规定："受托人应当亲自处理委托事务。经委托人同意，受托人可以转委托。转委托经同意的，委托人可以就委托事务直接指示转委托的第三人，受托人仅就第三人的选任及其对第三人的指示承担责任。转委托未经同意的，受托人应当对转委托的第三人的行为承担责任，但在紧急情况下受托人为维护委托人的利益需要转委托的除外。"

经委托人同意后，受托人将其受托事项转托第三人，委托人只对其就委托事务直接指示转委托的第三人时才承担责任。如果没有向转委托的第三人发出任何指示的，仍然由受托人承担责任。

本案中，转委托虽然经业委会同意，但业委会未向绿化管理公司发出任何指示。相反，物业服务企业在选任上存在严重过错，应该承担由于过错所造成的损失的赔偿，业委会的要求应当予以支持。

4. 物业服务合同是有偿合同

有偿合同是指当事人一方享有合同规定的权益，须向对方当事人偿付相应代价的合同。除要约人提供要约事务的必要费用外，要约人应向物业管理公司支付约定的报酬。因不可归责于物业管理公司的原因，除双方当事人有约定外，物业服务合同解除或要约事务不能完成的，要约人应向物业管理公司支付相应的报酬。根据《物业服务收费管理办法》第十一条规定：物业服务成本或者物业服务支出构成一般包括以下部分：

（1）管理服务人员的工资、社会保险和按规定提取的福利费等；
（2）物业共用部位、共用设施设备的日常运行、维护费用；
（3）物业管理区域清洁卫生费用；
（4）物业管理区域绿化养护费用；
（5）物业管理区域秩序维护费用；
（6）办公费用；
（7）物业服务企业固定资产折旧；
（8）物业共用部位、共用设施设备及公众责任保险费用；
（9）经业主同意的其他费用。

5. 物业服务合同是诺成的、双务的合同

诺成性合同是指当事人意思表示一致即告成立且生效的合同。双务合同是指合同当事人双方相互享有权利、相互负有义务的合同。物业服务合同自要约人和物业管理公司达成协议时成立，故为诺成性合同；要约人和物业管理公司都负有义务，故为双务合同。因此，物业服务合同双方当事人自合同签字生效之日起都必须履行合同约定的义务，否则，就要承担相应的违约责任。

（二）物业服务合同的种类

一般物业服务合同先由房地产开发公司与物业管理公司签订，然后由业主委员会与物业管理公司续签。如果业主委员会决定选聘新的物业管理公司，就不会与原来的物业管理公司续签服务合同。即使业主委员会同意与原来的物业管理公司续签服务合同，它也可能会对原服务合同作出很大的修改。因为站在房地产开发公司的立场与站在业主委员会的立场是大不相同的。房地产开发公司的最初要约是临时性的安排，而业主委员会的要约才是最终的。因此，物业服务合同有两种情况：

1. 前期物业服务合同

新建物业的房地产开发商与物业管理公司签订的前期物业服务合同。建设部的《城市新建住宅小区管理办法》第五条规定："房地产开发企业在出售住宅小区房屋前，应当选聘物业管理公司承担住宅小区的管理，并与其签订物业管理合同。"《物业管理条例》第二十一条规定："在业主、业主大会选聘物业服务企业之前，建设单位选聘物业服务企业的，应当签订书面的前期物业服务合同。"物业竣工之后，由于出售率或入住率未达到法定应召开第一次业主大会条件或由于其他原因，尚未成立业主委员会之前，已经产生对物业进行管理的必要，此时既然业主委员会尚未成立，只能由房地产开发公司要约物业管理公司管理。为了与业主委员会和物业管理公司签订的物业服务合同相区别，我们把房地产开发公司与物业管理公司签订的合同叫做前期物业服务合同。比如，《上海市居住物业管理条例》第四十八条规定："前期物业管理服务合同至业主委员会与其选聘的物业服务企业签订的物业管理服务合同生效时终止。"《物业管理条例》第二十六条规定："前期物业服务合同可以约定期限；但是，期限未满、业主委员会与物业服务企业签订的物业服务合同生效的，前期物业服务合同终止。"

[**案例 6-2**]

业主能否拒绝前期物业管理合同内容？

[**案情介绍**]

2002 年 7 月，许某在与某建设单位签订房屋买卖协议时，建设单位要求其签订前期物业管理服务合同。看了合同条款后，许某认为物业管理服务费太高，同时表示，自己只买房屋，并没有委托建设单位选定物业服务企业，遂向房地产行政主管部门投诉，要求认定物业服务企业的选聘行为无效。

[**法理分析**]

本案涉及建设单位是否享有前期物业服务企业选聘权的法律问题。

① 建设单位对前期物业服务企业的选聘权。

我国《物业管理条例》第二十一条规定："在业主、业主大会选聘物业服务企业之前，建设单位选聘物业服务企业的，应当签订书面的前期物业服务合同。"为了防止小区出现无人管理现象，使住宅小区的居民生活、环境卫生等秩序得到有效维护，法律规定建设单位有选聘前期物业服务企业的权利。建设单位虽然不是最终的业主，但在开始出售房屋时，他是最大的业主。因此，法律赋予其选聘物业服务企业的权利是有理论依据的。

② 买受人能否拒绝前期物业管理合同。

买受人虽然在选聘前期物业服务企业时不享有表达自己意志的权利，但买受人可以就合同的条款提出自己的意见，如果协商不成，而且合同条款确有损害业主利益的内容，买受人可以向房地产主管部门和物价主管部门投诉，要求变更合同中的不合理条款。

2. 物业服务合同

业主委员会与物业管理公司签订的物业管理合同。

《物业管理条例》第三十五条规定："业主委员会应当与业主大会选聘的物业服务企业订立书面的物业服务合同。物业服务合同应当对物业管理事项、服务质量、服务费用、双方的权利义务、专项维修资金的管理与使用、物业管理用房、合同期限、违约责任等内容进行约定。"一个物业管理区域成立一个业主委员会，业主委员会应当要约一个物业管理公司管理物业。物业管理公司接受要约从事物业管理服务，应当与业主委员会签订物业服务合同。

(三) 订立物业服务合同的基本原则

《中华人民共和国合同法》的有关规定：

"第三条　合同当事人的法律地位平等，一方不得将自己的意志强加给另一方。

第四条 当事人依法享有自愿订立合同的权利,任何单位和个人不得非法干预。
第五条 当事人应当遵循公平原则确定各方的权利和义务。
第六条 当事人行使权利、履行义务应当遵循诚实信用原则。
第七条 当事人订立、履行合同,应当遵守法律、行政法规,尊重社会公德,不得扰乱社会经济秩序,损害社会公共利益。"

1. 平等原则

平等原则中的所谓平等,其含义为:

(1) 合同当事人法律地位平等。不论是房地产开发公司与物业管理公司之间订立的合同还是业主委员会与物业管理公司之间订立的合同,合同双方地位是平等的,不允许当事人之间因财产多寡、实力强弱而不平等。

(2) 合同当事人不得将自己的意志强加给另一方。合同是双方合意的结果,应体现双方的真实意思,这种真实意思只能在平等的前提下才能形成。长期以来,许多人习惯于把发展商当作"老子",而物业管理公司是"儿子";业主是"雇主",物业管理公司是"佣人",以至造成了许多问题和混乱现象,如开发商不重视应承担的物业管理义务,不签合同、随意侵占业主利益或公共利益、违法抽调管理费,业主不服从正当管理、拒交管理费、在选择物业管理公司时营私舞弊或故意压价等。

2. 自愿原则

自愿原则中的所谓自愿,其含义为:

(1) 当事人有选择合同另一方的自由。合同当事人选择与谁签订合同,基于自己的意志。业主委员会可以选择自己满意的物业管理公司并与之签订物业管理合同;物业管理公司也可以从自身发展考虑,选择适合自己的小区进行管理,并与业主委员会签订物业服务合同。

(2) 合同当事人有决定合同内容的自由。当事人签订物业服务合同,其条款如何设定,只要符合法律,不受外人干涉。

3. 公平原则

物业服务合同关系反映的是一种要约关系。要约与受约只有符合公平原则,才能使市场处于有序状态。遵循公平原则就是要求合同双方在权利义务的安排上大致相等;合同一方不得利用自己的优势地位或利用对方没有经验,而签订显失公平的合同。

4. 诚信原则

物业服务合同关系从本质上讲是一种信用关系。诚实信用是物业管理合同关系得以维持和发展的基本要求。诚信原则的基本含义是:①物业管理合同权利人应正当地行使权利,不得滥用权利。②物业服务合同义务人应积极地履行义务。③物业服务合同当事人在行使权利、履行义务时禁止欺诈、胁迫、乘人之危,否则将导致合同无效。

二、物业服务合同的订立与效力

(一) 物业服务合同的订立

1. 合同订立的程序

(1) 合同订立的一般程序

当事人订立物业服务合同,一般采取要约、承诺方式,且应当是书面形式。

1) 要约。要约是希望和他人订立合同的意思表示,该意思表示应当符合下列规定:①内容具体确定;②表明经受要约人承诺,要约人即受该意思表示约束。要约到达受要约人时生效。

要约可以撤回。撤回要约的通知应当在要约到达受要约人之前或者与要约同时到达受要约人。要约在到达受要约人以后,可以撤销。撤销要约的通知应当在受要约人发出承诺通知之前到达受要约人。但是有下列情形之一的,要约不得撤销:①要约人确定了承诺期限或者以其他明示要约不可撤销;②受要约人有理由认为要约是不可撤销的,并已经为履行合同作了准备工作。

有下列情形之一的,要约失效:①拒绝要约的通知到达要约人;②要约人依法撤销要约;③承诺期限届满,受要约人未作出承诺;④受要约人对要约的内容作出实质性变更。要约与要约邀请不同。要约邀请是希望他人向自己发出要约的意思表示。寄送的价目表、拍卖公告、招标公告等为要约邀请。

2) 承诺。承诺是受要约人同意要约的意思表示。承诺应当以书面通知的方式作出。承诺应当在要约确定的期限内到达要约人。承诺生效时合同成立。承诺可以撤回。撤回承诺的通知应当在承诺通知到达要约人之前或者与承诺通知同时到达要约人。受要约人超过承诺期限发出承诺的,除要约人及时通知受要约人该承诺有效的以外,为新要约。承诺的内容应当与要约的内容一致。受要约人对要约的内容作出实质性变更的,为新要约。有关合同标的、数量、质量、价款或者报酬、履行期限、履行地点和方式、违约责任和解决争议方法等的变更,是对要约内容的实质性变更。承诺对要约的内容作出非实质性变更的,除要约人及时表示反对或者要约表明承诺不得对要约的内容作出任何变更的以外,该承诺有效,合同的内容以承诺的内容为准。

物业服务合同要求采用合同书形式订立,自双方当事人签字或者盖章时合同成立。

(2) 订立合同的竞争程序

在订立合同中可以采用竞争的方式,订立合同的竞争程序包括招标和拍卖两种形式。依竞争程序订立物业服务合同,主要是指招标方式。招标方式是由多数竞争人各自提出条件,再由招标人从竞争者中选择一个与之订立合同的一种订约方式。一般要经过招标、投标、开标和决标三个阶段。从法律性质上说,招标属于要约邀请。投标是要约,决标具有承诺的性质,一旦确定中标人,招标过程即告结束。

不少城市大力引入竞争机制,进行物业管理项目的招投标,社会反响良好。但各地的发展不平衡,不少城市还停留在谁开发的项目谁管理的状况,开始推行竞争机制的地区也还存在招标程序不规范、评委组成不合理、运作成本高、压价招标等问题。当前,应着手制定物业管理招标投标规则,规范招标人、投标人的行为和开标、评标、中标等活动,使招投标活动有法可依、有章可循。

2. 订立合同的当事人资格

订立物业服务合同的当事人应当具备一定的资格。

(1) 房地产开发企业

房地产开发企业是以营利为目的,从事房地产开发和经营的企业。为了加强房地产开发企业资质管理,规范房地产开发企业经营行为,根据《城市房地产管理法》和《城市房地产开发经营管理条例》,建设部颁布了《房地产开发企业资质管理规定》(2000年3月

23日颁布）。房地产开发企业应当申请核定企业资质等级。未取得房地产开发资质等级证书的企业，不得从事房地产开发经营业务。房地产开发主管部门应当根据房地产开发企业的资产、专业技术人员和开发经营业绩等，对备案的房地产开发企业核定资质等级。房地产开发企业按照企业条件分为一、二、三、四4个资质等级，对新设立的房地产开发企业核发暂定资质。

(2) 物业服务企业

物业服务企业是指专门从事地上永久性建筑物、附属设备设施及相关场地和周围环境的科学管理，为业主和非业主使用人提供良好的生活或工作环境，具有独立法人地位的经济实体。为加强物业服务企业的资质管理，提高物业管理水平，促进物业管理行业健康发展，2007年实施的《物业服务企业资质管理办法》，要求物业服务企业应当按照该办法规定申请企业资质等级评定。未经主管部门进行资质评定并取得资质证书的，不得从事物业管理业务。物业服务企业划分为一级、二级、三级3个资质等级。

(3) 业主委员会

物业服务合同是由业主委员会与物业服务企业签订的。但目前业主委员会的法律地位不明确，实践中对业主委员会是全体业主的代言人还是独立的法律主体存在很大的争议。有人提出了思考与对策：业主委员会是一般性群众组织，不能以自己的名义承担法律责任，没有实际财产，缺乏有效运作的组织基础，所以不具备完全意义上的法律主体资格。今后立法应将业主大会作为代表全体业主利益与意志的真正意义上的民事主体，以业主大会名义进行登记注册，过去国内各地方立法及实践在此问题都走了弯路。对业主大会及作为执行机构的业主委员会，其产生、人员资格及素质、注册、日常运作等，应在立法中进行严格规范，并由政府、社会予以监督、管理。不能认为监管业主委员会就是限制业主权利。

[案例6-3]

房管局非法干预业主大会选聘物业服务企业纠纷案件

[案情介绍]

2001年9月，由于原来管理该小区的物业服务企业严重失职，该小区由业主在业主大会会议上投票表决，成功炒掉了开发商下属的物业服务企业并选择了新的物业服务企业；然而，房管局认为未经招标程序所选聘的物业服务企业是不合法的，责令业主委员会再次通过招标的方式选聘物业服务企业。在新"管家"的招聘过程中，业主委员会受到行政管理部门的干预。首先，房管局为该小区指定了几家"相当不错"的物管公司，让该小区业委会选择，但遭到业主强烈反对。此时，小区业委会已从报名的15家物管公司中选出了5家资质较好的物管公司进行重点考察，最后2/3的业主选择了某物业公司。但在行政主管部门干预下，9个评标委员中业主代表只有3人，其余6人均是房管局派来的"专家"，且这些"专家"全都来自该小区开发商属下的物业服务企业。因此，评标委员会所评出的中标候选名单中没有业主满意的物业服务企业。本案中，业主委员会如何决定物业服务企业的选聘？

[法理分析]

本案涉及房地产主管部门滥用监督管理权，干预物业服务企业选聘的问题。

① 房地产主管部门的监督管理权。

我国《物业管理条例》第五条规定:"国务院建设行政主管部门负责全国物业管理活动的监督管理工作。县级以上地方人民政府房地产行政主管部门负责本行政区域内物业管理活动的监督管理工作。"为了规范物业管理活动,维护业主和物业服务企业的合法权益,法规规定了房地产行政主管部门为物业管理活动的管理和监督机关。但对于业主大会选聘物业服务企业,房地产行政主管部门不应插手和包办。

② 业主大会对物业服务企业的选聘权。

我国《物业管理条例》第十一条规定:"下列事项由业主共同决定:……(四)选聘和解聘物业服务企业;……"建设部颁布实施的《前期物业管理招标投标管理暂行办法》第四十三条规定:"业主和业主大会通过招投标方式选聘具有相应资质的物业服务企业的,参照本办法执行。"业主大会成立后,业主大会有权决定采用协议或招标的方式选聘物业服务企业,行政机关只享有监督业主大会在选聘过程中有无违法操作的职责,不能干预业主大会对物业服务企业的选聘。

③ 本案中房管局的不法之处。

本案中,房管局有两个不法之处:一是侵害了业主大会选聘物业服务企业的方式决定权。在业主大会选定了物业服务企业后,房地产行政主管部门推翻业主大会的决定,强制要求通过招标的方式选定;二是选聘对象决定权。业主大会有权自主选择物业服务企业,房地产行政主管部门通过为业主指定物业服务企业、指派专家参与评标,以达到其意定的物业服务企业能被选聘的目的,这种做法是缺乏法律依据的。

业委会有权对此提起行政诉讼,维护业主的权利。

(二) 物业服务合同的效力

1. 物业服务合同的生效

(1) 物业服务合同的效力

物业服务合同的效力,又称为物业服务合同的法律效力,是指法律赋予依法成立的物业服务合同具有约束当事人双方的强制力。物业服务合同对当事人双方的约束力包括:①双方当事人负有适当履行合同的义务;②违约方依法承担违约责任;③当事人不得擅自变更、解除合同;④当事人享有合同约定的权利;⑤法律规定的附随义务也成为合同效力的内容。

(2) 物业服务合同生效

物业服务合同生效是指物业服务合同具备法定要件后能产生法律效力。物业服务合同的生效要件有:

1) 当事人在订立合同时必须具有相应的民事行为能力。这是法律对合同主体资格作出的一种规定。主体不合格,所订立的合同不能发生法律效力。如物业服务企业申请资质评定,未获通过的,就不具备物业服务合同的主体资格。

2) 合同当事人的意思表示真实。所谓意思表示真实,是指当事人在缔约过程所作的要约和承诺都是自己真实意志的表示。在正常情况下,行为人的意志,总是与外在的表现相符的。但是,由于主客观的原因,也可能发生不相符的情形。

3) 合同内容不违反法律或者社会公共利益。这是物业服务合同生效要件中最重要的一条。合同欠缺合法性,合同无效。合同不违反法律和社会公共利益,即合同的目的和内容都不违反法律或社会公共利益。在我国,合同不得违反法律,既包括不得违反现行法律、法规和规章中的强制性规范，也包括不得违反国家政策的禁止性规定和命令性规范。同时，合同不危害社会公共利益。

2. 无效物业服务合同

(1) 无效物业服务合同的概念

无效物业服务合同是指严重欠缺合同的生效要件，不发生合同当事人追求的法律后果，不受国家法律保护的合同。无效合同可能是全部无效，也可能是部分无效。无效的原因存在于合同内容的全部时，合同全部无效；无效的原因存在于合同内容的一部分，而该部分又不影响其余部分时，其余部分仍然有效。

(2) 无效物业服务合同的种类

依照我国现行合同法，有下列情形之一的，合同无效：

1) 一方以欺诈、胁迫的手段订立合同，损害国家利益

欺诈是指以使他人陷入错误认识并因而作出意思表示为目的，故意陈述虚伪事实或隐瞒真实情况的行为。胁迫是指向对方当事人表示施加危害，使其发生恐惧，并且基于此恐惧而为一定意思表示的行为。

2) 恶意串通，损害国家、集体或者第三人利益

这种无效合同由主观和客观的因素构成。主观因素为恶意串通，即当事人双方具有共同的目的，希望通过订立合同损害国家、集体或者第三人的利益。客观因素为损害国家、集体或第三人的利益。

3) 以合法形式掩盖非法目的

以合法形式掩盖非法目的，是指当事人订立的合同在形式上是合法的，但在缔约目的和内容上是非法的。

4) 损害社会公共利益

如违反公平竞争的合同等是无效合同。

5) 违反法律、行政法规的强制性规定

这是指合同的内容违反了法律、行政法规中的强制性规定。

(3) 无效物业服务合同的法律后果

无效物业服务合同由人民法院或仲裁机构确认。无效合同从订立时起就没有法律约束力，当事人双方确立的权利义务关系随之无效。合同被确认为无效后，因该合同取得的财产，应当予以返还；不能返还或者没有必要返还的，应当折价补偿。有过错的一方应当赔偿对方因此所受到的损失，双方都有过错的，应当各自承担相应的责任。当事人恶意串通，损害国家、集体或者第三人利益的，因此取得的财产收归国家所有或者返还集体、第三人。

3. 可撤销物业服务合同

(1) 可撤销物业服务合同的概念

可撤销物业服务合同，是指欠缺合同有效要件，存在可撤销原因的合同。可撤销的物业服务合同，只是相对无效，不同于无效物业服务合同的绝对无效。有效与否，取决于当事人的意志。

(2) 可撤销物业服务合同的种类

依据我国现行合同法，下列合同，当事人一方有权请求人民法院或者仲裁机构变更或

者撤销：①因重大误解订立的；②在订立合同时显失公平的。

一方以欺诈、胁迫的手段或者乘人之危，使对方在违背真实意思的情况下订立的合同，受损害方有权请求人民法院或者仲裁机构变更或者撤销。当事人请求变更的，人民法院或者仲裁机构不得撤销。合同被撤销后，其法律后果与无效合同相同。

三、物业服务合同的基本内容

《物业管理条例》第三十五条规定："物业服务合同应当对物业管理事项、服务质量、服务费用、双方的权利义务、专项维修资金的管理与使用、物业管理用房、合同期限、违约责任等内容进行约定。"

物业服务合同一般由合同的首部、合同的正文和合同的结尾三部分组成。

（一）合同的首部

合同的首部通常由下列各项构成：①合同的名称：物业服务合同。②合同的编号。该编号为本合同在行政机关备案时方便查阅。③订约日期。订约日期也可以放在合同结尾签名栏。④订约地点。⑤订约当事人的名称、住所(地址)。要约方简称甲方、受要约方简称乙方。鉴于物业服务合同的特殊情况，订约人为业主委员会，合同的实际履行人是全体业主和使用权人，因此应明确"乙方提供服务的受益人为本物业的全体业主和物业使用人，本物业的全体业主和物业使用人均应对履行本合同承担相应的责任。"⑥订约理由。订约理由说明当事人经合意订立以下条款，以示慎重，也可以省略不填。订约理由可表述为："根据有关法律、法规，在自愿、平等、协商一致的基础上，甲方将_____（物业名称）要约于乙方实行物业管理，订立本合同。"

合同首部中的订约日期、订约地点、当事人住所地可能成为仲裁机构或法院处理合同争议的依据。

（二）合同的正文

合同的正文当中记载了合同的主要内容。《合同法》第十二条规定："合同的内容由当事人约定，一般包括以下条款：（一）当事人的名称或者姓名和住所；（二）标的；（三）数量；（四）质量；（五）价款或者报酬；（六）履行期限、地点和方式；（七）违约责任；（八）解决争议的方法。当事人可以参照各类合同的示范文本订立合同。"物业管理要约合同的主要条款及其内容如下：

1. 物业基本情况

包括：①物业类型；②坐落位置；③四至，即东南西北的界限；④占地面积；⑤建筑面积。

2. 要约管理事项

包括：①房屋建筑共用部位的维修、养护和管理，包括：楼盖、屋顶、外墙面、承重结构、楼梯间、走廊通道、门厅等。②共用设施、设备的维修、养护、运行和管理，包括：共用的给水排水管道、水落管、垃圾道、烟囱、共用照明、天线、中央空调、散热器干线、供暖锅炉房、高压水泵房、楼内消防设施设备、电梯等。③市政公用设施和附属建筑物、构筑物的维修、养护和管理，包括道路、室外给水排水管道、化粪池、沟渠、池、井、自行车棚、停车场等。④公用绿地、花木、建筑小品等的养护与管理。⑤附属配套建筑和设施的维修、养护和管理，包括商业网点、文化体育娱乐场所等。⑥公共环境卫生，包括公共场所、房屋共用部位的清洁卫生、垃圾的收集、清运等。⑦交通与车辆停放秩序的管理。⑧维持公共秩序，包括安全监控、巡视、门岗执勤等。⑨管理与物业相关的工程图纸、住用户档案与竣工验收资料。⑩组织开展社区文化娱乐活动。⑪负责向业主和物业使用人收取下列费用：物业管理服务费等。⑫业主和物业使用人房屋自用部位、自用设施及设备的维修、养护，在当事人提出要约时，乙方应接受要约并合理收费。⑬对业主和物业使用人违反管理规约的行为，针对具体行为并根据情节轻重，采取批评、规劝、警告、制止等措施。⑭其他要约事项。

3. 要约管理期限

要约管理期限的开始日期和终止日期。

4. 双方权利义务

甲方权利义务，第一种情形，适用于业主委员会：①代表和维护产权人、使用人的合法权益。②制定管理规约并监督业主和物业使用人遵守公约。③审定乙方拟定的物业管理制度。④检查监督乙方管理工作的实施及制度的执行情况。⑤审定乙方提出的物业管理服务年度计划、财务预算及决算。⑥在合同生效之日起几日内向乙方提供一定建筑面积的经营性商业用房，由乙方租用，并明确其租金收入的用途。⑦在合同生效之日起几日内向乙方提供一定建筑面积管理用房（产权属甲方），由乙方按下列用途执行：无偿使用；按建筑面积租用，并明确其租金收入的用途。⑧负责收集、整理物业管理所需全部图纸、档案、资料，并于合同生效之日起几日内向乙方移交。⑨当业主和物业使用人不按规定交纳物业管理费时，负责催交或以其他方式偿付。⑩协调、处理本合同生效前发生的管理遗留问题。⑪协助乙方做好物业管理工作和宣传教育、文体活动。⑫其他权利义务。

第二种情形，适用于房地产开发企业：①在业主委员会成立之前，负责制定管理规约并将其作为房屋租售合同的附件，要求业主和物业使用人遵守。②审定乙方拟定的物业管理制度。③检查监督乙方管理工作的实施及制度的执行情况。④审定乙方提出的物业管理服务年度计划、财务预算及决算。⑤要约乙方管理的房屋、设施、设备应达到国家验收标准要求。如存在质量问题，按以下方式处理：负责返修；要约乙方返修，支付全部费用；其他方式。⑥在合同生效之日起几日内向乙方提供一定建筑面积的经营性商业用房，由乙方租用，并明确其租金收入的用途。⑦在合同生效之日起几日内向乙方提供一定建筑面积管理用房（产权属甲方），由乙方按下列用途执行：无偿使用；按建筑面积租用，并明确其租金收入的用途。⑧负责收集、整理物业管理所需全部图纸、档案、资料，并于合同生效之日起几日内向乙方移交。⑨当业主和物业使用人不按规定交纳物业管理费用时，负责催交或以其他方式偿付。⑩协调、处理本合同生效前发生的管理遗留问题。⑪协助乙方做好物业管理工作和宣传教育、文体活动。⑫其他权利与义务。

乙方权利义务：①根据有关法律法规及本合同的约定，制订物业管理制度；②对业主和物业使用人违反法规、规章的行为，提请有关部门处理；③按合同的约定，对业主和物业使用人违反管理规约的行为进行处理；④可选聘专营公司承担本物业的专项管理业务，但不得将本物业的管理责任转让给第三方；⑤负责编制房屋、附属建筑物、构筑物、设施、设备、绿化等的年度维修养护计划和大中修方案，经双方议定后由乙方组织实施；⑥向业主和物业使用人告知物业使用的有关规定，当业主和物业使用人装修物业时，告知有关限制条件，订立书面约定，并负责监督；⑦负责编制物业管理年度管理计划、资金使用计划及决算报告；⑧每几个月向全体业主和物业使用人公布一次管理费用收支账目；⑨对本物业的公用设施不得擅自占用和改变使用功能，如需在本物业内改、扩建或完善配套项目，须与甲方协商经甲方同意后报有关部门批准方可实施；⑩本合同终止时，乙方必须向甲方移交全部经营性商业用房、管理用房及物业管理的全部档案资料；⑪其他权利与义务。

5. 物业管理服务质量

乙方须按约定，实现目标管理。以下为具体的物业管理服务质量要求：①房屋外观；②设备运行；③房屋及设施、设备的维修、养护；④公共环境；⑤绿化；⑥交通秩序；⑦秩序维护服务；⑧急修、小修；⑨业主和物业使用人对乙方的满意率；⑩其他。

6. 物业管理服务费用

物业管理服务费的收取：①本物业的管理服务费，住宅房屋由乙方按建筑面积向业主或物业使用人收取；非住宅房屋由乙方按建筑面积向业主或物业使用人收取；②管理服务费标准的调整；③空置房屋的管理服务费，由乙方按建筑面积收取；④业主和物业使用人逾期交纳物业管理费的，按以下方式处理：从逾期之日起按每天多少元交纳滞纳金；从逾期之日起按每天应交管理费的万分之几交纳滞纳金；其他。

车位使用费由乙方按下列标准向车位使用人收取：①露天车位；②车库；③其他。

乙方对业主和物业使用人的房屋自用部位、自用设备、毗连部位的维修、养护及其他特约服务，由当事人按实际发生的费用计付，收费标准须经甲方同意。

其他乙方向业主和物业使用人提供的服务项目和收费标准如下：①高层楼房电梯运行费按实结算，由乙方向业主或物业使用人收取；②其他。

房屋共用部位、共用设施、设备、公共场地的维修、养护费用：①房屋共用部位的小修、养护费用、大中修费用、更新费用的承担；②房屋共用设施、设备的小修、养护费用、大中修费用、更新费用的承担；③市政公用设施和附属建筑物、构筑物的小修、养护费用、大中修费用、更新费用的承担；④公共绿地的养护费用、改造、更新费用的承担；⑤附属配套建筑和设施的小修、养护费用、大中修费用、更新费用的承担。

7. 违约责任

①甲方违反合同的约定，使乙方未完成规定管理目标，乙方有权要求甲方在一定期限内解决，逾期未解决的，乙方有权终止合同；造成乙方经济损失的，甲方应给予乙方经济赔偿；②乙方违反合同的约定，未能达到约定的管理目标，甲方有权要求乙方限期整改，逾期未整改的，甲方有权终止合同；造成甲方经济损失的，乙方应给予甲方经济赔偿；③乙方违反合同的规定，擅自提高收费标准的，甲方有权要求乙方清退；造成甲方经济损失的，乙方应给予甲方经济赔偿；④甲乙任一方无正当理由提前终止合同的，应向对方支付违约金；给对方造成的经济损失超过违约金的，还应给予赔偿。

8. 争议的解决

合同在履行中如发生争议，双方应协商解决或报请物业管理行政主管部门进行调解，协商或调解不成的，双方同意由仲裁委员会仲裁(当事人双方不在合同中约定仲裁机构，事后又未达成书面仲裁协议的，可以向人民法院起诉)。

9. 其他条款

①自本合同生效之日起数日内，根据甲方要约管理事项，办理完交接验收手续；②合

同期满后，乙方全部完成合同管理成绩优秀，大多数业主和物业使用人反映良好，可续订合同；③双方可对本合同的条款进行补充，以书面形式签订补充协议，补充协议与本合同具有同等效力；④合同之附件均为合同有效组成部分。在合同及其附件内，空格部分填写的文字与印刷文字具有同等效力。合同及其附件和补充协议未规定的事宜，均遵照中华人民共和国有关法律、法规和规章执行；⑤因房屋建筑质量、设备设施质量或安装技术等原因，达不到使用功能，造成重大事故的，由甲方承担责任并作善后处理。产生质量事故的直接原因，以政府主管部门的鉴定为准；⑥本合同执行期间，如遇不可抗力，致使合同无法履行时，双方应按有关法律规定及时协商处理；⑦合同期满本合同自然终止，双方如续订合同，应在合同期满前合理期间内向对方提出书面意见。

（三）合同的结尾

合同的结尾和合同的首部相呼应，并以签字盖章来表示当事人订立合同的意思。结尾的内容一般有：①签约的日期。②记载合同生效的日期。如"本合同自签字之日起生效。"③合同当事人的签字盖章。在签名时，一般应注明签名人的法律地位。④合同的份数。如"合同正本连同附件共几页，一式三份，甲乙双方及物业管理行政主管部门（备案）各执一份，具有同等法律效力。"

四、物业服务合同的履行、变更和终止

（一）物业服务合同的履行

1. 物业服务合同履行的概念

物业服务合同的履行，是指债务人全面地、适当地完成约定的义务，以使债权人的债权得到完全实现。物业服务合同双方当事人互为债权债务人，双方应当根据我国《合同法》的规定，按照约定履行自己的义务。物业服务合同当事人在履行合同的过程中应坚持两项原则：

（1）实际履行原则

这条原则要求合同当事人应当按照合同约定的标的履行义务，不能用其他标的代替，也不能用交付违约金和赔偿金的办法代替履行。《合同法》第一百一十条规定："当事人一方不履行非金钱债务或者履行非金钱债务不符合约定的，对方可以要求履行，但有下列情形之一的除外：（一）法律上或者事实上不能履行；（二）债务的标的不适于强制履行或者履行费用过高；（三）债权人在合理期限内未要求履行。"物业服务合同的债务绝大多数为非金钱债务，合同约定的标的难以用其他标的代替，应当严格坚持实际履行原则。

（2）全面履行原则

这条原则要求合同当事人必须按照合同约定的全部条款全面地履行各自承担的义务，不能不履行或不适当履行。不履行是指一方或双方当事人完全没有履行；不适当履行是指一方或双方当事人虽有履行行为，但履行行为不符合约定。《合同法》第一百零七条规定："当事人一方不履行合同义务或者履行合同义务不符合约定的，应当承担继续履行、采取补救措施或者赔偿损失等违约责任。"

2. 物业服务合同履行中当事人的附随义务

物业服务合同履行中当事人的附随义务是指其法定义务，不是指其约定义务。按照我国《合同法》的规定，当事人在合同履行中的法定义务主要有：

(1) 通知义务

无论是合同债务人还是债权人都负有及时通知的义务。合同当事人所负的及时通知的义务是协作履行原则的要求。如房屋及公用设施、设备出现质量问题需要修缮的，业主及业主委员会应及时通知物业服务企业。

(2) 协助的义务

无论是债权人还是债务人都应协助合同的履行。协助义务要求：债务人履行债务，债权人应创造必要的条件，提供方便。物业服务企业应制定具体的缴费办法（如时间、地点等），为业主缴费提供方便。

(3) 保密的义务

在合同履行过程中，可能会涉及合同另一方的经营秘密、商业秘密等，对此，另一方负有保密的义务。

(二) 物业服务合同的变更

1. 物业服务合同变更的概念和条件

物业服务合同变更是指合同当事人不变，合同的内容予以改变。物业服务合同变更的条件包括：

(1) 原已存在合同关系

合同的变更，是改变原合同关系。无原合同关系便不存在合同变更。无效合同，自始无合同关系；合同被撤销，合同自始失去法律约束力，亦无合同关系。因此，在这些情况下，不存在变更合同。

(2) 合同内容已发生变化

合同内容的变化包括：①物业管理服务事项数量的增多或减少；②物业管理服务质量的改变；③物业管理服务费用的增加或减少；④物业管理服务费用收取办法的变更；⑤物业管理要约管理期限的变更。

(3) 合同的变更须依当事人协议或依法律直接规定及裁决机构裁决

基于法律直接规定而变更合同，不以法院或仲裁机构的裁决为必经程序，也不以当事人协议为必经程序，直接发生变更的法律效力。例如，当事人一方违约，则变合同债务为损害赔偿债务，这种变更是依法律规定当然发生的。基于裁决机构的裁决而发生的变更，主要有重大误解及显失公平的合同和当事人意思表示不真实的合同。除此以外的合同变更，由双方当事人协商一致，达不成协议的，不发生合同变更的法律效力。当事人对合同变更的内容约定不明确的，推定为未变更。

(4) 须遵守法律要求的方式

法律、行政法规规定变更合同应当办理批准、登记等手续的，依照其规定。例如，物业服务合同的变更，须到物业管理行政主管部门登记备案。

2. 物业服务合同变更的程序和后果

物业服务合同变更的程序可分为协议变更程序和裁决变更程序。在协议变更程序中，物业管理一方当事人提出变更合同内容的，应与对方充分协商，达成一致意见，才发生变更合同的效力。当事人对变更合同未达成一致意见或对合同变更的内容约定不明确的，不发生变更的效力。在裁决变更合同程序中，只有存在裁决变更合同的理由时，即存在重大误解、显失公平及当事人意思表示不真实的情况下，物业管理一方当事人才可向法院或仲裁机构申请裁决变更合同。是否裁决变更，由裁决机构认定。裁决机构作出变更合同的裁决时，即发生变更合同的效力。

合同的变更原则上只对将来发生效力，未变更的权利义务继续有效，已经履行的债务不因合同的变更而发生影响。另外，合同的变更不影响当事人要求赔偿损失的权利。

(三) 物业服务合同的终止

1. 债务已经按照约定履行

债务一经履行，当事人设立合同的目的得以实现，合同关系自然归于终止。在物业服务合同实务中，债务的履行是合同终止的最主要的原因。例如，某小区的业主经过招投标，和某物业管理公司签订了3年的服务合同，合同期满，合同终止。业主委员会召开全体业主大会，决定继续聘用该物业管理公司，如果该公司同意，双方当事人必须重新签订物业服务合同。

2. 物业服务合同解除

物业服务合同解除是指合同有效成立以后，因当事人一方的意思表示或者双方协议，使基于合同发生的债权债务关系归于消灭的行为。物业服务合同解除分为约定解除和法定解除。

约定解除分为两种情况，一是在合同中约定了解除条件，一旦该条件成立，合同解除。如物业服务合同约定，物业管理公司未能达到约定的管理目标，业主委员会有权要求其限期整改，逾期未整改的，业主委员会有权终止合同。二是当事人未在合同中约定解除条件，但在合同履行完毕前，经双方协商一致而解除合同。

法定解除是指出现法律规定的解除事由而由享有解除权的一方当事人解除合同。根据我国《合同法》的规定，有下列情形之一的，当事人可以解除合同：①因不可抗力致使不能实现合同目的；②在履行期限届满之前，当事人一方明确表示或者以自己的行为表明不履行主要债务；③当事人一方迟延履行主要债务，经催告后在合理期限内仍未履行；④当事人一方迟延履行债务或者有其他违约行为致使不能实现合同目的；⑤法律规定的其他情形。

3. 物业服务合同解除的程序

当事人一方依约定或法定事由主张解除合同的，应当通知对方。合同自通知到达对方时解除。对方有异议的，可以请求人民法院或者仲裁机构确认解除合同的效力。物业管理法律、行政法规规定解除合同应当办理登记手续的，合同解除后，物业管理公司应到物业管理行政主管部门办理登记手续。

4. 物业服务合同解除的法律后果

物业服务合同解除后，尚未履行的，终止履行；已经履行的，根据履行情况，当事人可以要求恢复原状、采取其他补救措施，并有权要求赔偿损失。

五、物业服务合同责任

(一) 缔约过失责任

1. 缔约过失责任的概念

我国《合同法》所指的缔约过失责任是指当事人在订立合同过程中有违背诚实信用原则的行为，给对方造成损失的，应当承担损害赔偿责任。《合同法》上的缔约过失责任包括以下几种情形：①假借订立合同，恶意进行磋商；②故意隐瞒与订立合同有关的重要事实或者提供虚假情况；③有其他违背诚实信用原则的行为。

2. 缔约过失责任的适用条件

缔约过失责任的适用必须具备下列条件：

(1) 缔约人违反先合同义务。所谓先合同义务，是缔约人双方互相接触磋商逐渐产生的注意义务，这种义务是合同成立前的义务，包括互相协助、互相照顾、互相保护、互相通知，诚实信用等义务。物业服务合同当事人一方假借签订合同，以损害对方利益为目的，恶意磋商；或者以其他违背诚实信用原则的行为损害对方利益的，就属违反了先合同义务。

(2) 对方当事人受到损失。该损失是指财产损失，不包括精神损害。该损失包括直接损失和间接损失。直接损失有：缔约费用，包括邮电费用、赶赴缔约地或察看物业管理区域所支出的合理费用；准备履行所支出的费用。间接损失为丧失与第三人另订合同的机会所产生的损失。

(3) 违反先合同义务与该损失之间有因果关系。即该损失是由违反先合同义务引起的。

(4) 违反合同义务者有过错。按照我国《合同法》，其过错主要为故意过错。

(二) 违约责任

1. 违约责任的概念

违约责任是指当事人一方不履行合同义务或者履行合同义务不符合约定所承担的民事责任。

违约责任一般在履行期届满后才承担，因为当事人只有在履行期届满才能确定是否违约和违约责任的承担。但是，当事人一方明确表示或者以自己的行为表明不履行合同义务的，对方可以在履行期限届满之前要求其承担违约责任。

2. 违约责任的适用条件

违约责任的适用条件通常包括：

(1) 违约行为。违约行为又称不履行合同债务。这里的合同债务，既包括当事人在合同中约定的义务，又包括法律直接规定的义务。

(2) 损害事实。损害事实既包括直接损失，也包括间接损失。这里所说的间接损失，是指当事人可预期的损失。当事人不能预期的损失不为间接损失。

(3) 违约行为与损害事实之间存在因果关系。

3. 违约责任的承担方式

依据我国《合同法》的规定，违约责任的承担方式主要有：

(1) 支付价金及逾期利息。如物业服务合同中约定业主应当交纳有关费用，如果逾期未交或者未足额交纳，物业管理公司可以要求其支付，迟延支付的，应当支付该费用的逾期利息。

(2) 强制履行。物业管理服务事项减少或服务质量降低，业主委员会可以要求物业管理公司履行并达到合同约定的要求。

(3) 重作或减价。物业管理服务质量不符合约定的，业主委员会可以选择要求对方承担重作或减少收费的违约责任。

(4) 赔偿损失。物业服务合同当事人一方不履行合同义务或者履行合同义务不符合约定的,在履行义务或者采取补救措施后,对方还有其他损失的,应当赔偿损失。

(5) 支付违约金。违约金是指由当事人在合同中约定的,当一方违约时,应向对方支付一定数额的货币。如物业服务合同约定:甲乙任一方无正当理由提前终止合同的,应向对方支付一定数额的违约金。违约金是我国合同违约责任中最常见的一种责任方式。我国《合同法》规定,约定的违约金低于造成的损失的,当事人可以请求人民法院或者仲裁机构予以增加;约定的违约金过分高于造成的损失的,当事人可以请求人民法院或者仲裁机构予以适当减少。另外,当事人就迟延履行约定违约金的,违约方支付违约金后,还应当履行债务。

4. 违约责任的免除

违约责任的免除是指法律明文规定或者当事人有特别约定,当事人对其不履行合同或迟延履行合同不承担违约责任。我国《合同法》规定,因不可抗力不能履行合同的,根据不可抗力的影响,部分或者全部免除责任,但法律另有规定的除外。当事人迟延履行后发生不可抗力的,不能免除责任。不可抗力,是指不能预见、不能避免并不能克服的客观情况。另外,合同订立时,当事人有特别约定,当发生合同不能履行或不适当履行又符合这些免责条款时,通常也可免除违约人的责任。

小　　结

● 物业服务合同是由房地产开发企业或业主委员会与其选聘的物业管理公司之间签订的由物业管理公司对物业管理区域进行综合管理的法律文件。物业服务合同又称物业管理合同、物业管理服务合同。

● 物业服务合同具有以下特征:①物业服务合同是典型的劳务合同;②物业管理公司以要约人的费用办理要约事务;③物业服务合同以当事人之间相互信任为前提;④物业服务合同是有偿合同;⑤物业服务合同是诺成的、双务的合同。

● 物业服务合同包括前期物业服务合同和物业服务合同两种情况。

● 物业服务合同的基本内容由合同的首部、合同的正文和合同的结尾组成。主要包括物业管理事项、服务质量、服务费用、双方的权利义务、专项维修资金的管理与使用、物业管理用房、合同期限、违约责任等内容。

● 物业服务合同的履行原则包括实际履行原则和全面履行原则,当事人在合同履行中的法定义务有通知、协助和保密义务。

复习思考题

1. 什么是物业服务合同?
2. 物业服务合同具有哪些特征?
3. 订立物业服务合同应遵循哪些基本原则?
4. 试述物业服务合同应包含的基本内容。
5. 谈谈你对物业服务合同法律性质的看法。
6. 案例分析:

2000年3月,北京某房地产开发公司聘请某物业服务企业为其开发的小区进行物业管理。业主入住时认可了开发商与前述物业服务企业签订的物业服务合同。2002年1月,该小区入住率已超过50%,小区业委会收到大部分业主对管理服务不满意的投诉。小区业委会成立以后,没有与被告续签物业服务合同，而是另选聘物业服务企业。由于某物业服务企业不同意解除，小区业委会以某物业服务企业服务差，大部分业主不满意，要求解聘该企业为请求诉诸法院。某物业服务企业辩称：被告早期与某房地产开发公司签有物业服务合同，且业主购楼时与某房地产开发公司的契约中已订明，同意某房地产开发公司委托的管理企业管理。因此，业主无权解聘物业服务企业，请求法院驳回原告的诉讼请求。

请分析：业委会是否有权解聘前期物业服务企业？

[阅读材料一]

物业管理合同是服务合同不是委托合同

依现行《合同法》，物业管理合同系无名合同之一种，其主要规范的是物业管理关系双方当事人就特定物业的管理事项而合意设定的当事人双方的权利义务关系。物业管理合同的大量出现是我国实行住房改革和房地产业发展的必然产物。然而，一方面生活中物业管理关系日益增多，物业管理合同大量出现；另一方面，理论界和现行立法并没有对物业管理合同的特殊性有足够的认识、进行系统的规制，这直接导致了现实生活中大量物业管理纠纷的出现和难以解决。

例如：2002年8月1日，深圳市布吉镇东方半岛花园热闹非凡，入口处新物业管理公司约40名秩序维护员整齐列队准备进入，原管理处20余名秩序维护员也整齐地排列在入口两侧，围观的业主和群众近千人。在住宅局、房管办、镇政府、公安局协调下，双方经过一上午的僵持，原管理处秩序维护员撤走，新管理公司接管。事情的原委要从1998年说起。

1998年10月该花园竣工，开发商成立了一家子公司进行物业管理，后该花园成立了业主委员会，双方于2001年2月18日签订了为期三年的《物业管理委托合同》，约定管理服务费多层住宅按0.60元/平方米收取，带电梯的小高层1.45元/平方米，商铺1.60元/平方米。

按深圳市当时收费水平来讲是较低的。2002年2月28日管理处在花园内贴出通知，将管理服务费提高到多层住宅0.85元/平方米，小高层2.10元/平方米，商铺2.20元/平方米。一石激起千层浪，业主纷纷反对。4月13日召开业主大会，罢免了业主委员会的全体成员。新的业主委员会成立后，7月份通过招标聘用了一家新的甲级资质物业管理公司。于是出现了本文前一幕。

事情并没有结束。7月18日，原物业公司向深圳仲裁委员会提出仲裁申请，请求继续履行2001年2月18日签订的《物业管理委托合同》，支付管理费300万元。被申请人是业主委员会。

双方争议的焦点就是：2001年2月18日签订的《物业管理委托合同》是服务合同，还是委托合同。

整个事件所折射出的关于物业管理合同的性质、物业管理权属的移交程序及业主委员会的赔偿方式和制度建设等问题，引起深圳业界广泛关注和深入思考。2003年3月21日，深圳仲裁委员会作出了终局裁决。深圳仲裁委员会以［2003］深仲裁字第151号裁决书作出裁决如下：

（一）申请人与被申请人自2003年4月1日起继续履行双方2001年2月18日所签《物业管理委托合同》；

(二) 被申请人支付申请人自2002年8月1日至被申请人采取措施恢复申请人的管理状态之月的物业管理酬金损失,每月以1.7万元计算。[(三)和(四)本处略。]

本裁决为终局裁决,自作出之日起发生法律效力。

该合同虽然名称上使用了"委托"二字,内容上也包含了"委托"成分,确立了业主委员会将该花园委托给原物业公司管理的行为,但从实质上看并不是委托合同。

随着现代市场经济的发展,产生了很多种新的合同类型。物业服务合同就是其中的一种。物业服务合同是物业管理人依据《前期物业服务合同》或《物业服务合同》的规定,为业主持续进行物业管理服务,业主或使用人按照约定按时支付物业服务费用的合同;物业服务合同的内容应当包含物业管理事项、服务质量、服务费用、双方权利义务、专项维修资金的管理与使用、物业管理用房、合同期限和违约责任等。物业服务合同的本质是反映区分所有建筑物的管理,具有物权关系的民事合同,是一种特殊的服务合同。委托合同是委托人和受托人约定,由受托人处理委托人事务的合同,它是一种比较古老的合同类型,古巴比伦《汉谟拉比法典》对委托合同有专门规定。物业服务合同与委托合同有一些"近似",但与纯粹的委托合同有差别。并且这种差别是明显的、实质的差别,这种差别足以使物业服务合同构成一种新的合同类型。

委托合同是《合同法》直接规定的十五种有名合同类型之一。《合同法》规定,委托合同是委托人和受托人约定,由受托人处理委托人事务的合同。它具有以下特征:

1. 委托合同的标的是处理事务的行为,该行为既可以是法律行为(委托进行买卖、租赁等),也可以是具有经济意义的行为(清理财产、整理账簿等),还可以是单纯的事实行为。

2. 委托合同的订立以双方当事人相互信任为基础。没有当事人双方相互信任和自愿,委托合同关系不可能建立。从而,当事人双方均享有任意终止权,可任意终止合同。这一点,使委托合同具有了区别于其他任何合同的本质特征。《合同法》第四百一十条就明确规定:"委托人或者受托人可以随时解除委托合同。"

3. 委托合同是典型的提供劳务合同,受托人在委托人的授权范围内为委托人办理事务,因而办理事务所需要的费用要由委托人承担。如聘请律师的《委托代理合同》。

4. 委托合同当事人意见表示一致时,合同即告成立,无须以物的交付或当事人的履行行为作为合同成立的要件,是诺成合同、不要式合同。

5. 委托合同可以有偿,也可以无偿,依法律规定或当事人之间的约定来确定。

而物业管理是指物业服务企业按照物业服务合同约定,通过对房屋及与之相配套的设备、设施和相关场地进行专业化维修、养护、管理,以及维护相关区域内环境卫生和公共秩序,为业主提供服务的活动。

物业管理的本质是"服务",物业服务企业提供"服务"这种产品,业主或非业主使用人享受和使用"服务",这种"服务"的形式是多样的,既包括有形的管理、修缮、服务,也包括无形的环境、气氛、形象,从而使物业发挥最大的使用和收益的功能,达到物业保值和增值的目的,改善人民群众的生活和工作环境。

物业管理产生与发展的理论基础是现代民法物权中明定的一项基本的不动产所有权形式——建筑物区分所有权,又称"区分所有",该制度自19世纪初至20世纪中叶,已为英美法系与大陆法系的各国民事立法所普遍确立,其渊源可谓久远。它是以现代科学技术进步所带来的房地产利用、使用方式以及人们生活方式的转变为内在动力的。迄今，建筑物区分所有权制度在促使人类最大限度地利用有限的土地资源，解决人类自身的居住、生活、生产等问题上发挥了重大功用。因此，构建在这种建筑物区分所有权制度上的物业管理合同有着两大特征：一是作为物业管理合同主体的特殊性。本文侧重从业主委员会一方分析。业主，作为房屋的所有权人，在一个物业管理区域内全体业主组成业主大会，是代表和维护物业管理区域内全体业主在物业管理活动中的合法权益的自治组织，业主大会才有权选聘或解聘物业服务企业。业主委员会是业主大会的执行机构，与业主大会选聘的物业服务企业签订物业服务合同。现行法律只要求业主委员会在成立后向主管部门备案，它没有资金、财产、组织机构、甚至办公场所（有的业主委员会有），无法取得法人或非法人社会团体资格，只能是"管理团体"，在法律地位上是《民法通则》中的"其他组织"。因此，物业管理合同的主体应该归属为"全体业主"。二是作为物业管理合同标的和内容的特殊性。依据建筑物区分所有权理论，物业管理的实质是区分所有建筑物的管理，所管理的对象主要是区分所有建筑物，根据纵、横分割的方式不同通常有三种类型：纵割式、横割式和纵横（混合）分割式。同时，由于物业管理的特殊性，物业管理合同的标的还包括：物业管理区域内的公共秩序、环境、气氛、形象、业主作为集专有权人、共有权人、管理团体成员三重身份于一体的行为等。因此，它与买卖合同标的有形性相区分。

由于物业管理合同的特殊性，物业管理合同与委托合同有如下区别：

（1）产生的条件不同。委托合同一般是基于委托人对受托人的特别信任为前提条件建立的；而物业管理合同则是通过招标投标之后获得的，物业管理人一般皆需要获得一定的资格认定证书方可以成为物业管理合同的招标对象。

（2）解除的条件不同。物业管理合同双方当事人不能随时随意解除合同，如果一方要在合同期限内解除合同，必须依据合同的具体约定协商一致，或者由法院或仲裁机构裁决，特别是业主委员会一方，必须业主大会决议并取得特别授权。委托合同则由法律明文规定双方都具有随时解除合同的权利，依据《合同法》第九十四条第（五）款："法律规定的其他情形"的规定，将其解除合同的主张通知对方即可，无须征得对方的同意。在实践中，物业管理行业普遍认为，如果认为物业管理合同是委托合同，将给物业管理行业带来一种灾难。试想，业主委员会作为委托人只要对物业管理公司（直接的对象是"管理处"）的"信任"有所动摇，不问客观上是否有理由，可以随时、任意地行使解除权，将是什么后果？特别是现行法律规定业主委员会成员不少于5人即可，是不是可能造成少数几个人的"个人意志"极度膨胀，从而造成"权利滥用"？这样物业管理公司还有什么安全感可言？还可能对小区改造投入吗？势必造成物业服务企业短期行为。从根本上也会造成对全体业主利益得不到保障。

（3）订立的目的不同。委托合同的目的是以处理委托人事务为目的。所谓委托人的事务，一般是指与委托人有利害关系，委托人若不委托处理就不得不亲自为之的事务。反观物业管理关系中的管理服务并不是事务，其实质是作为管理服务人的物业管理公司所提供的专业化、技术化的有偿服务，特别是现代建筑新技术、机电等设备设施智能化、网络化的发展，物业管理向"服务集成商"的转变，作为业主、业主委员会并不都能够亲自来处理，或者没有能力处理。同时对于一个大型的住宅区而言，如果每一个业主都事必亲躬，那么住宅区的秩序就无法维持。可以看出，物业管理事项与被委托事务有着明显差别。

(4) 履行的方式不同。①《合同法》第三百九十九条明确规定："受托人应当按照委托人的指示处理委托事务。"这实质上是规定了受托人的忠实义务。但物业管理的管理服务并不是完全按照业主、业主委员会的指示处理的，物业管理公司在物业管理的管理服务工作是依据合同约定的范围、项目，遵循物业管理的法律、法规以及物业管理行业的规范，独立自主地开展物业管理服务的经营活动的。在物业管理公司开展的物业管理服务的经营活动中，业主、业主委员会只有监督权，而没有干涉和指挥权。物业管理公司也没有服从业主、业主委员会指示的忠实义务。②《合同法》第四百条规定"经委托人同意，受托人可以转委托。"而物业服务企业可以将物业管理区域内的专项服务业务另行委托，但不得将整项服务业务委托他人。《合同法》第四百零八条规定"委托人经受托人同意，可以在受托人之外委托第三人处理委托事务。"同时，第四百零九条规定还可以两个以上的受托人共同处理委托事务。而一个物业管理区域的业主大会，应当委托一个物业服务企业实施物业管理。

(5) 法律后果承担人不同。受托人在委托合同范围内活动产生的法律后果概由委托人承担，受托人在办理委托事务中所得到的一切利益，包括金钱、物品、所得收益及权利等都应及时转交给委托人。《合同法》第四百零七条还规定："受托人处理事务时，因不可归责于自己的事由受到损失的，可以向委托人要求赔偿损失。"而物业管理则不同，所得收益、违约责任、侵权责任都应由物业管理合同明确规定，双方当事人各自分别承担。

(6) 订立形式不同。委托合同是诺成合同、不要式合同。委托合同的成立只需双方当事人达成意思一致即可，无须以一定物的交付或一定行为的完成为要件，订立合同也无须遵循固定的形式；而物业管理合同则是要式合同、格式合同，必须依照物业管理法律、法规所规定的招标投标的方式来确定物业管理公司，签署物业管理合同，并且一般要求要采用物业管理示范文本，最终合同的相关内容和履行还要接受城建、市容、及居委会等相关机关的监督。

(7) 费用及标准不同。

1) 委托合同可以是有偿的，也可以是无偿的，公民之间基于亲友关系建立的委托合同，或者单纯是事实行为，大多数是无偿合同；物业管理合同必须是有偿的。

2) 受托人以委托人的费用办理委托事务，法律规定委托人应当预付处理委托事务的费用。受托人为处理委托事务垫付的必要费用，委托人应当偿还该费用及其利息。受托人完成委托事务的，委托人应当向其支付报酬。而现在通行的物业管理一般实行酬金制和包干制两种。酬金制按物业管理成本的8%～15%提取，包干制按物业管理合同由业主或使用人按月交纳固定金额的物业管理服务费，如本文案例中的收取方式。

3) 两种合同采用的报酬支付方式不同，物业管理收费的方式与委托合同不同。物业管理收费方式一般是依据管理规约以及物业管理合同的规定由业主或住户按月交纳。而委托合同所规定的费用是将处理事务的费用与给委托人的报酬分别规定的，处理事务的费用可以预付，也可以由受托人垫付，而后由委托人偿还，对于报酬则采用完成委托事务后支付或无偿委托不支付报酬，这种支付费用及报酬的方式显然与物业管理收费有着巨大的差别。

(8) 存续期限不同。委托合同与物业管理合同在合同存续期限上有较大差异，被委托人处理的事务往往比较单一，时间比较短；而物业管理则不同，物业管理公司所提供的是系统的、专业化的服务，这个服务是长期的、连续不断的、反复进行的，如果物业管理合同签署的期间太短,就可能因物业管理公司追求短期效应,采取不恰当的方式从事物业管理,从而不利于物业管理设施的长期保养。

从上述分析可以看出,物业管理合同与委托合同有着明显的本质差别,两者在法律性质上是有区别的。

资料来源:根据 2002 年 12 月《现代物业》刘颜的《物业管理合同是服务合同不是委托合同》一文整理编辑而成

[阅读材料二]

建设部关于印发《前期物业服务合同(示范文本)》的通知

建住房 [2004] 155 号

各省、自治区建设厅,直辖市建委、房地局,新疆生产建设兵团建设局:

  为了贯彻《物业管理条例》,规范前期物业管理活动,引导前期物业管理活动当事人通过合同明确各自的权利与义务,减少物业管理纠纷,我部制定了《前期物业服务合同(示范文本)》,现印发给你们,供建设单位与物业服务企业签约参考使用。

中华人民共和国建设部
二〇〇四年九月六日

前期物业服务合同(示范文本)

甲方:_____;
法定代表人:_____;
住所地:_____;
邮编:_____。

乙方:_____;
法定代表人:_____;
住所地:_____;
邮编:_____;
资质等级:_____;
证书编号:_____。

根据《物业管理条例》和相关法律、法规、政策,甲乙双方在自愿、平等、协商一致的基础上,就甲方选聘乙方对_____(物业名称)提供前期物业管理服务事宜,订立本合同。

第一章 物业基本情况

第一条 物业基本情况:
物业名称_____;
物业类型_____;
坐落位置_____;

建筑面积_____。
物业管理区域四至：
　　　东至_____；
　　　南至_____；
　　　西至_____；
　　　北至_____。
（物业构成明细见附件一）。

第二章　服务内容与质量

第二条　在物业管理区域内，乙方提供的前期物业管理服务包括以下内容：
1. 物业共用部位的维修、养护和管理（物业共用部位明细见附件二）；
2. 物业共用设施设备的运行、维修、养护和管理（物业共用设施设备明细见附件三）；
3. 物业共用部位和相关场地的清洁卫生，垃圾的收集、清运及雨、污水管道的疏通；
4. 公共绿化的养护和管理；
5. 车辆停放管理；
6. 公共秩序维护、安全防范等事项的协助管理；
7. 装饰装修管理服务；
8. 物业档案资料管理。

第三条　在物业管理区域内，乙方提供的其他服务包括以下事项：
1. _____；
2. _____；
3. _____。

第四条　乙方提供的前期物业管理服务应达到约定的质量标准（前期物业管理服务质量标准见附件四）。

第五条　单个业主可委托乙方对其物业的专有部分提供维修养护等服务，服务内容和费用由双方另行商定。

第三章　服 务 费 用

第六条　本物业管理区域物业服务收费选择以下第_____种方式：
1. 包干制
物业服务费用由业主按其拥有物业的建筑面积交纳，具体标准如下：
多层住宅：_____元/（月·平方米）；
高层住宅：_____元/（月·平方米）；
别墅：_____元/（月·平方米）；
办公楼：_____元/（月·平方米）；
商业物业：_____元/（月·平方米）；
_____物业：_____元/（月·平方米）。

物业服务费用主要用于以下开支：
（1）管理服务人员的工资、社会保险和按规定提取的福利费等；

(2) 物业共用部位、共用设施设备的日常运行、维护费用；

(3) 物业管理区域清洁卫生费用；

(4) 物业管理区域绿化养护费用；

(5) 物业管理区域秩序维护费用；

(6) 办公费用；

(7) 物业服务企业固定资产折旧；

(8) 物业共用部位、共用设施设备及公众责任保险费用；

(9) 法定税费；

(10) 物业服务企业的利润；

(11) _____。

乙方按照上述标准收取物业服务费用，并按本合同约定的服务内容和质量标准提供服务，盈余或亏损由乙方享有或承担。

2. 酬金制

物业服务资金由业主按其拥有物业的建筑面积预先交纳，具体标准如下：

多层住宅：_____元/(月·平方米)；

高层住宅：_____元/(月·平方米)；

别墅：_____元/(月·平方米)；

办公楼：_____元/(月·平方米)；

商业物业：_____元/(月·平方米)；

_____物业：_____元/(月·平方米)。

预收的物业服务资金由物业服务支出和乙方的酬金构成。

物业服务支出为所交纳的业主所有，由乙方代管，主要用于以下开支：

(1) 管理服务人员的工资、社会保险和按规定提取的福利费等；

(2) 物业共用部位、共用设施设备的日常运行、维护费用；

(3) 物业管理区域清洁卫生费用；

(4) 物业管理区域绿化养护费用；

(5) 物业管理区域秩序维护费用；

(6) 办公费用；

(7) 物业服务企业固定资产折旧；

(8) 物业共用部位、共用设施设备及公众责任保险费用；

(9) _____。

乙方采取以下第_____种方式提取酬金：

(1) 乙方按_____(每月/每季/每年)_____元的标准从预收的物业服务资金中提取。

(2) 乙方_____(每月/每季/每年)按应收的物业服务资金_____%的比例提取。

物业服务支出应全部用于本合同约定的支出。物业服务支出年度结算后结余部分，转入下一年度继续使用；物业服务支出年度结算后不足部分，由全体业主承担。

第七条 业主应于_____之日起交纳物业服务费用(物业服务资金)。

纳入物业管理范围的已竣工但尚未出售，或者因甲方原因未能按时交给物业买受人的物业，其物业服务费用(物业服务资金)由甲方全额交纳。

业主与物业使用人约定由物业使用人交纳物业服务费用(物业服务资金)的,从其约定,业主负连带交纳责任。业主与物业使用人之间的交费约定,业主应及时书面告知乙方。

物业服务费用(物业服务资金)按_____(年/季/月)交纳,业主或物业使用人应在_____(每次缴费的具体时间)履行交纳义务。

第八条 物业服务费用实行酬金制方式计费的,乙方应向全体业主公布物业管理年度计划和物业服务资金年度预决算,并每年_____次向全体业主公布物业服务资金的收支情况。

对物业服务资金收支情况有争议的,甲乙双方同意采取以下方式解决:

1. _____;
2. _____。

第四章 物业的经营与管理

第九条 停车场收费分别采取以下方式:

1. 停车场属于全体业主共有的,车位使用人应按露天车位_____元/(个·月)、车库车位_____元/(个·月)的标准向乙方交纳停车费。

乙方从停车费中按露天车位_____元/(个·月)、车库车位_____元/(个·月)的标准提取停车管理服务费。

2. 停车场属于甲方所有、委托乙方管理的,业主和物业使用人有优先使用权,车位使用人应按露天车位_____元/(个·月)、车库车位_____元/(个·月)的标准向乙方交纳停车费。

乙方从停车费中按露天车位_____元/(个·月)、车库车位_____元/(个·月)的标准提取停车管理服务费。

3. 停车场车位所有权或使用权由业主购置的,车位使用人应按露天车位_____元/(个·月)、车库车位_____元/(个·月)的标准向乙方交纳停车管理服务费。

第十条 乙方应与停车场车位使用人签订书面的停车管理服务协议,明确双方在车位使用及停车管理服务等方面的权利义务。

第十一条 本物业管理区域内的会所属_____(全体业主/甲方)所有。

会所委托乙方经营管理的,乙方按下列标准向使用会所的业主或物业使用人收取费用:

1. _____;
2. _____。

第十二条 本物业管理区域内属于全体业主所有的停车场、会所及其他物业共用部位、公用设备设施统一委托乙方经营,经营收入按下列约定分配:

1. _____;
2. _____。

第五章 物业的承接验收

第十三条 乙方承接物业时,甲方应配合乙方对以下物业共用部位、共用设施设备进行查验：
1. _____；
2. _____；
3. _____。

第十四条　甲乙双方确认查验过的物业共用部位、共用设施设备存在以下问题：
1. _____；
2. _____；
3. _____。

甲方应承担解决以上问题的责任，解决办法如下：
1. _____；
2. _____；
3. _____。

第十五条　对于本合同签订后承接的物业共用部位、共用设施设备，甲乙双方应按照前条规定进行查验并签订确认书，作为界定各自在开发建设和物业管理方面承担责任的依据。

第十六条　乙方承接物业时，甲方应向乙方移交下列资料：
1. 竣工总平面图，单体建筑、结构、设备竣工图，配套设施、地下管网工程竣工图等竣工验收资料；
2. 设施设备的安装、使用和维护保养等技术资料；
3. 物业质量保修文件和物业使用说明文件；
4. _____。

第十七条　甲方保证交付使用的物业符合国家规定的验收标准，按照国家规定的保修期限和保修范围承担物业的保修责任。

第六章　物业的使用与维护

第十八条　业主大会成立前，乙方应配合甲方制定本物业管理区域内物业共用部位和共用设施设备的使用、公共秩序和环境卫生的维护等方面的规章制度。

乙方根据规章制度提供管理服务时，甲方、业主和物业使用人应给予必要配合。

第十九条　乙方可采取规劝、_____、_____等必要措施，制止业主、物业使用人违反本临时公约和物业管理区域内物业管理规章制度的行为。

第二十条　乙方应及时向全体业主通告本物业管理区域内有关物业管理的重大事项，及时处理业主和物业使用人的投诉，接受甲方、业主和物业使用人的监督。

第二十一条　因维修物业或者公共利益，甲方确需临时占用、挖掘本物业管理区域内道路、场地的，应征得相关业主和乙方的同意；乙方确需临时占用、挖掘本物业管理区域内道路、场地的，应征得相关业主和甲方的同意。

临时占用、挖掘本物业管理区域内道路、场地的，应在约定期限内恢复原状。

第二十二条　乙方与装饰装修房屋的业主或物业使用人应签订书面的装饰装修管理服务协议，就允许施工的时间、废弃物的清运与处置、装修管理服务费用等事项进行约定，并事先告知业主或物业使用人装饰装修中的禁止行为和注意事项。

第二十三条　甲方应于_____（具体时间）前按有关规定向乙方提供能够直接投入使用的物业管理用房。

物业管理用房建筑面积_____平方米，其中：办公用房_____平方米，位于_____；住宿用房_____平方米，位于_____；

_____用房_____平方米，位于_____。

第二十四条　物业管理用房属全体业主所有，乙方在本合同期限内无偿使用，但不得改变其用途。

第七章　专项维修资金

第二十五条　专项维修资金的缴存_____。
第二十六条　专项维修资金的管理_____。
第二十七条　专项维修资金的使用_____。
第二十八条　专项维修资金的续筹_____。

第八章　违约责任

第二十九条　甲方违反本合同第十三条、第十四条、第十五条的约定，致使乙方的管理服务无法达到本合同第二条、第三条、第四条约定的服务内容和质量标准的，由甲方赔偿由此给业主和物业使用人造成的损失。

第三十条　除前条规定情况外，乙方的管理服务达不到本合同第二条、第三条、第四条约定的服务内容和质量标准，应按_____的标准向甲方、业主支付违约金。

第三十一条　甲方、业主或物业使用人违反本合同第六条、第七条的约定，未能按时足额交纳物业服务费用（物业服务资金）的，应按_____的标准向乙方支付违约金。

第三十二条　乙方违反本合同第六条、第七条的约定，擅自提高物业服务费用标准的，业主和物业使用人就超额部分有权拒绝交纳；乙方已经收取的，业主和物业使用人有权要求乙方双倍返还。

第三十三条　甲方违反本合同第十七条的约定，拒绝或拖延履行保修义务的，业主、物业使用人可以自行或委托乙方修复，修复费用及造成的其他损失由甲方承担。

第三十四条　以下情况乙方不承担责任：
1. 因不可抗力导致物业管理服务中断的；
2. 乙方已履行本合同约定义务，但因物业本身固有瑕疵造成损失的；
3. 因维修养护物业共用部位、共用设施设备需要且事先已告知业主和物业使用人，暂时停水、停电、停止共用设施设备使用等造成损失的；
4. 因非乙方责任出现供水、供电、供气、供热、通信、有线电视及其他共用设施设备运行障碍造成损失的；
5. _____。

第九章　其他事项

第三十五条　本合同期限自_____年_____月_____日起至_____年_____月_____日止；但在本合同期限内，业主委员会代表全体业主与物业服务企业签订的物业服务合同生效时，本合同自动终止。

第三十六条 本合同期满前_____月，业主大会尚未成立的，甲、乙双方应就延长本合同期限达成协议；双方未能达成协议的，甲方应在本合同期满前选聘新的物业服务企业。

第三十七条 本合同终止时，乙方应将物业管理用房、物业管理相关资料等属于全体业主所有的财物及时完整地移交给业主委员会；业主委员会尚未成立的，移交给甲方或_____代管。

第三十八条 甲方与物业买受人签订的物业买卖合同，应当包含本合同约定的内容；物业买受人签订物业买卖合同，即为对接受本合同内容的承诺。

第三十九条 业主可与物业使用人就本合同的权利义务进行约定，但物业使用人违反本合同约定的，业主应承担连带责任。

第四十条 本合同的附件为本合同不可分割的组成部分，与本合同具有同等法律效力。

第四十一条 本合同未尽事宜，双方可另行以书面形式签订补充协议，补充协议与本合同存在冲突的，以本合同为准。

第四十二条 本合同在履行中发生争议，由双方协商解决，协商不成，双方可选择以下第_____种方式处理：

1. 向_____仲裁委员会申请仲裁；
2. 向人民法院提起诉讼。

第四十三条 本合同一式_____份，甲、乙双方各执_____份。

甲方(签章) 乙方(签章)

法定代表人 法定代表人

_____年_____月_____日

附件一

物业构成明细

类　型	幢　数	套/单元数	建筑面积(平方米)
高层住宅			
多层住宅			
别　墅			
商业用房			
工业用房			
办公楼			
车　库			
会　所			
学　校			
幼儿园			
_____用房			
合　计			
备　注			

附件二

物业共用部位明细

1. 房屋承重结构；
2. 房屋主体结构；
3. 公共门厅；
4. 公共走廊；
5. 公共楼梯间；
6. 内天井；
7. 户外墙面；
8. 屋面；
9. 传达室；
10. _____；
11. _____。

附件三

物业共用设施设备明细

1. 绿地_____平方米；
2. 道路_____平方米；
3. 化粪池_____个；
4. 污水井_____个；
5. 雨水井_____个；
6. 垃圾中转站_____个；
7. 水泵_____个；
8. 水箱_____个；
9. 电梯_____部；
10. 信报箱_____个；
11. 消防设施_____；
12. 公共照明设施_____；
13. 监控设施_____；
14. 避雷设施_____；
15. 共用天线_____；
16. 机动车库_____个_____平方米；
17. 露天停车场_____个_____平方米；
18. 非机动车库_____个_____平方米；
19. 共用设施设备用房_____平方米；
20. 物业管理用房_____平方米；
21. _____；
22. _____。

附件四

前期物业管理服务质量标准

一、物业共用部位的维修、养护和管理

1. _____;
2. _____;
3. _____。

二、物业共用设施设备的运行、维修、养护和管理

1. _____;
2. _____;
3. _____。

三、物业共用部位和相关场地的清洁卫生,垃圾的收集、清运及雨、污水管道的疏通

1. _____;
2. _____;
3. _____。

四、公共绿化的养护和管理

1. _____;
2. _____;
3. _____。

五、车辆停放管理

1. _____;
2. _____;
3. _____。

六、公共秩序维护、安全防范等事项的协助管理

1. _____;
2. _____;
3. _____。

七、装饰装修管理服务

1. _____;
2. _____;
3. _____。

八、物业档案资料管理

1. _____;
2. _____;
3. _____。

九、其他服务

1. _____;
2. _____;
3. _____。

《前期物业服务合同(示范文本)》使用说明

1. 本示范文本仅供建设单位与物业服务企业签订《前期物业服务合同》参考使用。

2. 经协商确定，建设单位和物业服务企业可对本示范文本的条款内容进行选择、修改、增补或删减。

3. 本示范文本第六条、第七条、第八条、第九条第二款和第三款、第二十条、第二十一条、第二十二条、第二十四条所称业主，是指拥有房屋所有权的建设单位和房屋买受人；其他条款所称业主，是指拥有房屋所有权的房屋买受人。

[阅读材料三]

北京市《物业服务合同(示范文本)》

（京国土房管物 [2004] 512 号）

第一章 总 则

第一条 本合同当事人

委托方（以下简称甲方）

名称：_____业主大会

受委托方（以下简称乙方）：

名称：

物业管理资质等级证书编号：

根据有关法律、法规，在自愿、平等、协商一致的基础上，甲方选聘（或续聘）乙方_____为(物业名称)提供物业管理服务，订立本合同。

第二条 物业管理区域基本情况

物业名称：

物业用途：

坐落：

四至：

占地面积：

总建筑面积：

委托管理的物业范围及构成细目见附件一。

第二章 物业服务内容

第三条 制定物业管理服务工作计划，并组织实施；管理与物业相关的工程图纸、住用户档案与竣工验收材料等；_____。

第四条 房屋建筑共用部位的日常维修、养护和管理，共用部位包括：楼盖、屋顶、外墙面、承重墙体、楼梯间、走廊通道、_____。

第五条 共用设施设备的日常维修、养护和管理，共用设施设备包括：共用的给水排水管道、共用照明、_____。

第六条　共用设施和附属建筑物、构筑物的日常维修养护和管理，包括道路、化粪池、泵房、自行车棚、_____ _____。

第七条　公共区域的绿化养护与管理，_____。

第八条　公共环境卫生，包括房屋共用部位的清洁卫生，公共场所的清洁卫生、垃圾的收集、_____。

第九条　维护公共秩序，包括门岗服务、物业区域内巡查、_____。

第十条　维持物业区域内车辆行驶秩序，对车辆停放进行管理，_____。

第十一条　消防管理服务，包括公共区域消防设施设备的维护管理，_____。

第十二条　电梯、水泵的运行和日常维护管理，_____。

第十三条　房屋装饰装修管理服务，_____。

第十四条　其他委托事项
（1）_____；
（2）_____；
（3）_____。

第三章　物业服务质量

第十五条　乙方提供的物业服务质量按以下第_____项执行：

1. 执行北京市国土资源和房屋管理局发布的《北京市住宅物业管理服务标准》（京国土房管物字〔2003〕950号）规定的标准一，即普通商品住宅物业管理服务标准；_____。

2. 执行北京市国土资源和房屋管理局发布的《北京市住宅物业管理服务标准》（京国土房管物字〔2003〕950号）规定的标准二，即经济适用房、直管和自管公房、危旧房改造回迁房管理服务标准；_____。

3. 执行双方约定的物业服务质量要求，具体为：_____。

第四章　物业服务费用

第十六条　（适用于政府指导价）物业服务费用执行政府指导价。

1. 物业服务费由乙方按_____元/（平方米·月）向业主（或交费义务人）按年（季/月）收取。（按房屋建筑面积计算，房屋建筑面积包括套内建筑面积和公共部位与公用房屋分摊建筑面积。）

其中，电梯、水泵运行维护费用价格为：_____；按房屋建筑面积比例分摊。

2. 如政府发布的指导价有调整，上述价格随之调整。

3. 共用部位、共用设施设备及公众责任保险费用，按照乙方与保险公司签订的保险单和所交纳的年保险费按照房屋建筑面积比例分摊。乙方收费时，应将保险单和保险费发票公示。

第十七条　（适用于市场调节价）物业服务费用实行市场调节价。

1. 物业服务费由乙方按_____元/（平方米·月）向业主（或交费义务人）按年（季/月）收取。（按房屋建筑面积计算，房屋建筑面积包括套内建筑面积加公共部位与公用房屋分摊建筑面积。）

其中，电梯、水泵运行维护费用价格为：_____；按房屋建筑面积比例分摊。

2. 物业服务支出包括以下部分：
(1) 管理服务人员的工资、社会保险和按规定提取的福利费等；
(2) 物业共用部位、共用设施设备的日常运行、维护费用；
(3) 物业管理区域清洁卫生费用；
(4) 物业管理区域绿化维护费用；
(5) 物业管理区域秩序维护费用；
(6) 办公费用；
(7) 物业服务企业固定资产折旧；
(8) 物业共用部位、共用设施设备及公众责任保险费用；
(9) 其他费用：
_____；
_____。
3. （适用于包干制）物业服务费如需调整，由双方协商确定。
4. （适用于酬金制）从预收的物业服务费中提取_____%作为乙方的酬金。
5. （适用于酬金制）物业服务费如有节余，则转入下一年度物业服务费总额中；如物业服务费不足使用，乙方应提前告知甲方，并告知物业服务费不足的数额、原因和建议的补足方案，甲方应在合理的期限内对乙方提交的方案进行审查和作出决定。
6. （适用于酬金制）双方约定聘请/不聘请专业机构对物业服务资金年度预决算和物业服务资金的收支情况进行审计；聘请专业机构的费用由全体业主承担，专业机构由双方协商选定/（甲方选定、乙方选定）。

第十八条 共用部位共用设施设备的大、中修和更新改造费用从专项维修资金支出。

第十九条 停车费用由乙方按下列标准向车位使用人收取：
1. 露天车位：_____；
2. 车库车位（租用）：_____；其中，物业管理服务费为：_____；
车库车位（已出售）：_____；
3. _____；
4. _____。

第二十条 乙方对业主房屋自用部位、自用设备维修养护及其他特约服务的费用另行收取，乙方制定的对业主房屋自用部位、自用设备维修养护及其他特约服务的收费价格应在物业管理区域内公示。

第五章 双方权利义务

第二十一条 甲方权利义务
1. 审定乙方制定的物业管理服务工作计划；
2. 检查监督乙方管理工作的实施情况；
3. 按照法规政策的规定决定共用部位共用设施设备专项维修资金的使用管理；
4. （适用于酬金制）审查乙方提出的财务预算和决算；
5. 甲方应在合同生效之日起_____日内向乙方移交或组织移交以下资料：
(1) 竣工总平面图、单体建筑、结构、设备竣工图、配套设施、地下管网工程竣工图等竣工验收资料；
　　（2）设施设备的安装、使用和维护保养等技术资料；
　　（3）物业质量保修文件和物业使用说明文件；
　　（4）各专业部门验收资料；
　　（5）房屋和配套设施的产权归属资料；
　　（6）物业管理所必需的其他资料。
　　6. 合同生效之日起_____日内向乙方提供_____平方米建筑面积物业管理用房，管理用房位置：_____。
　　管理用房按以下方式使用：
　　（1）乙方无偿使用；
　　（2）_____。
　　7. 当业主和使用人不按规定交纳物业服务费时，督促其交纳。
　　8. 协调、处理本合同生效前发生的遗留问题：
　　（1）_____；
　　（2）_____。
　　9. 协助乙方作好物业管理区域内的物业管理工作。
　　10. 其他：_____。
　　第二十二条　甲方的业主委员会作为执行机构，具有以下权利义务：
　　1. 在业主大会闭会期间，根据业主大会的授权代表业主大会行使基于本合同拥有的权利，履行本合同约定的义务（按照法规政策的规定必须由业主大会决议的除外）；
　　2. 监督和协助乙方履行物业服务合同；
　　3. 组织物业的交接验收；
　　4. 督促全体业主遵守《管理规约》、《业主大会议事规则》和物业管理规章制度；
　　5. 督促违反物业服务合同约定逾期不交纳物业服务费用的业主，限期交纳物业服务费用；
　　6. 如实向业主大会报告物业管理的实施情况；
　　7. 其他：_____。
　　第二十三条　乙方权利义务
　　1. 根据甲方的授权和有关法律、法规及本合同的约定，在本物业区域内提供物业管理服务；
　　2. 有权要求甲方、业主委员会、业主及物业使用人配合乙方的管理服务行为；
　　3. 向业主和物业使用人收取物业服务费；
　　4. 对业主和物业使用人违反《管理规约》和物业管理制度的行为，有权根据情节轻重，采取劝阻、制止、_____等措施；
　　5. 选聘专营公司承担本物业的专项管理业务，但不得将物业的整体管理委托给第三方；
　　6. 每年度向甲方报告物业管理服务实施情况；
　　7. （适用于酬金制）向甲方或全体业主公布物业服务资金年度预决算并每年不少于一次公布物业服务资金的收支情况；当甲方或业主对公布的物业服务资金年度预决算和物业服务资金的收支情况提出质询时，应及时答复；

8. 本合同终止时，应移交物业管理权，撤出本物业，协助甲方作好物业服务的交接和善后工作，移交或配合甲方移交管理用房和物业管理的全部档案资料、专项维修资金及账目、_____；

9. 其他：_____。

第六章　合　同　期　限

第二十四条　委托管理期限为_____年；自_____年_____月_____日起至_____年_____月_____日止。

第七章　合同解除和终止的约定

第二十五条　本合同期满，甲方决定不委托乙方的，应提前三个月书面通知乙方；乙方决定不再接受委托的，应提前三个月书面通知甲方。

第二十六条　本合同期满，甲方没有将续聘或解聘乙方的意见通知乙方，且没有选聘新的物业服务企业，乙方继续管理的，视为此合同自动延续。

第二十七条　本合同终止后，在新的物业服务企业接管本物业项目之前，乙方应当应甲方的要求暂时（一般不超过三个月）继续为甲方提供物业管理服务，甲方业主（或交费义务人）也应继续交纳相应的物业服务费用。

第二十八条　其他条款。

第八章　违　约　责　任

第二十九条　因甲方违约导致乙方不能提供约定服务的，乙方有权要求甲方在一定期限内解决，逾期未解决且严重违约的，乙方有权解除合同。造成乙方经济损失的，甲方应给予乙方经济赔偿。

第三十条　乙方未能按照约定提供服务，甲方有权要求乙方限期整改，逾期未整改且严重违约的，甲方经业主大会持2/3以上投票权的业主通过后有权解除合同。造成甲方经济损失的，乙方应给予甲方经济赔偿。

第三十一条　乙方违反本合同约定，擅自提高收费标准的，甲方有权要求乙方清退；造成甲方经济损失的，乙方应给予甲方经济赔偿。

第三十二条　业主逾期交纳物业服务费的，乙方可以从逾期之日起每日按应缴费用万分之三加收违约金。

第三十三条　任何一方无正当理由提前解除合同的，应向对方支付违约金_____；由于解除合同造成的经济损失超过违约金的，还应给予赔偿。

第三十四条　乙方在合同终止后，不移交物业管理权，不撤出本物业和移交管理用房及有关档案资料等，每逾期一日应向甲方支付委托期限内平均物业管理年度费用_____‰的违约金，由此造成的经济损失超过违约金的，还应给予赔偿。

第三十五条　为维护公众、业主、物业使用人的切身利益，在不可预见情况下，如发生燃气泄漏、漏电、火灾、水管破裂、救助人命、协助公安机关执行任务等情况，乙方因采取紧急避险措施造成财产损失的，当事双方按有关法律规定处理。

第三十六条　其他条款_____。

第九章 附 则

第三十七条 双方约定自本合同生效之日起_____日内，根据甲方委托管理事项，办理接管验收手续。

第三十八条 本合同正本连同附件_____页，一式两份，甲乙双方各执一份，具有同等法律效力。

第三十九条 本合同在履行中如发生争议，双方应协商解决，协商不成时，甲、乙双方同意按下列第_____方式解决。

1. 提交_____仲裁委员会仲裁；
2. 依法向人民法院起诉。

但业主拖欠物业服务费用的，乙方可以直接按照有关规定向有管辖权的基层人民法院申请支付令。

第四十条 本合同自_____起生效。

  甲方签章   乙方签章

  代表人：（业主委员会） 代表人

  年 月 日   年 月 日

第七章 物业管理重要法律文件

要　　点

◆ 管理规约的概念和特征
◆ 业主委员会章程的概念和特征
◆ 物业管理公约的概念和特征
◆ 业主大会议事规则和住户手册的内容

在物业管理实际操作中，如果规章制度不健全，会导致许多事情无章可循，如果物业管理当事人能够签订一份完备的物业管理文件，可以防止物业管理纠纷的产生，这恰恰是政府最需要、最应该、最值得做的事情，因此，物业管理文件示范文本一般由政府制定。一个物业区内的最主要的文件至少应该有管理规约、业主委员会章程、物业管理公约、住户手册、业主大会议事规则等，这些文件是物业管理正常运作的保证，也是对物业管理立法的补充。这一系列文件，确定了物业管理中各个角色的法律关系，也调整了各个方面的关系，使物业管理中各项活动井然有序地进行。

一、管理规约

(一) 管理规约的概念

管理规约，是指由业主和非业主使用人承诺的，对全体业主和非业主使用人具有约束力的，有关业主和非业主使用人在物业管理区域内使用、维护物业及其管理等方面权利义务的行为守则。

管理规约是物业管理中一个极为重要的法律文件，是全体业主的明示承诺，并对全体业主有约束力。管理规约是规定业主在物业管理区域内涉及业主共同利益的权利与义务的自律性规范，是业主对物业管理区域内一些重大事务的共同性约定，是调整业主之间权利与义务关系的基础性文件。它是全体业主遵守物业管理各项规章制度的行为守则。管理规约体现了绝大部分业主共同意志去对少数业主个别意志的约束。我国国务院颁布的《物业管理条例》第十七条规定："管理规约应当对有关物业的使用、维护、管理，业主的共同利益，业主应当履行的义务，违反管理规约应当承担的责任等事项依法作出约定。管理规约对全体业主具有约束力。"住建部制定的《业主大会和业主委员会指导规则》规定：管理规约应当对物业的使用、维护、管理；专项维修资金的筹集、管理和使用；物业共用部分的经营与收益分配；业主共同利益的维护；业主共同管理权的行使；业主应尽的义务；违反管理规约应承担的责任等主要事项作出规定。

建立管理规约制度，目的就是建立业主民主协商、自我管理、平衡利益的机制，以利于实行有效的物业管理和妥善处理好各业主间的相邻关系，使物业得到科学、合理、安全、有效的使用。通过管理规约，建立物业共同关系人的行为准则，可以形成良好的共同财产管理、共同利益均衡秩序。

为了贯彻《物业管理条例》，推动建立业主自我管理与自我约束的机制，维护全体业主的共同利益，原建设部在2004年9月6日以建住房［2004］156号文公布了《业主临时公约(示范文本)》，供建设单位制定《业主临时公约》参考使用。

(二) 制定管理规约的法律依据

管理规约是依据国家相关法律、法规制定的，是业主应当共同遵守的行为准则。管理规约的实质是在合法前提下，以民事约定形式对业主与非业主使用人行为的一种自律性的约束。通过这种约束，使业主和非业主使用人在社会公德与法律规范等方面对自己的行为实现自我控制和约束。当业主或非业主使用人违反管理规约时，应承担违约的相应民事责任。

制定管理规约的法律依据主要有：

1.《宪法》第五十一条规定："中华人民共和国公民在行使自由和权利的时候，不得损害国家的、社会的、集体的利益和其他公民的合法的自由和权利。"

2. 我国《民法通则》第八十三条规定，不动产的相邻各方，应当按照有利生产、方便生活、团结互助、公平合理的精神，正确处理给水、排水、通行、通风、采光等方面的相邻关系。

3.《物权法》第八十四条规定："不动产的相邻权利人应当按照有利生产、方便生活、团结互助、公平合理的原则，正确处理相邻关系。"

4.《物业管理条例》第七条规定，业主在物业管理活动中须履行的义务之一是遵守管理规约和业主大会议事规则。

5. 原建设部2001年第94号令《城市异产毗连房屋管理规定》第五条规定，所有人和使用人对房屋的使用和修缮，必须符合城市规划、房地产管理、消防和环境保护等部门的要求，并应按照有利使用、共同协商、公正合理的原则，正确处理毗连关系。第六条规定，所有人和使用人对共有、共用的门厅、阳台、屋面、楼道、厨房、厕所以及院落、给水排水设施等，应共同合理使用并承担相应的义务。

由上可见，业主作为物业的所有权人，并不意味着可以随心所欲地使用该物业。因为在一个物业管理的区域内，众多业主不论是出于工作还是生活的目的使用物业，都需要有一个安全便利的环境条件。因此，由业主共同订立一个有关物业的共有部分和共同事务管理的协议(即管理规约)，是十分必要的。

(三) 管理规约的特征

管理规约具有如下特征：

1. 管理规约的主体是全体业主

从理论上来说，制定管理规约的主体必须是全体业主。订约人必须是业主或者是代表全体业主的权益主体，即业主大会。

管理规约是物业管理的基础，是全体业主对物业的使用、维护、管理等关系，以书面形式订立的自治规范。既然是一种自治规范，当然必须由自治者本人制定，业主遵守管理规约的同时，感觉到受自己决定的约束，更能心悦诚服。

实践中，除了全体业主制定管理规约以外，房地产开发商也会制定管理规约。房地产开发商在出售房地产之前制定了管理规约，在出售房地产时要求买方接受，有的房地产开发商甚至将管理规约作为房地产买卖合同的一个条款。这类由房地产开发商制定的管理规约，对于买受人应有约束力。但在买受人按照各地方法规成立业主委员会，制定新的管理规约后，原先由房地产开发商制定的管理规约则应失去法律效力。既然管理规约是一个自治性的规范，业主当然可以根据他们共同的意愿重新制定管理规约，以规范全体业主对物业的使用、管理的行为。

业主转让或者出租物业时，应当将管理规约作为物业转让合同或者租赁合同的附件，它对受让人或者承租人具有同等约束力。转让人或者出租人应当在办理转让或者租赁手续后的合理期限内，将物业转让或者出租情况告知业主委员会和物业管理公司。

2. 管理规约的客体是物业使用、维修以及其他物业管理等方面的行为。

3. 管理规约的内容是有关物业使用、维护与管理等方面的权利义务的规定，其中，既有法律、法规、规范的内容，也有公共道德的内容。

不同的物业区域，因规模、设备、功能等不同，订立的管理规约的内容不同。管理规约一般由政府行政主管部门统一制订示范文本。业主大会可以根据本物业区域的实际情况进行修改补充，业主大会通过后报行政主管部门备案。国务院的《物业管理条例》第十七条规定：管理规约应当对有关物业的使用、维护、管理，业主的共同利益，业主应当履行的义务，违反管理规约应当承担的责任等事项依法作出约定。管理规约应当尊重社会公德，不得违反法律、法规或者损害社会公共利益。管理规约对全体业主具有约束力。

《深圳经济特区物业管理条例》第四十五条规定：业主应当遵守临时管理规约和管理规约。临时管理规约和管理规约应当包括下列内容：①物业管理区域物业共有部分的使用和维护规则；②业主合理使用物业专有部分的权利和义务；③物业屋面、外墙、门窗及户外设施保洁和装修规则；④维护物业管理区域公共秩序的权利和义务；⑤业主分担物业管理区域各类费用的方式；⑥违反规约应当承担的责任。

4. 管理规约的立足点是订约主体的自我意识与行为的把握。

5. 管理规约经业主签约或者业主大会审议通过而生效，对物业管理区域内的全体业主和物业使用人具有约束力。

[案例 7-1]

承租人是否受管理规约约束？

[案情介绍]

2002 年 9 月，余某购买了上海某小区内一处高档住宅公寓。购房时须签署上海市商品房合同附件《房屋使用公约》，余某一家详细审阅该小区第一期管理公约并签字承诺遵守。该管理公约与管理规约为同一内容，后在该小区首次业主代表大会通过生效，其中有"不得改变房屋任何部分的外貌……也不得堵塞任何窗户和封闭阳台……如违反规定，管理者有权于任何时间拆去……无需事先通知……"的规定。

2005 年 3 月，余某将房屋出租给刘某，约定租赁期为 10 年，由刘某负责装修，余某承担 70% 的费用。刘某在装修时将空调外机移到阳台外墙的公共结构部位，并在阳台上加装窗户。为此，该小区业主委员会根据《上海市居住物业管理条例》和小区管理公约的规定，要求刘某拆除。刘某以自己并非业主，也没有在"管理规约"上签名为由拒绝。业主委员会遂向某区人民法院起诉，请求判令余某和刘某拆除装在阳台外墙上的空调外机和在阳台上加装的窗户。

[法院审理]

法院经审理认为，余某一家购房时签字承诺遵守第一期的管理公约，即表示同意将空调外机安装在住房阳台内。余某在明知的情况下，仍与房产开发商签订了购房合同，应视作接受空调外机安装位置、并愿意承担会给自己使用阳台带来不便的后果。后余某将房屋出租给刘某，刘某装修时擅自把空调外机移到阳台外墙的公共部位，并在阳台上加装窗户，其行为违反了《上海市居住物业管理条例》和小区管理公约，破坏了房屋外貌，损害了其他业主的利益。故判决，刘某在10内拆除装在阳台外墙上的空调外机和在阳台上加装的窗户。余某承担连带责任。

[法理分析]

① 全体业主应受管理规约约束。

业主之所以受管理规约约束，是因为其拥有物业区域内公共部位的共有权。基于该共有权，全体业主组成业主团体共同决议公共事务的管理。如果业主之间并不存在公共部位、公共设施等共有权，则不可能也没必要组成业主团体。

② 使用人应受管理规约约束。

承租人、借用人之类的使用人所使用的是业主的房屋，而业主所购买的房屋存在与他人相互联系的共有部分。正是这一共有部分使得业主利用自己房屋的行为受管理规约约束，也就是说，管理规约约束业主的基础在于共有部分，约束的乃是对该特定部分之物的利用行为。在业主通过合同约定，将公寓使用权有期限地让渡给承租人或借用人的情况下，承租人或借用人的使用也应受管理规约的约束。

③ 业主有监督使用人遵守管理规约的义务。

业主将自己公寓出租或出借给他人使用后，并非脱离管理规约的约束，因为其仍然为真正的所有权人，仍受管理规约的约束，仍应履行管理规约所设定的义务。因此，业主有监督承租人或借用人遵守管理规约的义务。

(四) 管理规约订立的原则

订立管理规约应当把握以下原则：

1. 合法性原则。管理规约的内容应当符合法律、法规和政策规定，符合土地使用权出让合同的规定。

2. 整体性原则。管理规约的订立应当在全体业主自愿和充分协商的基础上进行，当个别意见难以统一时，应当以全体业主的整体利益为目标，个人服从全体，少数服从多数。

3. 民主性原则。管理规约的订立应当采取民主管理的形式，即通过业主大会或者业主委员会的形式，反映全体业主或者大多数业主的利益和要求。

(五) 管理规约订立的程序

首次订立管理规约一般应当按照以下程序进行：

1. 房地产开发企业或者物业服务企业组织有关人员学习研究国家和当地人民政府的有关法律、法规，特别是住建部制定的《示范文本》。

2. 综合所管物业管理的实际情况，依照住建部《示范文本》的基本内容，制定出所管物业管理项目的管理规约(草案)。

3. 召开业主大会,将管理规约(草案)提交业主大会讨论、修改。
4. 业主大会讨论通过管理规约。
5. 业主签字,管理规约生效。

(六) 管理规约的生效需具备法定的条件

管理规约是物业管理中的一个重要的基础性文件,从理论上来说,管理规约应由全体业主讨论通过并签字生效。如《上海市居住物业管理条例》第十五条规定:"业主公约自业主大会或者业主代表大会审议通过之日起生效。业主委员会应当自业主公约生效之日起15日内,将业主公约报所在地的区、县房地产管理部门备案"。《深圳经济特区物业管理条例》第四十六条规定:"临时管理规约由建设单位负责编制,报区主管部门备案。建设单位应当将备案后的临时管理规约在物业销售场所公示。业主在入住时,应当签署临时管理规约。管理规约在业主大会通过后生效。"

(七) 管理规约的基本内容

为加强对物业的管理,维护全体业主和物业使用人的合法权益,维护公共环境和秩序,保障物业的安全与合理使用,根据国家有关物业管理的法规政策制订管理规约。全体业主和物业使用人均需自觉遵守。

1. 物业区域基本情况

物业管理区域的基本情况包括:①地点;②总占地面积;③总建筑面积,分别标明住宅、非住宅(商业用房)、其他用房的建筑面积;④楼宇数量,分别标明高层楼宇、多层楼宇的数量;⑤业主数量;⑥业主委员会财产的组成;⑦公用设施及场地状况,分别标明道路、园林绿地、教育设施、文体设施、停车场等;⑧其他事项。

2. 业主大会的召集和决定住宅区重大事项的方式

业主大会的召集:①第一次业主大会在物业交付使用且入住率达到50%以上时,由区(县)物业管理部门会同开发建设单位或其委托的物业管理公司按法定程序和形式召集,选举产生业主委员会。②业主委员会成立以后,负责召集此后的业主大会,并每年至少召开一次。业主大会由业主委员会主任主持,如果主任缺席,则由副主任主持。

业主大会必须有已入住业主中持有50%以上投票权的业主出席才能举行;如经已入住业主中持有50%以上投票权的业主决定,可以推迟召开业主大会。

业主大会的出席人数达到法定人数时,在会上提出的一切事项,由出席会议的业主表决,以过半数通过。表决可采用书面投票或其他形式。如遇票数相等,则会议的主持人除可投一票普通票外,还可投一票决定票。

大会投票实行住宅房屋一户一票;100平方米以上的非住宅房屋每100平方米的建筑面积为一票,100平方米以下的有房地产权证书的非住宅房屋每证一票。

在业主大会上,业主应亲自或委托代表投票。委托代表投票,必须于会议召开前一天或业主委员会主任批准的时间内,向业主委员会出具授权委托书,否则该项委托无效。授权委托书必须有业主签字。如业主为法人,则须盖法人公章。

业主可以一栋或数栋楼房为单位,推选楼长,作为推选人的共同代表,参加业主大会,并行使业主的其他管理权利。

3. 业主的权利、义务

(1) 业主的权利

①依法享有对自己所拥有物业的各项权利。②依法合理使用房屋本体公用设施(楼梯、通道、电梯、给水排水管道、加压水泵、公用天线、阳台、消防设备等)、住宅区公用设施和场地(道路、文化娱乐场所、体育设施、停车场、自行车房等)的权利。③有权按有关规定在允许的范围内进行室内装修、维修和改造。④有权自己或聘请他人对房屋自用部位的各种管道、电线、水箱以及其他设施进行合法维修养护。⑤有权根据房屋的外墙面、楼梯间、通道、屋面、给水排水管道、公用水箱、加压水泵、电梯、机电设备、公用天线和消防设施等房屋本体公用设施的状况,建议物业管理公司及时组织维修养护,其费用从住宅维修基金中支出。⑥有权根据住宅区的道路、路灯、沟渠、池、井、园林绿化地、文化娱乐体育设施、停车场、连廊、自行车房(棚)等住宅区公用设施及场地的状况,建议物业管理公司及时进行维修养护,其费用从管理服务费中支出。⑦有权要求物业管理公司对住宅区内各种违章建筑、违章装修以及违反物业管理规定的其他行为予以制止、纠正。⑧有权参加业主大会,并对住宅区的各项管理决策拥有表决权。⑨有权对本住宅区物业管理的有关事项向业主委员会、物业管理公司提出质询。⑩有权要求业主委员会和物业管理公司定期公布住宅区物业管理收支账目。⑪有权对住宅区的物业管理提出建议、意见或批评,可要求业主委员会对物业管理公司的违反合同或有关规定的行为进行干预。⑫有权会同其他业主就某一议题要求业主委员会召集业主大会。⑬有权就本住宅区的物业管理向物业主管部门投诉或提出意见和建议。⑭有权要求毗连部位的其他维修责任人承担养护责任,并按规定分摊维修费用。

(2) 业主的义务

①在使用、经营、转让其名下物业时,应遵守物业管理法规政策的规定。②执行业主委员会或业主大会的决议、决定。③委托物业管理企业负责房屋、设施、设备、环境卫生、公共秩序、保安、绿化等管理,全体业主和物业使用人应遵守物业管理企业根据政府有关法规政策和业主委员会委托制定的各项规章制度。④全体业主和物业使用人应积极配合物业管理企业的各项管理工作。⑤加强安全防范意识,自觉遵守有关安全防范的规章制度,做好防火防盗工作,确保家庭人身财产安全。⑥业主或物业使用人装修房屋,应遵守有关物业装修的制度,并事先告知物业管理企业。⑦凡房屋建筑及附属设施设备已经或可能妨碍、危害毗连房屋的他人利益、安全,或有碍外观统一、市容观瞻的,按规定应由业主单独或联维修、养护的,业主应及时进行维修养护;拒不进行维护的由业主委员会委托物业管理企业进行维修养护,其费用由当事业主按规定分摊。⑧与其他非业主使用人建立合法租赁关系时,应告知并要求对方遵守本管理规约和物业管理规定,并承担连带责任。⑨在本物业范围内,不得有下列行为:擅自改变房屋结构、外貌(含外墙、外门窗、阳台等部位的颜色、形状和规格)、设计用途、功能和布局等;对房屋的内外承重墙、梁、柱、板、阳台进行违章凿、拆、搭、建;占用或损坏楼梯、通道、屋面、平台、道路、停车场、自行车房(棚)等公用设施及场地;损坏、拆除或改造供电、供水、供气、供暖、通信、有线电视、排水、排污、消防等公用设施;随意堆放杂物、丢弃垃圾、高空抛物;违反规定存放易燃、易爆、剧毒、放射性等物品和排放有毒、有害、危险物质等;践踏、占用绿化用地;损坏、涂划园林建筑小品;在公共场所、道路两侧乱设摊点;影响市容观瞻的乱搭、乱贴、乱挂、设立广告牌;随意停放车辆;聚众喧闹、噪声扰民等危害公共利益或其他不道德的行为;违反规定饲养家禽及宠物;法律、法规及政府规定禁止的其他

行为。

4. **业主应付的费用**

按规定缴纳物业服务企业应收取的各项服务费用。

业主如委托物业服务企业对其自用部位和毗连部位的有关设施、设备进行维修、养护，应支付相应费用。

业主使用本物业内有偿使用的文化娱乐体育设施和停车场等公用设施、场地时，应按规定缴纳费用。

5. **违约责任**

业主或物业使用人有违规、违章装修房屋或妨碍他人正常使用物业的现象（如渗、漏、堵、冒等），应当及时纠正，造成他人损失的应承担赔偿责任，对拒不改正的，物业管理公司可采取相应措施制止其行为，并及时告知业主委员会并报有关行政管理部门依法处理。

人为造成公用设施设备或其他业主设施设备损坏，由造成损坏责任人负责修复或赔偿经济损失。

6. **其他事项**

本管理规约经已入住业主中持有过半数以上投票权的业主签订后生效。

已生效的管理规约对本住宅区所有业主和非业主使用人具有约束力。

业主大会可以依法根据本住宅区的实际情况对本管理规约进行修改补充，并报市物业主管部门和区物业管理部门备案。修改补充条款自业主大会通过之日起生效，无需经业主重新签订。修改补充条款不得与法律、法规和有关政策规定相抵触。

（八）违反管理规约的行为以及纠正违约行为的方法

正确地界定物业管理区域内违反管理规约的行为，并能及时地纠正和处理各种违反管理规约的行为，是加强物业管理的一个重要环节。

违反管理规约的行为一般有：

1. **房屋装饰装修时违反管理规约的行为**

主要有：擅自拆改房屋结构、外貌（外墙、外门窗、阳台等部位的颜色、形状和规格）、设计用途、功能和布局等；对房屋的内外承重墙、梁、柱、板、阳台等进行违章凿、拆、搭建；在外墙立面添装防护栏、网和晒衣架；损坏、拆除或者改造供水、供电、供气、供暖、通信、有线电视、排水、排污、消防等公用设施；拒绝缴纳装修垃圾清运费等。

2. **搬迁时违反管理规约的行为**

主要有：随意占用、损坏共用部分及设备、设施，违章使用电梯等设备，不按规定时间搬迁，妨碍和滋扰他人，用超长、超重、易污染、易腐蚀或者尖锐的器具、物品损害建筑物及设备、设施等。

3. **日常违反管理规约的行为**

主要有：不执行业主大会、业主委员会决定；拒绝或者拖欠各项物业服务费用；违规转租房屋；占用或者损坏楼梯、通道、屋面、平台、道路、停车场、自行车棚等公用设施及场地；在建筑物及设备、设施处私搭乱建；随意堆放杂物、丢弃垃圾、高空抛物；违反规定存放易燃、易爆、剧毒、放射性等物品和排放有毒、有害、危险物质等；践踏、占用绿地；损坏、涂画园林建筑小品；影响市容观瞻的乱搭、乱贴、乱挂、设立广告牌；聚众喧闹、噪声扰民等危害公共利益或者其他不道德的行为；以及违反规定饲养家畜、家禽及宠物等。

及时发现并纠正违章行为，就可以降低和缩小违章行为造成危害的程度和范围，减少违章行为造成的各种损失。因此，物业服务企业应当做到及时发现并纠正各种违约行为，并依照管理规约和有关法律、法规的规定进行处理和纠正。其处理方法主要有：

（1）规劝：对于正在发生的、比较轻微的、还未造成损失的违约行为，物业管理人员可以对其进行劝阻，使其停止和改正。

（2）制止：对于正在发生、正在造成损失的违约行为，物业管理人员应当立即采取适当措施予以制止。

（3）批评：对于已经发生，制止之后的轻度违约行为，对违约者要进行批评教育。

（4）警告：对于规劝或者制止均无效果的违约行为，可以采用严厉的方式给予警告。

（5）处理：可以根据物业管理制度的有关条款给予相应处理。

（6）诉讼：对于采取以上措施均无效果，违约人仍在继续违约，如拒绝或者拖欠缴纳各项物业服务费用及维修费、供暖费，严重违约造成建筑物或者共用设备、设施损坏的，可以提起民事诉讼。

[案例7-2]

违反"管理规约"引出诉讼纠纷案

[案情介绍]

张某购买了某小区位于顶层的住房一套，张某在装修过程中封闭了观景阳台，并加装了防护栏。物业服务企业依据张某在购房时签字承诺的《物业公约》中，"为维持小区整体形象和相邻住户的安全，业主不得私自封闭观景阳台，不得在窗户上加装防护栏"的条款，认为张某违反管理规约，遂要求其拆除。张某认为，既然房屋是自己的，自己完全有权决定是否装防护栏和封闭阳台，因此拒不拆除。于是，物业服务企业决定对张先生罚款1600元，但张某拒不缴纳。物业公司遂对张某家采取了断水断电的"制裁"措施。在此期间，因为开发商在顶楼做了霓虹灯广告，影响张某晚上休息，张某便把霓虹灯的电源掐断了。

双方的纠纷无法解决。物业服务企业把张某告到法院，请求法院判令张某：①拆除护栏并缴纳罚款；②不得再破坏楼顶广告牌，并赔偿因破坏广告牌给物业服务企业造成的损失；③此案诉讼费用由张先生负担。

张某随后提起反诉，请求法院判令物业服务企业：①不得妨碍其基于房屋所有权而采取的封闭阳台、加装防护栏等维护居住安全的措施；②赔偿因断水断电给自己造成的损失；③开发商应拆除楼顶广告牌。若业主委员会同意在楼顶安装，开发商应把收入交业主委员会，并将其1/2付给顶层受影响最大的住户；④此案诉讼费由物业服务企业负担。

[法院审理]

法院在审理查明上述事实后，判决：①物业服务企业要求对张先生罚款的诉讼请求不予采纳；②张先生拆除护栏；③物业服务企业经业主委员会同意后可继续发布霓虹灯广告，收益由物业管理公司和全体业主共有，分给顶层的比例为1/3；④此案诉讼费用由双方各自负担一半。

[**法理分析**]

① 管理规约能否限制封闭阳台和在窗户外安装防护栏。

按照区分所有权理论，外墙的 1/2 朝外的部分属于公共部位，本案所涉及的封闭阳台和安装防护栏均涉及公共部位的利用，而对该两种利用的禁止完全可以由业主大会作出决议，并作为管理规约的条款。当然，如果管理规约限制了业主对自己独立部分且不妨碍其他业主的利用时，则该限制属于非法而无效。

② 谁有权阻止违反管理规约的行为。

管理规约乃是经业主大会决议通过的，其制定主体为业主团体（业主大会），因而执行管理规约的主体也应当是业主团体，而非物业服务企业。如果业主团体委托物业服务企业执行管理规约，则物业服务企业基于授权可以出面阻止业主违反管理规约的行为。

③ 物业服务企业能否断水断电。

供应水电乃是业主和电力、自来水供应部门之间的合同关系，与物业服务企业无关。因而，物业服务企业无权采取断水断电的手段，对抗物业管理服务合同的相关当事人——业主，否则，物业服务企业属于侵害水电供应部门的权利。

（九）临时管理规约

临时管理规约是指业主委员会成立之前，由开发商制定的，对有关物业使用、维护、管理、业主共同利益、业主应履行的义务、违反义务所应承担的责任等事项，依法作出的约定。

物业买受人在购买房屋时，应当了解和承诺遵守临时管理规约。当业主入住达到一定的比例之后，可由业主大会筹备组据此提出修改建议和草案，报业主大会讨论通过后，即成为管理规约。

房地产是实行滚动开发的，规划批准建设范围的实施周期长短不一，加上历史上新建房屋移交过程中产生的物业服务费由谁来承担的问题，促使建设单位组建物业服务企业，满足建设单位的需求和购房业主在小区建设尚未全面完成情况之下的物业管理要求，这就形成了前期物业管理。在业主入住未达到一定比例之前，建设单位拥有较大规模的物业产权，是实际上的"大房东"，进而在前期物业管理中拥有多数表决权。前期物业管理包括两个基本的法律关系：建设单位和物业服务企业之间的合同关系以及建设单位与入住业主之间的内部自治自律关系。前者以前期物业服务合同为调整依据，后者以临时管理规约为调整依据，要求共同遵守，具有法律效力，是全体业主包括建设单位自我约束的主要文件。《物业管理条例》第二十一条和第二十二条规定，前期物业服务合同由建设单位和物业服务企业来签订，同时建设单位应当在销售物业之前，制定临时管理规约。

临时管理规约的制定取决于建设单位的单方意志，但仍然是基于产权基础上的意思自治，属于民事行为的范畴。为保证业主和建设单位权益上的平衡，《物业管理条例》对临时管理规约的订立和生效作出了两项限制：其一，严格禁止建设单位通过制定临时管理规约侵害物业买受人的合法权益。一旦建设单位违反了此项规定，房地产行政管理主管部门可以不经举报，主动予以撤销。业主也可以诉请人民法院对违法的临时管理规约条款予以裁判；其二，临时管理规约的生效必须经业主书面承诺。业主在签订商品房买卖合同的同时，还约定物业服务价格、服务内容和质量，也就是说在房屋买卖时就通过签订规约和买卖合同，明确了入住后物业管理的有关事项。建设单位对此承担临时管理规约的明示义务，若没有业主的书面承诺，即可推定建设单位对明示义务的违反，从而使临时管理规约的效力落空。

[案例7-3]

临时管理规约条款是否有约束力？

[案情介绍]

孙某在购买房屋时，以书面形式同意遵守建设单位制定的临时管理规约。临时管理规约规定，业主在装修时不得破坏建筑物的承重结构。但孙某在装修时，为了增大室内面积，擅自将一堵承重墙拆除。前期物业服务企业知道此事后，立即给孙某发出通知，要求其恢复原状，同时按照临时管理规约的规定，对其处1000元罚款。

[法理分析]

本案涉及临时管理规约效力的问题。

我国《物业管理条例》第二十三条规定："建设单位应当在物业销售前将临时管理规约向物业买受人明示，并予以说明。物业买受人在与建设单位签订物业买卖合同时，应当对遵守临时管理规约予以书面承诺。"为了明确业主在使用物业时的责任，法律规定建设单位应该制定临时管理规约，并要求将其内容告知买受人和要求买受人作出书面同意的承诺。在临时管理规约的内容不违反国家法规的前提下，临时管理规约对承诺人有约束力，否则类似条款无效。

本案中，业主孙某的行为违反了临时管理规约的规定，物业服务企业有权要求他恢复原状，但对其罚款的要求超出了物业服务企业的权力范围。虽然临时管理规约约定物业服务企业享有罚款的权力，但物业服务企业和业主之间是平等主体之间的民事法律关系，一方不享有处罚另一方的行政权力。而临时管理规约中规定的处罚权与主体之间的法律地位平等不相符合，因此，临时管理规约中约定的处罚权是不合法的。实际操作上，可以在临时管理规约中规定，业主违反规约承担违约金1000元，并明确规定将该违约金用于共用部位的维修，而不得归建设单位或物业服务企业所有。

（十）临时管理规约与管理规约的区别

临时管理规约和管理规约的基本内容相同，都约定了有关物业的使用、维护、管理，业主的共同利益，业主应当履行的义务，违反规约应当承担的责任等事项。它们主要有以下差异：

1. 制定主体不同

临时管理规约是建设单位制定的，管理规约是业主大会制定的。

2. 内容侧重不同

临时管理规约由于只是临时使用，并且制定时没有业主参与，一般只需要对重大事项和原则进行约定即可，不必考虑太多细节，那些细节内容应该由业主自主决定；而管理规约一般内容详细具体，需要对物业管理过程中的各种细节有详尽的规定。

3. 生效方式不同

《物业管理条例》规定：物业买受人在与建设单位签订物业买卖合同时，应当对遵守临时管理规约予以书面承诺。临时管理规约通过物业买受人的书面承诺得以生效；而管理规约一旦经业主大会会议表决通过，即对全体业主具有约束力，无需业主任何承诺。

4. 适用阶段不同

临时管理公约适用于首次业主大会会议通过管理规约之前,一旦业主大会会议通过管理规约,临时管理规约即宣告失效,开始适用管理规约。

二、业主委员会章程

(一)业主委员会章程的概念和特征

业主委员会章程,是指业主委员会必备的规定业主委员会组织及活动的基本规则的书面文件,是以书面形式固定下来的业主共同一致的意思表示。

业主委员会负责制定出业主委员会章程。业主委员会章程主要反映出业主委员会的宗旨,是规范业主委员会的行为、保障业主委员会达到其目的的原则性文件。

制定业主委员会章程是十分必要的。业主委员会章程是业主委员会作为一个组织的行为准则,是保障业主委员会正常开展工作,维护业主利益、实现管理目标的纲领性文件。合理完善的章程是业主委员会发挥作用的重要保证。从业主委员会筹备组成立起,就要制定业主委员会章程。章程必须经业主大会或业主代表大会审议通过后施行。

作为业主委员会组织与行为的基本准则,业主委员会章程对业主委员会的成立及运作具有十分重要的意义,它既是业主委员会成立的基础,也是业主委员会赖以生存的灵魂。业主委员会章程具有以下基本特征:

1. 是业主委员会设立的最基本条件和最重要的法律文件

业主委员会章程是成立业主委员会的必备要件,也是业主委员会活动中所应遵循的原则。各地物业管理条例均要求设立业主委员会必须订立业主委员会章程,业主委员会的设立程序以订立章程开始,以设立登记结束。业主委员会章程是业主委员会对政府作出的书面保证,也是国家对业主委员会进行监督管理的主要依据。没有章程,业主委员会就不能获准成立。

2. 是确定业主委员会权利、义务关系的基本法律文件

业主委员会章程一经有关部门批准即对外产生法律效力。业主委员会及其委员依章程享有各项权利,并承担各项义务,符合业主委员会章程的行为受国家法律保护,违反章程的行为,就要受到干预和制裁。

3. 是业主委员会实行内部管理和对外进行交往的基本法律依据

业主委员会章程规定了业主委员会组织和活动的原则及细则,它是业主委员会内外活动的基本准则。它规定的业主委员会及其委员的权利义务和确立的内部管理体制,是业主委员会对内进行管理的依据。同时,业主委员会章程也是业主委员会向全体业主表明信用和业主了解业主委员会组织和财产状况的重要法律文件。

(二)业主委员会章程的记载事项

依据法律对业主委员会章程记载的事项有无明确规定以及所记载事项对章程效力的影响,章程的记载事项可分为必要记载事项和任意记载事项。

1. 必要记载事项

必要记载事项又分为绝对必要记载事项和相对必要记载事项。绝对必要记载事项是指章程中必须予以记载的、不可缺少的事项,业主委员会章程缺少其中任何一项或任何一项记载不合法,就会导致整个章程的无效。对于章程的绝对必要记载事项,法律、法规应予

以明文规定,但各地的物业管理条例几乎对此均没有规定。业主委员会章程应当载明下列事项:①业主委员会的名称和住所;②业主委员会的管理范围;③业主委员会委员的选举办法;④业主委员会及其委员的权利和义务;⑤业主委员会的议事规则;⑥业主委员会主任;⑦业主委员会的经费来源;⑧业主委员会的解散事由和清算办法等。所谓相对必要记载事项是指法律、法规列举规定的一些事项,可以听凭章程制定人自主决定是否载入章程。一旦章程予以记载,便发生效力。如果不予记载或某项记载不合法,则仅该事项无效,章程的其他事项仍然有效,不影响整个章程的效力。章程的相对必要记载事项通常包括:业主委员会的设立费用及业主委员会委员的报酬、业主委员会的通知和公告办法、业主委员会的期限等。

2. 任意记载事项

所谓任意记载事项,是指法律并不列举,只要不违反法律、法规的强行规定、公共秩序和善良风俗,章程制定人便可根据实际需要载入章程的诸事项。在业主委员会章程中,这些事项与其他事项同样具有约束力,非依业主大会(或业主代表大会)的特别决议不能变更。如不加以记载,不影响整个章程的效力;如记载不合法,也仅该事项无效,章程的其他事项仍具有效力。

在法律、法规的规定中,一般"业主大会(或业主代表大会)认为需要规定的其他事项"当属于任意记载事项。

(三) 业主委员会章程的基本内容

1. 业主委员会基本情况

业主委员会的基本情况主要包括业主委员会的名称,一般是在哪一个物业管理区域就用该物业管理区域的名称,一个物业管理区域应该只有一个业主委员会;业主委员会的办公地址,即具体的办公地点。

在这一部分,还应该明确业主委员会的宗旨。如,业主委员会是依法成立的为加强本区域内的物业管理,维护全体业主和非业主使用人的合法权益而自愿成立的管理组织。业主委员会宗旨是代表和维护本物业全体业主、非业主使用人的合法权益,保障物业的合理与安全使用,维护本物业区域内的公共秩序,创造整洁、优美、安全、舒适、文明的居住环境。

2. 业主大会和业主代表大会

(1) 业主大会和业主代表大会的成员组成。

业主大会由物业管理区域内的全体居住和非居住房屋的业主组成。参加大会的业主身份认定,以物业权属证书登记的人员为准;已订立售房合同尚未领取物业权属证书的,可以视为业主。物业权属证书登记的业主或订立售房合同的购房人超过1个的,应当推选1人参加业主大会。

业主代表大会成员由全体业主小组成员组成,业主小组成员人数超过100人的,由业主小组推选业主小组成员代表组成。

公房业主和开发商业主按拥有的物业建筑面积比例产生代表大会成员数,但最多不得超过全体成员的1/20。

(2) 业主、业主代表投票权的计算。

业主大会的业主投票权,居住房屋按套计算,每套1票;非居住房屋按物业建筑面积计算；100平方米以上的每100平方米1票，100平方米以下有物业权属证书的，每证1票。业主代表的投票权，每位成员1票。

(3) 业主代表补选或调整。

业主代表缺额时，应当予以补选；产生业主代表的物业建筑面积比例发生变化时，业主代表应予相应调整。

3. 业主委员会的产生及其职责

业主委员会是由业主大会或业主代表大会选举产生，代表全体业主行使物业管理权力的常设机构。业主委员会委员按业主大会或业主代表大会中各方代表的比例选举产生，但公房业主和开发商业主所占有的比例最高不得超过业主委员会委员人数的1/2。业主委员会根据物业管理区域的规模由5～15名委员单数组成。业主委员会设主任1名，副主任1～2名。业主委员会主任在全体委员中选举产生。业主委员会主任可以聘任秘书1名，负责处理本会日常事务。秘书可以是，也可以不是本会委员。

业主委员会应当依法履行职责，并督促全体业主遵守物业管理的法律、法规、规章、制度和管理规约；帮助物业服务企业实施本区域的物业管理，配合物业服务企业解决在实施管理服务中的重大问题；接受市和区县物业管理部门的管理、指导，接受街道办事处、乡镇人民政府的监督，配合社区建设和管理。

业主委员会享有以下主要权利：①每年至少召集一次业主大会或业主代表大会，根据10%以上的业主要求可召开特别会议，业主委员会召集业主大会可采取会议或书面征求意见等形式。②采用公开招标或其他方式，聘请物业服务企业对本物业进行管理，并与其签订物业管理合同。③审议批准物业服务企业的年度管理计划、年度费用概预算及决算报告，物业服务企业应定期向业主委员会报送收支账目，接受监督，业主委员会对账务处理有疑问的，可委托会计师事务所进行审计。④审议批准物业管理的收费标准和物业服务企业的服务标准。⑤审议批准物业服务企业制定的物业管理规章制度。⑥检查、监督各项管理工作的实施及规章制度的执行。⑦对任何破坏、损害本物业业主利益的行为有制止和要求赔偿的权利。⑧对个别业主违反管理规约或损害其他业主合法利益的行为，可代表全体业主提起诉讼。前面的第②、③、④、⑤项规定的事项，必须经业主大会或业主代表大会通过。

业主委员会应当履行以下义务：①组织召开业主大会或业主代表大会；②执行业主大会或业主代表大会通过的各项决议；③贯彻执行并督促业主遵守物业管理及其他有关法律、法规、政策的规定，对住户开展多种形式的宣传教育；④配合物业服务企业工作，及时反映业主对物业管理的意见和建议；⑤业主委员会作出的决定，不得违反法律、法规、政策的规定，不得违反业主大会或业主代表大会的决定，不得损害业主公共利益。

4. 业主委员会会议

业主委员会会议由主任或者副主任负责召集。业主委员会至少每3个月召开一次会议。有1/3以上委员提议的，或主任认为有必要时，业主委员会应当就提议内容召开特别会议。

召开业主委员会会议，由召集人提前7天将会议通知及有关材料书面送达每位委员。

业主委员会会议须有半数以上委员出席方为有效。业主委员会决议，采取少数服从多数的原则。会议进行表决时，每一委员有一票表决权。

业主委员会会议应当作书面记录,并由主持人签字,涉及重要事项的会议应当由全体出席会议的委员签字。业主委员会应当建立下列档案资料,并指定专人保管:①各类会议记录、纪要;②业主委员会、业主大会或业主代表大会作出的决议、决定等书面材料;③各届业主委员会产生、登记的材料;④业主、使用人情况目录、清册。

业主委员会讨论物业管理重大事项的,应当邀请所在区(县)物业行政管理部门和居委会参加,可以邀请业主、使用人代表列席;业主委员会应当充分听取物业行政管理部门、居委会、业主、使用人提出的意见。

业主委员会作出的决议、决定,应当向全体业主和使用人公告。

5. 业主委员会委员

业主委员会委员应是道德品质好、热心公益事业、责任心强、有一定的组织能力和必要工作时间的,具有完全民事行为能力的人士。业主委员会委员每届任期不超过 5 年,可以连选连任。业主委员会委员的增减、撤换,由业主委员会会议通过后,提交下一次业主大会或业主代表大会通过。业主委员会委员缺额时,应当在下一次业主大会或业主代表大会召开时予以补选,缺额人数超过 1/2 时,应当及时召开业主大会或业主代表大会予以补选。

业主委员会委员有下列情形之一的,其业主委员会资格终止,并由业主委员会提出,经下一次业主大会或业主代表大会确认:①已不是业主的;②无故缺席业主委员会会议连续 3 次以上的;③因疾病而丧失履行职责的能力的;④有犯罪行为被司法部门认定的;⑤以书面形式向业主委员会提出辞呈的;⑥兼任所辖区域物业服务企业工作的;⑦严重违反物业管理法规或者拒不履行业主应尽义务的;⑧其他原因不适宜担任业主委员会委员的。业主委员会委员被免职的,必须在业主大会或者业主代表大会确认之日起 7 日内将由其保管的业主委员会的印章、文件、资料、账簿以及属于业主委员会所有的财物等移交给业主委员会。

业主委员会主任享有以下主要权利:①负责召开业主委员会会议;②经业主委员会授权,核签物业维修等项目的费用,代表业主委员会对外签约或签署文件;③业主委员会授权的其他事项。

业主委员会主任应当履行以下义务:①遵守物业管理法规、规章、规范性文件的规定和管理规约、业主委员会章程,办事公正、负责;②完成业主委员会交办的工作;③代表业主委员会处理事务;④接受行政管理部门的培训和指导。

业主委员会委员享有以下主要权利:①参加业主委员会组织的有关活动;②有选举权、被选举权和监督权;③参与业主委员会有关事项的决策,拥有表决权;④对业主委员会的建议和批评权。

业主委员会委员应当履行以下义务:①遵守业主委员会章程;②执行业主委员会的决议,完成业主委员会交办的工作;③参加业主委员会组织的会议、活动和公益事业;④向业主委员会的工作提供有关资料和建议。

业主委员会主任及其他业主委员会委员,聘用的专职工作人员,可获得适当津贴。

6. 业主委员会工作经费

业主委员会的工作经费由全体业主承担。工作经费筹集、管理和使用的具体办法由业主大会决定。业主委员会的工作经费包括:业主大会或业主代表大会、业主委员会会议支出;有关人员的津贴;必要的日常办公费用。

[案例7-4]

业主委员会的办公经费及场所由谁解决

[案情介绍]

长沙某一小区,几经周折,终于成立了业主委员会,但却没有经费和办公场地,只好在业主提供的一间房子里办公,业主委员会的正常开支也一直由业主代表借支。长此以往,委员们的工作积极性丧失了,业主委员会处于瘫痪状态。后来,该小区物业管理公司定期补助业主委员会的日常开支。业主委员会成员无奈地说,自己不知道是为业主谋利还是在为物业公司工作。

[法理分析]

业主委员会代表业主团体办理物业小区的日常事务,必然涉及费用的支出和办公场地的使用。业主团体并非经营性组织,因此不可以独立产生利润来支付这笔办公费用。由于业主委员会是为全体业主的利益而实施日常管理行为,因此,业主委员会的办公费用及办公场地都应由业主承担。

实践中,业主委员会的办公经费的数额应由业主大会或者业主代表大会决定,可以由各个业主直接支付,也可以在物业小区的公共用房、设施或场地的收益中列支。

至于办公场地,最好解决办法是,由开发商应将业主委员会的办公用房纳入小区的设计规划,并在业主委员会成立之后直接移交给业主委员会管理使用。我国《物业管理条例》第三十八条就是这样规定的,即"物业管理用房的所有权依法属于业主。未经业主大会同意,物业服务企业不得改变物业管理用房的用途。"

有的开发商未将业主委员会的办公用房纳入设计规划,使得业主委员会成立后没有办公场地,影响到业主委员会的日常运作。为了避免出现这种尴尬被动的局面,必须在相关的法律法规中规定,开发商必须将业主委员会办公用房纳入设计规划,否则不予审批。这样,才能真正解决业主委员会的办公场地问题。

7. 业主委员会的换届和终止

业主委员会任期届满3个月前,应当在区(县)物业行政管理部门指导、监督下,由本届业主委员会委员、部分业主代表和物业行政管理部门、居委会代表组成筹备组进行换届选举。

业主委员会换届选举前,或者新一届业主委员会选举产生后,在未经物业行政管理部门核准登记之前,原业主委员会除不得新订、变更和续订物业管理服务合同外,应当继续履行其职责。新一届业主委员会经物业行政管理部门核准登记后10日内,原业主委员会应当将任期内所形成的档案资料以及财物移交给新一届业主委员会,并做好交接手续。

业主委员会有下列情形之一的,应当终止:①分立、合并的;②物业管理区域房屋全部被拆迁或灭失的;③由于其他原因终止的。

业主委员会分立、合并的,其档案等资料应当移交给相应的业主委员会;业主委员会因物业管理区域房屋全部被拆迁或灭失注销的,其档案等资料应当移交给所在地区(县)物业管理部门;其他剩余财产,法律法规另有规定的,按照有关规定处理。

业主委员会注销登记前,应当在所在区(县)物业管理部门指导监督下,做好全体业主共有和业主委员会的财物等清算工作,在清算结束之日起15日内办理注销登记。

8. 业主委员会诉讼

业主委员会的诉讼以及诉讼费用的来源、收取等，应作为物业管理重大事项，由业主大会或者业主代表大会讨论。业主委员会的诉讼费用，由全体业主承担。

9. 业主委员会公章使用管理

业主委员会公章由业主委员会主任负责管理，并按公章管理制度使用。除业主委员会会议通知和业主委员会授权范围内的日常维修费用结算必需使用公章的，应当由业主委员会会议决定。凡违章使用公章，造成经济损失或严重不良影响的，由负责人承担法律责任。

10. 其他事项

本章程经业主大会或业主代表大会通过后生效。制定和修改后的业主委员会章程，应报区（县）物业行政管理部门备案。

三、物业管理公约

（一）物业管理公约的概念

物业管理公约是物业所有人（业主）和使用人与物业管理公司共同签署并承诺共同遵守的行为守则。

物业管理公约是约束业主和物业管理公司行为规范的法律文件，这是物业管理活动中的一个非常重要的法律文件。它涉及物业管理领域的许多方面，并体现出管理者与被管理者、聘用方与被聘用方之间的法律关系。

一个物业管理区域已经有了管理规约、物业管理委托合同，有必要再制定一个物业管理公约。因为在管理规约中只有业主是规约的当事人，规约的核心内容是业主的权利与义务，它调整的是业主与业主之间的关系。管理规约表明，业主虽然是物业的所有人，但业主在行使权利的同时，也应当受到合理的限制，必须履行一定的义务，不能侵犯其他业主的合法权益和全体业主的共同利益，大家互助友爱，和睦相处，才能创造良好的工作和生活环境。

为实行专业化、社会化的物业管理，一个物业区域最好由一个物业管理公司来管理，管理规约不能调整业主与物业管理公司之间的关系。而业主意志是多元化的，如果每一个业主分别与物业管理公司签订物业服务合同，会导致一个物业管理区域有多个管理者，这种操作是不现实的，因此我国现行的物业管理法规和规章要求业主委员会与物业管理公司签订物业服务合同，那么业主并不是物业管理合同的当事人，如果严格从法律意义上讲，物业服务合同对单个业主是没有约束力的，每一位业主既不能要求物业管理公司提供服务，物业服务公司也不能要求业主缴纳物业管理费。如何解决这个问题？一个可行的办法就是每一位业主与物业管理公司签订物业管理公约，并承诺接受物业服务企业的管理。制定物业管理公约的目的是要规范物业管理公司和业主的行为，一个物业区域，只有在有了一个完善的物业管理公约，并由物业管理公司与每一个业主签订了该公约的基础上，物业管理工作才能顺利开展。

目前，关于物业管理公约，实践中较为常见的有两种情况：一种情况是房地产开发商在拟定物业管理的方案时，由开发商制定物业管理公约，物色物业管理公司，在业主入住物业时，和业主逐个签署；另一种情况是在售后公房的管理中，原来的承租人转为业主后,房管所相应地改制为物业管理公司,物业管理公司制定物业管理公约后和业主逐一签署。

(二) 物业管理公约的特征

物业管理公约具有以下特征:

1. 物业管理公约的制定主体是业主委员会和物业服务企业

在物业管理的初期,由于房地产开发商拥有大部分物业的产权,所以开发商在物业管理中的作用较大,又因为前期的物业管理,要么由开发商自己负责,要么由开发商聘用了物业服务企业,所以最初的物业管理公约是由开发商来制定的。这时的管理公约里一定要规定有效期限,比如规定当业主委员会成立后,其有效期截止。随着房屋的销售,物业产权逐步由开发商转移到了新的业主,开发商原来在物业区域内的位置逐渐由广大的业主所代替,原来开发商在物业管理公约中的权利和义务也要相应做些调整。

公约是由每一位业主与物业服务企业签订的,而如何集中分散多元化的意志成为一种统一普遍的公共意志,首要问题是要由代表全体业主利益和意志的机构—业主委员会与物业服务企业共同制定物业管理公约。业主委员会成立后,物业管理公约应由业主委员会和物业服务企业联合制定。因为业主在一处物业里一住就是几十年,物业管理公约关系到物业区域内的每一个业主的利益,所以每一个业主都有权仔细阅读公约的每一条款,也都有权提出自己的修改意见。但这种意见应该通过业主委员会反映出来。业主委员会要与物业服务企业密切合作,认真反复研究,结合自己物业区域的特点,制定出切实可行的物业管理公约。

2. 物业管理公约是约束业主和物业服务企业行为规范的法律文件

物业管理公约是由物业服务企业与每一个业主分别签订的法律文件,是约束双方行为的协议,所以公约的每一条款都应该体现出平等互利的精神,不应该存在欺诈或不公平条款。

有一些开发商要求买方在签订房屋买卖契约时就与开发商或物业服务企业签订物业管理公约,实际上这样做是不合适的。这样把房屋买卖和物业管理两个法律关系搅在一起,会导致买方因为物业管理公约中的某些条款不妥,而不签买卖契约,从而使房屋交易受到影响。还有些开发商要求买方在入住之前签物业管理公约,如果不签,不给钥匙,这样做是缺乏法律依据的。只要买卖双方签订了买卖协议,买方交足了房款,开发商就应该交付房屋,并交钥匙。开发商或物业服务企业应该告诉业主,由开发商制定的物业管理公约只是暂时的文件,虽然要求业主入住时在上面签字,但在公约中可以约定,当业主委员会成立以后,业主有权参与新的管理公约的制定,然后重新签订新的物业管理公约。因为物业管理公约最终是约束业主和物业服务企业行为规范的法律文件。

3. 物业管理公约必须经过行政主管部门的核准

物业管理公约是就房屋售后有关业主、物业服务企业的权利、义务,房屋使用、管理和维修,物业管理的费用等内容进行规定的重要法律文件。首先,物业管理公约的内容涉及法律、法规、规章的具体规定,公约的内容不能与法律、法规、规章的规定相抵触;其次,物业服务合同受物业管理公约的制约,如有抵触之处,应以公约为准;最后,物业管理公约体现了法律关系的转换,业主由聘用者(所有者)变成了被管理者,物业服务企业由被聘用者变成了管理者,所有者同意让渡出自己的一部分权利交给物业管理公司来行使,双方在发生着位置的变换。因此,政府的有效监管是使物业管理公约发挥其重要作用的可靠保证,物业管理公约的生效必须经过物业行政主管部门的核准。我国目前的物业管理公约大多为单方制定,为保证另一方的合法权益,报物业行政主管部门核准公约显得尤为重要。

(三) 物业管理公约与管理规约的区别

物业管理公约与前面讲述的管理规约有以下区别:

(1) 制定主体不同。管理规约是由业主委员会起草,经业主大会(业主代表大会)通过生效,管理规约的主体是业主;物业管理公约是由业主委员会和物业服务企业共同制定,物业管理公约的主体为物业服务企业和业主。

(2) 约束力不同。管理规约只对业主的行为有约束力,不涉及对物业服务企业的权利、义务的设定;物业管理公约对业主和物业服务企业都有约束力。

(3) 生效条件不同。管理规约可以不必经每一位业主签署,也就是说只要达到法定的条件管理规约就生效,并对每一位业主具有约束力;物业管理公约必须由物业服务企业与每一位入住的业主签署,没有签约则对双方没有约束力。

(4) 法律依据不同。管理规约在建设部的规章和我国的一些地方性法规中有明确的规定(如深圳、上海);物业管理公约,目前无任何法律、法规和规章有此说法。

(5) 内容标准不同。管理规约有政府制定的示范文本,有的地方的示范文本条款齐全;物业管理公约无专门的示范文本,北京市国土资源和房屋管理局发布的《内销商品房房屋使用、管理、维修公约的基本内容》有点类似于物业管理公约,但没有冠以物业管理公约的名称,也不是示范文本。

(四) 物业管理公约的基本内容

1. 公约主体和物业基本情况

公约主体一方(甲方)是物业服务企业(以下简称"管理者"),物业服务企业标明相应的资质等级;另一方(乙方)是拥有房屋所有权及相应土地使用权的某单元业主(以下简称"业主")。

物业基本情况包括物业名称、坐落、四至、建筑面积、用途。物业的合法证明文件。公共设施和公共场所的基本情况及明细。这部分内容要重点说明公共设施和公共场所的基本情况,例如电梯、水泵、消火栓的数量,以及公共场所如大厅、车库的面积等等。因为这部分归全体产权人所有,其管理费用也由全体产权人分担。

在该部分公约中明确:①甲方是业主委员会委托的管理者,乙方将依据本公约接受其为该物业的管理者,甲方亦将依据本公约对该物业进行管理。②物业管理的宗旨是对该物业区内的建筑及各种设施进行有效的保养维护,营造并保持安全、卫生、美丽、舒适的生活、工作环境,培养该物业内住户间的良好关系,使该物业能给业主及其他住户带来最大的效用。③管理者与业主的关系。管理者受业主委员会委托为该物业及业主提供管理服务,其服务对象及经费提供者均为各业主,这种安排在于保证各业主及住户自入住之时就能得到有效的物业管理,因此,业主委员会与物业管理公司签订的物业管理合同应受本公约的制约。如果有抵触之处,以本公约为准。

2. 物业服务的内容

管理者将提供如下各项服务:①确保该物业区域的公共场所及公共设施状态良好、清洁、安全；②确保迅速、有效地将各业主或其他使用人住用的单元所发生的故障、缺陷予以维修、排除；③对住宅区内的各种车辆(包括机动车和非机动车)实行管制，保持公共道路的畅通，要求该物业内的一切汽车、自行车等车辆停泊在停车区内，并纠正一切不符合要求的停泊行为；④安排管理员和保安人员对住宅区进行日常巡视，做好住宅区内的治安保卫工作，阻止在该物业的公共场所搭建任何非法设施，对违章行为进行纠正和处理；⑤对住宅区内的商业服务网点进行管理；⑥按规定向房屋业主、使用人和其他应缴费的人收取有关管理费；⑦建立物业管理收支账目，定期向业主公布；⑧制定物业的管理规章制度。

3. 业主的权利与义务

业主的权利与义务包括：①依法对其物业享有占有、使用、收益和处分权。②依法使用共用设备、共用部位、公共设施和公共场所。③有权要求召开、参加业主大会或业主代表大会，享有选举权和被选举权。④有权向业主委员会、物业服务企业就物业管理的有关问题提出意见、建议和要求。有权向物业管理主管部门投诉。⑤保证自己或其他使用人按各单元本来的用途使用该单元。⑥不进行任何有损或可能有损建筑物基础、结构、安全、外观的行为。⑦不进行任何有损或可能有损其他业主或使用人的安全、宁静及住宅环境、秩序的行为。⑧在其他业主为了使用、修缮、改良其单元而必须使用自己的单元时，应给予配合。⑨执行业主大会或业主代表大会及业主委员会的决议。⑩按规定缴纳物业管理费。⑪出租、转让所拥有的物业时，应提前通知物业管理企业，并保证承租方和受让方遵守本公约及物业管理规定。⑫不从事任何违反法律或社会公共利益的行为。⑬遵守管理者根据本公约所制订的各项规章制度及因此所为的管理行为。

4. 物业管理费及其他费用

物业管理费标准的制定及收取办法应执行政府有关文件规定。如果管理者征收的管理费用不足以支付管理及维修该物业的开支，则管理者可向乙方收取补充费用；如果管理者收取的管理费用在支付管理及维修该物业的开支之后尚有余额，管理者须将余额转入下一年度的管理费用。乙方同意管理者可依据国家有关部门公布的价格调整指数或市场行情等有关具体情况调整管理费用及其他费用的数额。依乙方请求，管理者应提供反映在年度预算中的所有支出变动的依据。

5. 违约责任

乙方违反本公约应依法承担民事责任。乙方对其他业主造成了损害，必须赔偿。乙方必须按管理者要求的期限缴纳管理费用及其他费用，若乙方逾期不缴纳的，管理者有权采取一切合法方式追索乙方欠缴的费用及利息，并收取为采取该追索方式而额外支出的费用。

管理者违反本公约应依法承担民事责任。因管理者的违约行为给业主或使用人造成了损害，管理者必须赔偿。

6. 纠纷解决方式

甲、乙双方之间对于本公约的争议不能协商解决时，任何一方可将争议提交仲裁委员会按照仲裁规则进行仲裁，也可以直接向人民法院起诉。

7. 其他事项

物业管理公约一经制定，由物业管理公司报物业行政主管部门核准，由第一位业主与物业管理公司在公约上签字，公约即生效。其余业主再与物业管理公司签约，不必再报行政主管部门核准。

业主委员会拥有对公约的解释权。业主委员会根据业主大会或业主代表大会决议对公约进行修改。公约的修改版本，须经物业行政主管部门核准，业主与管理者不必重新签约，修订本经核准之日起生效。

本公约一式两份，自行政主管部门核准之后，双方签署之日起生效，甲乙双方各执一份，具有同等法律效力。

四、业主大会议事规则

业主大会议事规则是指由业主经过民主协商和表决通过，就业主大会的议事方式、表决程序、业主投票权确定办法、业主委员会的组成和委员任期等事项作出约定的书面文件。

业主大会议事规则是对业主大会行为作出的规范化约定，具有法律效力。《物业管理条例》第十八条规定："业主大会议事规则应当就业主大会的议事方式、表决程序、业主委员会的组成和成员任期等事项作出约定。"《业主大会和业主委员会指导规则》对业主大会议事规则应当涉及的内容也做了相应规定(第十九条)。北京、上海等许多省市都制定了本省市的《业主大会议事规则》示范文本，对业主大会的运作、业主委员会的职责和行为都作出了规范性的约定。对物业服务企业的选聘和专项维修资金的管理、续筹以及业主委员会的活动经费等都作出了约定。

业主大会议事规则主要包括以下内容：

(一) 业主大会的议事方式

涉及全体业主利益决定的事项，应当书面和口头通知或者张贴公布。其中涉及物业管理的重大事项，必须经业主大会讨论通过。

(二) 业主大会的表决程序

根据目前一些地方的经验和做法，业主大会决定问题的程序主要包括以下内容：

(1) 业主大会可以采用会议或者书面征求意见等形式召开，业主大会表决可以采用投票方式或者举手通过等形式。

(2) 所有享有投票权的已住业主，均应按时出席业主大会，参加投票，行使法定权利，承担法定义务。

(3) 业主应当亲自出席大会并投票，或者委托代理人出席大会和投票。否则，视为业主自动弃权。委托代理人出席和投票的，业主必须采用书面授权委托方式，授权委托书必须由业主本人签名；业主是法人的则应当加盖法人公章；受委托的代理人必须出具授权委托书，否则该项委托无效。

(4) 建筑物由两人或者两人以上共同拥有的，则投票权应当按照份额比例分摊，或者由业主授权其中一人。

(5) 业主大会的出席人数达到法定人数时，方可对业主大会的普通决定、特殊事项决定进行大会表决通过并形成业主大会决定。

(三) 业主投票权确定办法

业主投票的票数计算，原则上根据业主拥有物业的建筑面积或住宅套数等因素确定，各省、自治区、直辖市可以根据上述原则作出具体的规定。如《深圳经济特区物业管理条例》第十四条规定：业主投票权数按业主所拥有物业的建筑面积计算，物业建筑面积每平方米为一票，不足一平方米的按四舍五入计算。

(四) 业主委员会的组成和委员任期

"业主委员会主任、副主任在业主委员会委员中推选产生"(《物业管理条例》第十六条第三款)，业主委员会一般每届任期不超过 5 年，任期期满 3 个月前，由业主大会进行换届选举新一届业主委员会，业主委员会委员可以连选连任。业主委员会委员缺额时的补选，应当在业主委员会章程中予以规定。章程没有规定的，一般应当在半年内召开业主大会或者业主代表大会予以补选。业主委员会委员辞职或者因长期出国、物业转让、疾病等原因不能履行职责的，须书面通知业主委员会。业主委员会委员不得宣布解散业主委员会。业主委员会撤销、合并，须报经原物业所在地的区、县人民政府房地产行政主管部门备案。

(五) 其他需要依法作出约定的事项

"其他需要依法作出约定的事项"，是指涉及物业管理区域内的建筑物、构筑物建设，房屋改建、加层、大修，专项维修资金不足时再次筹集的标准，业主委员会活动经费的筹集方式、来源、标准，修改业主委员会章程和管理规约，撤销业主委员会不当决定等事项。

[案例 7-5]

非业主能否参加业主大会

[案情介绍]

某小区决定于 2003 年 6 月 5 日召开首次业主大会，王某等 5 位业主为了更好地维护自己的权利，共同出资聘请某律师事务所的张律师作为此次会议的私人顾问。开会当天，张律师随同王某等 5 人到了会场。在开会期间，开发商宣布大会议程和投票权决定方案时，张律师发现其中有侵害业主利益的规定，就向王某等人提出，王某等就有关问题和开发商争论。后来开发商发现有陌生面孔，经打听知道是律师，遂以非业主不得参加业主大会为由提出要求张律师退场，并以终止会议为要挟，张律师为了大局只好退出会场。

[法理分析]

① 业主基于区分所有权中的成员权参加业主大会。

基于所享有的区分所有权中的成员权，业主有权参加业主大会并行使投票表决权。这一点已经在我国《物业管理条例》第六条有了明确规定。

② 业主可以委托非业主参加业主大会。

依据我国《民法通则》之规定，民事主体可以委托他人行使自己的权利、履行自己应当履行的义务。投票表决权也同样可以委托他人行使。我国《物业管理条例》第十二条第二款规定："业主可以委托代理人参加业主大会会议。"不过，委托他人行使表决权的应当办理相应的委托手续。

本案中的张律师受王某等 5 位业主的委托参加业主大会，并非法律所禁止的事项，应当是可以的。当然，张律师应当将受王某等 5 位业主委托，参加业主大会的委托手续交给业主大会筹备组。开发商将张律师逐出会场的行为于法无据。如果张律师要在业主大会中代理行使投票表决权，应当在委托手续中明确记载该授权，否则不能代理行使投票表决权。

综上所述，非业主可以接受业主的委托代理，参加业主大会并行使投票表决权。

五、住户手册

住户手册是为了让业主和使用人了解物业管理区域概况、物业服务企业的职责权限、管理维修内容、服务范围以及业主或使用人的权利、义务和应注意事项的文书。《住户手册》应发给每个住户一份，物业服务企业也应予以保存。通过《住户手册》，加强物业服务企业和住户的联系，使业主和使用人得到更方便快捷的服务，通过双方共同努力，创造舒适、优雅、清洁、安全的居住环境，所以应尽可能地把住户需要了解的事项都写入《住户手册》中。

《住户手册》一般包括以下内容：

1. 住宅小区概况
(1) 地理位置。
(2) 住宅小区特点。
(3) 房屋建筑及附属设备设施、场地概况。
(4) 居住人口、户数及其构成。
(5) 公交路线、邮电通信状况。

2. 物业区域管理机构
(1) 物业管理公司介绍。
(2) 物业管理的具体工作职责。
(3) 业主大会和业主委员会的职责。
(4) 居民委员会的工作范围。

3. 住户须知
(1) 按规定办理入住手续。
(2) 装修房屋之前应向管理处提出申请。
(3) 明确房屋维修的责任。
(4) 按时缴纳物业服务费。
(5) 物业管理公司的各种服务项目。

4. 物业管理规定
(1) 管理和服务原则。
(2) 业主和使用人的权利与义务。
(3) 物业管理公司的权利与义务。
(4) 开发建设单位的保修责任。
(5) 入住与迁出管理规定。
(6) 房屋共用部位及共用设施设备使用管理规定。
(7) 房屋共用部位及共用设施设备维修养护管理规定。
(8) 房屋装修管理规定。
(9) 安全保卫管理规定。
(10) 车辆停放管理规定。

(11) 消防管理规定。
(12) 环境卫生管理规定。
(13) 环境绿化美化管理规定。
(14) 物业服务的收费标准和缴费要求。

5. 综合服务
(1) 服务网点及服务项目。
(2) 无偿服务的范围及规定。
(3) 有偿服务的项目及范围。

6. 其他
(1) 物业管理常用电话号码,如急救、火警、匪警、报修、物业管理公司投诉接待、消费者协会等电话号码。
(2) 物业管理公司经理接待日。
(3) 其他应注意的事项。

小　　结

● 管理规约,是指由业主和非业主使用人承诺的,对全体业主和非业主使用人具有约束力的,有关业主和非业主使用人在物业管理区域内使用、维护物业及其管理等方面权利义务的行为守则。掌握制定管理规约的法律依据、特征和基本内容,管理规约的订立原则、程序,管理规约的生效条件,违反管理规约的行为以及纠正违约行为的方法。

● 业主委员会章程,是指业主委员会必备的规定业主委员会组织及活动的基本规则的书面文件,是以书面形式固定下来的业主共同一致的意思表示。掌握业主委员会章程的特征、记载事项及基本内容。

● 物业管理公约是物业所有人(业主)和使用人与物业管理公司共同签署并承诺共同遵守的行为守则。物业管理公约是约束业主和物业管理公司行为规范的法律文件,这是物业管理活动中的一个非常重要的法律文件。它涉及物业管理领域的许多方面,并体现出管理者与被管理者、聘用方与被聘用方之间的法律关系。

● 业主大会议事规则是指由业主经过民主协商和表决通过,就业主大会的议事方式、表决程序、业主投票权确定办法、业主委员会的组成和委员任期等事项作出约定的书面文件。

● 住户手册是为了让业主和使用人了解物业管理区域概况、物业服务企业的职责权限、管理维修内容、服务范围以及业主或使用人的权利、义务和应注意事项的文书。

复习思考题

1. 什么是管理规约? 它有哪些特征?
2. 试述制定管理规约的法律依据?
3. 管理规约的生效需具备什么法定的条件?
4. 试述业主委员会章程的特征及基本内容。
5. 试论物业管理公约与管理规约的区别。
6. 业主大会议事规则一般应包含哪些内容?

7. 住户手册一般包含哪些内容？

8. 案例分析：

(1) 2009年月3月6日早晨，家住广州某小区的业主周某开门准备穿鞋上班时（该业主将鞋摆放在门外），发现放在自家门前的鞋子全都不见了。后经证实，鞋子是被收垃圾的人偷走了。当周某到小区物业管理公司投诉并要求赔偿时，物管公司拿出管理规约说，管理规约明确要求业主自己保管好自己的财物。如放在门外的财物，一旦遗失被窃，物管公司概不负责，周某难以言对。

请分析：物业服务企业能否基于管理规约的规定免责？

(2) 某小区业主在制定管理规约时，考虑到小区卫生环境、疾病传播和噪音干扰等因素，经过业主大会以多数表决的形式通过决议：禁止小区业主养宠物。然而，有些业主钟爱宠物，仍然饲养小狗、小猫等，并经常出来遛宠物。宠物遇见生人经常狂叫，吓着一些胆小的居民；并且，晚上也经常能听到宠物的叫声。为此，小区部分业主意见很大，并派代表与宠物的主人协商，希望不要在小区饲养宠物，但无结果。

请分析：受宠物干扰的业主可采取什么救助办法？

(3) 广东某小区的114名业主以业主委员会是发展商和物管公司一手包办成立、并且运作上也存在问题为由，联名向房管局提出请求：要求在房管局的指导下，召开业主大会，重新选举产生业主委员会。据业主反映，该小区2002年初交付使用，到2003年4月，共有340户的物业小区的房屋已售出60%。小区物业管理公司遂在小区内贴出一则通告，上面列出11个业主委员会候选人名单。随后，物业管理公司登门发放选票，并在大堂里设了投票箱，让业主们投票选举。7月8日，小区内又贴出一个通知，说该小区业主委员会已于5月成立，同时全体业主委员会委员根据物业公司一年来的运作情况，与物业公司协商并同意对物业管理费作出调整；物业管理费由原来的1.5元/平方米提高到2元/平方米。通知的落款是该小区业主委员会。后来，业主们发现身为物业管理公司负责人的李主任也是业主委员会的"执行秘书"，业主们认为并非业主的李某不能成为业主委员会的委员。

请分析：业主委员会委员是否必须为本物业小区的业主？

[阅读材料一]

建设部关于印发《业主临时公约(示范文本)》的通知

建住房〔2004〕156号

各省、自治区建设厅，直辖市建委、房地局，新疆生产建设兵团建设局：

为了贯彻《物业管理条例》，推动建立业主自我管理与自我约束的机制，维护全体业主的共同利益，我部制定了《业主临时公约(示范文本)》，现印发给你们，供建设单位制定《业主临时公约》参考使用。

中华人民共和国建设部
二〇〇四年九月六日

业主临时公约(示范文本)

第一章 总 则

第一条 根据《物业管理条例》和相关法律、法规、政策，建设单位在销售物业之前，制定本临时公约，对有关物业的使用、维护、管理，业主的共同利益，业主应当履行的义务，违反公约应当承担的责任等事项依法作出约定。

第二条 建设单位应当在物业销售前将本临时公约向物业买受人明示,并予以说明。

物业买受人与建设单位签订物业买卖合同时对本临时公约予以的书面承诺,表示对本临时公约内容的认可。

第三条 本临时公约对建设单位、业主和物业使用人均有约束力。

第四条 建设单位与物业管理企业签订的前期物业服务合同中涉及业主共同利益的约定,应与本临时公约一致。

第二章 物业基本情况

第五条 本物业管理区域内物业的基本情况

物业名称_____;

坐落位置_____;

物业类型_____;

建筑面积_____。

物业管理区域四至:

东至_____;

南至_____;

西至_____;

北至_____。

第六条 根据有关法律法规和物业买卖合同,业主享有以下物业共用部位、共用设施设备的所有权:

1. 由单幢建筑物的全体业主共有的共用部位,包括该幢建筑物的承重结构、主体结构,公共门厅、公共走廊、公共楼梯间、户外墙面、屋面、_____、_____、_____等;

2. 由单幢建筑物的全体业主共有的共用设施设备,包括该幢建筑物内的给水排水管道、水落管、水箱、水泵、电梯、冷暖设施、照明设施、消防设施、避雷设施、_____、_____、_____等;

3. 由物业管理区域内全体业主共有的共用部位和共用设施设备,包括围墙、池井、照明设施、共用设施设备使用的房屋、物业管理用房、_____、_____、_____等。

第七条 在本物业管理区域内,根据物业买卖合同,以下部位和设施设备为建设单位所有:

1. _____;

2. _____;

3. _____;

4. _____。

建设单位行使以上部位和设施设备的所有权,不得影响物业买受人正常使用物业。

第三章 物业的使用

第八条 业主对物业的专有部分享有占有、使用、收益和处分的权利,但不得妨碍其他业主正常使用物业。

第九条 业主应遵守法律、法规的规定,按照有利于物业使用、安全、整洁以及公平合理、不损害公共利益和他人利益的原则,在供电、供水、供暖、供气、排水、通行、通风、采光、装饰装修、环境卫生、环境保护等方面妥善处理与相邻业主的关系。

第十条　业主应按设计用途使用物业。因特殊情况需要改变物业设计用途的,业主应在征得相邻业主书面同意后,报有关行政主管部门批准,并告知物业管理企业。

第十一条　业主需要装饰装修房屋的,应事先告知物业管理企业,并与其签订装饰装修管理服务协议。

业主应按装饰装修管理服务协议的约定从事装饰装修行为,遵守装饰装修的注意事项,不得从事装饰装修的禁止行为。

第十二条　业主应在指定地点放置装饰装修材料及装修垃圾,不得擅自占用物业共用部位和公共场所。

本物业管理区域的装饰装修施工时间为＿＿＿＿＿＿＿＿,其他时间不得施工。

第十三条　因装饰装修房屋影响物业共用部位、共用设施设备的正常使用以及侵害相邻业主合法权益的,业主应及时恢复原状并承担相应的赔偿责任。

第十四条　业主应按有关规定合理使用水、电、气、暖等共用设施设备,不得擅自拆改。

第十五条　业主应按设计预留的位置安装空调,未预留设计位置的,应按物业管理企业指定的位置安装,并按要求做好噪声及冷凝水的处理。

第十六条　业主及物业使用人使用电梯,应遵守本物业管理区域的电梯使用管理规定。

第十七条　在物业管理区域内行驶和停放车辆,应遵守本物业管理区域的车辆行驶和停车规则。

第十八条　本物业管理区域内禁止下列行为:

1. 损坏房屋承重结构、主体结构,破坏房屋外貌,擅自改变房屋设计用途;
2. 占用或损坏物业共用部位、共用设施设备及相关场地,擅自移动物业共用设施设备;
3. 违章搭建、私设摊点;
4. 在非指定位置倾倒或抛弃垃圾、杂物;
5. 违反有关规定堆放易燃、易爆、剧毒、放射性物品,排放有毒有害物质,发出超标噪声;
6. 擅自在物业共用部位和相关场所悬挂、张贴、涂改、刻画;
7. 利用物业从事危害公共利益和侵害他人合法权益的活动;
8. ＿＿＿＿＿＿＿＿＿＿＿＿＿＿;
9. 法律、法规禁止的其他行为。

第十九条　业主和物业使用人在本物业管理区域内饲养动物不得违反有关规定,并应遵守以下约定:

1. ＿＿＿＿＿＿＿＿＿＿＿＿＿＿;
2. ＿＿＿＿＿＿＿＿＿＿＿＿＿＿。

第四章　物业的维修养护

第二十条　业主对物业专有部分的维修养护行为不得妨碍其他业主的合法权益。

第二十一条　因维修养护物业确需进入相关业主的物业专有部分时，业主或物业管理企业应事先告知相关业主，相关业主应给予必要的配合。

相关业主阻挠维修养护的进行造成物业损坏及其他损失的，应负责修复并承担赔偿责任。

第二十二条　发生危及公共利益或其他业主合法权益的紧急情况，必须及时进入物业专有部分进行维修养护但无法通知相关业主的，物业管理企业可向相邻业主说明情况，在第三方(如所在地居委会或派出所或＿＿＿＿＿＿)的监督下，进入相关业主的物业专有部分进行维修养护，事后应及时通知相关业主并做好善后工作。

第二十三条　因维修养护物业或者公共利益，业主确需临时占用、挖掘道路、场地的，应当征得建设单位和物业管理企业的同意，并在约定期限内恢复原状。

第二十四条　物业存在安全隐患，危及公共利益或其他业主合法权益时，责任人应当及时采取措施消除隐患。

第二十五条　建设单位应按国家规定的保修期限和保修范围承担物业的保修责任。

建设单位在保修期限和保修范围内拒绝修复或拖延修复的，业主可以自行或委托他人修复，修复费用及修复期间造成的其他损失由建设单位承担。

第二十六条　本物业管理区域内的全体业主按规定缴存、使用和管理物业专项维修资金。

第五章　业主的共同利益

第二十七条　为维护业主的共同利益，全体业主同意在物业管理活动中授予物业管理企业以下权利：

1. 根据本临时公约配合建设单位制定物业共用部位和共用设施设备的使用、公共秩序和环境卫生的维护等方面的规章制度；

2. 以批评、规劝、公示、＿＿＿＿＿等必要措施制止业主、物业使用人违反本临时公约和规章制度的行为；

3. ＿＿＿＿＿＿＿＿＿＿＿＿；

4. ＿＿＿＿＿＿＿＿＿＿＿＿。

第二十八条　建设单位应在物业管理区域内显著位置设置公告栏，用于张贴物业管理规章制度，以及应告知全体业主和物业使用人的通知、公告。

第二十九条　本物业管理区域内，物业服务收费采取包干制(酬金制)方式。业主应按照前期物业服务合同的约定按时足额交纳物业服务费用(物业服务资金)。

物业服务费用(物业服务资金)是物业服务活动正常开展的基础，涉及全体业主的共同利益，业主应积极倡导欠费业主履行交纳物业服务费用的义务。

第三十条　利用物业共用部位、共用设施设备进行经营的，应当在征得相关业主、物业管理企业的同意后，按规定办理有关手续，业主所得收益主要用于补充专项维修资金。

第六章　违约责任

第三十一条　业主违反本临时公约关于物业的使用、维护和管理的约定，妨碍物业正常使用或造成物业损害及其他损失的,其他业主和物业管理企业可依据本临时公约向人民法院提起诉讼。

第三十二条 业主违反本临时公约关于业主共同利益的约定,导致全体业主的共同利益受损的,其他业主和物业管理企业可依据本临时公约向人民法院提起诉讼。

第三十三条 建设单位未能履行本临时公约约定义务的,业主和物业管理企业可向有关行政主管部门投诉,也可根据本临时公约向人民法院提起诉讼。

第七章 附 则

第三十四条 本临时公约所称物业的专有部分,是指由单个业主独立使用并具有排他性的房屋、空间、场地及相关设施设备。

本临时公约所称物业的共用部位、共用设施设备,是指物业管理区域内单个业主专有部分以外的,属于多个或全体业主共同所有或使用的房屋、空间、场地及相关设施设备。

第三十五条 业主转让或出租物业时,应提前书面通知物业管理企业,并要求物业继受人签署本临时公约承诺书或承租人在租赁合同中承诺遵守本临时公约。

第三十六条 本临时公约由建设单位、物业管理企业和每位业主各执一份。

第三十七条 本临时公约自首位物业买受人承诺之日起生效,至业主大会制定的《业主公约》生效之日终止。

承 诺 书

本人为_____(物业名称及具体位置,以下称该物业)的买受人,为维护本物业管理区域内全体业主的共同利益,本人声明如下:

一、确认已详细阅读_____(建设单位)制定的"×××业主临时公约"(以下称"本临时公约");

二、同意遵守并倡导其他业主及物业使用人遵守本临时公约;

三、本人同意承担违反本临时公约的相应责任,并同意对该物业的使用人违反本临时公约的行为承担连带责任;

四、本人同意转让该物业时取得物业继受人签署的本临时公约承诺书并送交建设单位或物业管理企业,建设单位或物业管理企业收到物业继受人签署的承诺书前,本承诺继续有效。

承诺人(签章)
_____年_____月_____日

《业主临时公约(示范文本)》使用说明

1. 本示范文本仅供建设单位制定《业主临时公约》参考使用。

2. 建设单位可对本示范文本的条款内容进行选择、修改、增补或删减。

3. 本示范文本第三条、第三十七条所称业主是指拥有房屋所有权的房屋买受人,其他条款所称业主是指拥有房屋所有权的建设单位和房屋买受人。

[阅读材料二]

重庆市《业主大会议事规则(示范文本)》

(重庆市国土房管局2005年10月21日印发)

第一章 总 则

业主大会名称：
物业名称：
业主委员会办公地址：_____
物业管理区域范围(详见附图)：东至：_____西至：_____
南至：_____北至：_____
物业管理区域概况：_____
占地面积：_____平方米，房屋总建筑面积：_____平方米，其中住宅_____平方米，_____套，非住宅_____平方米。

第一条　为保障本物业管理区域内业主大会的规范设立、运作，维护业主的共同利益与合法权益，根据国务院《物业管理条例》、《重庆市物业管理条例》和建设部《业主大会规程》、《重庆市业主大会实施办法》等相关法规和政策规定，制定本物业管理区域内的业主大会议事规则(以下简称本规则)。

第二条　本规则是记载业主对业主大会宗旨、运作机制、活动方式、成员的权利义务等内容进行约定的自治、自律性文件，是本物业管理区域内全体业主意志的集中体现，是业主大会运作的基本准则和依据。

第三条　业主大会代表和维护本物业区域内全体业主在物业管理活动中的合法权益；监督协助物业管理企业，开展物业管理服务活动，保障物业的合理、安全使用，维护公共秩序和优良环境；组织、发动广大业主，共同建设和维护整洁、舒适、安全、文明的居住和工作环境，推进社区建设"三个文明"协调发展。

第四条　业主大会由本物业管理区域全体业主组成，自首次业主大会会议召开之日起成立，它是业主集体行使权利和维护全体业主合法权益的组织。

业主委员会是业主大会的执行机构。

业主大会成立后确定为业主的或认定业主身份的，自动成为业主大会的成员。

第二章 业 主 大 会

第五条　业主大会履行以下职责：
(一)制定、修改本规则和《业主公约》，监督业主委员会的工作；
(二)选举、罢免业主委员会委员；
(三)改变、撤销业主委员会不适当的决定；
(四)选聘、解聘物业管理企业；
(五)决定业主大会诉讼事宜；
(六)审议和决定业主委员会的工作权限及其办公场所、必要经费；

（七）决定物业专项维修资金的交缴、使用和续筹方案；

（八）审查业主委员会和物业管理企业的工作报告，定期听取业主委员会、物业管理企业关于物业管理事务处理情况和物业维修资金的使用情况的报告；

（九）决定物业管理企业在物业管理区域内进行物业管理以外的经营活动；

（十）决定改变物业专有部分、部分共用部分、全体共用部分既定用途；

（十一）决定共用部分和共用设施设备收益的管理、使用和分配；

（十二）制定、修改物业管理区域内物业共用部位和共用设施设备的使用、公共秩序和环境卫生的维护等方面的规章制度；

（十三）决定涉及业主共同利益的其他重大事项。

第六条　业主大会会议可以采用集体讨论的形式，也可以采用书面征求意见的形式，具体会议形式由业主委员会确定。

第七条　采用集体讨论形式议事的，本业主大会选择以下第_____种方式：

（一）由全体业主参加业主大会会议；

（二）由业主推选业主代表参加会议。

推选业主代表参加会议的，业主代表产生方式如下：

1. 按（幢、单元、楼层）等为单位，由该部分业主推选产生。

2. 按户推选一个业主代表；

第八条　业主代表应当在参加业主大会会议3日前，就业主大会拟讨论的事项书面征求所代表业主意见，并在业主大会会议上如实反映。凡需投票表决的，业主的赞同、反对及弃权的具体票数经本人签字后，由业主代表在业主代表大会投票时如实反映。

业主代表因故不能参加业主大会会议的，其所代表的业主可以另外推选一名业主代表参加。

第九条　本业主大会采用以下第_____种形式进行表决：

（一）设投票箱：在物业管理区域内设投票箱，由业主自行将个人意见投入投票箱内（经业主签名，并注明业主所住房号），经业主委员会（换届工作小组）统计汇总，公布表决结果。

（二）专人送达、回收意见：由业主委员会（换届工作小组）组织有关人员逐户派发、回收业主意见（业主意见须经业主签名，并注明业主所住房号），经业主委员会（换届工作小组）统计汇总，公布表决结果。

统计汇总计票要有不少于_____名非业主委员会委员的业主及1/2以上业主委员会委员参加，并对计票有关情况予以书面签字认可。

已送达的征求表决意见单，业主在规定的时间内不反馈意见或者不提出同意、反对、弃权意见的，视为（反对、弃权）。

第十条　业主大会会议分为定期会议和临时会议。

业主大会每_____年的第_____季度召开一次定期会议。

有下列情形之一的，业主委员会应当及时组织召开业主大会临时会议：

（一）20%以上业主提议；

（二）发生涉及全体业主共同利益事项，需要及时处理的；

（三）发生重大事故或者紧急事件需要及时处理的；

第十一条　业主大会会议按下列程序召开：

（一）会议筹备工作

业主委员会（换届工作小组）做好开会前的准备工作。根据业主的提议，草拟议案、制定征询意见表或表决票（选票）、核实业主情况。

（二）发布公告

业主大会召开会议前15日，由业主委员会（换届工作小组）将会议的时间、地点、内容以书面形式向物业管理区域内全体业主公告。发生重大事故或紧急事件等需要及时处理时，也要及时通知和公告；并同时告知街道办事处（镇人民政府）、社区居民委员会。

（三）征询意见或投票表决

采用书面征求意见形式的，业主委员会（换届工作小组）应发放征询意见表或表决票（选票），将业主大会议事内容书面征询物业管理区域内业主意见或投票表决。

（四）回收统计意见

业主委员会（换届工作小组）根据第九条的规定回收业主意见，进行意见汇总或者票数统计。

（五）通报大会议事决定

业主委员会（换届工作小组）在公告栏通报征询意见或投票统计结果，接受业主的查询和监督。

业主委员会（换届工作小组）根据征询意见或投票统计结果形成业主大会的议事决定，应当以书面形式在物业管理区域内公告。

业主委员会（换届工作小组）应当做好业主大会会议书面记录并存档。

第十二条　业主在业主大会会议上的投票权，按下列第　种计算方式确定：

（一）按首次业主大会会议上投票权的规定计算。

（二）按照业主在物业管理区域内拥有的物业建筑面积计算，以1平方米为1个投票权计算业主的投票权数，不足1平方米的余数部分采用四舍五入方法计算。

第十三条　业主委托代理人参加业主大会会议的，应符合下列约定：

（一）业主是自然人，且因故不能参加业主大会会议的，应书面委托代理人参加，并行使投票权，但代理人不享有被选举权；

（二）不具有民事行为能力的业主，由其监护人代为行使有关权利，但该监护人不享有被选举权。

（三）业主是单位法人的，其单位可以书面授权本单位员工参加业主大会会议或者业主委员会。

第十四条　业主大会对所提议案已经作出决定的，业主在＿＿＿＿月内（最短不得少于一年）以同一内容再提议召开业主大会会议进行表决。

第十五条　召开业主大会，应当有本物业管理区域内1/2以上投票权的业主参加，业主大会作出的决定，必须经与会业主所持投票权1/2以上通过。

（一）业主大会作出制定和修改业主公约、本规则、选聘与解聘物业管理企业、专项维修资金使用和续筹方案、分担业主大会及其业主委员会工作经费、调整物业服务内容及标准以及收费标准、以业主大会名义起诉等重大事项的决定，必须经物业管理区域内全体业主所持投票权2/3以上通过。

(二）业主大会会议作出决定的时间以公开统计产生表决结果之日为准。

(三）业主大会的决定对物业管理区域内的全体业主具有约束力。

(四）业主委员会作出决定，应当经全体委员 1/2 以上同意。

(五）业主大会尊重物业管理企业的合法权益，涉及物业管理企业的，就有关事项进行事前协商。

(六）业主大会、业主委员会依法履行职责，不得作出违反法律、法规的决定，不得作出与物业管理无关的决定。

第十六条 因物业管理区域发生变更等原因导致业主大会解散，在解散前，业主大会、业主委员会要在当地主管部门和街道办事处（镇人民政府）的指导监督下，做好业主共同财产清算工作。

业主大会解散前，业主共同财产清算结束后 30 日内，业主委员会按规定向有关部门办理业主委员会备案、印章等注销手续，并将保管的其他档案资料移交当地社区居委会。

第三章 业 主 委 员 会

第十七条 业主委员会是业主大会的执行机构，依法履行以下职责：

(一）召集业主大会会议，执行业主大会通过的各项决定，并报告物业管理的实施情况。

(二）拟订选聘物业管理企业的方案，报业主大会决定，代表业主与业主大会选聘的物业管理企业签订物业服务合同。

(三）拟定业主公约、本规则修改方案，报业主大会决定。

(四）拟定专项维修资金的使用、续筹方案，报业主大会决定。按照有关政策并经业主大会授权，负责物业专项维修资金的筹集。

(五）拟定物业共用部位、共用设施设备的使用与收益分配方案，报业主大会决定。

(六）拟定业主委员会工作经费的分摊、交缴和管理使用办法和业主委员会的年度财务预算方案、决算报告，报业主大会决定。

(七）会同物业管理企业拟定物业共用部位、共用设施设备的使用、公共秩序和环境卫生的维护等方面的规章制度的方案；

(八）监督业主公约的实施，对违反《业主公约》的行为进行处理。

(九）督促违反物业服务合同约定逾期不交纳物业服务费用的业主，限期交纳物业服务费用。

(十）及时了解业主、物业使用人的意见和建议，监督和协助物业管理企业履行物业服务合同，并配合解决物业管理服务中的重大问题。

(十一）协调业主之间及业主与物业管理企业之间的纠纷。

(十二）对有关档案资料、会议记录、印章及其他属于业主大会的财务进行妥善保管。

第十八条 业主委员会委员具备以下的条件：

(一）本物业管理区域内具有完全民事行为能力的业主。

(二）遵守法律、法规。

(三）遵守本规则、业主公约、履行业主义务。

(四）热心公益事业，责任心强，公正廉洁，具有社会公信力。

（五）身体健康，具有一定的协调和组织能力。

（六）具备必要的工作时间。

第十九条 业主委员会实行任期制，每届任期3年。委员任期同业主委员会任期相同，可连选连任。

业主委员会由 名委员（5人以上单数）组成，设主任1名，副主任 名。无法按本规则规定的人数足额选出业主委员会委员，按实际选出的人数（5人以上单数）为准确定业主委员会委员名额。

第二十条 业主委员会委员的产生：

（一）由业主代表自荐，或由业主大会筹备组在业主、业主代表中提名、推荐，或由到届的业主委员会提名推荐产生业主委员候选人；

（二）在业主代表大会召开15日前张榜公示业主委员会候选人基本情况及名单；

（三）业主大会会议选举业主委员会委员，实行差额选举，经与会业主所持投票权1/2以上通过，且得票多的当选。候选人得票相等不能排序当选的，对得票相等的候选人再次选举确定。

（四）业主委员会委员因故缺额时，在下一次业主大会会议召开时予以补选，缺额人数超过四分之一的，及时召开业主大会会议补选，补选的委员任期随本届业主委员会届满终止。

（五）选举票数，多于投票人数的无效，等于或少于投票人数的有效。选举结果当场宣布。

第二十一条 业主委员会主任及副主任选择以下方式产生：

（一）业主委员会选举产生之日起3日内召开首次业主委员会会议，推选产生业主委员会主任和副主任。

（二）业主委员会主任和副主任由业主大会会议直接选举产生。在选举业主委员会委员时，按得票最多前两至三名确定。

业主委员会主任负责业主委员会的日常事务，依法履行以下职责：

（一）负责召开业主委员会会议，主持业主委员会工作。

（二）模范遵守本业主大会议事规则，业主委员会规定及物业管理法律、法规和政策规定。

（三）执行业主委员会的决议，协调各种关系，处理各种矛盾及完成业主委员会交办的工作。

（四）管理业主大会和业主委员会印章、档案资料。

（五）接受物业管理行政主管部门的培训和指导。

（六）业主委员会副主任协助主任工作。

第二十二条 业主委员会委员参加业主委员会会议等有关活动，参与业主委员会有关事项的决策，执行业主委员会的决定，完成业主委员会交办的工作。

第二十三条 业主委员会会议每（月）/（季度）/（半年）定期召开一次。

业主大会会议结束后 日内，业主委员会召开业主委员会会议，研究贯彻实施业主大会决定的有关事宜。

经1/3以上业主委员会委员提议或者业主委员会主任认为有必要的，及时召开业主委员会会议，会议召开 3 日前要通知全体委员。

业主委员会会议应当按下列规则召开：

（一）会议由主任或其委托的副主任负责召集。

（二）委员因故不能参加会议的，提前 1 日向业主委员会召集人说明。

（三）提前 7 日将会议通知及有关材料送达每位委员。

（四）作好会议书面记录，并由主持人和记录人签字；涉及重要事项的会议由全体出席会议的委员签字。

（五）会议有过半数委员出席，作出决定须经全体委员人数半数以上同意。

业主委员会作出的决定，应当以书面形式向全体业主公告。

第二十四条　业主委员会负责对业主大会会议、业主委员会会议进程及会议决定进行书面记录；业主大会、业主委员会的会议决定等在内的议事文件由业主委员会发布或签署；并由出席会议的委员签字存档。业主大会、业主委员会的决定，由业主委员会在决定作出之日起 3 日内以书面形式在物业管理区域内公告，并同时告知当地物业管理行政主管部门、街道办事处（镇人民政府）及社区居民委员会。

第二十五条　业主委员会的委员接受业主监督，有下列情形之一的，其委员资格自动终止：

（一）物业转让、灭失等原因不再是业主的。

（二）有犯罪行为的。

（三）以书面形式向业主大会提出辞呈的。

（四）拒不履行业主义务的。

（五）无故缺席业主委员会会议连续三次以上的。

（六）因疾病等原因丧失履行职责能力的。

（七）其他原因不宜担任业主委员会委员的。

前款（一）项情形发生的，业主委员会委员资格自动终止后自然终结；其他情形发生的，其委员资格自动终止后，经业主大会会议决定通过，其委员资格终结。业主委员会委员资格自然终结或终止的，业主委员会要记录并保存相关资料。

业主委员会委员变更或资格终止的，自变更或资格终止之日起 3 日内，将其保管的档案资料、印章及其他属于业主大会所有的财物，移交给业主委员会或业主委员会会议决定的其他委员。

第二十六条　业主委员会任期届满前要完成换届选举工作。其届满 2 个月前，组建换届选举筹备组；换届选举筹备组由本届业主委员会委员和单元代表/楼层代表/幢代表中推选的部分非委员业主代表组成。

换届选举筹备在当地物业管理行政主管部门和街道办事处（镇人民政府）及社区居民委员会的指导下，在业主委员会任期届满前 2 个月内召开业主大会会议，进行换届选举。换届选举中本届业主委员会应当报告任期内的工作情况。

业主委员会任期届满之日起 10 日内，要将保管的资料档案、印章及其他属于业主大会所有的财物移交给新一届业主委员会，并办理交接手续。

第二十七条　业主委员会的产生、变更、换届、终止等备案工作，按照《重庆市业主大会实施办法》的规定执行。

第四章 相 关 事 项

第二十八条 业主大会会议选举产生业主委员会后,业主委员会要按照法规、政策的规定,与有关单位办理物业相关移交手续。

第二十九条 业主大会作出选聘物业管理企业的决定后,业主委员会应当在30日内与业主大会选聘的物业管理企业签订物业服务合同。

第三十条 本物业管理区域内的业主建立专项维修资金,保障物业共用部位、共用设施设备的维修、更新、改造,其缴存标准、管理、使用和监督按有关规定执行。

(一)使用专项维修资金原则由物业管理企业提出年度使用方案,经业主大会依法批准,并报物业管理主管部门备案后,由专户管理银行将年度所需资金划到物业管理企业账户。

(二)一幢或一户房屋的专项维修资金不足首次维修资金的30%时,由业主委员会向该幢或该户房屋业主续筹专项维修资金。

(三)对不按规定缴存、续筹专项维修资金的业主,由业主委员会在物业管理区域内予以公告,并代表其他业主依法对当事人予以起诉。

第三十一条 利用物业共用部位、共用设施设备进行经营,由所服务的物业管理企业按照业主大会的决定代表业主与经营单位签订有关协议,所得收益除支付物业管理企业工作酬金外主要用于补充专项维修资金,由业主大会决定业主委员会提出的分配、使用方案。

第三十二条 业主大会和业主委员会开展工作的经费由全体业主承担,其来源采用下列第_____种筹集方式:

(一)每一业主每月按每平方米建筑面积缴纳_____元;

(二)共用部位、共用设施设备经营收益的_____%合计_____元;

(三)_____。

经费收支账目由_____代为管理,经费收支账目每_____月在物业管理区域内公布一次,接受业主的监督。

第三十三条 业主委员会活动经费用于下列开支:

(一)业主大会、业主委员会会议开支,计_____元/年;

(二)必要的日常办公等费用,计_____元/月;

(三)有关人员津贴,共计费用_____元/月,具体支付对象如下:

(1)_____,费用_____;

(2)_____,费用_____;

(3)_____,费用_____。

第三十四条 业主委员会按政府有关规定建立健全印章管理制度。印章由业主委员会负责管理,并按规定使用。除业主委员会会议通知和业主大会授权范围内的审查动用物业专项维修资金、审查物业服务费标准、签订物业服务合同等以外需要使用印章的,由业主委员会会议决定。违反印章使用规定,造成经济损失或不良影响的,由责任人承担相应责任。

第三十五条 业主大会及业主委员会的议事文件、资料,由专人负责定期整理、立卷和存档。

业主大会建立下列档案资料：

（一）各类会议记录、纪要。

（二）业主大会、业主委员会作出的决定等书面材料。

（三）各届业主委员会备案登记的材料。

（四）业主、使用人清册。

（五）订立的物业服务合同。

（六）有关法律、法规和业务往来文件。

（七）业主和使用人的书面意见。

（八）专项维修资金收支情况清册。

（九）其他有关材料。

第五章 附 则

第三十六条 本规则未尽事项由业主大会另作补充。

第三十七条 业主及业主代表关于对本议事规则的修改建议，可向业主委员会反馈，适当时召开业主代表大会进行修改。

第三十八条 本规则已在物业管理区域内公示，经＿＿＿年＿＿＿月＿＿＿日（小区名称）首届业主大会会议全体业主所持投票权2/3以上通过，自通过之日起生效。

第三十九条 制定和修改业主大会议事规则，按规定报当地物业管理主管部门备案。

第四十条 本规则业主各执1份，业主委员会保存3份，当地物业管理主管部门、街道办事处（镇人民政府）和社区居民委员会各1份。

第四十一条 本规则由 业主大会负责解释。

年 月 日

第八章 物业管理纠纷的法律解决

要　点

◆ 物业管理纠纷的概念和特征
◆ 物业管理纠纷的种类
◆ 物业管理纠纷的起因及其特点
◆ 物业管理纠纷的处理方式和程序

物业管理在我国是一个新领域,很多人对物业管理还没有足够的认识和充分的理解。而随着住房制度的改革,公有住房的出售与大批新建物业在短期内投入使用,物业管理方面暴露出来的问题就越来越多,如果处理不好,就会引发大量的纠纷,而违法行为的出现是导致纠纷产生的直接原因,违法者实施违法行为必须承担相应的法律责任。

一、物业管理纠纷的概念和特征

物业管理纠纷,是指自然人、法人、其他社会组织、国家有关行政管理部门相互之间在物业管理的民事、经济、行政活动中,因对同一项与物业有关或与物业管理服务有关或与具体行政行为有关的权利和义务有相互矛盾(对立、对抗)的主张和请求,而发生的争执。

物业管理纠纷具有以下特征:

1. 物业管理纠纷在表现形式上极其多样

从广义的物业管理的定义来看,凡是涉及房地产的纠纷都属于物业管理纠纷的表现形式,因此物业管理纠纷涉及面广、法律关系复杂,在表现形式上多种多样。如房产作为一种商品,在居民消费中是最大的消费商品,也是较复杂的商品,商品质量是关键问题。当业主的房子有诸如漏雨、墙面倾斜,或是门窗裂缝,业主都会以此为由拒交物业管理费,因此而引发物业管理纠纷。其实,这其中涉及两个法律关系,一是开发商与购房人(业主)之间的房屋买卖关系,二是业主与物业管理公司的服务合同关系,如果把两个法律关系搅在一起,责任就不容易分清。

2. 解决物业管理纠纷的法律法规尚不完备

物业管理涉及诸多的权利义务关系,包括销售商品房的开发公司与业主、业主委员会、物业服务企业之间,也包括业主委员会与物业管理公司、业主委员会与全体业主之间以及全体业主与物业管理公司之间等。尽管这些年来国家出台了《城市房地产管理法》、《物权法》等一些大法,但规范物业管理的法律、法规、规章仍不够完备。在物业管理领域,全国缺乏系统完善的法律体系,致使物业管理中产生的大量的纠纷得不到及时解决。目前,解决纠纷主要适用民法或大量的不系统的规章或少量的地方性法规,这不能不说是一个欠缺。

二、物业管理纠纷的种类

物业管理纠纷是一种历史的社会现象，反映了人们社会财产关系中的一种矛盾状况，体现了18世纪60年代以来社会三种基本矛盾（社会生产力与生产关系的矛盾、社会生活力与生态环境的矛盾、社会主体的个体利益与公共利益的矛盾）运动对物业的管理和对业主服务社会关系产生的深刻影响。

中国物业管理事业起步较迟，20世纪80年代萌芽，1994年开始运用政府行政力量和法规政策推广物业管理，到今天，中国物业管理已初具规模，并在新建住宅区的管理方面占据了绝对优势和主导地位。相应的，物业管理民事、经济、行政活动日益频繁，物业管理纠纷也因种种原因不断出现。

对于已表现出来的形形色色的物业管理纠纷，可以依不同的划分标准分出多种类型。

1. 按纠纷所属法律部门不同的法律关系性质差异，可以将物业管理纠纷划分为四大类：

① 民事纠纷。指民事法律地位平等的自然人、法人、其他社会组织相互之间基于财产关系和人身关系而发生的纠纷。物业管理纠纷大部分属于民事纠纷，主要表现为：服务合同纠纷（违约纠纷）、侵权纠纷、不动产相邻关系纠纷、无因管理纠纷等。

② 经济纠纷。正确地说是经济管理和协作纠纷。指存在经济组织隶属关系地位不平等的个人与其所在经济组织之间、下级组织与其上级组织之间或者依法依合同结成经济协作性隶属关系的不同经济组织之间，基于经济利益关系和组织管理职责关系而发生的纠纷。其主要表现为：基于营业性物业服务合同而在承发包当事人（物业服务企业与特定业主及业主委员会）之间发生的经营管理权限纠纷；基于所有权和成员权而在业主个体与业主小组、业主大会、业主委员会或住区管委会之间发生的经济事务自治权利义务纠纷；有关单位依物业管理法规应当相互协助而未尽协助职责纠纷等。

经济纠纷与民事纠纷的基本区别在于：经济纠纷是由于一定经济活动组织系统中因法定或约定的组织性职责（职务权力和责任）关系，而使有关方经济利益或经济地位形成纵向隶属关系，关系的当事人在各自的经营管理职权、职务和职责，或者各自经济利益实现的优先顺序和保障方面所发生的纠纷；民事纠纷的广义包括经济纠纷，其狭义仅指不存在社会活动组织隶属关系的地位平等的民事主体间发生的纠纷。

③ 行政纠纷。狭义是指行政机关在行使管理职权过程中与自然人、法人和其他组织之间发生的具体行政行为争执及连带利益（如行政赔偿）争执，广义还包括对抽象行政行为即行政规范性文件内容规范的争执。在物业管理行政法律关系中，主要有在物业管理的行政主管机关的行政指导和行政监督的具体行政行为纠纷，以及其他相关行政部门监督管理或干预物业管理活动引起的纠纷。例如对物业管理项目招投标过程中违法行为、物业服务企业不正当竞争行为和侵害消费者合法权益行为的行政查处引起的纠纷，对业主委员会组建合法性的行政否定甚至以行政命令收缴业主委员会公章的行政行为引起的纠纷等。

④ 刑事纠纷。指个人和法人单位的行为触犯刑事法规而引起的纠纷。有些物业管理纠纷首先表现为民事经济纠纷或行政纠纷，但由于未得到及时的解决或未得到公正、公平、合理的解决，就很容易使当事人矛盾冲突尖锐化、剧烈化，使纠纷扩大化，演变成刑事纠纷，这样也就使物业管理纠纷的性质发生了质的变化。例如物业管理中秩序维护员行

为招致某业主不满，该业主纠集朋友殴打物业管理公司的秩序维护员及公司经理，致其死亡或重伤，这种打人行为就超出了治安管理处罚条例的管辖范围，上升为刑事纠纷，该业主及其他打人凶手要经刑事诉讼程序而依法受到刑罚的惩处。

2. 按纠纷与权益连带关系状态的不同，可以将物业管理纠纷划分为两个方面：

① 静态的物业管理纠纷。指基于物业管理的权益归属问题所发生的争执。

② 动态的物业管理纠纷。指在物业管理的权利（产权、债权、行政权等）行使、运用过程中所发生的争执。例如物业管理事务处理权行使过程中引起的无权争议、越权争议、抗拒争议等纠纷。在一个物业管理纠纷中，解决好静态的物业管理纠纷往往是解决动态的物业管理纠纷的前提。

3. 按纠纷中的基本权利性质和特点不同，可以将物业管理纠纷划分为四大类：

① 物业管理产权类纠纷。主要是物业所有权方面的业主专有权与业主团体共有权辖属范围的确认纠纷，业主团体共有权与托付物业服务企业的物业经营管理权行使之间的权限划分和确认纠纷，物业使用权人与业主及业主团体之间发生的使用权益确认纠纷等。

② 物业管理债权类纠纷。主要是与物业管理服务有关的合同之债权债务关系纠纷。例如物业管理服务违约纠纷、物业管理行为失误致人损害的赔偿纠纷、车辆保管纠纷、无因管理之纠纷等。

③ 物业管理行政权类纠纷。主要是物业管理行政主管机关和其他有关行政部门在行使职权的具体行政行为中与行政相对人之间发生的行政权限和行政权行使是否违法、是否得当、是否显失公正的争执。例如，违法建筑和违法搭建的行政确认与行政执法强行拆除引起的纠纷等。

④ 物业管理自治权类纠纷。主要是业主、物业使用权人、业主大会、业主委员会、业主团体自治的行政指导和监督部门相互之间在团体民主自治权益方面发生的纠纷。例如业主不执行管理规约的有关规定或不执行业主大会续筹物业维修资金的分摊决定而引起的纠纷。

[案例8-1]

业主要求更换物业管理公司纠纷案

[案情介绍]

某物业管理公司为了弥补经营的亏损，多次擅自提高"宇宙花园"住宅小区业主的水电费，对此，部分业主表示不满，并拒交水电费。为了加强管理，物业管理公司采购了一批新的IC卡水、电表，要求小区业主每户出资500元将原来的水、电表替换掉，此举遭到大部分业主的反对。于是物业管理公司对拒不交钱换表的业主停止送水、送电，并对拒交水电费的业主给予罚款处理。小区业主对物业管理公司的做法义愤填膺，强烈要求更换物业管理公司。部分业主通过联名签字同意，请了另外一家物业管理公司来到小区，但原物业管理公司以其与开发商有委托管理合同为由拒绝交出管理权。双方争执不下，诉诸法院。

请分析：物业管理公司和业主的做法各有什么不对之处？为什么？

[法理分析]

(1) 物业管理公司的不对之处及分析

① 擅自提高水、电费不对。水、电费是由政府有关部门定价，由水、电管理部门收

取的费用，物业管理公司只是代收，不能擅自提价。

② 向业主收取500元的水、电表设备费不对。按规定，开发商必须将每户业主的水、电表设备的费用打入房价中。物业管理公司要更换水、电表应与开发公司协商，而不能强行向业主收取费用。

③ 对业主停水、停电的做法不对。只有水、电管理部门才有权对用户进行停水、停电的处理权。

④ 对业主给予罚款处理的做法不对。根据我国《行政处罚法》的规定，只有国家司法机关和有关行政机关才有处罚的决定权或执行权。

⑤ 以其与开发商有委托管理合同为由拒绝交出管理权的做法，理由不成立。在小区成立了业主大会和业主委员会后，物业的管理权就属于业主大会及其委员会，业主委员会有权续聘或解聘由开发商聘请的物业管理公司。

（2）业主的不对之处及分析

① 部分业主拒交水电费的做法不对。业主对物业管理公司的收费标准有意见，可通过协商、调解、仲裁甚至诉讼等形式解决，在问题未解决之前，不能拒交水电费。

② 部分业主通过联合签名去聘请新的物业管理公司的做法不对。业主有权对原物业管理公司的工作进行监督、审查、批评，如果对该物业公司的服务不满意，可以通过业主大会按照特定程序选聘、解聘，但是这种权利必须按照法定的程序来行使，部分业主不能按照自己的意愿去解聘或选聘物业管理公司，在没有经过业主大会的情形下所做出的决定是无效的。

三、物业管理纠纷的起因及其特点

从部门法分类的角度看，物业管理关系可以说兼具民事、经济和行政法律关系的特点。其民事、经济关系特点的集中体现就是物业管理关系的当事人通常是平等主体的法人（物业管理公司或开发商）或业主组织，当事人之间的权利义务以民事、经济合同的方式约定；而其经济或行政法律关系的特点表现在政府有关主管部门对物业管理活动的管理和规范上，这也是政府履行其经济行政管理职能的内容，在这一过程中，物业管理活动中的关系人会有不平等的地位，如政府相关管理部门和管理相对人（企业、其他组织或公民）的地位就不平等。

物业管理纠纷的起因和分类与物业管理关系在部门法性质的兼容性相关。多种物业管理纠纷通常可分两类：一是发生在平等主体的物业管理当事人之间的民事纠纷；二是发生在政府管理活动中的物业管理经济行政纠纷。还有少数物业管理纠纷与法规规章在制定或解释方面造成的歧义以及新旧规则的衔接有关。

（一）物业管理民事纠纷的起因和特点

物业管理民事纠纷发生在平等主体的法人和公民或其他组织之间，通常表现为两种情形：起因于合同的纠纷（如违约）和侵权的纠纷。

1. 物业服务合同纠纷的起因和特点

合同纠纷通常涉及合同是否有效和有效合同是否得到履行两大方面。合同效力通常涉及合同主体是否合法或适格，合同内容是否合法真实，合同形式是否符合法律规定等三方面因素；合同履行中的问题则更直接与当事人的过错和责任种类有关。

一般而言，物业管理有关当事人对于合同的争议主要围绕以下几个方面：

(1) 合同主体的合法性或是否适格的问题

物业服务合同的主体通常是两方当事人：产权人和管理人。产权人应是具备要约资格的、有合同行为能力的公民、法人或其他组织，管理人应是具备物业管理资质的企业法人。

关于管理人的资质，目前一些纠纷所反映出来的问题主要表现为业主对管理人的素质不满意，甚至有些物业服务企业不具备独立法人资格(如开发商的一个管理部)，也没有拿到物业管理资质证书。

至于产权人的资格问题，从现行的法律、法规和规章的规定来看，物业管理的要约权无疑是属于业主的，而业主是通过业主大会和业主委员会来行使物业管理权的。这就是说，业主大会或其代表组织业主委员会才是适格的要约人。典型的物业服务合同应是业主或业主的代表组织与物业管理公司订立的物业服务合同。当然，业主大会和业主委员会的成立须经过一定的法律、法规或规章认可的程序，才具备合法的代表资格。有些小区业主因对物业管理公司的服务不满意，自发成立了小区业主委员会，公开向社会另行招聘管理公司，并要求原来的管理公司退出该小区。在这些纠纷中，作为部分业主自发成立的组织，不管其是否自称为业主委员会，是没有经过业主大会选举的，不具代表性，因此也就没有物业管理要约行为能力，其另行与其他管理公司订立的合同是无效的。

实践中，物业服务合同也有开发商与物业管理公司签订的。开发商与物业服务企业的合同周期不宜太长，否则不利于物业管理权的交接。

此外，客观上还存在第三种情况，就是分散的业主在买楼时与开发商订立的商品房预售契约中有一个物业管理条款，其通常的写法是：乙方(业主)同意甲方(开发商)或甲方聘请的物业管理公司管理该房产。

当物业服务企业或要约人的主体资格不合法或对方有疑义或业主对开发商的管理不满时，纠纷就可能出现。如从业主的角度看，预售契约中的物业管理条款只适用于物业过渡管理时期，即从物业竣工验收到完成综合验收期间或尚未移交管理权给业主组织的一段时间，这一条款如硬性规定适用于业主组织成立以后，则明显有搭售或格式合同侵权的嫌疑，而搭售和利用格式合同侵权是我国《反不正当竞争法》、《合同法》和《消费者权益保护法》所明确禁止的行为，不少法律界人士也持相同看法。

业主委员会对开发商聘请物业服务企业的合同有权予以确认或撤销。《城市新建住宅小区管理办法》和《物业管理条例》都规定，业主委员会有权决定选聘或解聘物业管理公司。这样，开发商将物业管理权移交给业主委员会以后，其聘请的物业服务企业是否可以继续管理就是一个问题，如各方意见不一而又无法协调时，则会产生纠纷。某小区曾出现过物业服务合同纠纷并成讼于法院，起因就是开发商聘请的物业服务企业在业主委员会成立后拒不交出管理权，并坚持收取费用，业主不满，经交涉无效后诉诸法院。

(2) 合同内容是否合法真实的问题

物业服务合同内容的确定取决于两方面的因素：当事人的约定和法律的规定。合同行为是当事人的意思自治，但并不意味着当事人可以随心所欲地确定合同内容，合同内容既要充分尊重当事人的约定，又要符合法律、法规或规章的要求。如管理范围、服务定价、违约处罚等都要约定在先,同时又于法有据;有些小区的管理公约中规定管理公司有权对违反小区管理规则的行为予以处罚,如罚款、扣押或没收违章工具,拆除违章建筑或设施等。不管有无业主委员会同意,这类约定都是无效的。根据我国《行政处罚法》的规定,只有法律、法规或规章才能设立行政处罚,而且只有国家司法机关和行政机关才有处罚的决定和执行权。为制止违法行为,可以订立诸如停止侵害、恢复原状、赔偿损失、支付滞纳金、没收定金等条款,尤其是针对业主的违约制裁行为,通过业主组织(业委员会或业主大会)出面会更好。

物业服务合同内容的真实性主要是指当事人意思表示是否真实。所谓意思表示真实,是指当事人订立合同时是自愿平等的,没有受到对方或其他人的压力或欺骗,也没有重大误解,对合同内容和责任认识清楚,完全是自主的决定和行为。物业服务合同是一种专业性较强的合同,同业主比较,管理公司对物业管理内容的理解和执行处于明显优势,因此由发展商准备的合同或管理规约之类的文件,管理公司有明确告知和充分解释的义务。否则,如业主认为意思表示不真实,主张合同无效或要求撤销,就有可能出现纠纷。在商品房预售合同中的物业服务合同,一般来讲是不真实的,因为签约时业主关注的是房地产产权买卖的问题,物业服务合同的格式条款不被业主重视和理解,如依据此条款就认定业主已处分了物业管理权,则与法律规定不相符,也违背公平和诚信的原则。

(3) 合同订立的形式问题

物业服务合同属于房地产服务合同,根据有关规定,应属于要式合同,即必须书面订立,并报有关管理部门登记备案。不符合形式要件的合同,其效力会受到影响,甚至引发纠纷。从鼓励交易的角度出发,合同条款不完善或形式要件不具备、但已经履行的合同,可以协商补足,合同应认定有效。但实践中因形式要件不足引起的纠纷具有一定数量。

(4) 合同履行中的问题

依法成立的合同受法律保护,当事人应当按照合同履行。依据我国《民法通则》和《合同法》的规定,合同应当完全履行,不能完全履行的应当征得对方同意后实际履行或变更履行,不履行合同或不按合同履行而无正当理由的,应承担违约责任。关于违约责任由谁承担、承担的方式和幅度等的争议,在合同纠纷中占了绝大多数。如收费问题,一方面是业主投诉物业服务企业不按合同约定收费;另一方面是物业服务企业抱怨业主拖欠费用。

双方在合同履行期间可以协商变更、终止或解除合同,但不能协商时则可能成为纠纷。

此外,一方在违约的事实出现后,可能会主张免责。但免除违约责任的情形通常只有两种情况:约定免责条件和法定免责条件。法定免责条件主要是合同期间出现了不可抗力,但关于约定免责和不可抗力的条件和构成,当事人会有不同看法,这方面的争议也较多。

[案例 8-2]

台风刮起标识牌伤人,物业服务企业是否赔偿?

[案情介绍]

为了向业主介绍物业服务企业的便民服务项目,物业企业在其办公室门前竖立了一块便民服务项目标识牌。某天下午,当地刮起了十级台风,标识牌被台风刮倒。该物业公司的工作人员见状便将其平放在地上,准备台风过后重新安装。不久,又一阵台风将标识牌刮起达2米多高,向小区里飘移近20多米后突然下坠,恰好击中匆忙从外边赶回来的业主李某头上,致李某当场昏迷。巡逻秩序维护员立即将李某送往医院抢救。经医院诊断,李某的头部后脑皮层被划开7厘米长、深达骨膜,前额有2厘米的挫伤,左上肢有长达10厘米的划伤,并有轻度脑震荡。物业企业为李某垫付了手术费、住院费、医疗费等共计2000余元。李某出院后,物业企业称李某被砸伤是由于不可抗力造成的,要求李某返还垫付的医疗费。李某认为,自己是被管理处的标识牌砸伤,自己不仅不应向管理处返还垫付的医疗费用,物业企业还应支付自己出院后的复查费用和误工损失费,遂将物业企业诉至法院,要求赔偿自己的损失。

[法理分析]

本案是关于小区内的服务牌砸伤人,物业服务企业是否应承担责任的问题。

① 不可抗力

我国《合同法》第一百一十一条规定:"本法所称不可抗力,是指不能预见、不能避免并不能克服的客观情况。"日常生活中,不可抗力主要包括自然灾害和事件。自然灾害如暴风、冰雹、地震等,事件如战争、罢工等。在合同法领域,法律规定对因不可抗力引起的合同不能履行的,不履行合同的一方不承担违约责任。但在侵权法领域中,因不可抗力造成他人伤害的,除法律有明确规定外,并不必然免除侵害人的责任。

② 物的所有人或管理人对物的管理责任

我国《民法通则》第一百二十六条规定:"建筑物或者其他设施以及建筑物上的搁置物、悬挂物发生倒塌、脱落、坠落造成他人损害的,它的所有人或者管理人应当承担民事责任,但能证明自己没有过错的除外。"该规定在归责原则上采取过错推定,即认为物的所有人或管理人主观上存在过错,应该承担责任;如果物的所有人或管理人想不承担责任,就必须用证据表明自己主观上没有过错或者是由于他人的行为而导致伤害的发生。该规定同样适用于因不可抗力导致物件致人伤害的情形。

本案中,台风属于自然灾害和不可抗力的范畴,但就台风造成的后果而言,并不当然的免除物业企业的责任。物业服务企业要想免除自己的责任,就应该承担自己没有过错的举证责任。但事实上,在标识牌被台风刮倒后,该物业服务企业的工作人员只是将其平放在地上,准备台风过后重新安装,此外并没有采取其他有效措施防止标志牌再被台风刮起。因此应该认定物业公司的工作人员处置被台风刮倒的标识牌不当,存在过失,应赔偿李某的损失。

物业服务合同纠纷具有以下几方面的特点:

(1) 纠纷主体的平等性。物业服务合同是业主代表组织或发展商与管理公司基于平等民事主体的身份订立的,各方当事人的权利义务依据平等自愿、等价有偿、诚实信用的原则确定。因此,在解决纠纷时任何一方都不可能凌驾于合同或对方当事人之上。

(2) 纠纷的内容和标的既有有形的物质(如财产),更有无形的服务。物业服务合同是一种双务合同,因合同出现的纠纷可能有财产的内容,如请求给付违约金或赔偿损失等,但也有请求提供或取消服务,或改善服务质量等无明确财产的内容。

(3) 纠纷处理方式的协议性。纠纷当事人可以选择处理纠纷的方式,如协商、仲裁、调解或诉讼。

(4)纠纷管辖的地域性。物业服务合同纠纷除当事人选择仲裁可以不受地域限制以外,以诉讼方式或请求有关管理部门调解的,均须遵循物业所在地有关机构管辖的原则,如诉讼,就只能选择在物业所在地法院审理,至于是在哪级法院(基层法院还是中级或高级法院),则视争议标的而定。

(5)经营者不得单方解约。物业管理关系到大批居民的生活安定,经营者(主要指物业管理公司或开发商)负有较强的社会责任,与业主出现纠纷时,即使是业主违约在先,经营者也不得随意停水、停电或单方面解约,以免造成难以预料的后果。经营者认为权利被侵害,可以另循法律途径解决。

2. 物业管理侵权纠纷的种类和特点

民事侵权纠纷与违约责任纠纷的最主要区别在于责任基础不一样,后者起因于约定,而前者是法律的规定。物业管理侵权是指在物业管理过程中,当事人因为故意或者过失造成了对他人的损害,依据法律规定应该承担相应责任的违法行为。

物业管理侵权纠纷的种类,如根据被侵害的对象和结果而言,通常可以分为:侵犯财产权的纠纷、侵犯人身权(含生命健康权、人格权和身份权)的纠纷和既侵犯人身权又侵犯财产权的复合性纠纷(如侵犯知识产权的纠纷)。

由于侵权纠纷在归责原则上的不同,会直接影响到纠纷解决的过程和结果以及举证责任的不同。我们认为,依据归责原则的差异来划分物业管理侵权纠纷的种类会更简单和合理一些。根据现行法律、法规的规定和立法精神,物业管理侵权责任的归责原则主要有两种:一是过错责任原则;二是严格责任原则。因此,物业管理侵权纠纷依据这两种归责原则的不同也可为两类:

(1)基于过错责任原则的物业管理侵权纠纷

过错责任原则在构成上具有四个要件:①行为人行为(包括作为或不作为)具有违法性;②行为人主观上有过错(故意或过失);③行为人的行为客观上造成了被侵害人(包括财产的、人身的或精神的)损害;④被侵害人的损害是行为人的行为引起的,即行为与损害之间有因果关系。

在物业管理活动中,绝大多数因故意或疏忽大意而造成的损害应适用过错责任原则;另外,因违约而引起的侵权也适用过错责任。从责任主体上看,业主作为侵权责任主体时,通常适用过错责任。在举证责任上,适用过错责任的侵权纠纷,按照"谁主张,谁举证"原则,是由主张者(通常是受害人)举证。

[案例8-3]

门卫放松管理致使电动车被盗,物业公司应否赔偿?

[案情介绍]

2002年9月14日上午,家住成都某小区业主傅某将电动自行车停放于自家车棚内并上锁;下午5时许,傅某发现电动车被盗,立即向小区值班秩序维护员报告并到派出所报案。由于案件缺乏线索未能侦破,傅某遂与物业公司交涉。傅某认为,其与物业公司签订的物业服务合同中明确写明,物业公司应承担维持公共秩序、安全监控等职责;如未达到服务质量,造成业主及使用人经济损失的,物业公司给予经济赔偿。车辆丢失是由于物业公司未履行合同职责所致,要求物业公司赔偿其损失,但被物业公司拒绝。于是,傅某向法院提起诉讼,要求物业公司赔偿其电动自行车损失2000元,附带精神损失费 5000 元。

[法院审理]

法院经审理认为，小区实行封闭管理，物业公司的门卫未对进出小区的外来人员进行必要查问，也未按合同约定予以登记，客观上给盗窃行为的发生带来便利条件，其应对自己的不作为承担一定责任。原告对自己的财产保管存在疏忽，使小偷轻易将电动车盗走，应承担主要责任。据此，一审法院判决物业公司赔偿原告傅某损失 500 元。傅某不服，提起上诉。

二审法院经审理认为，一审法院审理事实清楚，适用法律正确，驳回傅某上诉请求，维持一审原判。

[法理分析]

本案涉及小区物业不认真履行协议，客观上为电动自行车被盗创造了条件而承担相应责任的问题。

① 物业公司的合同义务。

我国《物业管理条例》第二条规定："本条例所称物业管理，是指业主通过选聘物业服务企业，由业主和物业服务企业按照物业服务合同约定，对房屋及配套的设施设备和相关场地进行维修、养护、管理，维护相关区域内的环境卫生和秩序的活动。"第三十五条规定："业主委员会应当与业主大会选聘的物业服务企业订立书面的物业服务合同。物业服务合同应当对物业管理事项、服务质量、服务费用、双方的权利义务、专项维修资金的管理与使用、物业管理用房、合同期限、违约责任等内容进行约定。"第三十六条规定："物业服务企业应当按照物业服务合同的约定，提供相应的服务。物业服务企业未能履行物业服务合同的约定，导致业主人身、财产安全受到损害的，应当依法承担相应的法律责任。"物业公司与业主之间是合同关系，物业公司应该根据合同约定提供管理服务，应对自己合同履行中存在的过错承担相应的民事责任。

② 业主妥善保管自己财产的义务。

作为电动自行车的所有人，傅某为妥善保管好自行车，应采取必要的防盗措施，但其只将自行车上锁而未将车棚门上锁，其行为存在较大过错，应该承担主要责任。

本案中，小区秩序维护员的不作为即物业公司的门卫未对进入小区的外来人员进行必要的查问，也未按合同约定予以登记，客观上造成了盗窃行为发生的可能性。虽然合同中明确写明，物业公司承担维护公共秩序、安全监控等责任，但如果要其完全杜绝管理区内各种案件的发生，这与权利义务相一致原则不符合，故物业公司应该对其行为承担责任。因此，审理本案的两级法院的判决都是合理的。

(2) 基于严格责任的物业管理侵权纠纷

物业管理严格责任也称无过错责任，是指当事人承担责任的要件并不以过错为前提，只要不能证明是被侵权人的过错，法律规定的责任主体就要承担责任。在高度危险作业责任、雇主责任、环境责任、产品质量责任和消费者权利保护等领域适用严格责任的情形较多。在物业管理关系的当事人中，对物业服务企业或开发商将更多地适用严格责任。在举证责任方面，适用严格责任的侵权纠纷，不由受害人举证，而应由侵害人举证。

[案例 8-4]

业主出差在外，家中污水漫溢谁之责？

[案情介绍]

某住宅小区二楼业主谢先生度假回来后,发现家中积满了污水,经查是因为该门栋下水管道倒灌所致,谢先生以开发商产品存在质量问题和物业管理公司没有履行管理职责为由,要求开发商和物业管理公司给予损失赔偿,但开发商称此楼已通过竣工验收,是合格的,所以无责任;物业管理公司称下水管道是通畅的,也不应该负管理责任,两者都拒绝赔偿。

请分析:本案属于哪一类的物业管理纠纷?本案中谁应承担责任?为什么?

[法理分析]

①本案属于物业管理侵权纠纷;②本案中物业管理公司是法律规定的责任主体,应承担严格责任即无过错责任;③物业管理是一种服务,严格地讲也是一种产品,因服务质量的瑕疵引起的后果,即使不存在故意或过失,物业管理商或开发商也要承担相应责任。因此,从现行法律规范和法理分析,本案中的管理公司和开发商均不能免责,他们应首先对业主谢先生承担责任,然后再通过有关途径明确他们各自的责任(有无责任或责任大小)。

物业管理侵权纠纷具有以下几方面的特点:

① 侵权行为和损害结果的多样性。物业管理侵权行为主要表现为作为和不作为。作为是积极的行为,不作为是消极的行为。物业管理活动中的当事人或关系人如因主动的行为(如故意或过失)侵权的,或不履行约定或法定职责而致损害的,都应承担相应责任。如乱收费、乱罚款损害业主或管理人财产或名誉,因不当的或低劣的服务造成损害的,这是作为的侵权;又如疏于治安管理、卫生管理、设备管理或干脆放任不管造成损害的,则是不作为的侵权。

侵权损害结果的多样性,则表现在物业管理侵权纠纷中,侵权行为的损害结果既有物质的损害、人身的损害,也有精神的损害;既有对法人或社会组织的损害,也有对自然人的损害;既有对个人的损害,也有对群众乃至一定社会关系的损害。

② 侵权损害赔偿的法定性。与违约纠纷的处理明显不同,物业管理侵权损害的赔偿主要是依据法律、法规的规定来确立赔偿的标准与方式。

③ 侵权责任与违约责任的交叉性。侵权责任与违约责任的竞合,是民法上一个较突出的问题,这一问题在物业管理纠纷中也比较明显,很多基于合同的纠纷,当事人也可按侵权纠纷的性质和方式处理。发生竞合时,是提起合同之诉还是提起侵权之诉,当事人可以依法进行选择。但一旦以某种诉因提起诉讼,则不能以另一诉因再提起诉讼。

(二)物业管理行政纠纷的起因和特点

1. 物业管理行政纠纷的起因

物业管理行政纠纷起因于不平等的物业行政管理关系。物业管理作为房地产业发展到一定阶段的产物,其缺乏规范的现状尚难一下子改变。因此,政府通过一定的行政管理行为进行协调、规范和处理,是可行的,也是必须的。但是,政府物业管理行为本身缺乏规范却极易引发纠纷。现阶段由于体制的问题,主管开发建设和物业管理的都是同一建设行政主管部门,尚缺乏一定的制约监督机制,加上物业管理立法滞后,中央与地方、地方与地方之间的法规不一致,甚至冲突很大。因此,在政府物业行政管理中如何规范管理相对人(被管理人)的权利义务,协调处理他们之间的矛盾和冲突,就显得十分重要。如物业收费,在物业小区业主委员会与物业服务企业正式订立服务合同之前,是否要缴纳管理费,是否可以终止或修改发展商与物业服务企业的合同。这些问题，当事人可能会请求物业行政主管部门调处，如行政部门调处不当或明显偏袒，则会引起一方当事人的强烈不满，甚至成讼于法院。如某市管理部门在处理一个未经验收的小区的管理费纠纷时，在地方性法规规章并无明确规定的情形下，就武断地说：业主享受了服务就要交费。结果引起业主广泛不满，并起诉到法院。此外，甚至有个别部门为发展商开具虚假的验收合格证明或倒填日期，协助开发商逃避责任。

2. 物业管理行政纠纷的特点

物业管理行政纠纷的特点主要表现为以下几点：

1) 物业管理行政纠纷产生于物业行政管理关系中，当事人在物业管理关系中的地位是不平等的，一方是代表政府行使管理职权的行政机关，另一方则是管理相对人，属于一般的民事主体身份。

2) 物业管理行政纠纷一旦成讼于法院，则属于行政诉讼。该类诉讼与民事纠纷性质的诉讼的最大区别在于：一是审理中不能调解；二是诉讼期间被诉方行政机关不得补充证据或另行收集调查证据。其他方面的权利义务是平等的。

3) 物业管理行政纠纷可能涉及财产内容，也可能不涉及财产内容，而只涉及撤销或认可某种行为和其他非财产权利。

四、区分几种不同性质的物业管理纠纷时应注意的几个问题

1. **因法规变化所引起的物业管理纠纷的定性**

由于统一的物业管理法律法规的缺乏，物业管理法规的变化是不可避免的。因此因新旧法规规定的不同而引起的纠纷不可小视。举凡物业收费、物业管理权限、管理内容或规范的变化，都相应地会引起物业服务合同、物业管理当事人关系的变化。这种因法规变化而引致的纠纷，应由政府相关部门做好衔接和处理工作，不能简单定性为民事或行政纠纷。在性质认定时要把握"新法不溯及既往"的原则；在解决双方约定事项的争议时，要客观公平地处理好当事人的合同条款和法规规章的关系，与法规不相冲突的合同条款要充分尊重。

2. **区分开发商与物业服务企业的行为和责任界限**

物业管理纠纷的重要当事人之一是物业服务企业，在物业使用初期可能也有开发商，但需要说明的是，业主基于产权与开发商的纠纷属于另外的法律问题。

在物业管理方面，开发商与物业服务企业有一个责任界限，这个界限既有开发商与物业服务企业的合同约定，也有法律、法规或规章的依据。例如，物业管理的场地和设施是由开发商提供的，还有房屋交付的质量、结构等，也是开发商的责任。但物业竣工验收或综合验收交付给物业服务企业以后，管理、维修、保养的责任则转由物业公司负责。因此，在确定纠纷主体和处理具体权利义务时，明确划分开发商与物业管理公司的行为和责任是十分重要的。

3. **因第三方行为引发的物业管理当事人之间的纠纷**

第三方的行为引发物业管理纠纷，通常有两种情况：

1) 政府对物业管理当事人的行为或合同的干预，造成物业管理当事人不能依合同或关系来履行，发生纠纷。在市场经济规则日益完善的今天，这种情况会越来越少。万一遇

到，当事人也可以运用行政诉讼手段来维护自己作为市场主体的独立自主权利。当然，如果是物业管理当事人之间的合同或其他权利业务关系偏离法律、法规，行政机关干预于法有据，则当事人应该服从，而不应存在纠纷或冲突。

2) 第三人的违法行为引发物业管理当事人的关联责任，从而形成纠纷。例如，住在小区内的业主交了秩序维护服务费，但某日被小偷偷了家里的东西，业主认为管理公司要负疏于管理造成财产失窃的责任。这类诉讼在国内已有一定数量。第三人的违法行为是否必然引发物业管理当事人的关联责任，应具体问题具体分析。如北京某小区出现犯罪分子谋杀业主案，业主亲属起诉于法院，认为是管理人员疏忽，未尽秩序维护职责，应承担侵权损害赔偿责任。此案经审理，法院认为，秩序维护服务并不能消灭犯罪，谋杀的后果应由犯罪分子承担责任。但法院同时认为，小区封闭管理不完善（围墙有缺口），属违反物业服务合同的行为，应该承担一定责任。

五、物业管理纠纷的处理方式和程序

(一) 物业管理民事纠纷的处理方式和程序

物业管理由于其活动范围的广泛性、服务对象的复杂性，物业管理过程中的纠纷也往往是多种多样的，针对不同类型的纠纷应采取不同的措施进行处理。一般而言，物业管理民事纠纷的处理方式，概括起来有以下几种：①当事人各方自行协商和解；②各方当事人请求第三人调解，请求政府主管部门行政调处；③当事人之间约定仲裁；④司法诉讼。

以上几种方式孰优孰劣，难作评定，当事人可以自己决定。自行协商和解是双方直接对话解决纠纷的方式，而后面三种则是借助第三方解决纠纷的方式。

1. 当事人协商

协商是由物业管理纠纷当事人双方或多方本着实事求是的精神，依据有关法规管理规约和所订合同中规定，直接进行磋商，通过摆事实、讲道理的办法来查明事实、分清是非，在自愿互谅、明确责任的基础上，共同商量达成一致意见，按照各自过错的有无、大小和对方受损害的程度，自觉承担相应的责任，以便及时地自行解决物业管理纠纷的一种处理纠纷的方式。

2. 调解

调解是指当事人之间发生物业管理纠纷时，由国家规定的有管辖权的第三人来主持引导当事人进行协商活动，坚持自愿原则和合法原则，运用对当事人进行利害分析、说服教育的方法，促使当事人双方相互谅解，自愿达成协议，平息纠纷争端的一种方式。

调解按调解主持人的身份不同可分为民间调解、行政调解和司法调解三种。调解达成协议的，调解主持人应制作调解书，在调解书中写明当事人的情况，纠纷的主要事实和责任，协议的内容和责任的承担方式、承担者，然后由当事人签字盖章，主持调解人员署名并加盖公章。双方当事人对送达的调解书都要自觉履行。

(1) 民间调解。广义包括人民调解委员会调解、律师调解、当事人请调停人调解；狭义仅指人民调解委员会调解民间纠纷，具有民间性质。其调解虽有一定约束力，但要靠当事人自觉履行，一方不履行调解书内容，民调委和另一方当事人皆不能强制其执行。

(2) 行政调解。指在特定的国家行政主管机关主持下进行的调解，具有行政性质。行政调解书具有法律效力，若一方不执行，主管机关虽无权强制其执行，但另一方当事人可以持行政调解书向有管辖权的法院申请强制执行;若达成调解协议的一方反悔了,要推翻行政调解书写明的协议,就必须到法院起诉,如不经过司法程序,就不能推翻原来的行政调解。

(3)司法调解。广义包括仲裁调解和法院调解,狭义仅指法院调解,又称诉讼内调解,具有司法性质。法院受审案件中的民事部分,可以在审判人员主持下进行调解,一般只有在调解不成时,才依法作出判决。即使一审作了判决,到了上诉二审的时候还是可以调解的,如果调解成立,一审判决即视为撤销。司法调解书与判决具有同等效力,一经送达生效就产生以下法律后果:①当事人不能就法院已调解解决的案件以同一事实和理由对另一方再行起诉;②当事人不能对调解提出上诉;③当事人一方不履行调解书内容,法院可以强制执行。

民间调解和行政调解不是法定的诉讼前必经程序,如果当事人不愿调解或对调解不服,或调解成立后又反悔,仍有权起诉。同时,民间的调解和行政调解与仲裁或诉讼程序中的调解是不同的。仲裁或诉讼中的调解是仲裁或诉讼程序中的一个环节,不具有独立性。

3. 仲裁

仲裁是指由物业管理纠纷当事人依据仲裁法,双方自愿达成协议选定仲裁机构并由其主持调解或对纠纷作出裁决的一种处理纠纷方式。依据我国《仲裁法》规定,仲裁委员会不按行政区划层层设立,可以在设区的市、省级人民政府所在地的市设立,并且仲裁不实行级别管辖和地域管辖。仲裁委员会只受理平等主体的公民、法人和其他组织之间发生的合同纠纷和其他财产权益纠纷。

可以通过仲裁途径解决的应是民事性质的争议,主要是基于合同的纠纷或财产权益纠纷。依据我国《仲裁法》的规定:"平等主体的公民、法人或其他组织之间发生的合同纠纷和其他财产权益纠纷,可以仲裁。"

仲裁庭管辖物业管理纠纷的依据是当事人认定的仲裁协议。仲裁协议有两种方式:一种是在订立合同时就约定一个条款,说明一旦有争议就提交仲裁,这叫仲裁条款;另一种方式是双方当事人出现纠纷后临时达成提交仲裁庭仲裁的书面协议。仲裁协议要写明以下内容:①请求仲裁的意思表示;②仲裁事项;③选定的仲裁委员会。如一个在广州履行的合同写明:"有关本合同的争议,双方应协商解决,无法协商时提交广州仲裁委员会仲裁。"则该合同的争议依法应由广州仲裁委员会处理。达成仲裁协议的争议,不得向法院起诉;即使起诉,法院也不受理。

物业管理纠纷仲裁处理的一般程序是:

(1)一方当事人向选定的仲裁委员会提交仲裁申请书;

(2)仲裁委员会于收到申请书后5日内决定立案或不立案;

(3)立案后在规定期限内将仲裁规则和仲裁员名册送申请人,并将仲裁申请书副本和仲裁规则、仲裁员名册送达被申请人;

(4)被申请人在规定期限内答辩,双方按名册选定仲裁员。普通程序审理时由三名仲裁员组成,双方各选一名仲裁员,仲裁委员会指定一名任首席仲裁员;案情简单、争议标的小的,可以适用简易程序,由一名仲裁员审理;

(5)开庭:庭审调查质证、辩论、提议调解;

(6) 制作调解书或调解不成时制作裁决书；

(7) 当事人向法院申请执行。

与司法审判的两审终审制不同，仲裁裁决是一裁终局的。除当事人有《仲裁法》第五十八条所规定的理由可以自收到裁决书之日起6个月内提出撤销裁决申请外，当事人应当履行裁决。一方当事人不履行的，另一方当事人可以依照民事诉讼法的有关规定向法院申请执行。

4. 诉讼

诉讼是法院在物业管理纠纷诉讼当事人和其他诉讼参加人的参加下，依法审理和解决物业管理纠纷案件的活动，以及在该活动中形成的各种关系的总和。可分为民事诉讼和行政诉讼两大类。诉讼是解决争议纠纷的最基本的方式，也是最后的方式。诉讼的管辖机关是人民法院。与仲裁明显不同，人民法院依法对已提交诉讼的当事人的管辖是强制性的。

按照诉讼程序向法院对一定的人提出一定的权益主张，并要求法院予以保护的请求，叫做诉。向法院对一定的人提出诉这种请求的权利，叫做诉权。程序意义上的诉权，又叫起诉权，它是请求法院对权益的争议进行审判的一种权利；实体意义上的诉权，是提请法院适用审判这一特殊手段，强制实现权益请求的权利，也就是要求明确被诉一方的义务和强制其履行义务的权利。权利主体从实体（权利义务）法律关系发生时起，就享有实体意义上的诉权；但他要实现这一权利，还必须具有程序意义上的诉权。二者都具备，即可胜诉。只有起诉权，没有实体意义上的诉权，就会导致败诉；没有起诉权，法院则不予受理或作出驳回起诉的裁定。每一个诉的具体内容都由两个必不可少的要素构成，即诉的标的和诉的理由（包括提出诉讼请求的事实根据和法律根据）。

根据不同的诉之不同的直接目的和内容，可将诉分为三类：①给付之诉。是要求法院判决责令对方当事人履行相应的义务（包括作为和不作为）。如果对方败诉又不自动履行义务，可以依法强制执行。因此，给付之诉又称执行之诉。②确认之诉。是要求法院查明和确定当事人之间是否存在一定的法律关系，从而作出肯定的或否定的确认裁判。确认判决虽然不直接确定给付的义务，但对以后可能发生的给付之诉，具有预决的效力。③变更及撤销之诉。是要求法院根据新发生的一定法律事实，查明是否已经发生或形成一定的法律关系，或者原来存在的法律关系是否已经变更或终止，从而相应作出是否变更或撤销的裁判。

物业管理民事纠纷的诉讼程序大体上有以下几个步骤：

(1) 当事人一方（原告）提交起诉状，起诉至法院；

(2) 法院审查立案后将起诉状副本送达被告；

(3) 被告提交答辩状；

(4) 开庭：法院调查、辩论、调解；

(5) 制作调解书或一审判决书；

(6) 双方均不上诉，则判决书生效；或一方不服提起上诉，进入第二审程序；

(7) 第二审审理：制作二审调解书或下达二审判决书，此为终审判决，不得上诉；

(8) 执行；

(9) 审判监督程序，如申诉。

无论仲裁还是司法诉讼，均应贯彻合法公正的原则、即以事实为根据，以法律为准绳。由于物业管理法规规章不健全，实践中应注重民法、房地产法、合同法、物权法等一般法律与物业管理专门法规及地方性法规规章的衔接，并依据宪法的原则处理好法规的效力认定和冲突的解决；同时，在诉讼或仲裁活动中，对业主、业主大会、业主委员会的代表地位和诉权、请求权行使要有明确的了解和认可，处理好单个业主的意见与小区业主集中意志的关系，确认业主委员会在物业管理纠纷中的代表地位，以便及时处理纠纷，理顺关系，建立良好的物业管理秩序和符合法律原则的权利义务关系。

（二）物业管理行政纠纷的处理方式和程序

1. 行政复议

行政复议是指公民、法人或者其他组织认为行政机关的具体行政行为侵犯其合法权益，依法向上级行政机关提出申请，由受理申请的行政机关对具体行政行为依法进行审查并作出处理决定的活动。对于行政机关来说，行政复议是行政机关系统内部自我监督的一种重要形式；对于行政相对方来说，行政复议是对其被侵犯的权益的一种救济手段或途径。

例如，《城市房屋权属登记管理办法》第三十九条规定："当事人对行政处罚决定不服的，可以依照《中华人民共和国行政复议法》、《中华人民共和国行政诉讼法》的有关规定，申请行政复议或者向人民法院起诉。"

行政复议具有以下特征：

（1）行政复议是行政机关的行政行为。行政复议是行政机关行使职权的行为，是上级行政机关对下级行政机关行使监督权的一种形式。因此，行政复议是一种行政行为。

（2）行政复议是以行政争议为处理对象的行为。行政争议是由于相对人认为行政机关行使行政管理权，侵犯其合法权益而引起的争议。行政复议只以行政争议为处理对象，它不解决民事争议和其他争议。

（3）行政复议是由行政相对人提起的一种依申请而产生的行为。行政复议应由行政相对人提出，行政相对人不提出复议申请，行政机关不能自主启动行政复议程序。

2. 行政诉讼

行政诉讼是指公民、法人或者其他组织认为行政机关和法律、法规授权的组织的具体行政行为侵犯其合法权益，依法向人民法院起诉，人民法院在当事人和其他诉讼参与人的参加下，对具体行政行为进行审理并作出裁决的活动。通俗地说，行政诉讼也就是"民告官"的诉讼。

行政诉讼具有以下特征：

（1）行政诉讼是解决行政管理纠纷的一种诉讼活动。公民、法人或者其他组织认为行政机关和行政机关工作人员的具体行政行为侵犯其合法权益，可以寻求司法保护。

（2）行政诉讼的原告是认为行政机关及法律、法规授权的组织作出的具体行政行为侵犯其合法权益的公民、法人或者其他组织。

（3）行政诉讼的被告是行使国家行政管理权的行政机关及法律、法规授权的组织。首先，行政机关或经法律法规授权的组织在实施具体行政行为的过程中，处于主导地位，行政相对人必须服从，它不需要以原告身份提起诉讼的方式来实现具体行政行为。其次，作出具体行政行为的虽是行政机关工作人员，但因其职务行为是代表行政机关作出的，也不能成为行政诉讼的被告。

六、物业管理纠纷处理的原则

1. 物业管理纠纷处理的合法原则

物业管理纠纷处理的合法原则是处理物业管理纠纷时适用法律的原则。在法律、法规或规章并不完善的情况下，物业管理权利义务的确定和争议的处理既要符合基本法律，如民法通则、房地产法及其他相关法律的规定和精神，也要尊重当事人依法设立的合同。在法律、法规或规章有冲突时，应该遵循宪法的原则，理顺不同法规规章之间的效力关系。

2. 物业管理纠纷的地域管辖原则

物业管理纠纷的地域管辖原则是处理不动产或与不动产有关的争议的基本准则。但实践中，有些当事人是自行约定仲裁条款的，则不受地域管辖的限制。依我国《仲裁法》的规定，仲裁庭受案的依据是当事人的协议，不受地域限制。

在物业管理行业起步和发展的初期，曾出现过一种现象，即纠纷当事人，尤其是业主往往投诉无门，当事人找行政机关，行政机关久拖不决或不受理；当事人起诉到法院，但法院又推给行政机关或裁定不予受理。这种现象应尽早改变。物业管理纠纷不论是民事或行政纠纷，或其他性质的纠纷，都属于司法管辖的范围，与当事人协调不成时，可直接向人民法院起诉；有仲裁条款或能事后达成仲裁协议的，则由仲裁机构受理。

3. 物业管理纠纷尊重协议和合同的原则

因合同和其他民事活动（如代理）引发的纠纷，应重视当事人之间的约定，以当事人之间达成的合同和协议为基础进行处理，尤其要尊重当事人关于纠纷解决方式的约定，对于双方议定的条款，只要不与强行法冲突，就可以作为调处纠纷的依据。目前，较普遍的收费纠纷问题，实际上反映政府调控价格而引致管理活动和当事人之间的约定没有很好的衔接，一些物业管理公司涨价前给政府主管部门打报告，一旦获准则有如持有尚方宝剑。实际上，价格法有明确规定，不属于重要公用服务价格的，政府应减少干预。服务与收费本来是一种协议行为，或者是在政府限价基础上的协议行为，无法协商时可以通过审计管理成本确定物业管理费的分摊标准。

4. 着重调解的原则

着重调解的原则主要适用于民事性质的物业管理纠纷，如合同纠纷或侵权纠纷。着重调解的原则不仅是在诉讼或仲裁阶段要经过调解程序，在合法的前提下要尽量遵循当事人意思自治的原则，及时解决纠纷，便利执行。另外，还要充分发挥一些社会服务组织的调解功能，如通过物业管理协会和消费者权益组织，以及一些法律服务机构主持调解一些纠纷。这样，一方面可以节省纠纷解决成本，另一方面也有利于维持当事人之间的良好关系。

七、物业管理各阶段易发纠纷类型及处理

物业管理是一个从物业开发规划开始分阶段、分期逐步全面推开的过程，同时也是物业管理服务的多种经营、多类提供依其共性或关联密切性而自然构成不同板块的过程。物业管理法规对不同阶段和不同板块的物业管理服务关系的组控也各有一些特殊规范必须或可供适用。因此，下面从物业管理用法实务和处理不同类型物业管理纠纷的角度，按物业管理各阶段展开序列对物业管理易发纠纷及处理办法作出论述。

1. 物业管理早期介入阶段

物业管理早期介入是指在房地产开发项目策划和物业建设规划设计时期，物业服务企业及物业管理专家就主动介入或应房地产开发建设单位邀聘介入，为能在物业开发规划设计中预先周全考虑和妥善安排，便利以后业主自治管理事业和物业管理事业开展的项目（主要包括业主委员会办公场所的物业管理专用房、可供物业管理经营支配的商业用房和场地），所作出的专业性技术咨询服务活动。

在物业管理早期介入阶段，介入的方式是提供物业管理专业咨询服务。这种咨询服务可以是有偿的，也可以是无偿的。目前我国法规中还没有关于物业管理专业咨询服务合同的明文规定。我国《合同法》第一百二十四条规定："本法分则或者其他法律没有明文规定的合同，适用本法总则的规定，并可以参照本法分则或者其他法律最相类似的规定。"据此条规定，订立、履行物业管理专业咨询服务合同及追究违约责任办法，应适用《合同法》总则的相关规定，并可以参照《合同法》第十八章第四节关于技术咨询合同的规定。

物业管理专业咨询合同是指就特定房地产开发项目中的可供物业管理专用或经营支配的商业用房和场地的合理安排、规划设计以及如何减少妨害物业管理有效实施的因素等专门子项目提供可行性论证、分析评价报告或专家建议等合同。需求咨询方即物业管理专业咨询合同关系主体的委托人应当按照约定阐明咨询的问题，提供技术背景材料及有关技术资料、数据，接受受托人的工作成果，支付报酬。

关于物业管理专业咨询服务的违约纠纷处理，参照《合同法》第三百五十九条规定，物业管理专业咨询合同的委托人未按照约定提供必要的资料和数据，影响工作和质量，不接受或者逾期接受工作成果的，支付的报酬不得追回，未支付的报酬应当支付。受托人未按期提出咨询报告或者提出的咨询报告不符合约定的，应当承担减收或者免收报酬等违约责任。物业管理专业咨询合同的委托人按照委托人符合约定要求的咨询报告和意见作出决策所造成的损失，由委托人承担，但当事人另有约定的除外。

关于物业管理专业咨询服务形成的知识产品产权归属纠纷的处理，参照《合同法》第三百六十三条规定，在物业管理专业咨询合同履行过程中，受托人利用委托人提供的技术资料和工作条件完成的新的科技成果，属于受托人。委托人利用受托人的工作成果完成的新的科技成果，属于委托人。当事人另有约定的，按照其约定。

2. 前期物业管理阶段

（1）物业接管验收期

物业接管验收，是由已与开发建设单位或公房售房单位签订《物业服务合同》的物业服务企业参照建设部1991年7月1日颁布的《房屋接管验收标准》ZBP 30001—90及相关新标准，接管建设单位移交的物业所进行的验收。《房屋接管验收标准》之"1.2"中规定："凡按规定交房管部门接管的房屋，应按本标准执行；依法代管、依约托管和单位自有房屋的接管，可参照本标准执行。"

新建物业的接管验收不同于竣工验收，二者在验收主体、验收目的、验收条件、验收交接对象等方面存在区别。接管验收是在验收合格的基础上，以主体结构安全和满足使用功能为主要内容的再检验，其首要条件是竣工验收合格，并且供电、采暖、给水排水、卫生、道路等设备和设施能正常使用，房屋幢、户编号已经有关部门确认，交接验收的对象是由开发建设方移交物业服务企业管理的物业。根据《城市房地产开发经营管理条例》第十八条第(五)项规定,住宅小区等群体房地产开发项目竣工的综合验收中,包括"物业管理的落实情况"。因此,物业服务企业参与竣工验收的环节也成为前期介入管理的一种表现形式,但此时它并非验收主角,也不独立承担什么法律责任。实践中,也有将竣工验收与接管验收结合起来,竣工验收合格之日,物业也就移交物业服务企业接管了。

物业接管验收是物业管理主体之间发生的法定手续或约定手续,从管理服务工作上讲,物业服务企业通过接管验收,即由对物业的前期介入咨询服务转入到对物业的实体管理之中;从法律关系讲,接管验收是物业服务企业履行生效的服务合同所应尽的第一项重要义务,也是明确交接双方责任、落实物业保修责任、维护将来入住业主合法权益、保证今后物业管理工作能够正常开展的一个"法锁"(即法律关系纽结)。

为防止留下今后纠纷隐患,物业服务企业在接管验收时应当站在业主的立场上和从保证今后物业维护保养管理的角度,特别注意以下几个方面:

1) 接管验收中若发现物业质量瑕疵,应明确记录在案,约定期限督促开发建设单位对存在的物业质量瑕疵整修、加固补强,直至完全合格。对于其他质量问题,可约定期限由开发建设单位负责维修,也可以采用费用补偿的办法,由接管方处理。

2) 落实物业的保修事宜。2000年1月10日国务院第25次常务会议通过发布施行的《建设工程质量管理条例》第四十条规定:在正常使用条件下,建设工程的最低保修期限为:①基础设施工程房屋建筑的地基基础工程和主体结构工程,为设计文件规定的该工程的合理使用年限(此即所谓"终身保修"制度);②屋面防水工程,有防水要求的卫生间、房间和外墙面的防渗漏,为5年;③供暖和供冷系统,为2个供暖期、供冷期;④电气管线、给水排水管道、设备安装和装修工程,为2年。其他项目的保修期限由发包方与承包方约定。建设工程的保修期,自竣工验收合格之日起计算。就开发建设方与建筑施工单位关系而言,建设工程在保修期限内发生质量问题的,施工单位应当履行保修义务,并对造成的损失承担赔偿责任。但就开发建设方与其物业购买业主、承租使用人的关系而言,开发建设方应负物业保修责任,是物业保修第一责任人。

《城市房地产开发经营管理条例》第十六条第二款明确规定:"房地产开发企业应当对其开发建设的房地产开发项目的质量承担责任。"在物业保修实务中,有两种主要做法:一是由开发商负责保修,向物业服务企业交付保修保证金,在需要时用于代修,保修期满,按时结算;二是由物业服务企业负责保修,开发商一次性拨付保修费用。因此,在接管验收之后,若业主提出物业质量瑕疵问题和保修请求时,应先了解清楚保修责任具体承担者是谁,否则会造成搞错保修责任人的纠纷。

3) 物业服务企业应督促开发建设方移交物业整套竣工验收资料和竣工图,包括产权资料和技术资料。

4) 为尽快发挥投资效益,开发建设单位应及时提出接管验收申请。接管单位应在15日内审核完毕,及时签发验收通知并约定时间验收。经接管验收符合要求后,物业服务企业应在7日内签署验收合格凭证,签发接管文件,办理了必要的手续以后,整个物业验收与接管工作就完成了。

(2) 物业入伙期

当物业服务企业的接管验收完成后,物业就具备了入伙条件。所谓"入伙"就是业主领取钥匙,接房入住或使用。由于物业的入伙阶段是物业服务企业除管理物业以外,开展对人服务业务即与其服务对象业主接触的第一关,这一时期除了大量的接待工作和繁琐的入伙手续外,各种管理与被管理的矛盾、服务与服务感受的差异也会在短时期内集中地暴露出来。因此,这一时期通常也是物业管理问题和纠纷发生最集中的阶段。所以,物业服务企业应高度重视这一时期,一方面应及时将入伙通知书、入伙手续书、收楼须知、收费通知书、管理规约一并寄给或送达业主,以方便业主按时顺利地办好入伙手续;另一方面应充分做好预防和依法处理纠纷的准备,充分利用这一机会,做好物业管理的宣传讲解工作,特别要阐明物业管理方的权利来源(授予的经营管理权和国家法定的具有权利与义务结合性的物业管理职责)、权利性质(产权中的相对独立的经营管理权和物业管理事务处理权或代理权)、义务和责任的有限性(限于自有物业财产的经营管理、使用物业公共秩序的监督和协助业主们维护、改良生活环境以及秩序维护责任、物业质量保修责任的非约定性等)、组织签署共管规约的必要性和法定性、物业管理收费的项目及有关规范性文件依据。

此外,应秉行"全心全意为业主服务"的理念,切实为业主着想办事,例如,对业主进行物业验收时予以热情协助,并以专业知识和企业经验指导业主注意一般物业可能存在的质量问题,以树立起物业服务企业良好的"第一印象",赢得业主们的信赖。

在物业入伙期易发纠纷主要是五类:

1) 服务态度和办事效率方面的纠纷。这类纠纷一般按说明情况并向业主方赔礼道歉、请求谅解和物业服务企业内部追究有关服务工作人员纪律责任等方法来处理。

2) 服务差错造成业主利益损害的纠纷。这类纠纷一般按实事求是、有错必纠原则和侵权损害赔偿原则作出处理。

3) 格式条款合同纠纷。关于此类纠纷见本章后面关于消费者合法权益保护方面的纠纷中的有关说明。

4) 业主验收自己物业发现质量瑕疵而错究责任人纠纷。在上面物业接管验收部分中已阐明物业质量责任归属问题,有些业主因误解而把物业服务企业当作责任人来找,吵闹要保修而引起纠纷。这类纠纷一般采用让业主了解国家有关法规规定,说明责任归属问题,化解业主对物业管理公司的敌视情绪的办法来处理,并尽可能协助业主追究开发建设方的责任,督促其履行保修义务。

5) 房屋销(预)售合同中关于售后物业管理约定的纠纷。按物业管理规范性文件规定,住宅区房屋销售时,开发建设单位应当与购房者在房屋销(预)售合同中订立有关售后物业管理条款,并向购房者提供入住管理公约和住户手册。经双方签字、盖章后的入住管理公约和住户手册,是房屋销(预)售合同的组成部分,具有受合同法保护的效力。但业主入住后发现物业服务企业的服务效果不能令人满意,从而提出要辞退之,于是双方发生合同约束力问题纠纷。对这类纠纷应当具体分析和提出个案对策,不能笼统简单地规定不可以辞退或者应当辞退的原则。

[案例8-5]

物业服务企业乱收费纠纷案

[案情介绍]

吴某在某小区购买一套二居室住房,办理入住时,物业服务企业给她一份交费通知,要求缴纳管理基金费、燃气管道费、半年管理费、垫交水电周转金、电话费、有线电视费等共计1万多元,并声称交费后方能领取钥匙。吴某入住后装修时,某物业服务企业又要求其缴纳装修押金6000元，垃圾费300元，装修人员进出费每人20元。吴某根据本市《居住小区(普通)委托管理收费标准(试行)》指责某物业服务企业收费不合理，拒绝缴纳，并要求退还以前缴纳的管理基金费、燃气管道费、水电周转金等费用。物业服务企业不予理睬，声称不缴费不可施工，并将吴某所请装修工人拒之大门外。吴某向有关行政管理部门投诉。

[行政处理]

某市物价管理部门对某物业服务企业作出批评，责令其限期改变管理和收费混乱状况，要求提高其工作人员素质和物业管理水平，并将向业主收取的不合理或超标部分的费用退还业主。

[法理分析]

本案涉及物业服务企业向业主收取费用的范围，以及能否以不交付房屋钥匙作为收费手段问题。

① 物业服务企业向业主收取费用的范围。

其一，约定收取的费用。我国《物业管理条例》第三十五条规定："业主委员会应当与业主大会选聘的物业服务企业订立书面的物业服务合同。物业服务合同应当对物业管理事项、服务质量、服务费用、双方的权利义务、专项维修资金的管理与使用、物业管理用房、合同期限、违约责任等内容进行约定。"物业服务企业收取服务费的依据，是其与业委会之间物业服务合同中约定的收费条款。其可以根据《合同法》的有关规定，在合同中约定预收一定的服务费，但一般不应超过3个月。如果业主预交后，在物业服务合同到期前，业主有权要求用预付款抵充服务费。如物业服务企业预收2个月的服务费后，业主有权要求用预付款抵充合同期满前的2个月的服务费。

其二，法定收取的费用。物业服务企业可以根据地方性的有关法规，要求业主缴纳某些手续费、工本费等费用。

② 物业服务企业收取费用的程序。

对于约定的收费，业主应该依据物业服务合同，按时缴纳物业服务费。对于法定的收费项目，业主有权要求物业服务企业出示有关行政机关颁布的收费文件，并按照文件的标准支付。对于物业服务企业不能够出示相关文件、超标准收费或者不向业主出具正式发票的，业主有权拒绝。如果物业服务企业已收取业主的费用没有法律依据的，业主有权要求返还。

③ 物业服务企业不能以拒交钥匙作为收费要挟手段。

我国《合同法》第六十六条规定："当事人互负债务，没有先后履行顺序的，应当同时履行。一方在对方履行之前有权拒绝其履行要求。一方在对方履行债务不符合约定时，有权拒绝其相应的履行要求。"第一百三十五条规定："出卖人应当履行向买受人交付标的物或者交付提取标的物的单证，并转移标的物所有权的义务。"交付房屋钥匙是物业建设单位按照买卖合同应当履行的义务，只有在买受人不按照买卖合同约定支付房款时，建设单位才能够拒绝交付房屋钥匙。而物业服务合同与房屋买卖合同是完全不同且相互独立的两个合同。因此，房屋建设单位把钥匙交付给物业服务企业，并让其作为收取不合理费用手段，是违反房屋买卖合同的违约行为。

本案中的物业服务企业存在超标准收费和乱收费现象，并以不交付钥匙作为要挟手段，通过这种违法的行为获得的利益没有法定和约定的根据，因而其获得的利益构成不当得利。同时，物业建设单位擅自将钥匙交付给物业服务企业，其行为违反了我国《合同法》之规定，故业主吴某有权要求物业服务企业退回多交的费用并可以追究建设单位的违约责任。

(3) 房屋装饰装修期

业主入住时，大都要搞装修装饰。为减少二次装修装饰的浪费，便于居民进行家庭装饰，我国建设部提倡住宅工程初装饰，所以要入住只有初装饰的住宅，必然要先进行装修装饰。因此，做好关于房屋装修装饰的物业管理工作，预防和制止违法装修装饰行为，是在业主入伙后突出的一项重要事务。《物业管理条例》第五十三条明确规定："物业服务企业应当将房屋装饰装修中的禁止行为和注意事项告知业主。"建设部于2002年发布的《住宅室内装饰装修管理办法》，就如何加强住宅室内装饰装修管理，保证装饰装修工程质量和安全，维护公共安全和公众利益等作出了相关规定。物业服务企业应当对装修房屋活动进行指导和监督，发现违反前款的行为，应当劝阻和制止，并督促其改正；对拒不改正的，应当及时告知业主委员会并报有关行政管理部门依法处理。

3. 业主团体自治主持下的物业管理阶段

业主委员会成立后，前期物业管理转入业主团体自治管理与专业化物业管理相结合的运行阶段。

(1) 物业服务企业的辞退纠纷

关于辞退物业服务企业纠纷的处理是适用信任原则还是适用违约原则？按照服务合同的信任基础法理和我国《合同法》有关规定，合同当事人可以以赔偿损失为代价随时终止合同。但按不少地方现行物业管理法规规定，只有物业服务合同期满，或者物业服务企业提供的管理服务未能达到政府部门（深圳规定）和合同规定的管理服务效果标准或者有其他违约行为的，业主委员会才可以决定终止合同（江苏省规定）。

这种限制信任定律发挥作用，从而限制合同解除自由的规定是否妥当呢？有人认为，从物业服务合同具有商事性角度看，不同于一般的民事合同，且物业管理事务繁杂，物业服务企业投入的劳动量亦大，辛辛苦苦干了一段时间打下了物业管理上台阶的基础，如果没有什么违约行为，业主委员会将之辞退，好像不太公平，应当立法保护物业服务企业的商业利益。其实这个问题可以用一句话点透：在市场经济竞争中，无功就是过，守约但不能比别的经营者更多快好省地创造综合效益，就难免会失去业主对其能力的信任，也自然就难免被更能干的经营者所取代。立法限制要约人善意（即为获得更优秀的受约人）解除合同，实质上是限制了正当竞争和保护停滞不前乃至落后的经营管理方式及服务方式。因此，为充分发挥竞争机制作用和维护委托合同的信任基础，鞭策物业服务企业居安思危，努力以自己不断提高的服务水平来维系与业主们之间的信任关系，在有关立法上不应对物业服务合同的解除设不必要的限制。况且，违约行为也并不必然导致合同解除，追究了违约责任后，合同还可能继续履行，没必要以违约作为合同解除的基本前提。当然，考虑到物业服务合同的商事性和物业服务企业的营业性，如果业主委员会在不存在违约情形下解除合同，为此付给原受约方的损失赔偿额数目也不会很小。

从各地方的物业管理省级文件相关规定比较而言，上海市和重庆市的规定比较稳妥，即：物业服务企业应当在物业服务合同终止或者解除后10日内，向业主委员会办理下列事项，并报区、县(自治县)房地产行政主管部门备案：①对预收的物业管理服务费用予以按实结算，多收的部分应予退还；②移交全部物业档案资料和有关财务账册；③移交物业管理用房和业主共有的其他财物。

(2) 房屋维修、更新的费用纠纷

根据权利与义务相一致原则和损失与赔偿相等称原则来处理物业管理辖区内的房屋维修、更新的费用纠纷。

1) 属于业主独有(房屋室内)部分的自用部位和自用设备的维修、更新费用由业主负责。

2) 房屋使用人承租的，依我国《合同法》第二百二十条规定："出租人应当履行租赁物的维修义务，但当事人另有约定的除外。"其第二百二十一条规定："承租人在租赁物需要维修时可以要求出租人在合理期限内维修。出租人未履行维修义务的，承租人可以自行维修，维修费用由出租人负担。因维修租赁物影响承租人使用的，应当相应减少租金或者延长租期。"

1995年5月9日建设部第42号令颁布的《城市房屋租赁管理办法》第二十一条规定：出租住宅用房的自然损坏或合同约定由出租人修缮的，由出租人负责修复。租用房屋从事生产、经营活动的，修缮责任由双方当事人在租赁合同中约定。因此，物业服务企业代为出租商业用房，应注意在租赁合同中明确约定修缮责任条款。

3) 房屋共用部位和共用设施设备的维修、更新费用，由整幢房屋全体业主按照各自拥有的建筑面积比例共同承担，1989年11月1日建设部第5号令《城市异产毗连房屋管理规定》第九条，比较详细地规定了凡异产毗连房屋发生自然损坏(因不可抗力造成的损坏，视同自然损坏)，所需修缮费用的处理原则。深圳市的规定突出了住宅维修资金，由业主按规定分摊，分期缴纳，房屋共用部位、共用设施设备由物业管理公司组织定期养护和维修，其费用从住宅维修资金中支出。

4) 物业管理区域内的水、电、气、通信、有线电视等管线及其他属公用事业部门专项管理的设施，也可以委托物业服务企业管理维护，并承担相应费用。

5) 属人为损坏的，由该行为人负责承担维修、更新费用或者给予赔偿。

6) 物业出现严重损坏而影响业主、使用人权益和公共安全时，区、县房地产行政主管机关应当督促限期维修，必要时，房地产行政主管部门可以采取排险解危的强制措施，排险解危的费用由当事人承担。

7) 房屋的共用部位、共用设施设备维修时，相邻业主、使用人应当予以配合。因相邻业主、使用人阻挠维修造成其他业主、使用人财产损失的，责任人应当负责赔偿。反之，依不动产相邻关系法理及规定，因物业维修、装修造成相邻业主、使用人的自用部位、自用设备损坏或者其他财产损失的，责任人应当负责修复或赔偿。

(3) 物业的使用纠纷

物业的使用纠纷是因涉及公共秩序、公共环境卫生、公共利益的利用物业行为违法或不正当所引发的纠纷。处理这类纠纷应适用社会公益优先保障原则、维护相关行政管理秩序原则和尊重物业所有权属主意思原则。

物业管理法规明确列出物业使用关系中的禁止行为：损害房屋承重结构和破坏房屋外貌；占用、损坏房屋的共用部位、共用设施或者移装共用设施设备；在天井、庭园、平台、屋顶以及道路或者其他场地搭建建筑物、构筑物；侵占绿地、毁坏绿化；乱设摊点、集贸市场；乱倒垃圾、杂物；在建筑物、构筑物上乱张贴、涂写、刻画；随意停放车辆和鸣喇叭；发出超出规定标准的噪声；排放有毒、有害物质；从事管理规约所禁止的营业；法律、法规及政府规章所禁止的其他行为。对违反强行性禁止规范的行为人，不仅业主、使用权人、居民、业主委员会、物业服务企业有权劝阻、制止和举报，而且有关行政主管部门的执法监察机构有权依法予以行政处罚。

我国2004年修改的《土地管理法》确立了土地用途管制制度，城乡规划法与土地利用总体规划相互衔接和相互配合以控制各种地块的用途。物业管理区域内按照规划建设的住宅、公共建筑和公共设施，不得改变使用性质。住宅因特殊情况需要改变使用性质的，应当符合有关法律、法规的要求，其产权人应当征得相邻业主、使用人、业主委员会的书面同意。利用物业设置广告等经营性设施的，应当符合《广告法》等有关规定的要求，征得相关业主、使用人和业主委员会的书面同意，并签订合同。对物业拥有产权的业主们应该按一定比例享受在共有共用的地方因设置广告等经营性设施所产生的经济效益。

(4) 车辆停占车位及车辆保管纠纷

在物业管理辖区内，车辆行驶、停车泊位和停车场泊位的占用都有一整套规章制度，但在现实生活中，由于不少人包括某些法官未弄清车辆占用车位关系和车辆寄存保管关系是两种不同的法律关系，以至于造成一些让物业服务企业按保管合同关系承担车辆被盗丢失的赔偿责任之判例。

在存在业主和业主团体共有权(共有共管)的住宅区内，停车场和非专门停车场的停车泊位用地的场地使用权及公共设施所有权，属于全体业主共同持有；但实际又不可能做到人人共用，为平衡利益关系和发挥产权的经济功能，通过业主公共约定方式将停车泊位约定为经营性用地，并收取车位停泊占用费或称车位使用费，这实质上是一种土地产权关系，是特定小块用地的固定出租或临时出租关系，所收取的车位停泊占用费基本性质是车位地皮租金。这部分车位使用费，一方面是对停车场管理人员的劳务补偿，另一方面是对全体业主产权的一种补偿，与车辆保管费的性质是不同的。

我国《合同法》第十九章专门规定保管合同，保管合同又称寄托合同、寄存合同，是保管人保管寄存人交付的保管物，并返还该物的合同。依法理，保管合同以物品的保管为目的，转移标的物的占有，属实践性合同、不要式合同、双务合同。保管合同自保管物交付时成立，但当事人另有约定的除外。

比较车位停泊占用合同(简称车位合同)与车辆保管合同，至少有五个显著差异：

① 车位合同是诺成合同，不以车位的实际交付为合同成立要件；保管合同一般自车辆实际交付保管时才成立。

② 车位合同的标的是车位范围的场地占用权或使用权；保管合同的标的物是特定车辆。

③ 车位合同中的车位供方提供的是场地服务；保管合同中的保管方提供的是劳务。

④ 车位合同中的定价即车位使用费不是根据车辆的价值来确定的，而是依车位用地紧缺程度和国家物价部门有关规定而确定，且随占地面积扩大而增加；有偿保管合同通常是根据车辆的价值由保管关系当事人自由约定保管费标准。

⑤ 车位合同关系的付费方不付费的，法律未赋予车位供方留置权，只能按违约行为依法追究其违约责任；而保管合同法律明确规定寄存人未按照约定支付保管费以及其他费用的，保管人对保管物享有留置权。

此外，车位合同当事人的具体权利义务与保管合同当事人的具体权利义务也存在细节差别。因此，绝对不应也不能将车位合同与车辆保管合同的各自法律关系和法律责任不加区分混为一谈，车位使用费也绝不是车辆保管费。如果车位使用人还想获得车辆保管服务的话，则应另行明示订立有偿或无偿的车辆保管合同。按《合同法》第三百七十四条规定："保管期间，因保管人保管不善造成保管物损毁、灭失的，保管人应当承担损害赔偿责任，但保管是无偿的，保管人证明自己没有重大过失的，不承担损害赔偿责任。"

合同内容应当是合同当事人双方真实意愿的表示，如果车位合同中没有明示"保管"车辆的内容，而仅限于车位的有偿使用，那么，不能认为合同默示了在提供车位用地的同时附带保管义务。保管义务不同于按诚实信用原则连带的附随义务。它是一种独立的合同关系，未经当事人明示缔结则不能成立和存在。车位使用费的收取标准很低，而要车位提供方以很低廉的收费去承担车辆损失的很大风险，也有违公平合理原则。因此，物业服务企业应在自己提供停车场地服务活动中，以规约形式明确区分车位合同和保管合同，对需提供车辆保管劳务的用户，讲明应在车位合同之外另行订立保管合同，并根据车辆价值和保管风险大小来协商约定保管费标准。

[案例8-6]
进门发放出入证，车辆丢失物业公司应否负责？

[案情介绍]
某房地产公司打出销售广告，承诺提供高质量的物业管理服务，设专门秩序维护员检查出入人员及车辆进出。王某骑摩托车到该住宅小区看房，进入该住宅小区时，小区大门秩序维护员发给王某一张车辆出入证，并申明出大门时凭证放行摩托车。王某收下车辆出入证后，进入该小区，将摩托车停放在小区内。半个小时后，王某看完商品房下楼准备回家时，发现摩托车不翼而飞，但车辆出入证还在自己手中。于是，王某要求负责该住宅小区安全的保安公司赔偿，保安公司认为并未收取王某车辆保管费，车辆出入证只是车辆出入凭证，拒不赔偿。于是，王某诉至法院，要求保安公司赔偿损失。

[法院审理]
该案在审理过程中，法官就保安公司是否承担赔偿责任有两种意见。一种意见认为，保安公司不应承担赔偿责任，理由是车辆出入证仅为车辆出入凭证，而非车辆保管凭证。王某和保安公司并未发生保管法律关系。王某存放车辆是无偿的，保安公司并未收取王某任何费用，仅依据一张车辆出入证要求保安公司赔偿，显失公平。另一种意见认为，保安公司应予赔偿。理由是：保安公司虽然没有给王某发放车辆保管凭证或停车证，而只发放车辆出入证，然而该车辆出入证实际上就是车辆保管凭证或停车证，是对王某车辆准许停放和承诺保管的凭证，保安公司和王某形成了事实上的保管关系。车辆出入凭证上载明凭证放行，现出入证在王某手中，而摩托车却丢失，保安公司肯定是无证放行，存在严重过错，依法应予赔偿。

[法理分析]
本案主要涉及小区车辆"出入"凭证的性质问题。

1. 车辆"出入"凭证的性质分析（兼对第一种意见评析）。

日常生活中，我们会遇到这种"出入"凭证，如进入政府机关、军事管理区等地方，只有持有"出入"凭证的车辆才能够进入特定区域。这种"出入"凭证其实就是"通行证"，没有通行证就会被禁止进入一定区域，因此，车辆如欲进入该区域就必须持有通行证。对通行证的使用管理有下列不同做法：①通行证的生效失效有明确的时间限制，这类通行证一般由国家有关机关发放、在通行证上明确表明生失效时间，不妨称为"定期"通行证；②进入特定区域发放通行证，离开该区域时交还给发证单位，即在进出均需要通行证，否则不能通行，可称之为"双向"通行证；③进入时发放通行证，车辆凭证进入，但离开就不需要交还通行证，不妨称之为"单项"通行证。

通过以上对车辆"出入"凭证的分析，我们不难看出对"出入"凭证不同的管理方法，其对车辆的责任也不相同。上列①③种做法，"出入"凭证的发放单位不需要对车辆因在管理区丢失承担责任。但②种情形，"出入"凭证的发放单位应该对在管理区丢失车辆承担责任。因此，第一种意见没有对车辆出入证进行分析，就武断的将其划入车辆出入凭证的范畴，并以无偿为由认为如果物业服务企业承担赔偿责任就会导致显失公平，这显然是不正确的。

2. 车辆"出入"凭证的性质分析（兼对第二种意见评析）。

依据前述对通行证的具体分析，第②种"出入"凭证的规则要求进入和离开特定的区域均需出示。此种出入凭证不再是一般的通行证，即它除了具有通行证的功能外，还具有保管凭证的作用。本案中，王某进入该住宅小区时，小区大门秩序维护员发给其一张车辆出入证，并申明出大门时凭证放行，此种出入证兼具保管凭证功能。由于第二种意见没有分析透彻，虽然观点正确但不能以理服人。我国《合同法》第三百七十四条规定："保管期内，因保管人保管不善造成保管物毁损、灭失的，保管人应当承担损害赔偿责任，但保管是无偿的，保管人证明自己没有重大过失的，不承担损害赔偿。"因此，王某可以要求物业服务企业赔偿损失，但如果属于无偿保管，应该酌情减轻赔偿责任。

(5) 消费者权益保护纠纷

物业管理服务是直接面向物业消费者提供的多种经营服务，具有服务产品生产与消费过程的交融性，消费主导作用十分明显。物业管理的市场经济运行，应是一种真正实现消费者主权、不断满足消费者需要的经济循环过程。物业服务企业自觉保护消费者的合法权益，就是保护自己赖以生存和发展的市场。为防止自己的服务行为对消费者合法权益造成损害而引起纠纷，物业服务企业应自觉组织员工认真学习和遵行国家关于消费者权益保护规范；物业的业主、使用人也应明了自己作为消费者应享有哪些权益和保护手段。

消费者是指为满足个人或家庭的生活需要而购买、使用商品或接受服务的个体社会成员。

1983年，国际消费者联盟组织把每年的3月15日定为国际消费者权益日。中国现在已初步形成了以《民法通则》为基础，以《消费者权益保护法》（1993年10月31日通过，1994年1月1日起实行）、《反不正当竞争法》等专门法律为主体，以行政法规、地方性法规、行政规章为补充的法规体系；同时有工商行政管理机关和技术监督机关的行政保护、司法机关的司法保护、消费者协会的社会团体保护，加上大众传媒舆论保护，形成了相辅相成的四支保护力量。物业消费者还能另外获得业主团体自治组织、物业管理协会和物业管理行政主管机关的保护。

我国《消费者权益保护法》赋予了消费者九项权利：①安全权。消费者在购买、使用商品和接受服务时享有人身、财产安全不受损害的权利。②知情权。消费者享有知悉购买、使用的商品或者接受的服务的真实情况的权利。③选择权。消费者享有自主选择商品或者服务的权利。④公平交易权。消费者在购买商品或者接受服务时，有权获得质量保障、价格合理、计量正确等公平交易条件，有权拒绝经营者的强制交易行为。⑤求偿权。消费者因购买、使用商品或者接受服务受到人身、财产损害时，享有依法获得赔偿的权利。⑥结社权。消费者享有依法成立维护自身合法权益的社会团体的权利。⑦获取知识权。消费者享有获得有关消费和消费者权益保护方面的知识的权利。⑧受尊重权。消费者在购买、使用商品和接受服务时，享有其人格尊严、民族风俗习惯得到尊重的权利。⑨监督权。消费者享有对商品和服务以及保护消费者权益工作进行监督的权利。有权检举、控告侵害消费者权益的行为，有权对保护消费者权益工作提出批评和建议。

根据物业管理服务的特点，物业服务企业和物业消费者应特别注意关于消费者权益的下列规定：

①《消费者权益保护法》第四十九条规定："经营者提供商品或者服务有欺诈行为的，应当按照消费者的要求增加赔偿其受到的损失，增加赔偿的金额为消费者购买商品的价款或接受服务的费用的一倍。"这就是所谓"加倍赔偿"（又称"退一赔一"）的法律依据，其中关键是对"欺诈行为"的认定。国家工商行政管理局于1996年颁布实施的《欺诈消费者行为处罚办法》第三条列举了可以直接认定为属欺诈行为的具体类型，第四条又列举了经营者如果不能证明自己没有"欺骗、误导消费者"的故意，就必须承担加倍赔偿责任的一些情况。此外，计量不准就是商品质量不合格，根据有关法规规定，购到计量不准商品的消费者可以向经营者索取商品金额价格3倍的赔偿。

②《消费者权益保护法》第二十五条规定："经营者不得对消费者进行侮辱、诽谤，不得侵犯消费者携带的物品，不得侵犯消费者的人身自由。"第四十三条规定，违反上述条款规定的，"应当停止侵害、恢复名誉、消除影响、赔礼道歉，并赔偿损失。"这就是消费者名誉权、人身自由权受到侵害时要求精神损害赔偿的法律依据。《民法通则》第一百二十条的规定，也是人身权受到侵害时可以要求精神损害赔偿的依据。在物业管理实务中，特别要注意对秩序维护员的行为规范化、合法、尊重人权的教育，防止发生侵犯业主、使用人等的人身权、人身自由的错误和违法行为。

③《消费者权益保护法》第二十四条规定："经营者不得以格式合同、通知、声明、店堂告示等方式作出对消费者不公平、不合理的规定，或者减轻、免除其损害消费者合法权益应当承担的民事责任。"含有这方面的内容无效。格式合同的格式条款是当事人为了重复使用而预先拟定，并在订立合同时未与对方协商的条款。条款合同不同于示范合同，它是由当事人一方（经营者）预先拟订，相对方只能对该拟订的合同概括地表示全部同意接受或者全部不予接受，而不能讨价还价的合同类型，在法理上也称为"服从合同"。我国《合同法》第三十九、四十、四十一条对格式条款作了专门规范，要求提供格式条款的一方应当遵循公平原则，确定当事人之间的权利和义务，并采取合理的方式提请对方注意免除或者限制其责任的条款，按照对方的要求，对该条款予以说明。对格式条款有两种以上解释的，应当作出不利于提供格式条款一方的解释。

顺带指出，关于一些业主、使用人拒交物业管理费引起的收费纠纷，物业服务企业可依照《民事诉讼法》第一百八十九条的规定向法院申请启动督促程序即申请支付令，每件缴纳申请费100元。督促程序因债务人异议而终结的，申请费由申请人负担；债务人未提出异议的，申请费由债务人负担。

在业主团体自治主导的物业管理阶段，除了上面已述的各种纠纷，还有其他一些在物业管理活动中会发生，但不是物业管理特有的纠纷，如无因管理之债纠纷、秩序维护纠纷等等。物业管理从业人员特别是物业服务企业经理层人员及行政主管机关的工作人员，应在日常工作和学习中，注意收集、研究物业管理实务纠纷案例分析资料和相关法学理论文著，以利于不断提高自己依法办事的工作水平和理论水平。

小 结

● 物业管理纠纷，是指自然人、法人、其他社会组织、国家有关行政管理部门相互之间在物业管理的民事、经济、行政活动中，因对同一项与物业有关或与物业管理服务有关或与具体行政行为有关的权利和义务有相互矛盾(对立、对抗)的主张和请求，而发生的争执。

● 物业管理纠纷可以依不同的划分标准分出多种类型。按纠纷所属法律部门不同的法律关系性质差异，可以将物业管理纠纷划分民事纠纷、经济纠纷、行政纠纷、刑事纠纷四大类。

● 物业管理民事纠纷发生在平等主体的法人和公民或其他组织之间，通常表现为两种情形：起因于合同的纠纷(如违约)和侵权的纠纷。民事侵权纠纷与违约责任纠纷的最主要区别在于责任基础不一样，后者起因于约定，而前者是法律的规定。

● 物业管理行政纠纷起因于不平等的物业行政管理关系，当事人在物业管理关系中的地位是不平等的，一方是代表政府行使管理职权的行政机关，另一方则是管理相对人，属于一般的民事主体身份。

● 一般而言，物业管理民事纠纷有当事人协商、调解、仲裁和司法诉讼等处理方式。物业管理行政纠纷则有行政复议和行政诉讼的处理方式。

● 对物业管理纠纷的处理应遵循合法、地域管辖、尊重协议和合同、着重调解等原则。

复习思考题

1. 什么是物业管理纠纷？它有哪些种类？
2. 分析物业管理合同纠纷的主要原因与特点。
3. 物业行政管理纠纷有何特点？
4. 比较物业管理合同纠纷与侵权纠纷的联系与区别。
5. 比较物业管理侵权纠纷与行政纠纷的特点。
6. 处理物业管理纠纷的原则有哪些？
7. 案例分析：

(1) 两年前王先生在某小区购买了一套三房二厅的住宅，但一直没有入住。最近物业管理公司多次发出通知，催他补交一年的物业管理费。王先生以未居住为由拒交。请分析：①王先生的做法是否正确？为什么？②面对此类纠纷，物业管理公司应怎么做？

(2) 某市湖丽小区现有1900多户业主，常住户1300多家。旧"管家"伟诚物业管理有限公司是原建设单位伟业房地产公司旗下的物业管理公司。2002年10月底,小区业主委员会成立后,因为不满伟诚物业管理有限公司挪用物业专项维修资金等问题,通过招标选取了另一"管家"——立新物业管理有限公司,并于2002年12月16日进驻小区行使物业管理权。由于许多内部矛盾和建设单位历史遗留问题没有得到解决,伟诚物业管理有限公司不肯退出,立新物业管理有限公司无法接管,加上小区业主之间意见分歧很大,有支持立新的,也有支持伟诚的,以至于矛盾重重,愈演愈烈。

2003年6月15日,矛盾的升级终于演变为两个"管家"的大规模暴力事件,小区价值上百万元的消防监控系统被砸,价值50多万元的收费亭被破坏,近20人在斗殴中受伤,最后不得不动用武警、防暴警察来平息这场"战斗"。最后,为了避免矛盾的进一步恶化,立新物业管理有限公司主动先撤出该小区。

2003年7月,业主委员会向湖丽小区所在地的区法院提起民事诉讼(起诉),要求建设单位和伟诚物业管理有限公司交出管理权。2003年9月25日,区法院对此案作出一审判决,判令伟诚物业管理有限公司和建设单位伟业房地产公司于判决生效之日起30天内移交小区物业管理权给业主委员会。但是伟诚物业管理有限公司和伟业房地产公司不服,向市中级人民法院提出了上诉。2004年2月,市中级人民法院终审维持了原审判决。2004年4月,伟诚物业管理有限公司又因挪用540万元专项维修资金被市国土房管局吊销了资质证书。但二审终审判决生效后,伟诚物业管理有限公司仍没有撤出该小区。旧"管家"在小区的物业管理几乎处于瘫痪状态。业主委员会向法院申请强制执行。2004年5月14日,区法院的执行局5名执行法官到该小区办公室,宣读了法院的执行通知书。物业管理档案资料以及办公室首先移交给了业主委员会。原"管家"陆续从停车场收费亭、小区控制中心等物业管理岗位上走下来,小区的机房和控制中心也进行了交接和登记。一场物业管理权争夺大战终于落幕了。

请分析:①本案经过了哪些民事诉讼程序?②本案能否采取仲裁方式加以解决?为什么?③伟诚物业管理有限公司如对市国土房管局吊销资质证书不服可以采取什么方式解决?为什么?

(3)家住北京某区的陈某为了工作和生活的便利,于1997年花45000元购买了一辆"奥拓"车。2001年7月3日,陈某向其居住地某小区的物业管理中心交纳了当年7月份至12月份"奥拓"车的停车费后,就习惯性将车停放自家楼前。2001年11月15日夜晚,陈某停在小区内自家楼前的车辆被人偷走。事发后,陈某立即向公安机关报案,但由于没有线索,小偷一直没抓住。陈某认为,既然物业管理中心收取了停车费,就应该承担管理责任,车辆被偷与物业管理中心疏于管理有关。在与物业管理中心数次协商未果后,陈某一纸诉状将物业管理中心告上法院,要求物业管理中心赔偿自己的损失45000元。被告物业管理中心辩称:原告丢失的车辆没有在小区内办理停车位,并否认原告的车辆是在小区内丢失的,但物业管理中心未能就自己的主张提供相应的证据。

请分析:收取车辆管理费后,业主丢车物业公司应否赔偿?

第九章 国外和香港的物业管理法规简介

要　　点

- ◆ 国外和中国香港的物业管理制度
- ◆ 国外和中国香港物业管理的共同特点
- ◆ 发达国家物业管理法规的内容和特征
- ◆ 中国香港物业管理法规的内容和特征
- ◆ 发达国家和地区物业管理法规的重要影响

19世纪60年代的英国首开物业管理之先河,自那时候起,物业管理逐渐引起业主和政府相关部门的重视,并被普遍推广于世界发达国家。"他山之石,可以攻玉",了解和熟悉世界发达国家的物业管理概况和物业管理立法模式,可以为我国物业管理法律制度的完善提供借鉴和建设性建议。

一、国外和中国香港的物业管理体制

1. 英国物业管理制度

作为物业服务行业发源地的英国,其在19世纪60年代就出现了专业的物业管理。在积极推广物业管理行业的同时,英国成立了皇家物业管理学会,会员遍布世界各地。

20世纪初期,只有少部分英国人拥有自己的住房,绝大部分是靠租房解决居住问题。20世纪后期,英国实行住房改革,如将国有住房出售给租户以及一些半官方机构集资建房,使越来越多的人拥有住房,到目前为止,将近70%的英国拥有自己的住房。政府将公有房屋出售给个人,其价格是低于市场价格的,租户从中享受了很多优惠,同时也进一步促进住房制度的改革。我国从20世纪90年代开始的住房制度改革就借鉴了英国模式。

由于英国地广人稀,因此大部分住宅都以独立式别墅存在,其次还有联体别墅以及居住区高层住宅。物业类型决定物业管理类别,在商业物业的管理上,英国的管理模式与我国相似,管理费用大多采用佣金制,管理的重点是房屋及其设施设备。在住宅物业的管理上,由于英国的住宅主要是以别墅和高层住宅存在,因此其管理内容相对简单,特别是在别墅一类的物业上,由于住宅间相互独立,维修工作及管理工作都简单化了,并且社区关系也变得简单,也很少产生物业纠纷。英国住宅物业管理费用一般采用包干制。

对重大事项作出决策时,需要通过召开业主大会讨论决定。如果业主在一些重大事项上无法达成共识,那么本处物业的任何一个业主都可以向行政管理部门申请裁决。行政管理部门经过实地考察后一旦证实事情的严重性,会责令全体业主达成一致意见,如果无法达成一致意见,行政管理部门会组织相关单位对物业存在的问题进行处理,费用由全体业主分担。

2. 美国物业管理制度

美国物业管理机构健全，并且分工明确。首先，各级政府机构都设立了房地产管理局，履行制定房地产相关法规和监督检查。其次，成立了拥有100多个地方分会并负责培训注册物业管理师的物业管理人员协会（IREM）。再次，有负责对物业设施进行管理的国际设施管理协会（IFMA）。最后，还有一个全国性的建筑物业主与管理人员协会（BOMA），在物业管理中代表业主和物业使用人的利益。

在美国，除了对具体工作人员有一定要求，如专业岗位需持证上岗，管理人员有大专及以上文凭，有5年以上物业管理经验等之外，任何人都可以申请成立物业公司，并且手续也比较简单，领取营业执照之后即可开张营业。私有房屋的管理，可以由业主自己管理，也可以聘请物业公司进行打理；政府部门物业的管理，由政府专设机构进行管理，如公共房屋管理委员会。

美国物业管理企业注入了大量的高科技成分，1984年在康涅狄格州（Connecticut State）哈伏特市（Hartford）就出现了智能化楼宇。其次，物业公司在物业保险一项上投入较多，每户业主每年需交两三千美元的保险费。另外，物业公司特别善于营造一个人文的居住环境，小区基础设施、人文服务设施一应俱全，并且特别注重开展人文交流。

3. 德国物业管理制度

精简高效是德国物业管理行业的一大特色。据统计，整个德国有两万多家物业管理公司，因此，物业管理公司之间的竞争非常残酷。竞争的残酷性迫使德国整个物业管理行业提高管理水平，降低物业服务费用和成本。

德国物业管理公司的运作严格按照《房产管理法》进行，德国全国有物业公司联合会，各州有地方性的物业管理公司协会，有严格的行规以规范物业管理公司的运作，并对其进行业务培训，以保证物业管理的质量。

德国很少有像我国城市普遍存在的那种封闭或半封闭形式的居民小区。德国小区物业公司的职责分为两大块，一方面是接洽房屋买卖和租赁业务，一方面是负责小区常规的检查和管理工作。如果受业主委托，物业公司还负责业主水电暖等设施的检查和维护工作。物业公司在小区通常只配备2~3名固定工作人员，负责定期检查防火、防盗设施和地下车库管理等。一旦出现故障，可以拨打物业公司24小时服务电话，物业公司可以迅速指派维修人员处理。

物业公司除了对物业进行常规性管理之外，每年还需要组织一次所管辖的房地产区的业主大会。物业公司必须在业主大会上公开过去一年有关房产账务情况，并向业主们提交一份当年的物业计划。物业公司的聘用期限只有5年，如果再次聘用需要再签合同。物业公司的报酬没有统一标准，根据其工作质量以及房产规模、类型、标准等多种因素综合考虑。

4. 新加坡物业管理制度

新加坡住宅物业类型主要分为两大类，一类是政府开发的"组屋"，另一类是民营企业开发的住宅，当地称之为"共管式公寓"。除此以外，在市中心还有少数酒店式公寓，主要供外籍人士办公居住。

在新加坡，主管住宅建设和管理的机构是国家建屋发展局，它实际上是新加坡最大的业主。该局下设 36 个区办事处，这些办事处是住宅管理的基本单位，每个区办事处管理 2~3 个居住小区，每个小区拥有 1000~6000 户。从政府职能角度看，新加坡建屋发展局是负责实施政府建屋计划和统筹物业管理的职能部门。早在 1967 年，该局就制定了《土地所有权法案》，之后又经过多次修订。该法案共有一百五十八章，对土地开发商建造住宅进行了严格的规定。比如，由开发商建设的公共组屋，每栋楼的底层不得安排住户，而是用于作商店或娱乐室，供居民休息、娱乐和购物之用。再比如，规定了在共管式公寓的共有所有权土地上，除建造住宅楼房外，必须留下不少于 40% 的土地用作花园、风景区以及其他娱乐健身设施，确保物业管理的规范化。物业管理执照需要每年审批核发，如果哪家物业公司违反条例，或是不按照规章办事，被业主告上法庭，该局将依据法规进行处罚，严重的将吊销物业公司的营业执照。物业管理从业人员必须接受 2 年的房地产管理培训，并需通过专业考试才能上岗。政府就是通过这些硬杠杆来发挥监管职能。除了监督管理职能之外，国家建屋发展局的另一项主要工作是"服务"，例如该局制定了一项长期的旧组屋翻新计划，进一步提高居民对社区的认同；另外，根据新加坡法律，所有建筑每隔 5 年都需要进行外部清洗刷新。在国家建屋发展局的统一管理、监督和规划下，新加坡的物业管理运作始终有条不紊。

5. 日本物业管理制度

日本物业管理法律体系较为完善，业主与物业管理公司之间纠纷较少。为了进一步规范物业管理，早在 1962 年就颁布了《有关建筑区分所有权之法律》，并颁布了专门的物业管理法律——"关于推进公寓管理规范化的法律"，对物业管理涉及的各类法律关系，特别是对从业的公司、人员的资格规定以及管理者与业主之间的权责关系作了更加明确的规定，业主和物业公司在维护各自的权益方面有章可循，有法可依，避免了管理者和业主之间发生很多不必要的纠纷。

日本的小区里设立了管理组合理事会，类似于我国的业主委员会，但它比业主委员会的作用和权利更大。比如，小区的维修基金完全掌握在理事会会长手中，这就使得维修基金的动用更加方便灵活，而且也很安全，因为由会长控制维修基金是建立在日本完善的个人信用体系的基础上实现的。日本物业管理水平很高，对房屋的维修保养非常及时，无垃圾死角，保洁和安全管理都外包给专业公司打理。另外，其紧急预案工作也很及时、全面和具体，如遇地震、台风、水灾等自然灾害都有一套完整的紧急预案措施，同时将动物也列入紧急预案工作当中。

日本物业公司在提供人性化、优质化服务的同时，其服务费用也相对低廉，主要是因为日本物业公司在人员配备上遵循"少而优"的原则，从而大大节约成本并提高了效率。此外，物业公司需要接受住宅管理协会、高层建筑管理协会以及促进物业规范化管理中心等机构的监督检查。

6. 中国香港物业管理制度

中国香港物业管理行业具有完整各项法规，包括：第一，公共契约。该契约根据香港法例第三百四十四章制定，主要是为了方便成立业主法团，加强对业主法团辖下管理委员会的监督管理，引入大厦管理有关的新的措施以及扩大土地审裁处的职权范围等目的。第二，建筑物管理条例。《建筑物管理条例》由 1970 年的《多层大厦（业主立案法团）条例》修改而来，《建筑物管理条例》已成为香港物业管理方面的重要法律，其对房地产开发商、物业公司以及业主三方面的职责、权利和义务进行了明确的规定。此外，与物业管理相关的法律法规还有不少，如建筑物业及自动电梯(安全)条例、保安及护卫业服务条例、职业安全及健康条例以及个人资料(隐私)条例等。

中国香港实行严格的职业资格管理制度，从而确保了物业管理从业人员的基本素质和专业化水平。香港专业化公司很多，清洁服务、工程维修、绿化保养、保安服务、停车场管理、会所管理、服务公寓管理等都有专业公司，物业公司只需对这些专业化公司进行检查、控制就可以了。

中国香港物业管理公司实行严格的财务管理制度。对财务的监督管理，由香港廉政公署及香港会计公会联合法团有效管理财务，制定财政预算、处理款项以及对处理的账目进行监控。严格的财务管理制度，不但可以确保经费的合理利用，减少贪污腐败，更重要的是，它可以为小区、大厦的维修养护提供和安排充裕的资金，从而更好地维护全体业主的共同利益。

总的说来，发达国家或地区物业管理有五大共同特点：

1. 收费标准和依据相对单一

物业管理管理的收费标准取决于市场，利用市场的自身调节作用形成，政府一般不规定具体的收费标准，具体收多少，怎么收由签订物业服务合同的委托方(业主)与受托方(物业服务公司)双方商讨决定。最终的价格会根据物业服务内容、质量、管辖区环境等因素的不同而不同。

2. 管理模式的选择与国情或城市特色相吻合

由于发达国家或地区的物业服务行业起步较早，因此，在长期的发展过程中逐渐形成了自身特色，这种特色有其根源和依据，即与本国或本地区的风土人情、市场化程度、物业类型等紧密结合在一起，达到"既立足本土，又放眼全球"的目标和要求。

3. 政府以"掌舵"而非"划桨"角色干预物业管理行业

政府在物业管理中起着重要作用，如制定详尽、完善的法律法规规范物业管理活动中各方面关系人的行为和活动，但不对收费标准等事项作过多干预。

4. 市场化程度高，有成熟完整的盈利模式

发达国家或地区的业主对物业服务的标准要求较高，特别看重物业公司的口碑、等级以及服务质量。因此，在选择物业公司一事上甚为谨慎，在完整地考察公司的信誉、管理能力、财务、法律水平以及物业服务费用的基础上，通过招标或协议方式作出最终选择。由于市场竞争激烈，物业公司饱受压力，因此必须注意其形象，不断改善经营管理能力，提高效率，减少成本，并尽可能让业主满意。此外，企业内部各个物业之间的成本支出核算相互独立，一处物业就是一个盈利中心。

5. 物业服务普及面广，企业国际化程度高

发达国家或地区的物业管理公司发展迅速，政府公屋逐渐交由独立的物业公司管理，私人楼宇越来越多地委托专业的物业公司管理。企业的国际化程度较高，很多企业都设立了国外分公司，如成立于1855年的第一太平戴维斯是一家伦敦证交所的上市公司，是全球领先的房地产服务商，公司在美国、欧洲、亚太区、非洲及中东拥有180多家办事处。还有如戴德梁行、世邦魏理仕等等。

二、国外和中国香港的物业管理法简介

（一）英国的物业管理立法

英国是公认的物业管理行为最先发生的国家。19世纪60年代的英国，当时正值英国工业化大发展，大量农民进入城市，出现了房屋出租。为维护业主的权利，需要一套行之有效的管理办法，于是出现了专业的物业管理。自此以后，物业管理传遍世界各地，并受到各国的普遍重视。

英国的物业管理实行行业管理，政府不直接进行干预，具体工作由住宅中介协会负责协调。在英国，任何人、任何公司都可以从事物业管理，只要具备条件，领取营业执照即可开业经营。物业管理公司固定人员少，临时聘用的人员多。政府对物业管理的服务内容和收费标准不作任何规定，而是由业主与物业公司双方协商决定，如果出现了双方难以达成协议的情况，可以通过法律机构，即租用房产估值法庭仲裁解决，一经裁定，当事双方即执行裁定的服务项目和收费标准。

发展到今天，英国的物业管理作为一个成熟的行业，其整体水平是世界一流的。除了传统意义上的房屋维修、养护、清洁、保安外，物业管理的内容已拓展到物业功能布局和划分、市场行情调研和预测、物业租售代理推广、工程咨询和监理、目标客户群认定、通信及旅行安排、智能系统化服务、专门性社会保障服务等全方位服务。在积极推广物业管理业务的同时，英国还加强对这一业务的研究，成立了皇家物业管理学会，会员遍布世界各地。英国作为物业管理的诞生地，在物业管理上形成了自己的特定模式，其中依法管理的特点尤其令人关注。据了解，除了直接的物业管理法规外，一些房地产法规对此也有间接规定。英国常见的房地产开发管理的法律法规有50多种。

（二）美国的物业管理立法

产业成熟的专业化管理是美国物业管理行业的最大特点。在美国，物业管理行业已成为城市建设和管理的一项重要产业，物业管理的专业化程度非常高，接管项目的物业管理公司一般只负责住宅小区或商业区的整体管理，具体业务则采用外包形式，聘请专业的服务公司承担。

美国的物业管理的目的是让物业保值和升值，通过各种手段使物业获得最大的回报。美国的物业管理社会化和专业化程度较高，社会分工更加专业化和细化，物业管理公司一般负责整个住宅或住宅小区的物业整体管理，而具体业务将聘请专业的服务公司承担，美国有很多专业的保安公司和绿化公司。美国物业管理职责明晰，通过政府的法规明确物业管理的权限；业主委员会一般也参与社区的规划或制定行为规范，以更好地保障物业的保值和升值。

1961年美国通过了《国家住宅法》，1962年美国联邦住宅局制定了《公寓大厦所有权创设之形态法》的标准规范，供各州立法时参考。1968年国会通过了《新住宅法案》。在美国，物业设有专门的管理机构并拥有一批高素质的专业人员。美国各级政府机构中，都设有房产管理局，其职责是制定房地产法规并监督检查。全美物业管理人员协会（IREM）是负责培训注册物业管理师的组织，其总部设在芝加哥，有100多个地方分会。任何一个管理师只有在达到IREM制定的严格标准以后，才能得到注册管理师（CPM）证书。此外，全国有影响和规模的物业管理协会和组织还有国际设施管理协会（IFMA），主要负责对物

业设施的管理，BOMA则代表在物业管理过程中业主或房东的利益。许多协会办有定期刊物，开设教育性专题讲座和课程，帮助物业管理人员优化知识结构，培养职业道德。在美国，只要具备申请资格，符合法定条件，任何人都可以申请成立物业管理公司。管理人员必须持有大学毕业证书，有的管理岗位必须取得相应的专业证书，公司成立必须取得营业执照。有的州规定取得执照的物业公司必须每年接受45小时的专业课程的培训教育，方可被认为主体合格。不仅对物业管理公司，而且对具体人员均有一定的要求，如有的管理岗位必须取得相应的专业证书，管理人员必须持有大学毕业证书、有5年以上的物业管理经验等。

（三）法国的物业管理立法

法国是实行物业管理立法较早的国家之一。最早在民法典中规定建筑物区分所有权的是1804年《法国民法典》的第六百六十四条，它为物业管理立法奠定了理论基础，开辟了19世纪各国在民法中对物业管理进行立法确认之先河。第一次世界大战后，随着住宅短期和建筑物共用部分的日益重要，民法典中规定的区分所有权已不适应新形势的需要。1938年法国制定单行的物业管理法律——《有关区分各阶层不动产共有之法律》。该法律规定了区分所有权人团体关系之设立及解散、有关区分所有权人之间法律关系、区分所有权归约的追加或修改等。1965年法国立法机关对1938年的规定进行了修改，加上1967年颁布的行政命令，编纂了《法国住宅分层所有权立法》，沿用至今。其内容详尽，是现代各国物业管理中具有代表性的一部法律。该法律规定了区分所有权的定义及机构、物业管理者的义务和责任、管理团体之债券及专有场所的改良、增设附属设施的行使等内容。该法律团体法理的精神深植于物业管理中，加强了物业所有人集会的功能，对于多数表决管理的普通共同义务，以2/3多数决定特别重要事务。

（四）新加坡的物业管理立法

新加坡政府有关部门针对居民住宅及物业管理，制定了很细的规章制度并形成法律，不管是物业管理公司还是居民都必须依法遵章行事。所以，不管是高级公寓楼还是政府组屋区，管理都是井井有条，同时避免了各种矛盾或纠纷的发生。

在业主方面，新加坡法律充分保障了房屋拥有者的权利，同时也明确规定了各项义务。比如各个业主不得侵犯公共空间，私搭乱建要被课以重罚。对房屋内的装修也有很详细的规定，如常见的由装修引起楼下住户漏水等现象，当事人须负责赔偿他人损失，解决不了就得上法庭。新加坡《土地所有权法案》规定，每个新建住宅区必须在两年内成立管理委员会，由全体业主投票选出委员会成员。该委员会将代表全体业主管理社区，每年召开一次业主大会，讨论制定社区行为规则以及聘请物业管理公司等重要事务。社区或公寓的公共事务，如是否要增添公共设施，公共设施的使用是否要收费、收多少，是否要增加或减少物业管理费等等，最终都以投票方式决定。在这种机制下，物业管理公司只是被雇佣的对象，一切依照合同办事。如果表现不好，社区管理委员会有权立即将其解聘。

（五）日本的物业管理立法

日本于1962年4月4日颁布了《有关建筑区分所有权之法律》（俗称《公寓法》），该法规定了物业所有权人的权利及其权限、先取特权、共用部分之共有、共用部分变更及其管理、管理人及权限与任务及规约、集会、社区准用及罚款的规定。但法律的一些规定如规约的制定、变更等要求全体物业所有人一致同意，缺乏灵活性且不利于团体自治功能的发挥。

随着日本经济的高度发展，对建筑物区分所有权的法律调整越来越迫切。为了克服原有法律的缺陷，加强对建筑物区分所有权专有部分、共用部分及物业所有人的权利义务规范，日本1979年和1983年两次对《公寓法》进行了修订。修订后的日本建筑物区分所有权法规定第一章第四节为"管理人"，内容包括管理人的选任和解任、管理人的权限、管理所有、委托规定的准用及区分所有权人的责任等；第五节为"规约及集会"，内容包括规约事项，规约的设定、变更及废止，依公证书设定规约，规约的保管及阅览，关于集会的召集，决议事项的限制、表决权等等；第六节为"管理团体法人"，内容包括管理团体法人之成立、名称，管理团体法人之理事、监事、监事的代表权，管理团体法人事务的执行等等。采用集会中心及多数表决方法，使物业所有人关系的团体性得到加强。修订后的《有关建筑物区分所有权之法律》成为当今日本物业管理中的一项基本法律。

（六）中国香港的物业管理立法

中国香港是世界上人口最密集的地区之一，房地产业在香港的经济发展中具有举足轻重的作用。香港的房屋越建越高，设备越来越先进，办公楼已出现智能型大楼，住宅楼宇按五星级宾馆或城市花园标准设计，工业楼宇发展多元化，物业的装修标准越来越高，需要有丰富的物业管理经验的专业人才。香港已有多家大专院校开设了物业管理课程，许多大学毕业生加入物业管理行业。目前，香港有物业管理公司400多家，虽然专业化程度参差不齐，但程度高的公司显然信誉好及竞争能力强。比如，1983年成立的怡高物业管理公司，全体员工超过1000人，管理的物业超过250万平方米。

香港的法律虽属英美法系，但其关于建筑物区分所有权制度却与英国现行法律有很大差别。1970年香港政府制定的《多层大厦(业主立案法团)条例》，建立起一套具有地方特色的物业管理制度。但是由于成立"业主立案法团"自治管理的模式发展较慢，效果也不明显。经过多年的讨论和修改，1993年5月8日香港政府颁布的《建筑物管理条例》(列为香港法例第三百四十四章)正式生效，为香港物业管理的正常运作提供了完善的法律框架。

《建筑物管理条例》增加了业主对大厦管理的参与及决策权，对业主立案法团的成立、管理委员会、大厦公共契约的强制性条款、业主的权利义务及业主在行使权力时应受到的限制、违反条例的罚款等都作了详细的规定，如规定成立业主法团首先要召开业主大会，召开业主大会，须在会议举行前14天由召集人将会议通知送达每一位业主。会议通知要列明开会日期、时间、地点，以及会议将要决定的事项，其中包括成立管理委员会。管理委员会成立后的28天内，必须向土地注册处申请注册为法团。

三、国外和中国香港的物业管理法借鉴

1. 具备完备的社会基础和法律基础

在市场经济较发达的国家和地区，业主具有较强的私权意识，如消费意识、有偿服务意识、等价交换意识、按质论价意识等。这些意识体现在物业管理上，一方面，业主自愿接受通过市场方式，聘请有资格的物业管理经理人经营管理物业，认为支付物业管理费是理所当然的，拒付物业管理费被视为违背社会道德规范和国家法律；另一方面，业主积极参与物业管理，对物业管理的有关事项积极发表意见，并按照一定的议事规则作出决策，配合、监督物业管理工作。这些意识已形成社会共识，营造了物业管理发展的良好社会环境。

市场经济较发达国家或地区以市场规则为基础的物业管理法律体系比较健全，无论采取何种立法模式，这些国家和地区对物业管理的方方面面都有具体法律规定。在物业管理中所涉及的大部分法律关系，如业主与业主的关系、业主大会和业主委员会的产生和性质以及业主与物业服务企业的关系等，均在法律上得到阐述或体现。此外，为了进一步规范物业管理，这些国家或地区对物业管理涉及的各类法律关系，特别是对从业公司的市场准入、物业管理人员的资格规定以及管理者与业主之间的权责关系作了更加明确的规定。这些完善的立法也有利于物业管理的发展。

2. 物业管理的管理体系和运作体系比较健全

物业管理的管理体系和运作体系比较健全，相关规定明确具体，对出现的纠纷和问题建立了一套适用的磋商、调解机制，对业主大会的成立、性质、运作、表决程序，物业管理公司的选聘，物业管理费的使用、监督，物业管理的民主决策机制以及物业管理纠纷的解决等均有明确的具体规定。目前，我国内地在关于业主委员会的设计和安排上存在争议，中国香港的做法值得借鉴，具体如下：

(1) 与业主委员会相对应的机构名称为管理委员会，管理委员会的性质和地位是某一建筑物的业主立案法团的代表机构与执行机构。业主立案法团依内地法律可以说是法人化的业主大会，是一个经过登记注册的社团法人。管理委员会不以自己的名义对外，而以业主立案法团的名义对外，这类似于一个机构中的董事会。

(2) 管理委员会由一定业主开会决议成立，之后由管理委员会再行申报设立业主立案法团，即管委会成立在先。同时，在业主不能根据业主会议决定成立时，则由主管行政机关依业主的申请命令成立，或者由一定数量的业主或主管行政机关向司法机构申请，由司法机构裁定并任命一名业主召集业主开会成立。

(3) 管理委员会的成员不限于业主自身，可以是业主，也可以是业主委托的代表，也可以是承租人委托的代表。

(4) 管理委员会的职权主要由公共契约规定，而非由法律明确列举规定，通常包括为维护建筑物的正常使用、社区秩序的运行及对违反公共契约的人的追究等事项的决定及执行。

3. 政府管理与业主自治相结合的管理体制

政府在物业管理中发挥了重要作用，但政府一般不直接干预物业管理，而是多以详尽、完善的法律法规规范物业管理各方关系人的行为与责、权、利。如政府一般不规定具体的收费标准，具体收多少管理费由业主（委托方）与管理公司（受托方）双方讨价还价决定，视市场供求状况、地区环境、房屋数量与质量、服务内容多少与深浅等情况而决定。此外，一些国家和地区政府通过社会中介组织实现对物业管理行业的规范和管理。如韩国的住宅管理协会，日本的高层楼宇管理协会、电梯管理协会、住宅管理协会等等，这些协会一方面为会员提供市场信息、人员培训等服务，另一方面也从事行业规范化的工作。日本还在《关于推进公寓管理规范化的法律》中专门成立"推进物业管理正规化中心"，中心为财团法人，中心的主要任务是帮助管理工会（业主委员会）推进物业管理的正规化。

与此同时，物业管理中还充分体现了业主的自治权，如业主大会或相关机构如法团等在物业管理方面具有充分的决策权。物业管理公司与业主的关系是雇佣关系，业主通过招标或协议等方式选择物业管理公司，要认真考察公司的信誉、专业知识背景及管理、财务、法律水平，管理费用的高低以及社区活动能力。而物业管理公司也要承受来自市场竞争的压力，必须注意其形象，不断改善经营管理，提高效率，尽量让业主满意，否则就会有被淘汰或被解雇的危险。

4. 物业管理公司专业化、市场化程度高

（1）物业管理专业化。这些国家和地区的房屋及其设施设备的维修保养及时，楼宇及周围的环境卫生清洁，绿化养护工作到位。物业管理行业的社会化、专业化程度较高，物业服务企业与一些专业公司如清洁、保安、空调保养维修等公司的分工与协作关系紧密。由于市场竞争激烈，物业管理公司与各专业公司签订的合同到期时，物业管理公司有权对各专业公司进行招标更换，以取得客户的满意及获取更大的经济效益。一些独立的房屋如别墅等，由于行业发展分工的高度社会化、专业化，业主可以很容易地实现自我管理，不再需要聘请专职的物业管理经理人。物业管理专业化水平高的另一个表现是其社会分工的程度也高。物业服务企业与社会其他水、电、气、维修等行业的分工和协作关系紧密。特别值得关注的是，在一些比较小的住宅或大厦中，业主们比较容易地通过这种高度专业化的社会分工实现自我管理。

（2）对物业服务企业和管理人员要求较高，并重视对人员的培训。社会对物业服务企业及其从业人员有严格的要求，通常要求物业服务企业必须持有特别执照或经营许可证，从业人员必须经过一定时间的物业管理课程学习，并经国家承认的培训机构考试合格后才能担任项目经理职位，有的国家还规定要再经过一定年限的实践，才有资格挂牌开办物业服务企业。如日本以前对物业服务企业及从业人员的管理比较松散，造成物业管理服务质量差、管理水平低，居民不满意。针对这种情况，日本在法律中对物业服务企业和从业人员进行了严格的规定。法律的实质性条款共有六章，其中有两章是关于对企业和人员的资格、考试及登录等问题的要求。

5. 各国依据国情确定有特色的物业管理

各国或地区的物业管理模式均结合自己的国情，符合各自特点。如新加坡因土地资源紧缺而形成了政府统筹型的物业管理模式。中国香港地区则根据人多地少的特点，采取由政府供应与市场供应相结合的"双轨制"，从而形成了房委会管理与物业服务企业管理相结合的管理模式。

小　　结

- 外国和中国香港物业管理的共同点包括五个方面：收费标准和依据相对单一；管理模式的选择与国情或城市特色相吻合；政府以"掌舵"而非"划桨"角色干预物业管理行业；市场化程度高，有成熟完整的盈利模式；物业服务普及面广，企业国际化程度高。

- 外国和中国香港物业管理法可以从以下五方面提供借鉴：具备完备的社会基础和法律基础；物业管理的管理体系和运作体系比较健全；政府管理与业主自治相结合的管理体制；物业管理公司专业化、市场化程度高；各国依据国情确定有特色的物业管理。

复习思考题

1. 国外和中国香港物业管理行业的共同点有哪些？
2. 西方发达国家物业管理立法有哪些特征？
3. 中国香港物业管理立法有哪些特征？
4. 试比较发达国家和地区物业管理立法的异同。

[阅读材料]

发达国家物业管理特色集锦

美国：专业化程度高，物业服务遍及各个领域

在美国，物业管理已为社会充分认可，成为城市建设和管理的一个重要产业。一些有着优秀管理经验的物业公司，他们的服务范围几乎遍及社会的各个领域，而且专业化程度很高。专业化管理是美国物业管理最显著的特点。在那里社会化分工十分明确，比如发展商开发楼盘后一般不管理自己开发的物业。他们买下土地后，由财务公司做策划，请项目建设公司建造，委托专业销售商售房，然后找一家管理公司或业主进行管理，他的使命就结束了。开发商是不愿意搞物业管理的。因为他们认为房产开发与管理不同，前者是生产领域，后者是管理服务领域。聘请专业的物业管理公司比自行管理费用反而少。另外物业管理在美国已经十分专业化，自己成立一个物业管理公司，很难得到人们的认可。而物业管理公司一般也只负责整个住宅小区的整体管理，具体业务则聘请专业的服务公司承担。物业公司接盘后将管理内容细化后再发包给清洁保安、设备维修等专业单位。对外招投标手续也不像国内那样复杂，一般由投标公司自己出方案，主要看对方的价位和服务承诺，最后由业主进行挑选。

在美国，对物业管理公司来说，每一个物业均是其盈利中心，每一个物业的管理单位或分公司都是一个完全独立的公司，每一个分公司都代表了二个地区，是一个独立核算的盈利中心，不存在相互间盈亏互补的情况。但作为一个公司来讲，处于战略考虑，他的管理模式、管理制度、管理程序都是统一的，均实行标准化管理。

法国：民主式物业管理

业主委员会代表所有业主的利益，定期或不定期与物业公司沟通，提出意见或建议。业主委员会成员的工作都是义务性质，并不收取佣金，但他们在金额不高的项目上有决定权，物业公司通常须执行业主委员会的决定。

业主们就存在的问题自由发表言论，大到房屋结构出现问题，小到门房态度不好，业主们无所不谈。业主们可以对物业公司的管理失误提出尖锐批评，可以要求删减某项物业设施，也可以对今后的物业管理提出合理化建议，甚至可以要求更换物业负责人。正是法兰西人的"苛刻"，造就了这种"一切为了业主利益"的物业管理模式。业主大会只是决定大楼在物业方面的大致方针，而日常的物业管理则完全交由物业公司处理，其业务包括大楼主体维修、电梯维护、楼道清洁、设置门房、车库管理、倾倒垃圾、交纳除居住税外的各类捐税、代表业主向保险公司索取赔偿等，其范围几乎包括与住房有关的各个方面。法国业主更换物业公司的事是司空见惯的，条件有两个，一是更换物业公司的决定必须在一年一度的业主大会上做出，而且赞成票必须超过一半，二是业主委员会必须事先与大部分业主联系，并提前选择好下一家物业公司。

德国：一丝不苟的物业管理

德国物业管理公司的运作严格按《房产管理法》进行，德国全国有物业管理公司联合会，各州有地区性的物业管理公司协会，有严格的行规以规范物业管理公司的运作，并对其进行业务培训，以保证物业管理的质量。

德国很少有像我国城市普遍存在的那种封闭或半堵塞形式的居民小区。德国小区物业公司的职责分为两大块，一方面是接洽房屋买卖和租赁业主，一方面是负责小区常规的检查和管理工作。如果受业主委托，物业公司还负责业主水电暖等设施的检查和维护工作。物业公司的小区通常只配备有两三名固定工作人员，负责定期检查防火，防盗设施和地下车库管理等。一旦出现故障，拨打物业公司24小时服务电话，物业公司可以迅速指派维修人员处理。物业公司除了管理房产的日常事务之外，每年都要组织一次所管辖的房产区的业主大会。物业公司必须在业主大会上公开过去一年有关房产账务情况，并向业主们提交一份当年的物业计划。物业公司的聘用期限只有5年，如果再次聘用需要再签合同。物业公司的报酬没有统一标准，根据其工作质量以及房产规模等多种因素综合考虑。

俄罗斯：福利型的物业管理

在住宅物业领域，苏联解体后，俄罗斯对住宅实行无偿私有化将现有住房无偿转归住户所有。住宅私有化了，但物业管理、房屋修缮仍由国家承担，全部免费，因此也就没有业主委员会和专门的物业管理公司。前苏联时期遗留下来的住宅和公用设施早已老化，不进行大规模维修已无法正常使用。而政府根本无力承担这一巨额开支，俄政府原计划对物业实行有偿管理，但遭到全社会的反对。为了缓解低收入群体对社会改革的不满情绪，俄政府将分阶段对福利制度进行改革，目前暂时保留在公共住房和物业管理方面的优惠政策。

荷兰：提前介入的物业管理

荷兰人注重生活质量，对住房的要求很高。荷兰每个社区，都有一个或几个物业管理机构。荷兰的法律明确规定，物业管理单位必须全方位投入居住区的开发建设工作的每一次的议程讨论，出席人员都必须签到，如有缺席，在某一环节的工程质量上出了问题，国家必须区分情况追究法律责任。物业管理的提前介入，有利于督促开发商一项项落实配套设施，确保工程按期投入使用。有些缺陷在施工中还可以弥补，倘若等到工程完工后，木已成舟，则难以弥补。有了物管员的参与，可以起到监督和检查作用，可以严把工程质量关。

在荷兰，一般小区都有一个物业管理小组，通常由3～5人组成，配备物业管理员、门卫和工程技术人员等，还有一个业主委员会。居民从小区的业主中选聘有文化、懂管理、办事公道的业主担任业主委员会成员，业主委员会产生后，如小到一些费用的分摊，则可以由物业管理小组组织业主委员会成员召开会议讨论通过。

瑞士：物业管理与社区管理相结合

瑞士的居民社区以地理位置划分，一个社区中往往有多家物业公司管理的房产。每栋居民楼都有一名与物业公司签有合同的物业管理员，负责楼内的清洁卫生，楼周围绿地的修整，管理员一家必须住在楼里的一个单元内。凡住户需要服务的，大小事情都可以找管理员，管理员则将住户诸如修门窗、换家具、粉刷房屋、修理更新电器等需要及时通知物业公司，住户也可以打电话给物业公司。物业公司则及时联系与其有业务关系的各类专业公司。有关专业公司很快便会给住户来电话约时间，登门服务。负责此事的物业公司技术服务部一般只有一两个人住，一切服务都已社会化。社区内的公园不论大小一律免费，体育健身场所对本社区居民有优惠。

瑞士物业管理的特点，就是为物业者增值，为房主和住户提供方便的生活条件和优质的服务。物业小区的管理不搞大而全,而是按社区的安排将服务设施出租,以物业管理促进社区建设,以物业建设推动社区管理,使物业管理与社区管理相协调。

意大利:互助会式物业管理

意大利有一个房产物业的共同管理制度,即凡搬进新楼的住户,要在一起开个会,决定整座楼的管理办法。将大家的意见归纳后,提交会计师协会,会计师协会根据大家的意愿,委派一名受过专门教育或培训的管理员,去管理楼房的各种事务。如果业主同意了,便可签订合约,规定双方的义务和责任。管理员的职责大致有两类,一类是管理经济,负责维修房屋,另一类是协调邻里之间的矛盾。管理员每年对整座楼房的维修费,楼道、信箱、垃圾处理、照明、燃气管、自来水管、暖气管及门房的报酬等作出预算,同时召开户主会,将这些费用分摊下去。大楼维修及其他物业开支,均由管理员召开户主会决定。管理员负责制定预算,召开户主会讨论通过,维修完毕以后,再作决算。日常的小修、小补或更换自来水龙头之类的小费用和小工程以及购物、配件等,均由管理员和户主代表一起负责联系施工,年底根据凭证,向户主会及大家公布。

意大利政府对住房的物业管理是很严格的,凡在规定期限内对楼房的维修不能完成,管理员就必须亲自去市政府承担法律责任或接受处罚等。通过有效的法律手段,将责任落实到管理员身上,使其责、权、利兼而有之。管理员的报酬,则由各户分担。

日本:一专多能的物业管理

物业管理公司由居民管理委员会雇请,一幢楼内的居民管理委员会由3~7人组成,每届委员会任期两年。委员会负责了解业主的意见,监督和检查物业管理公司的工作,同时指定专人管理账目。委员会由业主自主组成,不受任何外来权力操控。日本的物业管理公司之间的竞争十分激烈,各公司都千方百计地提高服务质量,降低服务价格。为提高效率和节约成本,公司一般只派一两个人负责管理一座一二十层高的住宅楼的门前、门厅、楼道、电梯等共用部分的清扫、安全和共用设备检查等工作。楼内没有保安值班,因为公共治安属于警察的事务。物业人员不得随意进入任何一户居民的房门,也不得探听居民家庭生活及隐私。一旦有哪一家居民水、电、气等发生故障,住户可以直接向有关公司拨打电话,维修人员很快就会赶到修复。日本的物业管理人员必须接受严格的培训,经过国家统一考试,并取得合格成绩才能成为物业管理人员。由于日本物业管理人员必须具有丰富的专业知识,一专多能,效率很高,物业管理公司不像国内那样需要很多的人员。

在日本,业主和物业管理公司之间的矛盾纠纷很少。因为政府制定了一系列法律法规,明确了业主和物业管理公司的权利和义务,规范了公寓等共同住宅的管理。业主和物业管理公司在维护各自的权益方面有法可依,有章可循。这些法律法规既保障了业主和物业管理公司双方的合法权益,还有利于物业的保值增值。

资料来源:根据2007年12月《北京房地产》白小弟的《独具特色的国外物业管理》一文整理编辑而成

附录：相关的法律、物业管理行政法规、部门规章、有关文件

中华人民共和国物权法（摘录）

[中华人民共和国主席令第62号（2007年3月16日第十届全国人民代表大会第五次会议通过）]

第三章 物权的保护

第三十二条 物权受到侵害的，权利人可以通过和解、调解、仲裁、诉讼等途径解决。

第三十三条 因物权的归属、内容发生争议的，利害关系人可以请求确认权利。

第三十四条 无权占有不动产或者动产的，权利人可以请求返还原物。

第三十五条 妨害物权或者可能妨害物权的，权利人可以请求排除妨害或者消除危险。

第三十六条 造成不动产或者动产毁损的，权利人可以请求修理、重作、更换或者恢复原状。

第三十七条 侵害物权，造成权利人损害的，权利人可以请求损害赔偿，也可以请求承担其他民事责任。

第三十八条 本章规定的物权保护方式，可以单独适用，也可以根据权利被侵害的情形合并适用。

侵害物权，除承担民事责任外，违反行政管理规定的，依法承担行政责任；构成犯罪的，依法追究刑事责任。

第六章 业主的建筑物区分所有权

第七十条 业主对建筑物内的住宅、经营性用房等专有部分享有所有权，对专有部分以外的共有部分享有共有和共同管理的权利。

第七十一条 业主对其建筑物专有部分享有占有、使用、收益和处分的权利。业主行使权利不得危及建筑物的安全，不得损害其他业主的合法权益。

第七十二条 业主对建筑物专有部分以外的共有部分，享有权利，承担义务；不得以放弃权利不履行义务。

业主转让建筑物内的住宅、经营性用房，其对共有部分享有的共有和共同管理的权利一并转让。

第七十三条 建筑区划内的道路，属于业主共有，但属于城镇公共道路的除外。建筑

区划内的绿地,属于业主共有,但属于城镇公共绿地或者明示属于个人的除外。建筑区划内的其他公共场所、公用设施和物业服务用房,属于业主共有。

第七十四条 建筑区划内,规划用于停放汽车的车位、车库应当首先满足业主的需要。

建筑区划内,规划用于停放汽车的车位、车库的归属,由当事人通过出售、附赠或者出租等方式约定。

占用业主共有的道路或者其他场地用于停放汽车的车位,属于业主共有。

第七十五条 业主可以设立业主大会,选举业主委员会。

地方人民政府有关部门应当对设立业主大会和选举业主委员会给予指导和协助。

第七十六条 下列事项由业主共同决定:

(一)制定和修改业主大会议事规则;

(二)制定和修改建筑物及其附属设施的管理规约;

(三)选举业主委员会或者更换业主委员会成员;

(四)选聘和解聘物业服务企业或者其他管理人;

(五)筹集和使用建筑物及其附属设施的维修资金;

(六)改建、重建建筑物及其附属设施;

(七)有关共有和共同管理权利的其他重大事项。

决定前款第五项和第六项规定的事项,应当经专有部分占建筑物总面积三分之二以上的业主且占总人数三分之二以上的业主同意。决定前款其他事项,应当经专有部分占建筑物总面积过半数的业主且占总人数过半数的业主同意。

第七十七条 业主不得违反法律、法规以及管理规约,将住宅改变为经营性用房。业主将住宅改变为经营性用房的,除遵守法律、法规以及管理规约外,应当经有利害关系的业主同意。

第七十八条 业主大会或者业主委员会的决定,对业主具有约束力。

业主大会或者业主委员会作出的决定侵害业主合法权益的,受侵害的业主可以请求人民法院予以撤销。

第七十九条 建筑物及其附属设施的维修资金,属于业主共有。经业主共同决定,可以用于电梯、水箱等共有部分的维修。维修资金的筹集、使用情况应当公布。

第八十条 建筑物及其附属设施的费用分摊、收益分配等事项,有约定的,按照约定;没有约定或者约定不明确的,按照业主专有部分占建筑物总面积的比例确定。

第八十一条 业主可以自行管理建筑物及其附属设施,也可以委托物业服务企业或者其他管理人管理。

对建设单位聘请的物业服务企业或者其他管理人,业主有权依法更换。

第八十二条 物业服务企业或者其他管理人根据业主的委托管理建筑区划内的建筑物及其附属设施,并接受业主的监督。

第八十三条 业主应当遵守法律、法规以及管理规约。

业主大会和业主委员会,对任意弃置垃圾、排放污染物或者噪声、违反规定饲养动物、违章搭建、侵占通道、拒付物业费等损害他人合法权益的行为,有权依照法律、法规以及管理规约,要求行为人停止侵害、消除危险、排除妨害、赔偿损失。业主对侵害自己合法权益的行为,可以依法向人民法院提起诉讼。

第七章 相 邻 关 系

第八十四条 不动产的相邻权利人应当按照有利生产、方便生活、团结互助、公平合理的原则,正确处理相邻关系。

第八十五条 法律、法规对处理相邻关系有规定的,依照其规定;法律、法规没有规定的,可以按照当地习惯。

第八十六条 不动产权利人应当为相邻权利人用水、排水提供必要的便利。

对自然流水的利用,应当在不动产的相邻权利人之间合理分配。对自然流水的排放,应当尊重自然流向。

第八十七条 不动产权利人对相邻权利人因通行等必须利用其土地的,应当提供必要的便利。

第八十八条 不动产权利人因建造、修缮建筑物以及铺设电线、电缆、水管、暖气和燃气管线等必须利用相邻土地、建筑物的,该土地、建筑物的权利人应当提供必要的便利。

第八十九条 建造建筑物,不得违反国家有关工程建设标准,妨碍相邻建筑物的通风、采光和日照。

第九十条 不动产权利人不得违反国家规定弃置固体废物,排放大气污染物、水污染物、噪声、光、电磁波辐射等有害物质。

第九十一条 不动产权利人挖掘土地、建造建筑物、铺设管线以及安装设备等,不得危及相邻不动产的安全。

第九十二条 不动产权利人因用水、排水、通行、铺设管线等利用相邻不动产的,应当尽量避免对相邻的不动产权利人造成损害;造成损害的,应当给予赔偿。

第八章 共 有

第九十三条 不动产或者动产可以由两个以上单位、个人共有。共有包括按份共有和共同共有。

第九十四条 按份共有人对共有的不动产或者动产按照其份额享有所有权。

第九十五条 共同共有人对共有的不动产或者动产共同享有所有权。

第九十六条 共有人按照约定管理共有的不动产或者动产;没有约定或者约定不明确的,各共有人都有管理的权利和义务。

第九十七条 处分共有的不动产或者动产以及对共有的不动产或者动产作重大修缮的,应当经占份额三分之二以上的按份共有人或者全体共同共有人同意,但共有人之间另有约定的除外。

第九十八条 对共有物的管理费用以及其他负担,有约定的,按照约定;没有约定或者约定不明确的,按份共有人按照其份额负担,共同共有人共同负担。

第九十九条 共有人约定不得分割共有的不动产或者动产,以维持共有关系的,应当按照约定,但共有人有重大理由需要分割的,可以请求分割;没有约定或者约定不明确的,按份共有人可以随时请求分割,共同共有人在共有的基础丧失或者有重大理由需要分割时可以请求分割。因分割对其他共有人造成损害的,应当给予赔偿。

第一百条　共有人可以协商确定分割方式。达不成协议,共有的不动产或者动产可以分割并且不会因分割减损价值的,应当对实物予以分割;难以分割或者因分割会减损价值的,应当对折价或者拍卖、变卖取得的价款予以分割。

共有人分割所得的不动产或者动产有瑕疵的,其他共有人应当分担损失。

第一百零一条　按份共有人可以转让其享有的共有的不动产或者动产份额。其他共有人在同等条件下享有优先购买的权利。

第一百零二条　因共有的不动产或者动产产生的债权债务,在对外关系上,共有人享有连带债权、承担连带债务,但法律另有规定或者第三人知道共有人不具有连带债权债务关系的除外;在共有人内部关系上,除共有人另有约定外,按份共有人按照份额享有债权、承担债务,共同共有人共同享有债权、承担债务。偿还债务超过自己应当承担份额的按份共有人,有权向其他共有人追偿。

第一百零三条　共有人对共有的不动产或者动产没有约定为按份共有或者共同共有,或者约定不明确的,除共有人具有家庭关系等外,视为按份共有。

第一百零四条　按份共有人对共有的不动产或者动产享有的份额,没有约定或者约定不明确的,按照出资额确定;不能确定出资额的,视为等额享有。

第一百零五条　两个以上单位、个人共同享有用益物权、担保物权的,参照本章规定。

附　则

第二百四十六条　法律、行政法规对不动产统一登记的范围、登记机构和登记办法作出规定前,地方性法规可以依照本法有关规定作出规定。

第二百四十七条　本法自 2007 年 10 月 1 日起施行。

物业管理条例

(2003年6月8日中华人民共和国国务院令第379号公布 根据2007年8月26日《国务院关于修改〈物业管理条例〉的决定》修订)

第一章 总 则

第一条 为了规范物业管理活动,维护业主和物业服务企业的合法权益,改善人民群众的生活和工作环境,制定本条例。

第二条 本条例所称物业管理,是指业主通过选聘物业服务企业,由业主和物业服务企业按照物业服务合同约定,对房屋及配套的设施设备和相关场地进行维修、养护、管理,维护物业管理区域内的环境卫生和相关秩序的活动。

第三条 国家提倡业主通过公开、公平、公正的市场竞争机制选择物业服务企业。

第四条 国家鼓励采用新技术、新方法,依靠科技进步提高物业管理和服务水平。

第五条 国务院建设行政主管部门负责全国物业管理活动的监督管理工作。

县级以上地方人民政府房地产行政主管部门负责本行政区域内物业管理活动的监督管理工作。

第二章 业主及业主大会

第六条 房屋的所有权人为业主。

业主在物业管理活动中,享有下列权利:

(一)按照物业服务合同的约定,接受物业服务企业提供的服务;

(二)提议召开业主大会会议,并就物业管理的有关事项提出建议;

(三)提出制定和修改管理规约、业主大会议事规则的建议;

(四)参加业主大会会议,行使投票权;

(五)选举业主委员会成员,并享有被选举权;

(六)监督业主委员会的工作;

(七)监督物业服务企业履行物业服务合同;

(八)对物业共用部位、共用设施设备和相关场地使用情况享有知情权和监督权;

(九)监督物业共用部位、共用设施设备专项维修资金(以下简称专项维修资金)的管理和使用;

(十)法律、法规规定的其他权利。

第七条 业主在物业管理活动中,履行下列义务:

(一)遵守管理规约、业主大会议事规则;

(二)遵守物业管理区域内物业共用部位和共用设施设备的使用、公共秩序和环境卫生的维护等方面的规章制度;

(三)执行业主大会的决定和业主大会授权业主委员会作出的决定;

(四)按照国家有关规定交纳专项维修资金;

（五）按时交纳物业服务费用；

（六）法律、法规规定的其他义务。

第八条　物业管理区域内全体业主组成业主大会。

业主大会应当代表和维护物业管理区域内全体业主在物业管理活动中的合法权益。

第九条　一个物业管理区域成立一个业主大会。

物业管理区域的划分应当考虑物业的共用设施设备、建筑物规模、社区建设等因素。具体办法由省、自治区、直辖市制定。

第十条　同一个物业管理区域内的业主，应当在物业所在地的区、县人民政府房地产行政主管部门或者街道办事处、乡镇人民政府的指导下成立业主大会，并选举产生业主委员会。但是，只有一个业主的，或者业主人数较少且经全体业主一致同意，决定不成立业主大会的，由业主共同履行业主大会、业主委员会职责。

第十一条　下列事项由业主共同决定：

（一）制定和修改业主大会议事规则；

（二）制定和修改管理规约；

（三）选举业主委员会或者更换业主委员会成员；

（四）选聘和解聘物业服务企业；

（五）筹集和使用专项维修资金；

（六）改建、重建建筑物及其附属设施；

（七）有关共有和共同管理权利的其他重大事项。

第十二条　业主大会会议可以采用集体讨论的形式，也可以采用书面征求意见的形式；但是，应当有物业管理区域内专有部分占建筑物总面积过半数的业主且占总人数过半数的业主参加。

业主可以委托代理人参加业主大会会议。

业主大会决定本条例第十一条第（五）项和第（六）项规定的事项，应当经专有部分占建筑物总面积 2/3 以上的业主且占总人数 2/3 以上的业主同意；决定本条例第十一条规定的其他事项，应当经专有部分占建筑物总面积过半数的业主且占总人数过半数的业主同意。

业主大会或者业主委员会的决定，对业主具有约束力。

业主大会或者业主委员会作出的决定侵害业主合法权益的，受侵害的业主可以请求人民法院予以撤销。

第十三条　业主大会会议分为定期会议和临时会议。

业主大会定期会议应当按照业主大会议事规则的规定召开。经 20% 以上的业主提议，业主委员会应当组织召开业主大会临时会议。

第十四条　召开业主大会会议，应当于会议召开 15 日以前通知全体业主。

住宅小区的业主大会会议，应当同时告知相关的居民委员会。

业主委员会应当作好业主大会会议记录。

第十五条　业主委员会执行业主大会的决定事项，履行下列职责：

（一）召集业主大会会议，报告物业管理的实施情况；

（二）代表业主与业主大会选聘的物业服务企业签订物业服务合同；

（三）及时了解业主、物业使用人的意见和建议，监督和协助物业服务企业履行物业服务合同；

（四）监督管理规约的实施；

（五）业主大会赋予的其他职责。

第十六条　业主委员会应当自选举产生之日起30日内，向物业所在地的区、县人民政府房地产行政主管部门和街道办事处、乡镇人民政府备案。

业主委员会委员应当由热心公益事业、责任心强、具有一定组织能力的业主担任。

业主委员会主任、副主任在业主委员会成员中推选产生。

第十七条　管理规约应当对有关物业的使用、维护、管理，业主的共同利益，业主应当履行的义务，违反管理规约应当承担的责任等事项依法作出约定。

管理规约应当尊重社会公德，不得违反法律、法规或者损害社会公共利益。

管理规约对全体业主具有约束力。

第十八条　业主大会议事规则应当就业主大会的议事方式、表决程序、业主委员会的组成和成员任期等事项作出约定。

第十九条　业主大会、业主委员会应当依法履行职责，不得作出与物业管理无关的决定，不得从事与物业管理无关的活动。

业主大会、业主委员会作出的决定违反法律、法规的，物业所在地的区、县人民政府房地产行政主管部门或者街道办事处、乡镇人民政府，应当责令限期改正或者撤销其决定，并通告全体业主。

第二十条　业主大会、业主委员会应当配合公安机关，与居民委员会相互协作，共同做好维护物业管理区域内的社会治安等相关工作。

在物业管理区域内，业主大会、业主委员会应当积极配合相关居民委员会依法履行自治管理职责，支持居民委员会开展工作，并接受其指导和监督。

住宅小区的业主大会、业主委员会作出的决定，应当告知相关的居民委员会，并认真听取居民委员会的建议。

第三章　前期物业管理

第二十一条　在业主、业主大会选聘物业服务企业之前，建设单位选聘物业服务企业的，应当签订书面的前期物业服务合同。

第二十二条　建设单位应当在销售物业之前，制定临时管理规约，对有关物业的使用、维护、管理，业主的共同利益，业主应当履行的义务，违反临时管理规约应当承担的责任等事项依法作出约定。

建设单位制定的临时管理规约，不得侵害物业买受人的合法权益。

第二十三条　建设单位应当在物业销售前将临时管理规约向物业买受人明示，并予以说明。

物业买受人在与建设单位签订物业买卖合同时，应当对遵守临时管理规约予以书面承诺。

第二十四条　国家提倡建设单位按照房地产开发与物业管理相分离的原则，通过招投标的方式选聘具有相应资质的物业服务企业。

住宅物业的建设单位，应当通过招投标的方式选聘具有相应资质的物业服务企业；投标人少于3个或者住宅规模较小的，经物业所在地的区、县人民政府房地产行政主管部门批准，可以采用协议方式选聘具有相应资质的物业服务企业。

第二十五条　建设单位与物业买受人签订的买卖合同应当包含前期物业服务合同约定的内容。

第二十六条　前期物业服务合同可以约定期限；但是，期限未满、业主委员会与物业服务企业签订的物业服务合同生效的，前期物业服务合同终止。

第二十七条　业主依法享有的物业共用部位、共用设施设备的所有权或者使用权，建设单位不得擅自处分。

第二十八条　物业服务企业承接物业时，应当对物业共用部位、共用设施设备进行查验。

第二十九条　在办理物业承接验收手续时，建设单位应当向物业服务企业移交下列资料：

（一）竣工总平面图，单体建筑、结构、设备竣工图，配套设施、地下管网工程竣工图等竣工验收资料；

（二）设施设备的安装、使用和维护保养等技术资料；

（三）物业质量保修文件和物业使用说明文件；

（四）物业管理所必需的其他资料。

物业服务企业应当在前期物业服务合同终止时将上述资料移交给业主委员会。

第三十条　建设单位应当按照规定在物业管理区域内配置必要的物业管理用房。

第三十一条　建设单位应当按照国家规定的保修期限和保修范围，承担物业的保修责任。

第四章　物业管理服务

第三十二条　从事物业管理活动的企业应当具有独立的法人资格。

国家对从事物业管理活动的企业实行资质管理制度。具体办法由国务院建设行政主管部门制定。

第三十三条　从事物业管理的人员应当按照国家有关规定，取得职业资格证书。

第三十四条　一个物业管理区域由一个物业服务企业实施物业管理。

第三十五条　业主委员会应当与业主大会选聘的物业服务企业订立书面的物业服务合同。

物业服务合同应当对物业管理事项、服务质量、服务费用、双方的权利义务、专项维修资金的管理与使用、物业管理用房、合同期限、违约责任等内容进行约定。

第三十六条　物业服务企业应当按照物业服务合同的约定，提供相应的服务。

物业服务企业未能履行物业服务合同的约定，导致业主人身、财产安全受到损害的，应当依法承担相应的法律责任。

第三十七条　物业服务企业承接物业时，应当与业主委员会办理物业验收手续。

业主委员会应当向物业服务企业移交本条例第二十九条第一款规定的资料。

第三十八条　物业管理用房的所有权依法属于业主。未经业主大会同意，物业服务企业不得改变物业管理用房的用途。

第三十九条　物业服务合同终止时，物业服务企业应当将物业管理用房和本条例第二十九条第一款规定的资料交还给业主委员会。

物业服务合同终止时，业主大会选聘了新的物业服务企业的，物业服务企业之间应当做好交接工作。

第四十条　物业服务企业可以将物业管理区域内的专项服务业务委托给专业性服务企业，但不得将该区域内的全部物业管理一并委托给他人。

第四十一条　物业服务收费应当遵循合理、公开以及费用与服务水平相适应的原则，区别不同物业的性质和特点，由业主和物业服务企业按照国务院价格主管部门会同国务院建设行政主管部门制定的物业服务收费办法，在物业服务合同中约定。

第四十二条　业主应当根据物业服务合同的约定交纳物业服务费用。业主与物业使用人约定由物业使用人交纳物业服务费用的，从其约定，业主负连带交纳责任。

已竣工但尚未出售或者尚未交给物业买受人的物业，物业服务费用由建设单位交纳。

第四十三条　县级以上人民政府价格主管部门会同同级房地产行政主管部门，应当加强对物业服务收费的监督。

第四十四条　物业服务企业可以根据业主的委托提供物业服务合同约定以外的服务项目，服务报酬由双方约定。

第四十五条　物业管理区域内，供水、供电、供气、供暖、通信、有线电视等单位应当向最终用户收取有关费用。

物业服务企业接受委托代收前款费用的，不得向业主收取手续费等额外费用。

第四十六条　对物业管理区域内违反有关治安、环保、物业装饰装修和使用等方面法律、法规规定的行为，物业服务企业应当制止，并及时向有关行政管理部门报告。

有关行政管理部门在接到物业服务企业的报告后，应当依法对违法行为予以制止或者依法处理。

第四十七条　物业服务企业应当协助做好物业管理区域内的安全防范工作。发生安全事故时，物业服务企业在采取应急措施的同时，应当及时向有关行政管理部门报告，协助做好救助工作。

物业服务企业雇请保安人员的，应当遵守国家有关规定。保安人员在维护物业管理区域内的公共秩序时，应当履行职责，不得侵害公民的合法权益。

第四十八条　物业使用人在物业管理活动中的权利义务由业主和物业使用人约定，但不得违反法律、法规和管理规约的有关规定。

物业使用人违反本条例和管理规约的规定，有关业主应当承担连带责任。

第四十九条　县级以上地方人民政府房地产行政主管部门应当及时处理业主、业主委员会、物业使用人和物业服务企业在物业管理活动中的投诉。

第五章　物业的使用与维护

第五十条　物业管理区域内按照规划建设的公共建筑和共用设施，不得改变用途。

业主依法确需改变公共建筑和共用设施用途的，应当在依法办理有关手续后告知物业服务企业；物业服务企业确需改变公共建筑和共用设施用途的，应当提请业主大会讨论决定同意后，由业主依法办理有关手续。

第五十一条　业主、物业服务企业不得擅自占用、挖掘物业管理区域内的道路、场地，损害业主的共同利益。

因维修物业或者公共利益，业主确需临时占用、挖掘道路、场地的，应当征得业主委员会和物业服务企业的同意；物业服务企业确需临时占用、挖掘道路、场地的，应当征得业主委员会的同意。

业主、物业服务企业应当将临时占用、挖掘的道路、场地，在约定期限内恢复原状。

第五十二条　供水、供电、供气、供暖、通信、有线电视等单位，应当依法承担物业管理区域内相关管线和设施设备维修、养护的责任。

前款规定的单位因维修、养护等需要，临时占用、挖掘道路、场地的，应当及时恢复原状。

第五十三条　业主需要装饰装修房屋的，应当事先告知物业服务企业。

物业服务企业应当将房屋装饰装修中的禁止行为和注意事项告知业主。

第五十四条　住宅物业、住宅小区内的非住宅物业或者与单幢住宅楼结构相连的非住宅物业的业主，应当按照国家有关规定交纳专项维修资金。

专项维修资金属于业主所有，专项用于物业保修期满后物业共用部位、共用设施设备的维修和更新、改造，不得挪作他用。

专项维修资金收取、使用、管理的办法由国务院建设行政主管部门会同国务院财政部门制定。

第五十五条　利用物业共用部位、共用设施设备进行经营的，应当在征得相关业主、业主大会、物业服务企业的同意后，按照规定办理有关手续。业主所得收益应当主要用于补充专项维修资金，也可以按照业主大会的决定使用。

第五十六条　物业存在安全隐患，危及公共利益及他人合法权益时，责任人应当及时维修养护，有关业主应当给予配合。

责任人不履行维修养护义务的，经业主大会同意，可以由物业服务企业维修养护，费用由责任人承担。

第六章　法　律　责　任

第五十七条　违反本条例的规定，住宅物业的建设单位未通过招投标的方式选聘物业服务企业或者未经批准，擅自采用协议方式选聘物业服务企业的，由县级以上地方人民政府房地产行政主管部门责令限期改正，给予警告，可以并处10万元以下的罚款。

第五十八条　违反本条例的规定，建设单位擅自处分属于业主的物业共用部位、共用设施设备的所有权或者使用权的，由县级以上地方人民政府房地产行政主管部门处5万元以上20万元以下的罚款；给业主造成损失的，依法承担赔偿责任。

第五十九条　违反本条例的规定，不移交有关资料的，由县级以上地方人民政府房地产行政主管部门责令限期改正；逾期仍不移交有关资料的，对建设单位、物业服务企业予以通报，处1万元以上10万元以下的罚款。

第六十条　违反本条例的规定，未取得资质证书从事物业管理的，由县级以上地方人民政府房地产行政主管部门没收违法所得，并处5万元以上20万元以下的罚款；给业主造成损失的，依法承担赔偿责任。

以欺骗手段取得资质证书的，依照本条第一款规定处罚，并由颁发资质证书的部门吊销资质证书。

第六十一条　违反本条例的规定,物业服务企业聘用未取得物业管理职业资格证书的人员从事物业管理活动的,由县级以上地方人民政府房地产行政主管部门责令停止违法行为,处5万元以上20万元以下的罚款;给业主造成损失的,依法承担赔偿责任。

第六十二条　违反本条例的规定,物业服务企业将一个物业管理区域内的全部物业管理一并委托给他人的,由县级以上地方人民政府房地产行政主管部门责令限期改正,处委托合同价款30%以上50%以下的罚款;情节严重的,由颁发资质证书的部门吊销资质证书。委托所得收益,用于物业管理区域内物业共用部位、共用设施设备的维修、养护,剩余部分按照业主大会的决定使用;给业主造成损失的,依法承担赔偿责任。

第六十三条　违反本条例的规定,挪用专项维修资金的,由县级以上地方人民政府房地产行政主管部门追回挪用的专项维修资金,给予警告,没收违法所得,可以并处挪用数额2倍以下的罚款;物业服务企业挪用专项维修资金,情节严重的,并由颁发资质证书的部门吊销资质证书;构成犯罪的,依法追究直接负责的主管人员和其他直接责任人员的刑事责任。

第六十四条　违反本条例的规定,建设单位在物业管理区域内不按照规定配置必要的物业管理用房的,由县级以上地方人民政府房地产行政主管部门责令限期改正,给予警告,没收违法所得,并处10万元以上50万元以下的罚款。

第六十五条　违反本条例的规定,未经业主大会同意,物业服务企业擅自改变物业管理用房的用途的,由县级以上地方人民政府房地产行政主管部门责令限期改正,给予警告,并处1万元以上10万元以下的罚款;有收益的,所得收益用于物业管理区域内物业共用部位、共用设施设备的维修、养护,剩余部分按照业主大会的决定使用。

第六十六条　违反本条例的规定,有下列行为之一的,由县级以上地方人民政府房地产行政主管部门责令限期改正,给予警告,并按照本条第二款的规定处以罚款;所得收益,用于物业管理区域内物业共用部位、共用设施设备的维修、养护,剩余部分按照业主大会的决定使用:

(一)擅自改变物业管理区域内按照规划建设的公共建筑和共用设施用途的;
(二)擅自占用、挖掘物业管理区域内道路、场地,损害业主共同利益的;
(三)擅自利用物业共用部位、共用设施设备进行经营的。

个人有前款规定行为之一的,处1000元以上1万元以下的罚款;单位有前款规定行为之一的,处5万元以上20万元以下的罚款。

第六十七条　违反物业服务合同约定,业主逾期不交纳物业服务费用的,业主委员会应当督促其限期交纳;逾期仍不交纳的,物业服务企业可以向人民法院起诉。

第六十八条　业主以业主大会或者业主委员会的名义,从事违反法律、法规的活动,构成犯罪的,依法追究刑事责任;尚不构成犯罪的,依法给予治安管理处罚。

第六十九条　违反本条例的规定,国务院建设行政主管部门、县级以上地方人民政府房地产行政主管部门或者其他有关行政管理部门的工作人员利用职务上的便利,收受他人财物或者其他好处,不依法履行监督管理职责,或者发现违法行为不予查处,构成犯罪的,依法追究刑事责任;尚不构成犯罪的,依法给予行政处分。

第七章　附　　则

第七十条　本条例自2003年9月1日起施行。

物业服务收费管理办法

(发改价格〔2003〕1864号,2003年11月13日发布)

第一条 为规范物业服务收费行为,保障业主和物业管理企业的合法权益,根据《中华人民共和国价格法》和《物业管理条例》,制定本办法。

第二条 本办法所称物业服务收费,是指物业管理企业按照物业服务合同的约定,对房屋及配套的设施设备和相关场地进行维修、养护、管理,维护相关区域内的环境卫生和秩序,向业主所收取的费用。

第三条 国家提倡业主通过公开、公平、公正的市场竞争机制选择物业管理企业;鼓励物业管理企业开展正当的价格竞争,禁止价格欺诈,促进物业服务收费通过市场竞争形成。

第四条 国务院价格主管部门会同国务院建设行政主管部门负责全国物业服务收费的监督管理工作。

县级以上地方人民政府价格主管部门会同同级房地产行政主管部门负责本行政区域内物业服务收费的监督管理工作。

第五条 物业服务收费应当遵循合理、公开以及费用与服务水平相适应的原则。

第六条 物业服务收费应当区分不同物业的性质和特点分别实行政府指导价和市场调节价。具体定价形式由省、自治区、直辖市人民政府价格主管部门会同房地产行政主管部门确定。

第七条 物业服务收费实行政府指导价的,有定价权限的人民政府价格主管部门应当会同房地产行政主管部门根据物业管理服务等级标准等因素,制定相应的基准价及其浮动幅度,并定期公布。具体收费标准由业主与物业管理企业根据规定的基准价和浮动幅度在物业服务合同中约定。

实行市场调节价的物业服务收费,由业主与物业管理企业在物业服务合同中约定。

第八条 物业管理企业应当按照政府价格主管部门的规定实行明码标价,在物业管理区域内的显著位置,将服务内容、服务标准以及收费项目、收费标准等有关情况进行公示。

第九条 业主与物业管理企业可以采取包干制或者酬金制等形式约定物业服务费用。

包干制是指由业主向物业管理企业支付固定物业服务费用,盈余或者亏损均由物业管理企业享有或者承担的物业服务计费方式。

酬金制是指在预收的物业服务资金中按约定比例或者约定数额提取酬金支付给物业管理企业,其余全部用于物业服务合同约定的支出,结余或者不足均由业主享有或者承担的物业服务计费方式。

第十条 建设单位与物业买受人签订的买卖合同,应当约定物业管理服务内容、服务标准、收费标准、计费方式及计费起始时间等内容,涉及物业买受人共同利益的约定应当一致。

第十一条 实行物业服务费用包干制的,物业服务费用的构成包括物业服务成本、法定税费和物业管理企业的利润。

实行物业服务费用酬金制的,预收的物业服务资金包括物业服务支出和物业管理企业的酬金。

物业服务成本或者物业服务支出构成一般包括以下部分:
1. 管理服务人员的工资、社会保险和按规定提取的福利费等;
2. 物业共用部位、共用设施设备的日常运行、维护费用;
3. 物业管理区域清洁卫生费用;
4. 物业管理区域绿化养护费用;
5. 物业管理区域秩序维护费用;
6. 办公费用;
7. 物业管理企业固定资产折旧;
8. 物业共用部位、共用设施设备及公众责任保险费用;
9. 经业主同意的其他费用。

物业共用部位、共用设施设备的大修、中修和更新、改造费用,应当通过专项维修资金予以列支,不得计入物业服务支出或者物业服务成本。

第十二条 实行物业服务费用酬金制的,预收的物业服务支出属于代管性质,为所交纳的业主所有,物业管理企业不得将其用于物业服务合同约定以外的支出。

物业管理企业应当向业主大会或者全体业主公布物业服务资金年度预决算并每年不少于一次公布物业服务资金的收支情况。

业主或者业主大会对公布的物业服务资金年度预决算和物业服务资金的收支情况提出质询时,物业管理企业应当及时答复。

第十三条 物业服务收费采取酬金制方式,物业管理企业或者业主大会可以按照物业服务合同约定聘请专业机构对物业服务资金年度预决算和物业服务资金的收支情况进行审计。

第十四条 物业管理企业在物业服务中应当遵守国家的价格法律法规,严格履行物业服务合同,为业主提供质价相符的服务。

第十五条 业主应当按照物业服务合同的约定按时足额交纳物业服务费用或者物业服务资金。业主违反物业服务合同约定逾期不交纳服务费用或者物业服务资金的,业主委员会应当督促其限期交纳;逾期仍不交纳的,物业管理企业可以依法追缴。

业主与物业使用人约定由物业使用人交纳物业服务费用或者物业服务资金的,从其约定,业主负连带交纳责任。

物业发生产权转移时,业主或者物业使用人应当结清物业服务费用或者物业服务资金。

第十六条 纳入物业管理范围的已竣工但尚未出售,或者因开发建设单位原因未按时交给物业买受人的物业,物业服务费用或者物业服务资金由开发建设单位全额交纳。

第十七条 物业管理区域内,供水、供电、供气、供暖、通信、有线电视等单位应当向最终用户收取有关费用。物业管理企业接受委托代收上述费用的,可向委托单位收取手续费,不得向业主收取手续费等额外费用。

第十八条 利用物业共用部位、共用设施设备进行经营的,应当在征得相关业主、业主大会、物业管理企业的同意后，按照规定办理有关手续。业主所得收益应当主要用于补充专项维修资金，也可以按照业主大会的决定使用。

第十九条　物业管理企业已接受委托实施物业服务并相应收取服务费用的，其他部门和单位不得重复收取性质和内容相同的费用。

第二十条　物业管理企业根据业主的委托提供物业服务合同约定以外的服务，服务收费由双方约定。

第二十一条　政府价格主管部门会同房地产行政主管部门，应当加强对物业管理企业的服务内容、标准和收费项目、标准的监督。物业管理企业违反价格法律、法规和规定，由政府价格主管部门依据《中华人民共和国价格法》和《价格违法行为行政处罚规定》予以处罚。

第二十二条　各省、自治区、直辖市人民政府价格主管部门、房地产行政主管部门可以依据本办法制定具体实施办法，并报国家发展和改革委员会、建设部备案。

第二十三条　本办法由国家发展和改革委员会会同建设部负责解释。

第二十四条　本办法自2004年1月1日起执行，原国家计委、建设部印发的《城市住宅小区物业管理服务收费暂行办法》（计价费〔1996〕266号）同时废止。

物业服务收费明码标价规定

(发改价检 [2004] 1428 号,2004 年 7 月 19 日发布)

第一条 为进一步规范物业服务收费行为,提高物业服务收费透明度,维护业主和物业管理企业的合法权益,促进物业管理行业的健康发展,根据《中华人民共和国价格法》、《物业管理条例》和《关于商品和服务实行明码标价的规定》,制定本规定。

第二条 物业管理企业向业主提供服务(包括按照物业服务合同约定提供物业服务以及根据业主委托提供物业服务合同约定以外的服务),应当按照本规定实行明码标价,标明服务项目、收费标准等有关情况。

第三条 物业管理企业实行明码标价,应当遵循公开、公平和诚实信用的原则,遵守国家价格法律、法规、规章和政策。

第四条 政府价格主管部门应当会同同级房地产主管部门对物业服务收费明码标价进行管理。政府价格主管部门对物业管理企业执行明码标价规定的情况实施监督检查。

第五条 物业管理企业实行明码标价应当做到价目齐全,内容真实,标示醒目,字迹清晰。

第六条 物业服务收费明码标价的内容包括:物业管理企业名称、收费对象、服务内容、服务标准、计费方式、计费起始时间、收费项目、收费标准、价格管理形式、收费依据、价格举报电话 12358 等。

实行政府指导价的物业服务收费应当同时标明基准收费标准、浮动幅度,以及实际收费标准。

第七条 物业管理企业在其服务区域内的显著位置或收费地点,可采取公示栏、公示牌、收费表、收费清单、收费手册、多媒体终端查询等方式实行明码标价。

第八条 物业管理企业接受委托代收供水、供电、供气、供暖、通信、有线电视等有关费用的,也应当依照本规定第六条、第七条的有关内容和方式实行明码标价。

第九条 物业管理企业根据业主委托提供的物业服务合同约定以外的服务项目,其收费标准在双方约定后应当以适当的方式向业主进行明示。

第十条 实行明码标价的物业服务收费的标准等发生变化时,物业管理企业应当在执行新标准前一个月,将所标示的相关内容进行调整,并应标示新标准开始实行的日期。

第十一条 物业管理企业不得利用虚假的或者使人误解的标价内容、标价方式进行价格欺诈。不得在标价之外,收取任何未予标明的费用。

第十二条 对物业管理企业不按规定明码标价或者利用标价进行价格欺诈的行为,由政府价格主管部门依照《中华人民共和国价格法》、《价格违法行为行政处罚规定》、《关于商品和服务实行明码标价的规定》、《禁止价格欺诈行为的规定》进行处罚。

第十三条 本规定自 2004 年 10 月 1 日起施行。

物业服务定价成本监审办法(试行)

(发改价格〔2007〕2285号,国家发展改革委、建设部2007年9月10日发布)

第一条 为提高政府制定物业服务收费的科学性、合理性,根据《政府制定价格成本监审办法》、《物业服务收费管理办法》等有关规定,制定本办法。

第二条 本办法适用于政府价格主管部门制定或者调整实行政府指导价的物业服务收费标准,对相关物业服务企业实施定价成本监审的行为。

本办法所称物业服务,是指物业服务企业按照物业服务合同的约定,对房屋及配套的设施设备和相关场地进行维修、养护、管理,维护物业管理区域内的环境卫生和秩序的活动。

本办法所称物业服务定价成本,是指价格主管部门核定的物业服务社会平均成本。

第三条 物业服务定价成本监审工作由政府价格主管部门负责组织实施,房地产主管部门应当配合价格主管部门开展工作。

第四条 在本行政区域内物业服务企业数量众多的,可以选取一定数量、有代表性的物业服务企业进行成本监审。

第五条 物业服务定价成本审核应当遵循以下原则:

(一)合法性原则。计入定价成本的费用应当符合有关法律、行政法规和国家统一的会计制度的规定。

(二)相关性原则。计入定价成本的费用应当为与物业服务直接相关或间接相关的费用。

(三)对应性原则。计入定价成本的费用应当与物业服务内容及服务标准相对应。

(四)合理性原则。影响物业服务定价成本各项费用的主要技术、经济指标应当符合行业标准或者社会公允水平。

第六条 核定物业服务定价成本,应当以经会计师事务所审计的年度财务会计报告,原始凭证与账册或者物业服务企业提供的真实、完整、有效的成本资料为基础。

第七条 物业服务定价成本由人员费用、物业共用部位共用设施设备日常运行维护费用、绿化养护费用、清洁卫生费用、秩序维护费用、物业共用部位共用设施设备及公众责任保险费用、办公费用、管理费公摊、固定资产折旧以及经业主同意的其他费用组成。

第八条 人员费用是管理服务人员工资、按规定提取的工会经费、职工教育经费,以及根据政府有关规定应当由物业服务企业缴纳的养老、医疗、失业、工伤、生育保险等社会保险费用。

第九条 物业共用部位共用设施设备日常运行及维护费用是指为保障物业管理区域内共用部位共用设施设备的正常使用和运行、维护保养所需的费用。不包括保修期内应由建设单位履行保修责任而支出的维修费、应由住宅专项维修资金支出的更新、改造费用。

第十条 绿化养护费是指管理、养护绿化所需的绿化工具购置费、绿化用水费、补苗费、农药化肥费等。不包括应由建设单位支付的种苗种植费和前期维护费。

第十一条 清洁卫生费是指保持物业管理区域内环境卫生所需的购置工具费、消杀防疫费、化粪池清理费、管道疏通费、清洁用料费、环卫所需费用等。

第十二条　秩序维护费是指维护物业管理区域秩序所需的器材装备费、安全防范人员人身保险费及由物业服务企业支付的服装费等。其中器材装备不包括共用设备中已包括的监控设备。

第十三条　物业共用部位共用设施设备及公众责任保险费用是指物业管理企业购买物业共用部位共用设施设备及公众责任保险所支付的保险费用，以物业服务企业与保险公司签订的保险单和所交纳的保险费为准。

第十四条　办公费是指物业服务企业为维护管理区域正常的物业管理活动所需的办公用品费、交通费、房租、水电费、供暖费、通信费、书报费及其他费用。

第十五条　管理费分摊是指物业服务企业在管理多个物业项目情况下，为保证相关的物业服务正常运转而由各物业服务小区承担的管理费用。

第十六条　固定资产折旧是指按规定折旧方法计提的物业服务固定资产的折旧金额。物业服务固定资产指在物业服务小区内由物业服务经营者拥有的、与物业服务直接相关的、使用年限在一年以上的资产。

第十七条　经业主同意的其他费用是指业主或者业主大会按规定同意由物业服务费开支的费用。

第十八条　物业服务定价成本相关项目按本办法第十九条至第二十二条规定的方法和标准审核。

第十九条　工会经费、职工教育经费、住户公积金以及医疗保险费、养老保险费、失业保险费、工伤保险费、生育保险费等社会保险费的计提基数按照核定的相应工资水平确定；工会经费、职工教育经费的计提比例按国家统一规定的比例确定，住户公积金和社会保险费的计提比例按当地政府规定比例确定，超过规定比例的不得计入定价成本。医疗保险费用应在社会保险费中列支，不得在其他项目重复列支；其他应在工会经费和职工教育经费中列支的费用，也不得在相关费用项目中重复列支。

第二十条　固定资产折旧采用年限平均法，折旧年限根据固定资产的性质和使用情况合理确定。企业确定的固定资产折旧年限明显低于实际可使用年限的，成本监审时应当按照实际可使用年限调整折旧年限。固定资产残值率按3‰～5‰计算；个别固定资产残值较低或者较高的，按照实际情况合理确定残值率。

第二十一条　物业服务企业将专业性较强的服务内容外包给有关专业公司的，该项服务的成本按照外包合同所确定的金额核定。

第二十二条　物业服务企业只从事物业服务的，其所发生费用按其所管辖的物业项目的物业服务计费面积或者应收物业服务费加权分摊；物业服务企业兼营其他业务的，应先按实现收入的比重在其他业务和物业服务之间分摊，然后按上述方法在所管辖的各物业项目之间分摊。

第二十三条　本办法未具体规定审核标准的其他费用项目按照有关财务制度和政策规定审核，原则上据实核定，但应符合一定范围内社会公允的平均水平。

第二十四条　各省、自治区、直辖市价格主管部门可根据本办法，结合本地实际制定具体实施细则。

第二十五条　本办法由国家发展和改革委员会解释。

第二十六条　本办法自2007年10月1日起施行。

前期物业管理招标投标管理暂行办法

(建住房〔2003〕130号，2003年6月26日发布)

第一章 总 则

第一条 为了规范前期物业管理招标投标活动，保护招标投标当事人的合法权益，促进物业管理市场的公平竞争，制定本办法。

第二条 前期物业管理，是指在业主、业主大会选聘物业管理企业之前，由建设单位选聘物业管理企业实施的物业管理。

建设单位通过招投标的方式选聘具有相应资质的物业管理企业和行政主管部门对物业管理招投标活动实施监督管理，适用本办法。

第三条 住宅及同一物业管理区域内非住宅的建设单位，应当通过招投标的方式选聘具有相应资质的物业管理企业；投标人少于3个或者住宅规模较小的，经物业所在地的区、县人民政府房地产行政主管部门批准，可以采用协议方式选聘具有相应资质的物业管理企业。

国家提倡其他物业的建设单位通过招投标的方式，选聘具有相应资质的物业管理企业。

第四条 前期物业管理招标投标应当遵循公开、公平、公正和诚实信用的原则。

第五条 国务院建设行政主管部门负责全国物业管理招标投标活动的监督管理。

省、自治区人民政府建设行政主管部门负责本行政区域内物业管理招标投标活动的监督管理。

直辖市、市、县人民政府房地产行政主管部门负责本行政区域内物业管理招标投标活动的监督管理。

第六条 任何单位和个人不得违反法律、行政法规规定，限制或者排斥具备投标资格的物业管理企业参加投标，不得以任何方式非法干涉物业管理招标投标活动。

第二章 招 标

第七条 本办法所称招标人是指依法进行前期物业管理招标的物业建设单位。

前期物业管理招标由招标人依法组织实施。招标人不得以不合理条件限制或者排斥潜在投标人，不得对潜在投标人实行歧视待遇，不得对潜在投标人提出与招标物业管理项目实际要求不符的过高的资格等要求。

第八条 前期物业管理招标分为公开招标和邀请招标。

招标人采取公开招标方式的，应当在公共媒介上发布招标公告，并同时在中国住宅与房地产信息网和中国物业管理协会网上发布免费招标公告。

招标公告应当载明招标人的名称和地址，招标项目的基本情况以及获取招标文件的办法等事项。

招标人采取邀请招标方式的，应当向3个以上物业管理企业发出投标邀请书，投标邀请书应当包含前款规定的事项。

第九条　招标人可以委托招标代理机构办理招标事宜；有能力组织和实施招标活动的，也可以自行组织实施招标活动。

物业管理招标代理机构应当在招标人委托的范围内办理招标事宜，并遵守本办法对招标人的有关规定。

第十条　招标人应当根据物业管理项目的特点和需要，在招标前完成招标文件的编制。

招标文件应包括以下内容：

（一）招标人及招标项目简介，包括招标人名称、地址、联系方式、项目基本情况、物业管理用房的配备情况等；

（二）物业管理服务内容及要求，包括服务内容、服务标准等；

（三）对投标人及投标书的要求，包括投标人的资格、投标书的格式、主要内容等；

（四）评标标准和评标方法；

（五）招标活动方案，包括招标组织机构、开标时间及地点等；

（六）物业服务合同的签订说明；

（七）其他事项的说明及法律法规规定的其他内容。

第十一条　招标人应当在发布招标公告或者发出投标邀请书的10日前，提交以下材料报物业项目所在地的县级以上地方人民政府房地产行政主管部门备案：

（一）与物业管理有关的物业项目开发建设的政府批件；

（二）招标公告或者招标邀请书；

（三）招标文件；

（四）法律、法规规定的其他材料。

房地产行政主管部门发现招标有违反法律、法规规定的，应当及时责令招标人改正。

第十二条　公开招标的招标人可以根据招标文件的规定，对投标申请人进行资格预审。

实行投标资格预审的物业管理项目，招标人应当在招标公告或者投标邀请书中载明资格预审的条件和获取资格预审文件的办法。

资格预审文件一般应当包括资格预审申请书格式、申请人须知，以及需要投标申请人提供的企业资格文件、业绩、技术装备、财务状况和拟派出的项目负责人与主要管理人员的简历、业绩等证明材料。

第十三条　经资格预审后，公开招标的招标人应当向资格预审合格的投标申请人发出资格预审合格通知书，告知获取招标文件的时间、地点和方法，并同时向资格不合格的投标申请人告知资格预审结果。

在资格预审合格的投标申请人过多时，可以由招标人从中选择不少于5家资格预审合格的投标申请人。

第十四条　招标人应当确定投标人编制投标文件所需要的合理时间。公开招标的物业管理项目，自招标文件发出之日起至投标人提交投标文件截止之日止，最短不得少于20日。

第十五条　招标人对已发出的招标文件进行必要的澄清或者修改的，应当在招标文件要求提交投标文件截止时间至少15日前，以书面形式通知所有的招标文件收受人。该澄清或者修改的内容为招标文件的组成部分。

第十六条　招标人根据物业管理项目的具体情况，可以组织潜在的投标申请人踏勘物业项目现场，并提供隐蔽工程图纸等详细资料。对投标申请人提出的疑问应当予以澄清并以书面形式发送给所有的招标文件收受人。

第十七条　招标人不得向他人透露已获取招标文件的潜在投标人的名称、数量以及可能影响公平竞争的有关招标投标的其他情况。

招标人设有标底的，标底必须保密。

第十八条　在确定中标人前，招标人不得与投标人就投标价格、投标方案等实质内容进行谈判。

第十九条　通过招标投标方式选择物业管理企业的，招标人应当按照以下规定时限完成物业管理招标投标工作：

（一）新建现售商品房项目应当在现售前30日完成；

（二）预售商品房项目应当在取得《商品房预售许可证》之前完成；

（三）非出售的新建物业项目应当在交付使用前90日完成。

第三章　投　　标

第二十条　本办法所称投标人是指响应前期物业管理招标、参与投标竞争的物业管理企业。

投标人应当具有相应的物业管理企业资质和招标文件要求的其他条件。

第二十一条　投标人对招标文件有疑问需要澄清的，应当以书面形式向招标人提出。

第二十二条　投标人应当按照招标文件的内容和要求编制投标文件，投标文件应当对招标文件提出的实质性要求和条件作出响应。

投标文件应当包括以下内容：

（一）投标函；

（二）投标报价；

（三）物业管理方案；

（四）招标文件要求提供的其他材料。

第二十三条　投标人应当在招标文件要求提交投标文件的截止时间前，将投标文件密封送达投标地点。招标人收到投标文件后，应当向投标人出具标明签收人和签收时间的凭证，并妥善保存投标文件。在开标前，任何单位和个人均不得开启投标文件。在招标文件要求提交投标文件的截止时间后送达的投标文件，为无效的投标文件，招标人应当拒收。

第二十四条　投标人在招标文件要求提交投标文件的截止时间前，可以补充、修改或者撤回已提交的投标文件，并书面通知招标人。补充、修改的内容为投标文件的组成部分，并应当按照本办法第二十三条的规定送达、签收和保管。在招标文件要求提交投标文件的截止时间后送达的补充或者修改的内容无效。

第二十五条　投标人不得以他人名义投标或者以其他方式弄虚作假，骗取中标。

投标人不得相互串通投标，不得排挤其他投标人的公平竞争，不得损害招标人或者其他投标人的合法权益。

投标人不得与招标人串通投标,损害国家利益、社会公共利益或者他人的合法权益。

禁止投标人以向招标人或者评标委员会成员行贿等不正当手段谋取中标。

第四章　开标、评标和中标

第二十六条　开标应当在招标文件确定的提交投标文件截止时间的同一时间公开进行;开标地点应当为招标文件中预先确定的地点。

第二十七条　开标由招标人主持,邀请所有投标人参加。开标应当按照下列规定进行:

由投标人或者其推选的代表检查投标文件的密封情况,也可以由招标人委托的公证机构进行检查并公证。经确认无误后,由工作人员当众拆封,宣读投标人名称、投标价格和投标文件的其他主要内容。

招标人在招标文件要求提交投标文件的截止时间前收到的所有投标文件,开标时都应当当众予以拆封。

开标过程应当记录,并由招标人存档备查。

第二十八条　评标由招标人依法组建的评标委员会负责。

评标委员会由招标人代表和物业管理方面的专家组成,成员为5人以上单数,其中招标人代表以外的物业管理方面的专家不得少于成员总数的三分之二。

评标委员会的专家成员,应当由招标人从房地产行政主管部门建立的专家名册中采取随机抽取的方式确定。

与投标人有利害关系的人不得进入相关项目的评标委员会。

第二十九条　房地产行政主管部门应当建立评标的专家名册。省、自治区、直辖市人民政府房地产行政主管部门可以将专家数量少的城市的专家名册予以合并或者实行专家名册计算机联网。

房地产行政主管部门应当对进入专家名册的专家进行有关法律和业务培训,对其评标能力、廉洁公正等进行综合考评,及时取消不称职或者违法违规人员的评标专家资格。被取消评标专家资格的人员,不得再参加任何评标活动。

第三十条　评标委员会成员应当认真、公正、诚实、廉洁地履行职责。

评标委员会成员不得与任何投标人或者与招标结果有利害关系的人进行私下接触,不得收受投标人、中介人、其他利害关系人的财物或者其他好处。

评标委员会成员和与评标活动有关的工作人员不得透露对投标文件的评审和比较、中标候选人的推荐情况以及与评标有关的其他情况。

前款所称与评标活动有关的工作人员,是指评标委员会成员以外的因参与评标监督工作或者事务性工作而知悉有关评标情况的所有人员。

第三十一条　评标委员会可以用书面形式要求投标人对投标文件中含义不明确的内容作必要的澄清或者说明。投标人应当采用书面形式进行澄清或者说明,其澄清或者说明不得超出投标文件的范围或者改变投标文件的实质性内容。

第三十二条　在评标过程中召开现场答辩会的,应当事先在招标文件中说明,并注明所占的评分比重。

评标委员会应当按照招标文件的评标要求,根据标书评分、现场答辩等情况进行综合评标。

除了现场答辩部分外,评标应当在保密的情况下进行。

第三十三条 评标委员会应当按照招标文件确定的评标标准和方法,对投标文件进行评审和比较,并对评标结果签字确认。

第三十四条 评标委员会经评审,认为所有投标文件都不符合招标文件要求的,可以否决所有投标。

依法必须进行招标的物业管理项目的所有投标被否决的,招标人应当重新招标。

第三十五条 评标委员会完成评标后,应当向招标人提出书面评标报告,阐明评标委员会对各投标文件的评审和比较意见,并按照招标文件规定的评标标准和评标方法,推荐不超过3名有排序的合格的中标候选人。

招标人应当按照中标候选人的排序确定中标人。当确定中标的中标候选人放弃中标或者因不可抗力提出不能履行合同的,招标人可以依序确定其他中标候选人为中标人。

第三十六条 招标人应当在投标有效期截止时限30日前确定中标人。投标有效期应当在招标文件中载明。

第三十七条 招标人应当向中标人发出中标通知书,同时将中标结果通知所有未中标的投标人,并应当返还其投标书。

招标人应当自确定中标人之日起15日内,向物业项目所在地的县级以上地方人民政府房地产行政主管部门备案。备案资料应当包括开标评标过程、确定中标人的方式及理由、评标委员会的评标报告、中标人的投标文件等资料。委托代理招标的,还应当附招标代理委托合同。

第三十八条 招标人和中标人应当自中标通知书发出之日起30日内,按照招标文件和中标人的投标文件订立书面合同;招标人和中标人不得再行订立背离合同实质性内容的其他协议。

第三十九条 招标人无正当理由不与中标人签订合同,给中标人造成损失的,招标人应当给予赔偿。

第五章 附 则

第四十条 投标人和其他利害关系人认为招标投标活动不符合本办法有关规定的,有权向招标人提出异议,或者依法向有关部门投诉。

第四十一条 招标文件或者投标文件使用两种以上语言文字的,必须有一种是中文;如对不同文本的解释发生异议的,以中文文本为准。用文字表示的数额与数字表示的金额不一致的,以文字表示的金额为准。

第四十二条 本办法第三条规定住宅规模较小的,经物业所在地的区、县人民政府房地产行政主管部门批准,可以采用协议方式选聘物业管理企业的,其规模标准由省、自治区、直辖市人民政府房地产行政主管部门确定。

第四十三条 业主和业主大会通过招投标的方式选聘具有相应资质的物业管理企业的,参照本办法执行。

第四十四条 本办法自2003年9月1日起施行。

业主大会和业主委员会指导规则

(建房〔2009〕274号，2009年12月1日发布)

第一章 总 则

第一条 为了规范业主大会和业主委员会的活动，维护业主的合法权益，根据《中华人民共和国物权法》、《物业管理条例》等法律法规的规定，制定本规则。

第二条 业主大会由物业管理区域内的全体业主组成，代表和维护物业管理区域内全体业主在物业管理活动中的合法权利，履行相应的义务。

第三条 业主委员会由业主大会依法选举产生，履行业主大会赋予的职责，执行业主大会决定的事项，接受业主的监督。

第四条 业主大会或者业主委员会的决定，对业主具有约束力。

业主大会和业主委员会应当依法履行职责，不得作出与物业管理无关的决定，不得从事与物业管理无关的活动。

第五条 业主大会和业主委员会，对业主损害他人合法权益和业主共同利益的行为，有权依照法律、法规以及管理规约，要求停止侵害、消除危险、排除妨害、赔偿损失。

第六条 物业所在地的区、县房地产行政主管部门和街道办事处、乡镇人民政府负责对设立业主大会和选举业主委员会给予指导和协助，负责对业主大会和业主委员会的日常活动进行指导和监督。

第二章 业 主 大 会

第七条 业主大会根据物业管理区域的划分成立，一个物业管理区域成立一个业主大会。

只有一个业主的，或者业主人数较少且经全体业主同意，不成立业主大会的，由业主共同履行业主大会、业主委员会职责。

第八条 物业管理区域内，已交付的专有部分面积超过建筑物总面积50%时，建设单位应当按照物业所在地的区、县房地产行政主管部门或者街道办事处、乡镇人民政府的要求，及时报送下列筹备首次业主大会会议所需的文件资料：

（一）物业管理区域证明；

（二）房屋及建筑物面积清册；

（三）业主名册；

（四）建筑规划总平面图；

（五）交付使用共用设施设备的证明；

（六）物业服务用房配置证明；

（七）其他有关的文件资料。

第九条 符合成立业主大会条件的，区、县房地产行政主管部门或者街道办事处、乡镇人民政府应当在收到业主提出筹备业主大会书面申请后60日内，负责组织、指导成立首次业主大会会议筹备组。

第十条 首次业主大会会议筹备组由业主代表、建设单位代表、街道办事处、乡镇人民政府代表和居民委员会代表组成。筹备组成员人数应为单数，其中业主代表人数不低于筹备组总人数的一半，筹备组组长由街道办事处、乡镇人民政府代表担任。

第十一条 筹备组中业主代表的产生，由街道办事处、乡镇人民政府或者居民委员会组织业主推荐。

筹备组应当将成员名单以书面形式在物业管理区域内公告。业主对筹备组成员有异议的，由街道办事处、乡镇人民政府协调解决。

建设单位和物业服务企业应当配合协助筹备组开展工作。

第十二条 筹备组应当做好以下筹备工作：

（一）确认并公示业主身份、业主人数以及所拥有的专有部分面积；

（二）确定首次业主大会会议召开的时间、地点、形式和内容；

（三）草拟管理规约、业主大会议事规则；

（四）依法确定首次业主大会会议表决规则；

（五）制定业主委员会委员候选人产生办法，确定业主委员会委员候选人名单；

（六）制定业主委员会选举办法；

（七）完成召开首次业主大会会议的其他准备工作。

前款内容应当在首次业主大会会议召开15日前以书面形式在物业管理区域内公告。业主对公告内容有异议的，筹备组应当记录并作出答复。

第十三条 依法登记取得或者根据物权法第二章第三节规定取得建筑物专有部分所有权的人，应当认定为业主。

基于房屋买卖等民事法律行为，已经合法占有建筑物专有部分，但尚未依法办理所有权登记的人，可以认定为业主。

业主的投票权数由专有部分面积和业主人数确定。

第十四条 业主委员会委员候选人由业主推荐或者自荐。筹备组应当核查参选人的资格，根据物业规模、物权份额、委员的代表性和广泛性等因素，确定业主委员会委员候选人名单。

第十五条 筹备组应当自组成之日起90日内完成筹备工作，组织召开首次业主大会会议。

业主大会自首次业主大会会议表决通过管理规约、业主大会议事规则，并选举产生业主委员会之日起成立。

第十六条 划分为一个物业管理区域的分期开发的建设项目，先期开发部分符合条件的，可以成立业主大会，选举产生业主委员会。首次业主大会会议应当根据分期开发的物业面积和进度等因素，在业主大会议事规则中明确增补业主委员会委员的办法。

第十七条 业主大会决定以下事项：

（一）制定和修改业主大会议事规则；

（二）制定和修改管理规约；

（三）选举业主委员会或者更换业主委员会委员；

（四）制定物业服务内容、标准以及物业服务收费方案；

（五）选聘和解聘物业服务企业；

（六）筹集和使用专项维修资金；

（七）改建、重建建筑物及其附属设施；

（八）改变共有部分的用途；

（九）利用共有部分进行经营以及所得收益的分配与使用；

（十）法律法规或者管理规约确定应由业主共同决定的事项。

第十八条　管理规约应当对下列主要事项作出规定：

（一）物业的使用、维护、管理；

（二）专项维修资金的筹集、管理和使用；

（三）物业共用部分的经营与收益分配；

（四）业主共同利益的维护；

（五）业主共同管理权的行使；

（六）业主应尽的义务；

（七）违反管理规约应当承担的责任。

第十九条　业主大会议事规则应当对下列主要事项作出规定：

（一）业主大会名称及相应的物业管理区域；

（二）业主委员会的职责；

（三）业主委员会议事规则；

（四）业主大会会议召开的形式、时间和议事方式；

（五）业主投票权数的确定方法；

（六）业主代表的产生方式；

（七）业主大会会议的表决程序；

（八）业主委员会委员的资格、人数和任期等；

（九）业主委员会换届程序、补选办法等；

（十）业主大会、业主委员会工作经费的筹集、使用和管理；

（十一）业主大会、业主委员会印章的使用和管理。

第二十条　业主拒付物业服务费，不缴存专项维修资金以及实施其他损害业主共同权益行为的，业主大会可以在管理规约和业主大会议事规则中对其共同管理权的行使予以限制。

第二十一条　业主大会会议分为定期会议和临时会议。

业主大会定期会议应当按照业主大会议事规则的规定由业主委员会组织召开。

有下列情况之一的，业主委员会应当及时组织召开业主大会临时会议：

（一）经专有部分占建筑物总面积20%以上且占总人数20%以上业主提议的；

（二）发生重大事故或者紧急事件需要及时处理的；

（三）业主大会议事规则或者管理规约规定的其他情况。

第二十二条　业主大会会议可以采用集体讨论的形式，也可以采用书面征求意见的形式；但应当有物业管理区域内专有部分占建筑物总面积过半数的业主且占总人数过半数的业主参加。

采用书面征求意见形式的，应当将征求意见书送交每一位业主；无法送达的，应当在物业管理区域内公告。凡需投票表决的，表决意见应由业主本人签名。

第二十三条　业主大会确定业主投票权数，可以按照下列方法认定专有部分面积和建筑物总面积：

（一）专有部分面积按照不动产登记簿记载的面积计算；尚未进行登记的，暂按测绘机构的实测面积计算；尚未进行实测的，暂按房屋买卖合同记载的面积计算；

（二）建筑物总面积，按照前项的统计总和计算。

第二十四条　业主大会确定业主投票权数，可以按照下列方法认定业主人数和总人数：

（一）业主人数，按照专有部分的数量计算，一个专有部分按一人计算。但建设单位尚未出售和虽已出售但尚未交付的部分，以及同一买受人拥有一个以上专有部分的，按一人计算；

（二）总人数，按照前项的统计总和计算。

第二十五条　业主大会应当在业主大会议事规则中约定车位、摊位等特定空间是否计入用于确定业主投票权数的专有部分面积。

一个专有部分有两个以上所有权人的，应当推选一人行使表决权，但共有人所代表的业主人数为一人。

业主为无民事行为能力人或者限制民事行为能力人的，由其法定监护人行使投票权。

第二十六条　业主因故不能参加业主大会会议的，可以书面委托代理人参加业主大会会议。

未参与表决的业主，其投票权数是否可以计入已表决的多数票，由管理规约或者业主大会议事规则规定。

第二十七条　物业管理区域内业主人数较多的，可以幢、单元、楼层为单位，推选一名业主代表参加业主大会会议，推选及表决办法应当在业主大会议事规则中规定。

第二十八条　业主可以书面委托的形式，约定由其推选的业主代表在一定期限内代其行使共同管理权，具体委托内容、期限、权限和程序由业主大会议事规则规定。

第二十九条　业主大会会议决定筹集和使用专项维修资金以及改造、重建建筑物及其附属设施的，应当经专有部分占建筑物总面积三分之二以上的业主且占总人数三分之二以上的业主同意；决定本规则第十七条规定的其他共有和共同管理权利事项的，应当经专有部分占建筑物总面积过半数且占总人数过半数的业主同意。

第三十条　业主大会会议应当由业主委员会作出书面记录并存档。

业主大会的决定应当以书面形式在物业管理区域内及时公告。

第三章　业主委员会

第三十一条　业主委员会由业主大会会议选举产生，由5至11人单数组成。业主委员会委员应当是物业管理区域内的业主，并符合下列条件：

（一）具有完全民事行为能力；

（二）遵守国家有关法律、法规；

（三）遵守业主大会议事规则、管理规约，模范履行业主义务；

（四）热心公益事业，责任心强，公正廉洁；

（五）具有一定的组织能力；

（六）具备必要的工作时间。

第三十二条　业主委员会委员实行任期制，每届任期不超过5年，可连选连任，业主委员会委员具有同等表决权。

业主委员会应当自选举之日起7日内召开首次会议，推选业主委员会主任和副主任。

第三十三条　业主委员会应当自选举产生之日起30日内，持下列文件向物业所在地的区、县房地产行政主管部门和街道办事处、乡镇人民政府办理备案手续：

（一）业主大会成立和业主委员会选举的情况；

（二）管理规约；

（三）业主大会议事规则；

（四）业主大会决定的其他重大事项。

第三十四条　业主委员会办理备案手续后，可持备案证明向公安机关申请刻制业主大会印章和业主委员会印章。

业主委员会任期内，备案内容发生变更的，业主委员会应当自变更之日起30日内将变更内容书面报告备案部门。

第三十五条　业主委员会履行以下职责：

（一）执行业主大会的决定和决议；

（二）召集业主大会会议，报告物业管理实施情况；

（三）与业主大会选聘的物业服务企业签订物业服务合同；

（四）及时了解业主、物业使用人的意见和建议，监督和协助物业服务企业履行物业服务合同；

（五）监督管理规约的实施；

（六）督促业主交纳物业服务费及其他相关费用；

（七）组织和监督专项维修资金的筹集和使用；

（八）调解业主之间因物业使用、维护和管理产生的纠纷；

（九）业主大会赋予的其他职责。

第三十六条　业主委员会应当向业主公布下列情况和资料：

（一）管理规约、业主大会议事规则；

（二）业主大会和业主委员会的决定；

（三）物业服务合同；

（四）专项维修资金的筹集、使用情况；

（五）物业共有部分的使用和收益情况；

（六）占用业主共有的道路或者其他场地用于停放汽车车位的处分情况；

（七）业主大会和业主委员会工作经费的收支情况；

（八）其他应当向业主公开的情况和资料。

第三十七条　业主委员会应当按照业主大会议事规则的规定及业主大会的决定召开会议。经三分之一以上业主委员会委员的提议，应当在7日内召开业主委员会会议。

第三十八条　业主委员会会议由主任召集和主持，主任因故不能履行职责，可以委托副主任召集。

业主委员会会议应有过半数的委员出席，作出的决定必须经全体委员半数以上同意。

业主委员会委员不能委托代理人参加会议。

第三十九条 业主委员会应当于会议召开 7 日前，在物业管理区域内公告业主委员会会议的内容和议程，听取业主的意见和建议。

业主委员会会议应当制作书面记录并存档，业主委员会会议作出的决定，应当有参会委员的签字确认，并自作出决定之日起 3 日内在物业管理区域内公告。

第四十条 业主委员会应当建立工作档案，工作档案包括以下主要内容：

（一）业主大会、业主委员会的会议记录；

（二）业主大会、业主委员会的决定；

（三）业主大会议事规则、管理规约和物业服务合同；

（四）业主委员会选举及备案资料；

（五）专项维修资金筹集及使用账目；

（六）业主及业主代表的名册；

（七）业主的意见和建议。

第四十一条 业主委员会应当建立印章管理规定，并指定专人保管印章。

使用业主大会印章，应当根据业主大会议事规则的规定或者业主大会会议的决定；使用业主委员会印章，应当根据业主委员会会议的决定。

第四十二条 业主大会、业主委员会工作经费由全体业主承担。工作经费可以由业主分摊，也可以从物业共有部分经营所得收益中列支。工作经费的收支情况，应当定期在物业管理区域内公告，接受业主监督。

工作经费筹集、管理和使用的具体办法由业主大会决定。

第四十三条 有下列情况之一的，业主委员会委员资格自行终止：

（一）因物业转让、灭失等原因不再是业主的；

（二）丧失民事行为能力的；

（三）依法被限制人身自由的；

（四）法律、法规以及管理规约规定的其他情形。

第四十四条 业主委员会委员有下列情况之一的，由业主委员会三分之一以上委员或者持有 20％以上投票权数的业主提议，业主大会或者业主委员会根据业主大会的授权，可以决定是否终止其委员资格：

（一）以书面方式提出辞职请求的；

（二）不履行委员职责的；

（三）利用委员资格谋取私利的；

（四）拒不履行业主义务的；

（五）侵害他人合法权益的；

（六）因其他原因不宜担任业主委员会委员的。

第四十五条 业主委员会委员资格终止的，应当自终止之日起 3 日内将其保管的档案资料、印章及其他属于全体业主所有的财物移交业主委员会。

第四十六条 业主委员会任期内，委员出现空缺时，应当及时补足。业主委员会委员候补办法由业主大会决定或者在业主大会议事规则中规定。业主委员会委员人数不足总数的二分之一时，应当召开业主大会临时会议，重新选举业主委员会。

第四十七条　业主委员会任期届满前3个月，应当组织召开业主大会会议，进行换届选举，并报告物业所在地的区、县房地产行政主管部门和街道办事处、乡镇人民政府。

第四十八条　业主委员会应当自任期届满之日起10日内，将其保管的档案资料、印章及其他属于业主大会所有的财物移交新一届业主委员会。

第四章　指导和监督

第四十九条　物业所在地的区、县房地产行政主管部门和街道办事处、乡镇人民政府应当积极开展物业管理政策法规的宣传和教育活动，及时处理业主、业主委员会在物业管理活动中的投诉。

第五十条　已交付使用的专有部分面积超过建筑物总面积50%，建设单位未按要求报送筹备首次业主大会会议相关文件资料的，物业所在地的区、县房地产行政主管部门或者街道办事处、乡镇人民政府有权责令建设单位限期改正。

第五十一条　业主委员会未按业主大会议事规则的规定组织召开业主大会定期会议，或者发生应当召开业主大会临时会议的情况，业主委员会不履行组织召开会议职责的，物业所在地的区、县房地产行政主管部门或者街道办事处、乡镇人民政府可以责令业主委员会限期召开；逾期仍不召开的，可以由物业所在地的居民委员会在街道办事处、乡镇人民政府的指导和监督下组织召开。

第五十二条　按照业主大会议事规则的规定或者三分之一以上委员提议，应当召开业主委员会会议的，业主委员会主任、副主任无正当理由不召集业主委员会会议的，物业所在地的区、县房地产行政主管部门或者街道办事处、乡镇人民政府可以指定业主委员会其他委员召集业主委员会会议。

第五十三条　召开业主大会会议，物业所在地的区、县房地产行政主管部门和街道办事处、乡镇人民政府应当给予指导和协助。

第五十四条　召开业主委员会会议，应当告知相关的居民委员会，并听取居民委员会的建议。

在物业管理区域内，业主大会、业主委员会应当积极配合相关居民委员会依法履行自治管理职责，支持居民委员会开展工作，并接受其指导和监督。

第五十五条　违反业主大会议事规则或者未经业主大会会议和业主委员会会议的决定，擅自使用业主大会印章、业主委员会印章的，物业所在地的街道办事处、乡镇人民政府应当责令限期改正，并通告全体业主；造成经济损失或者不良影响的，应当依法追究责任人的法律责任。

第五十六条　业主委员会委员资格终止，拒不移交所保管的档案资料、印章及其他属于全体业主所有的财物的，其他业主委员会委员可以请求物业所在地的公安机关协助移交。

业主委员会任期届满后，拒不移交所保管的档案资料、印章及其他属于全体业主所有的财物的，新一届业主委员会可以请求物业所在地的公安机关协助移交。

第五十七条　业主委员会在规定时间内不组织换届选举的，物业所在地的区、县房地产行政主管部门或者街道办事处、乡镇人民政府应当责令其限期组织换届选举；逾期仍不组织的，可以由物业所在地的居民委员会在街道办事处、乡镇人民政府的指导和监督下，组织换届选举工作。

第五十八条 因客观原因未能选举产生业主委员会或者业主委员会委员人数不足总数的二分之一的,新一届业主委员会产生之前,可以由物业所在地的居民委员会在街道办事处、乡镇人民政府的指导和监督下,代行业主委员会的职责。

第五十九条 业主大会、业主委员会作出的决定违反法律法规的,物业所在地的区、县房地产行政主管部门和街道办事处、乡镇人民政府应当责令限期改正或者撤销其决定,并通告全体业主。

第六十条 业主不得擅自以业主大会或者业主委员会的名义从事活动。业主以业主大会或者业主委员会的名义,从事违反法律、法规的活动,构成犯罪的,依法追究刑事责任;尚不构成犯罪的,依法给予治安管理处罚。

第六十一条 物业管理区域内,可以召开物业管理联席会议。物业管理联席会议由街道办事处、乡镇人民政府负责召集,由区、县房地产行政主管部门、公安派出所、居民委员会、业主委员会和物业服务企业等方面的代表参加,共同协调解决物业管理中遇到的问题。

第五章 附 则

第六十二条 业主自行管理或者委托其他管理人管理物业,成立业主大会,选举业主委员会的,可参照执行本规则。

第六十三条 物业所在地的区、县房地产行政主管部门与街道办事处、乡镇人民政府在指导、监督业主大会和业主委员会工作中的具体职责分工,按各省、自治区、直辖市人民政府有关规定执行。

第六十四条 本规则自 2010 年 1 月 1 日起施行。《业主大会规程》(建住房〔2003〕131 号)同时废止。

物业服务企业资质管理办法

(2004年3月17日建设部令第125号,2007年11月26日根据《建设部关于修改〈物业管理企业资质管理办法〉的决定》修正)

第一条 为了加强对物业管理活动的监督管理,规范物业管理市场秩序,提高物业管理服务水平,根据《物业管理条例》,制定本办法。

第二条 在中华人民共和国境内申请物业服务企业资质,实施对物业服务企业资质管理,适用本办法。

本办法所称物业服务企业,是指依法设立、具有独立法人资格,从事物业管理服务活动的企业。

第三条 物业服务企业资质等级分为一、二、三级。

第四条 国务院建设主管部门负责一级物业服务企业资质证书的颁发和管理。

省、自治区人民政府建设主管部门负责二级物业服务企业资质证书的颁发和管理,直辖市人民政府房地产主管部门负责二级和三级物业服务企业资质证书的颁发和管理,并接受国务院建设主管部门的指导和监督。

设区的市的人民政府房地产主管部门负责三级物业服务企业资质证书的颁发和管理,并接受省、自治区人民政府建设主管部门的指导和监督。

第五条 各资质等级物业服务企业的条件如下:

(一)一级资质:

1. 注册资本人民币500万元以上;

2. 物业管理专业人员以及工程、管理、经济等相关专业类的专职管理和技术人员不少于30人。其中,具有中级以上职称的人员不少于20人,工程、财务等业务负责人具有相应专业中级以上职称;

3. 物业管理专业人员按照国家有关规定取得职业资格证书;

4. 管理两种类型以上物业,并且管理各类物业的房屋建筑面积分别占下列相应计算基数的百分比之和不低于100%:

(1)多层住宅200万平方米;

(2)高层住宅100万平方米;

(3)独立式住宅(别墅)15万平方米;

(4)办公楼、工业厂房及其他物业50万平方米。

5. 建立并严格执行服务质量、服务收费等企业管理制度和标准,建立企业信用档案系统,有优良的经营管理业绩。

(二)二级资质:

1. 注册资本人民币300万元以上;

2. 物业管理专业人员以及工程、管理、经济等相关专业类的专职管理和技术人员不少于20人。其中,具有中级以上职称的人员不少于10人,工程、财务等业务负责人具有相应专业中级以上职称；

3. 物业管理专业人员按照国家有关规定取得职业资格证书；

4. 管理两种类型以上物业，并且管理各类物业的房屋建筑面积分别占下列相应计算基数的百分比之和不低于100%：

（1）多层住宅100万平方米；

（2）高层住宅50万平方米；

（3）独立式住宅（别墅）8万平方米；

（4）办公楼、工业厂房及其他物业20万平方米。

5. 建立并严格执行服务质量、服务收费等企业管理制度和标准，建立企业信用档案系统，有良好的经营管理业绩。

（三）三级资质：

1. 注册资本人民币50万元以上；

2. 物业管理专业人员以及工程、管理、经济等相关专业类的专职管理和技术人员不少于10人。其中，具有中级以上职称的人员不少于5人，工程、财务等业务负责人具有相应专业中级以上职称；

3. 物业管理专业人员按照国家有关规定取得职业资格证书；

4. 有委托的物业管理项目；

5. 建立并严格执行服务质量、服务收费等企业管理制度和标准，建立企业信用档案系统。

第六条 新设立的物业服务企业应当自领取营业执照之日起30日内，持下列文件向工商注册所在地直辖市、设区的市的人民政府房地产主管部门申请资质：

（一）营业执照；

（二）企业章程；

（三）验资证明；

（四）企业法定代表人的身份证明；

（五）物业管理专业人员的职业资格证书和劳动合同，管理和技术人员的职称证书和劳动合同。

第七条 新设立的物业服务企业，其资质等级按照最低等级核定，并设一年的暂定期。

第八条 一级资质物业服务企业可以承接各种物业管理项目。

二级资质物业服务企业可以承接30万平方米以下的住宅项目和8万平方米以下的非住宅项目的物业管理业务。

三级资质物业服务企业可以承接20万平方米以下住宅项目和5万平方米以下的非住宅项目的物业管理业务。

第九条 申请核定资质等级的物业服务企业，应当提交下列材料：

（一）企业资质等级申报表；

（二）营业执照；

（三）企业资质证书正、副本；

（四）物业管理专业人员的职业资格证书和劳动合同，管理和技术人员的职称证书和劳动合同，工程、财务负责人的职称证书和劳动合同；

（五）物业服务合同复印件；

（六）物业管理业绩材料。

第十条　资质审批部门应当自受理企业申请之日起 20 个工作日内，对符合相应资质等级条件的企业核发资质证书；一级资质审批前，应当由省、自治区人民政府建设主管部门或者直辖市人民政府房地产主管部门审查，审查期限为 20 个工作日。

第十一条　物业服务企业申请核定资质等级，在申请之日前一年内有下列行为之一的，资质审批部门不予批准：

（一）聘用未取得物业管理职业资格证书的人员从事物业管理活动的；

（二）将一个物业管理区域内的全部物业管理业务一并委托给他人的；

（三）挪用专项维修资金的；

（四）擅自改变物业管理用房用途的；

（五）擅自改变物业管理区域内按照规划建设的公共建筑和共用设施用途的；

（六）擅自占用、挖掘物业管理区域内道路、场地，损害业主共同利益的；

（七）擅自利用物业共用部位、共用设施设备进行经营的；

（八）物业服务合同终止时，不按照规定移交物业管理用房和有关资料的；

（九）与物业管理招标人或者其他物业管理投标人相互串通，以不正当手段谋取中标的；

（十）不履行物业服务合同，业主投诉较多，经查证属实的；

（十一）超越资质等级承接物业管理业务的；

（十二）出租、出借、转让资质证书的；

（十三）发生重大责任事故的。

第十二条　资质证书分为正本和副本，由国务院建设主管部门统一印制，正、副本具有同等法律效力。

第十三条　任何单位和个人不得伪造、涂改、出租、出借、转让资质证书。

企业遗失资质证书，应当在新闻媒体上声明后，方可申请补领。

第十四条　企业发生分立、合并的，应当在向工商行政管理部门办理变更手续后 30 日内，到原资质审批部门申请办理资质证书注销手续，并重新核定资质等级。

第十五条　企业的名称、法定代表人等事项发生变更的，应当在办理变更手续后 30 日内，到原资质审批部门办理资质证书变更手续。

第十六条　企业破产、歇业或者因其他原因终止业务活动的，应当在办理营业执照注销手续后 15 日内，到原资质审批部门办理资质证书注销手续。

第十七条　物业服务企业取得资质证书后，不得降低企业的资质条件，并应当接受资质审批部门的监督检查。

资质审批部门应当加强对物业服务企业的监督检查。

第十八条　有下列情形之一的，资质审批部门或者其上级主管部门，根据利害关系人的请求或者根据职权可以撤销资质证书：

（一）审批部门工作人员滥用职权、玩忽职守作出物业服务企业资质审批决定的；

（二）超越法定职权作出物业服务企业资质审批决定的；

（三）违反法定程序作出物业服务企业资质审批决定的；

（四）对不具备申请资格或者不符合法定条件的物业服务企业颁发资质证书的；

（五）依法可以撤销审批的其他情形。

第十九条　物业服务企业超越资质等级承接物业管理业务的，由县级以上地方人民政府房地产主管部门予以警告，责令限期改正，并处1万元以上3万元以下的罚款。

第二十条　物业服务企业出租、出借、转让资质证书的，由县级以上地方人民政府房地产主管部门予以警告，责令限期改正，并处1万元以上3万元以下的罚款。

第二十一条　物业服务企业不按照本办法规定及时办理资质变更手续的，由县级以上地方人民政府房地产主管部门责令限期改正，可处2万元以下的罚款。

第二十二条　资质审批部门有下列情形之一的，由其上级主管部门或者监察机关责令改正，对直接负责的主管人员和其他直接责任人员依法给予行政处分；构成犯罪的，依法追究刑事责任：

（一）对不符合法定条件的企业颁发资质证书的；

（二）对符合法定条件的企业不予颁发资质证书的；

（三）对符合法定条件的企业未在法定期限内予以审批的；

（四）利用职务上的便利，收受他人财物或者其他好处的；

（五）不履行监督管理职责，或者发现违法行为不予查处的。

第二十三条　本办法自2004年5月1日起施行。

房屋建筑工程质量保修办法

(中华人民共和国建设部令第 80 号，2000 年 6 月 26 日经第 24 次部常务会议讨论通过，2000 年 6 月 30 日发布并施行)

第一条 为保护建设单位、施工单位、房屋建筑所有人和使用人的合法权益，维护公共安全和公众利益，根据《中华人民共和国建筑法》和《建设工程质量管理条例》，制定本办法。

第二条 在中华人民共和国境内新建、扩建、改建各类房屋建筑工程（包括装修工程）的质量保修，适用本办法。

第三条 本办法所称房屋建筑工程质量保修，是指对房屋建筑工程竣工验收后在保修期限内出现的质量缺陷，予以修复。本办法所称质量缺陷，是指房屋建筑工程的质量不符合工程建设强制性标准以及合同的约定。

第四条 房屋建筑工程在保修范围和保修期限内出现质量缺陷，施工单位应当履行保修义务。

第五条 国务院建设行政主管部门负责全国房屋建筑工程质量保修的监督管理。县级以上地方人民政府建设行政主管部门负责本行政区域内房屋建筑工程质量保修的监督管理。

第六条 建设单位和施工单位应当在工程质量保修书中约定保修范围、保修期限和保修责任等，双方约定的保修范围、保修期限必须符合国家有关规定。

第七条 在正常使用条件下，房屋建筑工程的最低保修期限为：

（一）地基基础工程和主体结构工程，为设计文件规定的该工程的合理使用年限；

（二）屋面防水工程、有防水要求的卫生间、房间和外墙面的防渗漏，为 5 年；

（三）供热与供冷系统，为 2 个供暖期、供冷期；

（四）电气管线、给水排水管道、设备安装为 2 年；

（五）装修工程为 2 年。

其他项目的保修期限由建设单位和施工单位约定。

第八条 房屋建筑工程保修期从工程竣工验收合格之日起计算。

第九条 房屋建筑工程在保修期限内出现质量缺陷，建设单位或者房屋建筑所有人应当向施工单位发出保修通知，施工单位接到保修通知后，应当到现场核查情况，在保修书约定的时间内予以保修。发生涉及结构安全或者严重影响使用功能的紧急抢修事故，施工单位接到保修通知后，应当立即到达现场抢修。

第十条 发生涉及结构安全的质量缺陷，建设单位或者房屋建筑所有人应当立即向当地建设行政主管部门报告，采取安全防范措施；由原设计单位或者具有相应资质等级的设计单位提出保修方案，施工单位实施保修，原工程质量监督机构负责监督。

第十一条 保修完成后，由建设单位或者房屋建筑所有人组织验收，涉及结构安全的，应上报当地建设行政主管部门备案。

第十二条 施工单位不按工程质量保修书约定保修的，建设单位可以另行委托其他单位保修，由原施工单位承担相应责任。

第十三条　保修费用由质量缺陷的责任方承担。

第十四条　在保修期内，因房屋建筑工程质量缺陷造成房屋所有人、使用人或者第三方人身、财产损害的，房屋所有人、使用人或者第三方可以向建设单位提出赔偿要求。建设单位向造成房屋建筑工程质量缺陷的责任方追偿。

第十五条　因保修不及时造成新的人身、财产损害，由造成拖延的责任方承担赔偿责任。

第十六条　房地产开发企业售出的商品房保修，还应当执行《城市房地产开发经营管理条例》和其他有关规定。

第十七条　下列情况不属于本办法规定的保修范围：

（一）因使用不当或者第三方造成的质量缺陷；

（二）不可抗力造成的质量缺陷。

第十八条　施工单位有下列行为之一的，由建设行政主管部门责令改正，并处1万元以上3万元以下的罚款：

（一）工程竣工验收后，不向建设单位出具质量保修书的；

（二）质量保修的内容、期限违反本办法规定的。

第十九条　施工单位不履行保修义务或者拖延履行保修义务的，由建设行政主管部门责令改正，处10万元以上20万元以下的罚款。

第二十条　军事建设工程的管理，按照中央军事委员会的有关规定执行。

第二十一条　本办法由国务院建设行政主管部门负责解释。

第二十二条　本办法自发布之日起施行。

住宅室内装饰装修管理办法

（中华人民共和国建设部令第110号，2002年2月26日经第53次部常务会议讨论通过，2002年3月5日发布，自2002年5月1日起施行）

第一章 总 则

第一条 为加强住宅室内装饰装修管理，保证装饰装修工程质量和安全，维护公共安全和公众利益，根据有关法律、法规，制定本办法。

第二条 在城市从事住宅室内装饰装修活动，实施对住宅室内装饰装修活动的监督管理，应当遵守本办法。

本办法所称住宅室内装饰装修，是指住宅竣工验收合格后，业主或者住宅使用人（以下简称装修人）对住宅室内进行装饰装修的建筑活动。

第三条 住宅室内装饰装修应当保证工程质量和安全，符合工程建设强制性标准。

第四条 国务院建设行政主管部门负责全国住宅室内装饰装修活动的管理工作。

省、自治区人民政府建设行政主管部门负责本行政区域内的住宅室内装饰装修活动的管理工作。

直辖市、市、县人民政府房地产行政主管部门负责本行政区域内的住宅室内装饰装修活动的管理工作。

第二章 一般规定

第五条 住宅室内装饰装修活动，禁止下列行为：

（一）未经原设计单位或者具有相应资质等级的设计单位提出设计方案，变动建筑主体和承重结构；

（二）将没有防水要求的房间或者阳台改为卫生间、厨房间；

（三）扩大承重墙上原有的门窗尺寸，拆除连接阳台的砖、混凝土墙体；

（四）损坏房屋原有节能设施，降低节能效果；

（五）其他影响建筑结构和使用安全的行为。

本办法所称建筑主体，是指建筑实体的结构构造，包括屋盖、楼盖、梁、柱、支撑、墙体、连接接点和基础等。

本办法所称承重结构，是指直接将本身自重与各种外加作用力系统地传递给基础地基的主要结构构件和其连接接点，包括承重墙体、立杆、柱、框架柱、支墩、楼板、梁、屋架、悬索等。

第六条 装修人从事住宅室内装饰装修活动，未经批准，不得有下列行为：

（一）搭建建筑物、构筑物；

（二）改变住宅外立面，在非承重外墙上开门、窗；

（三）拆改供暖管道和设施；

（四）拆改燃气管道和设施。

本条所列第(一)项、第(二)项行为，应当经城市规划行政主管部门批准；第(三)项行为，应当经供暖管理单位批准；第(四)项行为应当经燃气管理单位批准。

第七条　住宅室内装饰装修超过设计标准或者规范增加楼面荷载的，应当经原设计单位或者具有相应资质等级的设计单位提出设计方案。

第八条　改动卫生间、厨房间防水层的，应当按照防水标准制订施工方案，并做闭水试验。

第九条　装修人经原设计单位或者具有相应资质等级的设计单位提出设计方案变动建筑主体和承重结构的，或者装修活动涉及本办法第六条、第七条、第八条内容的，必须委托具有相应资质的装饰装修企业承担。

第十条　装饰装修企业必须按照工程建设强制性标准和其他技术标准施工，不得偷工减料，确保装饰装修工程质量。

第十一条　装饰装修企业从事住宅室内装饰装修活动，应当遵守施工安全操作规程，按照规定采取必要的安全防护和消防措施，不得擅自动用明火和进行焊接作业，保证作业人员和周围住房及财产的安全。

第十二条　装修人和装饰装修企业从事住宅室内装饰装修活动，不得侵占公共空间，不得损害公共部位和设施。

第三章　开工申报与监督

第十三条　装修人在住宅室内装饰装修工程开工前，应当向物业管理企业或者房屋管理机构(以下简称物业管理单位)申报登记。

非业主的住宅使用人对住宅室内进行装饰装修，应当取得业主的书面同意。

第十四条　申报登记应当提交下列材料：

(一)房屋所有权证(或者证明其合法权益的有效凭证)；

(二)申请人身份证件；

(三)装饰装修方案；

(四)变动建筑主体或者承重结构的，需提交原设计单位或者具有相应资质等级的设计单位提出的设计方案；

(五)涉及本办法第六条行为的，需提交有关部门的批准文件，涉及本办法第七条、第八条行为的，需提交设计方案或者施工方案；

(六)委托装饰装修企业施工的，需提供该企业相关资质证书的复印件。

非业主的住宅使用人，还需提供业主同意装饰装修的书面证明。

第十五条　物业管理单位应当将住宅室内装饰装修工程的禁止行为和注意事项告知装修人和装修人委托的装饰装修企业。

装修人对住宅进行装饰装修前，应当告知邻里。

第十六条　装修人，或者装修人和装饰装修企业，应当与物业管理单位签订住宅室内装饰装修管理服务协议。

住宅室内装饰装修管理服务协议应当包括下列内容：

(一)装饰装修工程的实施内容；

(二)装饰装修工程的实施期限；

（三）允许施工的时间；

（四）废弃物的清运与处置；

（五）住宅外立面设施及防盗窗的安装要求；

（六）禁止行为和注意事项；

（七）管理服务费用；

（八）违约责任；

（九）其他需要约定的事项。

第十七条 物业管理单位应当按照住宅室内装饰装修管理服务协议实施管理，发现装修人或者装饰装修企业有本办法第五条行为的，或者未经有关部门批准实施本办法第六条所列行为的，或者有违反本办法第七条、第八条、第九条规定行为的，应当立即制止；已造成事实后果或者拒不改正的，应当及时报告有关部门依法处理。对装修人或者装饰装修企业违反住宅室内装饰装修管理服务协议的，追究违约责任。

第十八条 有关部门接到物业管理单位关于装修人或者装饰装修企业有违反本办法行为的报告后，应当及时到现场检查核实，依法处理。

第十九条 禁止物业管理单位向装修人指派装饰装修企业或者强行推销装饰装修材料。

第二十条 装修人不得拒绝和阻碍物业管理单位依据住宅室内装饰装修管理服务协议的约定，对住宅室内装饰装修活动的监督检查。

第二十一条 任何单位和个人对住宅室内装饰装修中出现的影响公众利益的质量事故、质量缺陷以及其他影响周围住户正常生活的行为，都有权检举、控告、投诉。

第四章 委 托 与 承 接

第二十二条 承接住宅室内装饰装修工程的装饰装修企业，必须经建设行政主管部门资质审查，取得相应的建筑业企业资质证书，并在其资质等级许可的范围内承揽工程。

第二十三条 装修人委托企业承接其装饰装修工程的，应当选择具有相应资质等级的装饰装修企业。

第二十四条 装修人与装饰装修企业应当签订住宅室内装饰装修书面合同，明确双方的权利和义务。

住宅室内装饰装修合同应当包括下列主要内容：

（一）委托人和被委托人的姓名或者单位名称、住所地址、联系电话；

（二）住宅室内装饰装修的房屋间数、建筑面积、装饰装修的项目、方式、规格、质量要求以及质量验收方式；

（三）装饰装修工程的开工、竣工时间；

（四）装饰装修工程保修的内容、期限；

（五）装饰装修工程价格、计价和支付方式、时间；

（六）合同变更和解除的条件；

（七）违约责任及解决纠纷的途径；

（八）合同的生效时间；

（九）双方认为需要明确的其他条款。

第二十五条　住宅室内装饰装修工程发生纠纷的，可以协商或者调解解决。不愿协商、调解或者协商、调解不成的，可以依法申请仲裁或者向人民法院起诉。

第五章　室内环境质量

第二十六条　装饰装修企业从事住宅室内装饰装修活动，应当严格遵守规定的装饰装修施工时间，降低施工噪声，减少环境污染。

第二十七条　住宅室内装饰装修过程中所形成的各种固体、可燃液体等废物，应当按照规定的位置、方式和时间堆放和清运。严禁违反规定将各种固体、可燃液体等废物堆放于住宅垃圾道、楼道或者其他地方。

第二十八条　住宅室内装饰装修工程使用的材料和设备必须符合国家标准，有质量检验合格证明和有中文标识的产品名称、规格、型号、生产厂厂名、厂址等。禁止使用国家明令淘汰的建筑装饰装修材料和设备。

第二十九条　装修人委托企业对住宅室内进行装饰装修的，装饰装修工程竣工后，空气质量应当符合国家有关标准。装修人可以委托有资格的检测单位对空气质量进行检测。检测不合格的，装饰装修企业应当返工，并由责任人承担相应损失。

第六章　竣工验收与保修

第三十条　住宅室内装饰装修工程竣工后，装修人应当按照工程设计合同约定和相应的质量标准进行验收。验收合格后，装饰装修企业应当出具住宅室内装饰装修质量保修书。

物业管理单位应当按照装饰装修管理服务协议进行现场检查，对违反法律、法规和装饰装修管理服务协议的，应当要求装修人和装饰装修企业纠正，并将检查记录存档。

第三十一条　住宅室内装饰装修工程竣工后，装饰装修企业负责采购装饰装修材料及设备的，应当向业主提交说明书、保修单和环保说明书。

第三十二条　在正常使用条件下，住宅室内装饰装修工程的最低保修期限为二年，有防水要求的厨房、卫生间和外墙面的防渗漏为五年。保修期自住宅室内装饰装修工程竣工验收合格之日起计算。

第七章　法　律　责　任

第三十三条　因住宅室内装饰装修活动造成相邻住宅的管道堵塞、渗漏水、停水停电、物品毁坏等，装修人应当负责修复和赔偿；属于装饰装修企业责任的，装修人可以向装饰装修企业追偿。

装修人擅自拆改供暖、燃气管道和设施造成损失的，由装修人负责赔偿。

第三十四条　装修人因住宅室内装饰装修活动侵占公共空间，对公共部位和设施造成损害的，由城市房地产行政主管部门责令改正，造成损失的，依法承担赔偿责任。

第三十五条　装修人未申报登记进行住宅室内装饰装修活动的，由城市房地产行政主管部门责令改正，处5百元以上1千元以下的罚款。

第三十六条　装修人违反本办法规定，将住宅室内装饰装修工程委托给不具有相应资质等级企业的，由城市房地产行政主管部门责令改正，处5百元以上1千元以下的罚款。

第三十七条　装饰装修企业自行采购或者向装修人推荐使用不符合国家标准的装饰装修材料，造成空气污染超标的，由城市房地产行政主管部门责令改正，造成损失的，依法承担赔偿责任。

第三十八条　住宅室内装饰装修活动有下列行为之一的，由城市房地产行政主管部门责令改正，并处罚款：

（一）将没有防水要求的房间或者阳台改为卫生间、厨房间的，或者拆除连接阳台的砖、混凝土墙体的，对装修人处5百元以上1千元以下的罚款，对装饰装修企业处1千元以上1万元以下的罚款；

（二）损坏房屋原有节能设施或者降低节能效果的，对装饰装修企业处1千元以上5千元以下的罚款；

（三）擅自拆改供暖、燃气管道和设施的，对装修人处5百元以上1千元以下的罚款；

（四）未经原设计单位或者具有相应资质等级的设计单位提出设计方案，擅自超过设计标准或者规范增加楼面荷载的，对装修人处5百元以上1千元以下的罚款，对装饰装修企业处1千元以上1万元以下的罚款。

第三十九条　未经城市规划行政主管部门批准，在住宅室内装饰装修活动中搭建建筑物、构筑物的，或者擅自改变住宅外立面、在非承重外墙上开门、窗的，由城市规划行政主管部门按照《城市规划法》及相关法规的规定处罚。

第四十条　装修人或者装饰装修企业违反《建设工程质量管理条例》的，由建设行政主管部门按照有关规定处罚。

第四十一条　装饰装修企业违反国家有关安全生产规定和安全生产技术规程，不按照规定采取必要的安全防护和消防措施，擅自动用明火作业和进行焊接作业的，或者对建筑安全事故隐患不采取措施予以消除的，由建设行政主管部门责令改正，并处1千元以上1万元以下的罚款；情节严重的，责令停业整顿，并处1万元以上3万元以下的罚款；造成重大安全事故的，降低资质等级或者吊销资质证书。

第四十二条　物业管理单位发现装修人或者装饰装修企业有违反本办法规定的行为不及时向有关部门报告的，由房地产行政主管部门给予警告，可处装饰装修管理服务协议约定的装饰装修管理服务费2～3倍的罚款。

第四十三条　有关部门的工作人员接到物业管理单位对装修人或者装饰装修企业违法行为的报告后，未及时处理，玩忽职守的，依法给予行政处分。

第八章　附　则

第四十四条　工程投资额在30万元以下或者建筑面积在300平方米以下，可以不申请办理施工许可证的非住宅装饰装修活动参照本办法执行。

第四十五条　住宅竣工验收合格前的装饰装修工程管理，按照《建设工程质量管理条例》执行。

第四十六条　省、自治区、直辖市人民政府建设行政主管部门可以依据本办法，制定实施细则。

第四十七条　本办法由国务院建设行政主管部门负责解释。

第四十八条　本办法自2002年5月1日起施行。

物业管理企业财务管理规定

(财基字 [1998] 7 号，1998 年 3 月 12 日发布)

第一章 总 则

第一条 为了规范物业管理企业财务行为，有利于企业公平竞争，加强财务管理和经济核算，结合物业管理企业的特点及其管理要求，制定本规定。

除本规定另有规定外，物业管理企业执行《施工、房地产开发企业财务制度》。

第二条 本规定适用于中华人民共和国境内的各类物业管理企业（以下简称企业），包括国有企业、集体企业、私营企业、外商投资企业等各类经济性质的企业；有限责任公司、股份有限公司等各类组织形式的企业。

其他行业独立核算的物业管理企业也适用本规定。

第二章 代 管 基 金

第三条 代管基金是指企业接受业主管理委员会或者物业产权人、使用人委托代管的房屋共用部位维修基金和共用设施设备维修基金。

房屋共用部位维修基金是指专项用于房屋共用部位大修理的资金。房屋的共用部位，是指承重结构部位（包括楼盖、屋顶、梁、柱、内外墙体和基础等）、外墙面、楼梯间、走廊通道、门厅、楼内存车库等。

共用设施设备维修基金是指专项用于共用设施和共用设备大修理的资金。共用设施设备是指共用的给水排水管道、公用水箱、加压水泵、电梯、公用天线、供电干线、共用照明、暖气干线、消防设施、住宅区的道路、路灯、沟渠、池、井、室外停车场、游泳池、各类球场等。

第四条 代管基金作为企业长期负债管理。

代管基金应当专户存储，专款专用，并定期接受业主管理委员会或者物业产权人、使用人的检查与监督。

代管基金利息净收入应当经业主管理委员会或者物业产权人、使用人认可后转作代管基金滚存使用和管理。

第五条 企业有偿使用业主管理委员会或者物业产权人、使用人提供的管理用房、商业用房和共用设施设备，应当设立备查账簿单独进行实物管理；并按照国家法律、法规的规定或者双方签订的合同、协议支付有关费用（如租赁费、承包费等）。

管理用房是指业主管理委员会或者物业产权人、使用人向企业提供的办公用房。

商业用房是指业主管理委员会或者物业产权人、使用人向企业提供的经营用房。

第六条 企业支付的管理用房和商业用房有偿使用费，经业主管理委员会或者物业产权人、使用人认可后转作企业代管的房屋共用部位维修基金；企业支付的共用设施设备有偿使用费，经业主管理委员会或者物业产权人、使用人认可后转作企业代管的共用设施设备维修基金。

第三章 成本和费用

第七条 企业在从事物业管理活动中,为物业产权人、使用人提供维修、管理和服务等过程中发生的各项支出,按照国家规定计入成本、费用。

第八条 企业在从事物业管理活动中发生的各项直接支出,计入营业成本。营业成本包括直接人工费、直接材料费和间接费用等。实行一级成本核算的企业,可不设间接费用,有关支出直接计入管理费用。

直接人工费包括企业直接从事物业管理活动等人员的工资、奖金及职工福利费等。

直接材料费包括企业在物业管理活动中直接消耗的各种材料、辅助材料、燃料和动力、构配件、零件、低值易耗品、包装物等。

间接费用包括企业所属物业管理单位管理人员的工资、奖金及职工福利费、固定资产折旧费及修理费、水电费、供暖费、办公费、差旅费、邮电通信费、交通运输费、租赁费、财产保险费;劳动保护费、保安费、绿化维护费、低值易耗品摊销及其他费用等。

第九条 企业经营共用设施设备,支付的有偿使用费,计入营业成本。

第十条 企业支付的管理用房有偿使用费,计入营业成本或者管理费用。

第十一条 企业对管理用房进行装饰装修发生的支出,计入递延资产,在有效使用期限内,分期摊入营业成本或者管理费用。

第十二条 企业可以于年度终了,按照年末应收账款余额的 0.3‰～0.5‰ 计提坏账准备金,计入管理费用。

企业发生的坏账损失,冲减坏账准备金。收回已核销的坏账,增加坏账准备金。

不计提坏账准备金的企业,发生的坏账损失,计入管理费用。收回已核销的坏账,冲减管理费用。

第四章 营业收入及利润

第十三条 营业收入是指企业从事物业管理和其他经营活动所取得的各项收入,包括主营业务收入和其他业务收入。

第十四条 主营业务收入是指企业在从事物业管理活动中,为物业产权人、使用人提供维修、管理和服务所取得的收入,包括物业管理收入、物业经营收入和物业大修收入。

物业管理收入是指企业向物业产权人、使用人收取的公共性服务费收入、公众代办性服务费收入和特约服务收入。

物业经营收入是指企业经营业主管理委员会或者物业产权人、使用人提供的房屋建筑物和共用设施取得的收入,如房屋出租收入和经营停车场、游泳池、各类球场等共用设施收入。

物业大修收入是指企业接受业主管理委员会或者物业产权人、使用人的委托,对房屋共用部位、共用设施设备进行大修取得的收入。

第十五条 企业应当在劳务已经提供,同时收讫价款或取得收取价款的凭证时确认为营业收入的实现。

物业大修收入应当经业主管理委员会或者物业产权人、使用人签证认可后,确认为营业收入的实现。

企业与业主管理委员会或者物业产权人、使用人双方签订付款合同或协议的，应当根据合同或者协议所规定的付款日期确认为营业收入的实现。

第十六条　企业利润总额包括营业利润、投资净收益、营业外收支净额以及补贴收入。

第十七条　补贴收入是指国家拨给企业的政策性亏损补贴和其他补贴。

第十八条　营业利润包括主营业务利润和其他业务利润。

主营业务利润是指主营业务收入减去营业税金及附加，再减去营业成本、管理费用及财务费用后的净额。

营业税金及附加包括营业税、城市维护建设税和教育费附加。

其他业务利润是指其他业务收入减去其他业务支出和其他业务缴纳的税金及附加后的净额。

第十九条　其他业务收入是指企业从事主营业务以外的其他业务活动所取得的收入，包括房屋中介代销手续费收入、材料物资销售收入、废品回收收入、商业用房经营收入及无形资产转让收入等。

商业用房经营收入是指企业利用业主管理委员会或者物业产权人、使用人提供的商业用房，从事经营活动取得的收入，如开办健身房、歌舞厅、美容美发屋、商店、饮食店等经营收入。

第二十条　其他业务支出是指企业从事其他业务活动所发生的有关成本和费用支出。

企业支付的商业用房有偿使用费，计入其他业务支出。

企业对商业用房进行装饰装修发生的支出，计入递延资产，在有效使用期限内，分期摊入其他业务支出。

第五章　附　　则

第二十一条　本规定自1998年1月1日起施行。

第二十二条　本规定由财政部负责解释和修订。

住宅专项维修资金管理办法

(建设部、财政部令第165号,2007年12月4日发布,自2008年2月1日起施行)

第一章 总 则

第一条 为了加强对住宅专项维修资金的管理,保障住宅共用部位、共用设施设备的维修和正常使用,维护住宅专项维修资金所有者的合法权益,根据《物权法》、《物业管理条例》等法律、行政法规,制定本办法。

第二条 商品住宅、售后公有住房住宅专项维修资金的交存、使用、管理和监督,适用本办法。

本办法所称住宅专项维修资金,是指专项用于住宅共用部位、共用设施设备保修期满后的维修和更新、改造的资金。

第三条 本办法所称住宅共用部位,是指根据法律、法规和房屋买卖合同,由单幢住宅内业主或者单幢住宅内业主及与之结构相连的非住宅业主共有的部位,一般包括:住宅的基础、承重墙体、柱、梁、楼板、屋顶以及户外的墙面、门厅、楼梯间、走廊通道等。

本办法所称共用设施设备,是指根据法律、法规和房屋买卖合同,由住宅业主或者住宅业主及有关非住宅业主共有的附属设施设备,一般包括电梯、天线、照明、消防设施、绿地、道路、路灯、沟渠、池、井、非经营性车场车库、公益性文体设施和共用设施设备使用的房屋等。

第四条 住宅专项维修资金管理实行专户存储、专款专用、所有权人决策、政府监督的原则。

第五条 国务院建设主管部门会同国务院财政部门负责全国住宅专项维修资金的指导和监督工作。

县级以上地方人民政府建设(房地产)主管部门会同同级财政部门负责本行政区域内住宅专项维修资金的指导和监督工作。

第二章 交 存

第六条 下列物业的业主应当按照本办法的规定交存住宅专项维修资金:

(一)住宅,但一个业主所有且与其他物业不具有共用部位、共用设施设备的除外;

(二)住宅小区内的非住宅或者住宅小区外与单幢住宅结构相连的非住宅。

前款所列物业属于出售公有住房的,售房单位应当按照本办法的规定交存住宅专项维修资金。

第七条 商品住宅的业主、非住宅的业主按照所拥有物业的建筑面积交存住宅专项维修资金,每平方米建筑面积交存首期住宅专项维修资金的数额为当地住宅建筑安装工程每平方米造价的5%~8%。

直辖市、市、县人民政府建设(房地产)主管部门应当根据本地区情况,合理确定、公布每平方米建筑面积交存首期住宅专项维修资金的数额,并适时调整。

第八条 出售公有住房的,按照下列规定交存住宅专项维修资金:
(一)业主按照所拥有物业的建筑面积交存住宅专项维修资金,每平方米建筑面积交存首期住宅专项维修资金的数额为当地房改成本价的2%。
(二)售房单位按照多层住宅不低于售房款的20%、高层住宅不低于售房款的30%,从售房款中一次性提取住宅专项维修资金。

第九条 业主交存的住宅专项维修资金属于业主所有。

从公有住房售房款中提取的住宅专项维修资金属于公有住房售房单位所有。

第十条 业主大会成立前,商品住宅业主、非住宅业主交存的住宅专项维修资金,由物业所在地直辖市、市、县人民政府建设(房地产)主管部门代管。

直辖市、市、县人民政府建设(房地产)主管部门应当委托所在地一家商业银行,作为本行政区域内住宅专项维修资金的专户管理银行,并在专户管理银行开立住宅专项维修资金专户。

开立住宅专项维修资金专户,应当以物业管理区域为单位设账,按房屋户门号设分户账;未划定物业管理区域的,以幢为单位设账,按房屋户门号设分户账。

第十一条 业主大会成立前,已售公有住房住宅专项维修资金,由物业所在地直辖市、市、县人民政府财政部门或者建设(房地产)主管部门负责管理。

负责管理公有住房住宅专项维修资金的部门应当委托所在地一家商业银行,作为本行政区域内公有住房住宅专项维修资金的专户管理银行,并在专户管理银行开立公有住房住宅专项维修资金专户。

开立公有住房住宅专项维修资金专户,应当按照售房单位设账,按幢设分账;其中,业主交存的住宅专项维修资金,按房屋户门号设分户账。

第十二条 商品住宅的业主应当在办理房屋入住手续前,将首期住宅专项维修资金存入住宅专项维修资金专户。

已售公有住房的业主应当在办理房屋入住手续前,将首期住宅专项维修资金存入公有住房住宅专项维修资金专户或者交由售房单位存入公有住房住宅专项维修资金专户。

公有住房售房单位应当在收到售房款之日起30日内,将提取的住宅专项维修资金存入公有住房住宅专项维修资金专户。

第十三条 未按本办法规定交存首期住宅专项维修资金的,开发建设单位或者公有住房售房单位不得将房屋交付购买人。

第十四条 专户管理银行、代收住宅专项维修资金的售房单位应当出具由财政部或者省、自治区、直辖市人民政府财政部门统一监制的住宅专项维修资金专用票据。

第十五条 业主大会成立后,应当按照下列规定划转业主交存的住宅专项维修资金:
(一)业主大会应当委托所在地一家商业银行作为本物业管理区域内住宅专项维修资金的专户管理银行,并在专户管理银行开立住宅专项维修资金专户。

开立住宅专项维修资金专户,应当以物业管理区域为单位设账,按房屋户门号设分户账。

(二)业主委员会应当通知所在地直辖市、市、县人民政府建设(房地产)主管部门;涉及已售公有住房的,应当通知负责管理公有住房住宅专项维修资金的部门。

(三)直辖市、市、县人民政府建设(房地产)主管部门或者负责管理公有住房住宅专项维修资金的部门应当在收到通知之日起 30 日内，通知专户管理银行将该物业管理区域内业主交存的住宅专项维修资金账面余额划转至业主大会开立的住宅专项维修资金账户，并将有关账目等移交业主委员会。

第十六条　住宅专项维修资金划转后的账目管理单位，由业主大会决定。业主大会应当建立住宅专项维修资金管理制度。

业主大会开立的住宅专项维修资金账户，应当接受所在地直辖市、市、县人民政府建设（房地产）主管部门的监督。

第十七条　业主分户账面住宅专项维修资金余额不足首期交存额 30％的，应当及时续交。

成立业主大会的，续交方案由业主大会决定。

未成立业主大会的，续交的具体管理办法由直辖市、市、县人民政府建设（房地产）主管部门会同同级财政部门制定。

第三章　使　　用

第十八条　住宅专项维修资金应当专项用于住宅共用部位、共用设施设备保修期满后的维修和更新、改造，不得挪作他用。

第十九条　住宅专项维修资金的使用，应当遵循方便快捷、公开透明、受益人和负担人相一致的原则。

第二十条　住宅共用部位、共用设施设备的维修、更新和改造费用，按照下列规定分摊：

（一）商品住宅之间或者商品住宅与非住宅之间共用部位、共用设施设备的维修和更新、改造费用，由相关业主按照各自拥有物业建筑面积的比例分摊。

（二）售后公有住房之间共用部位、共用设施设备的维修和更新、改造费用，由相关业主和公有住房售房单位按照所交存住宅专项维修资金的比例分摊；其中，应由业主承担的，再由相关业主按照各自拥有物业建筑面积的比例分摊。

（三）售后公有住房与商品住宅或者非住宅之间共用部位、共用设施设备的维修和更新、改造费用，先按照建筑面积比例分摊到各相关物业。其中，售后公有住房应分摊的费用，再由相关业主和公有住房售房单位按照所交存住宅专项维修资金的比例分摊。

第二十一条　住宅共用部位、共用设施设备维修、更新和改造，涉及尚未售出的商品住宅、非住宅或者公有住房的，开发建设单位或者公有住房单位应当按照尚未售出商品住宅或者公有住房的建筑面积，分摊维修、更新和改造费用。

第二十二条　住宅专项维修资金划转业主大会管理前，需要使用住宅专项维修资金的，按照以下程序办理：

（一）物业服务企业根据维修、更新和改造项目提出使用建议；没有物业服务企业的，由相关业主提出使用建议；

（二）住宅专项维修资金列支范围内专有部分占建筑物总面积三分之二以上的业主且占总人数三分之二以上的业主讨论通过使用建议；

（三）物业服务企业或者相关业主组织实施使用方案；

（四）物业服务企业或者相关业主持有关材料，向所在地直辖市、市、县人民政府建设(房地产)主管部门申请列支；其中，动用公有住房住宅专项维修资金的，向负责管理公有住房住宅专项维修资金的部门申请列支；

（五）直辖市、市、县人民政府建设(房地产)主管部门或者负责管理公有住房住宅专项维修资金的部门审核同意后，向专户管理银行发出划转住宅专项维修资金的通知；

（六）专户管理银行将所需住宅专项维修资金划转至维修单位。

第二十三条　住宅专项维修资金划转业主大会管理后，需要使用住宅专项维修资金的，按照以下程序办理：

（一）物业服务企业提出使用方案，使用方案应当包括拟维修、更新和改造的项目、费用预算、列支范围、发生危及房屋安全等紧急情况以及其他需临时使用住宅专项维修资金的情况的处置办法等；

（二）业主大会依法通过使用方案；

（三）物业服务企业组织实施使用方案；

（四）物业服务企业持有关材料向业主委员会提出列支住宅专项维修资金；其中，动用公有住房住宅专项维修资金的，向负责管理公有住房住宅专项维修资金的部门申请列支；

（五）业主委员会依据使用方案审核同意，并报直辖市、市、县人民政府建设(房地产)主管部门备案；动用公有住房住宅专项维修资金的，经负责管理公有住房住宅专项维修资金的部门审核同意；直辖市、市、县人民政府建设(房地产)主管部门或者负责管理公有住房住宅专项维修资金的部门发现不符合有关法律、法规、规章和使用方案的，应当责令改正；

（六）业主委员会、负责管理公有住房住宅专项维修资金的部门向专户管理银行发出划转住宅专项维修资金的通知；

（七）专户管理银行将所需住宅专项维修资金划转至维修单位。

第二十四条　发生危及房屋安全等紧急情况，需要立即对住宅共用部位、共用设施设备进行维修、更新和改造的，按照以下规定列支住宅专项维修资金：

（一）住宅专项维修资金划转业主大会管理前，按照本办法第二十二条第四项、第五项、第六项的规定办理；

（二）住宅专项维修资金划转业主大会管理后，按照本办法第二十三条第四项、第五项、第六项和第七项的规定办理。

发生前款情况后，未按规定实施维修、更新和改造的，直辖市、市、县人民政府建设(房地产)主管部门可以组织代修，维修费用从相关业主住宅专项维修资金分户账中列支；其中，涉及已售公有住房的，还应当从公有住房住宅专项维修资金中列支。

第二十五条　下列费用不得从住宅专项维修资金中列支：

（一）依法应当由建设单位或者施工单位承担的住宅共用部位、共用设施设备维修、更新和改造费用；

（二）依法应当由相关单位承担的供水、供电、供气、供暖、通信、有线电视等管线和设施设备的维修、养护费用；

（三）应当由当事人承担的因人为损坏住宅共用部位、共用设施设备所需的修复费用；

（四）根据物业服务合同约定，应当由物业服务企业承担的住宅共用部位、共用设施设备的维修和养护费用。

第二十六条 在保证住宅专项维修资金正常使用的前提下，可以按照国家有关规定将住宅专项维修资金用于购买国债。

利用住宅专项维修资金购买国债，应当在银行间债券市场或者商业银行柜台市场购买一级市场新发行的国债，并持有到期。

利用业主交存的住宅专项维修资金购买国债的，应当经业主大会同意；未成立业主大会的，应当经专有部分占建筑物总面积三分之二以上的业主且占总人数三分之二以上业主同意。

利用从公有住房售房款中提取的住宅专项维修资金购买国债的，应当根据售房单位的财政隶属关系，报经同级财政部门同意。

禁止利用住宅专项维修资金从事国债回购、委托理财业务或者将购买的国债用于质押、抵押等担保行为。

第二十七条 下列资金应当转入住宅专项维修资金滚存使用：

（一）住宅专项维修资金的存储利息；

（二）利用住宅专项维修资金购买国债的增值收益；

（三）利用住宅共用部位、共用设施设备进行经营的，业主所得收益，但业主大会另有决定的除外；

（四）住宅共用设施设备报废后回收的残值。

第四章 监督管理

第二十八条 房屋所有权转让时，业主应当向受让人说明住宅专项维修资金交存和结余情况并出具有效证明，该房屋分户账中结余的住宅专项维修资金随房屋所有权同时过户。

受让人应当持住宅专项维修资金过户的协议、房屋权属证书、身份证等到专户管理银行办理分户账更名手续。

第二十九条 房屋灭失的，按照以下规定返还住宅专项维修资金：

（一）房屋分户账中结余的住宅专项维修资金返还业主；

（二）售房单位交存的住宅专项维修资金账面余额返还售房单位；售房单位不存在的，按照售房单位财务隶属关系，收缴同级国库。

第三十条 直辖市、市、县人民政府建设（房地产）主管部门，负责管理公有住房住宅专项维修资金的部门及业主委员会，应当每年至少一次与专户管理银行核对住宅专项维修资金账目，并向业主、公有住房售房单位公布下列情况：

（一）住宅专项维修资金交存、使用、增值收益和结存的总额；

（二）发生列支的项目、费用和分摊情况；

（三）业主、公有住房售房单位分户账中住宅专项维修资金交存、使用、增值收益和结存的金额；

（四）其他有关住宅专项维修资金使用和管理的情况。

业主、公有住房售房单位对公布的情况有异议的，可以要求复核。

第三十一条 专户管理银行应当每年至少一次向直辖市、市、县人民政府建设（房地产)主管部门,负责管理公有住房住宅专项维修资金的部门及业主委员会发送住宅专项维修资金对账单。

直辖市、市、县建设(房地产)主管部门,负责管理公有住房住宅专项维修资金的部门及业主委员会对资金账户变化情况有异议的,可以要求专户管理银行进行复核。

专户管理银行应当建立住宅专项维修资金查询制度,接受业主、公有住房售房单位对其分户账中住宅专项维修资金使用、增值收益和账面余额的查询。

第三十二条 住宅专项维修资金的管理和使用,应当依法接受审计部门的审计监督。

第三十三条 住宅专项维修资金的财务管理和会计核算应当执行财政部有关规定。

财政部门应当加强对住宅专项维修资金收支财务管理和会计核算制度执行情况的监督。

第三十四条 住宅专项维修资金专用票据的购领、使用、保存、核销管理,应当按照财政部以及省、自治区、直辖市人民政府财政部门的有关规定执行,并接受财政部门的监督检查。

第五章 法 律 责 任

第三十五条 公有住房售房单位有下列行为之一的,由县级以上地方人民政府财政部门会同同级建设(房地产)主管部门责令限期改正:

(一)未按本办法第八条、第十二条第三款规定交存住宅专项维修资金的;

(二)违反本办法第十三条规定将房屋交付买受人的;

(三)未按本办法第二十一条规定分摊维修、更新和改造费用的。

第三十六条 开发建设单位违反本办法第十三条规定将房屋交付买受人的,由县级以上地方人民政府建设(房地产)主管部门责令限期改正;逾期不改正的,处以3万元以下的罚款。

开发建设单位未按本办法第二十一条规定分摊维修、更新和改造费用的,由县级以上地方人民政府建设(房地产)主管部门责令限期改正;逾期不改正的,处以1万元以下的罚款。

第三十七条 违反本办法规定,挪用住宅专项维修资金的,由县级以上地方人民政府建设(房地产)主管部门追回挪用的住宅专项维修资金,没收违法所得,可以并处挪用金额2倍以下的罚款;构成犯罪的,依法追究直接负责的主管人员和其他直接责任人员的刑事责任。

物业服务企业挪用住宅专项维修资金,情节严重的,除按前款规定予以处罚外,还应由颁发资质证书的部门吊销资质证书。

直辖市、市、县人民政府建设(房地产)主管部门挪用住宅专项维修资金的,由上一级人民政府建设(房地产)主管部门追回挪用的住宅专项维修资金,对直接负责的主管人员和其他直接责任人员依法给予处分;构成犯罪的,依法追究刑事责任。

直辖市、市、县人民政府财政部门挪用住宅专项维修资金的,由上一级人民政府财政部门追回挪用的住宅专项维修资金,对直接负责的主管人员和其他直接责任人员依法给予处分;构成犯罪的,依法追究刑事责任。

第三十八条 直辖市、市、县人民政府建设(房地产)主管部门违反本办法第二十六条规定的，由上一级人民政府建设（房地产）主管部门责令限期改正，对直接负责的主管人员和其他直接责任人员依法给予处分；造成损失的，依法赔偿；构成犯罪的，依法追究刑事责任。

直辖市、市、县人民政府财政部门违反本办法第二十六条规定的，由上一级人民政府财政部门责令限期改正，对直接负责的主管人员和其他直接责任人员依法给予处分；造成损失的，依法赔偿；构成犯罪的，依法追究刑事责任。

业主大会违反本办法第二十六条规定的，由直辖市、市、县人民政府建设（房地产）主管部门责令改正。

第三十九条 对违反住宅专项维修资金专用票据管理规定的行为，按照《财政违法行为处罚处分条例》的有关规定追究法律责任。

第四十条 县级以上人民政府建设（房地产）主管部门、财政部门及其工作人员利用职务上的便利，收受他人财物或者其他好处，不依法履行监督管理职责，或者发现违法行为不予查处的，依法给予处分；构成犯罪的，依法追究刑事责任。

第六章 附 则

第四十一条 省、自治区、直辖市人民政府建设（房地产）主管部门会同同级财政部门可以依据本办法，制定实施细则。

第四十二条 本办法实施前，商品住宅、公有住房已经出售但未建立住宅专项维修资金的，应当补建。具体办法由省、自治区、直辖市人民政府建设（房地产）主管部门会同同级财政部门依据本办法制定。

第四十三条 本办法由国务院建设主管部门、财政部门共同解释。

第四十四条 本办法自2008年2月1日起施行，1998年12月16日建设部、财政部发布的《住宅共用部位共用设施设备维修基金管理办法》（建住房〔1998〕213号）同时废止。

城市异产毗连房屋管理规定

(1989年11月21日建设部令第5号发布，2001年8月15日根据《建设部关于修改〈城市异产毗连房屋管理规定〉的决定》修正)

第一条 为加强城市异产毗连房屋的管理，维护房屋所有人、使用人的合法权益，明确管理、修缮责任，保障房屋的正常使用，特制定本规定。

第二条 本规定适用于城市(指直辖市、市、建制镇，下同)内的异产毗连房屋。

本规定所称异产毗连房屋，系指结构相连或具有共有、共用设备和附属建筑，而为不同所有人所有的房屋。

第三条 异产毗连房屋的所有人按照城市房地产行政主管部门核发的所有权证规定的范围行使权利，并承担相应的义务。

第四条 国务院建设行政主管部门负责全国的城市异产毗连房屋管理工作。

县级以上地方人民政府房地产行政主管部门负责本辖区的城市异产毗连房屋管理工作。

第五条 所有人和使用人对房屋的使用和修缮，必须符合城市规划、房地产管理、消防和环境保护等部门的要求，并应按照有利使用、共同协商、公平合理的原则，正确处理毗连关系。

第六条 所有人和使用人对共有、共用的门厅、阳台、屋面、楼道、厨房、厕所以及院路、给水排水设施等，应共同合理使用并承担相应的义务；除另有约定外，任何一方不得多占、独占。

所有人和使用人在房屋共有、共用部位，不得有损害他方利益的行为。

第七条 异产毗连房屋所有人以外的人如需使用异产毗连房屋的共有部位时，应取得各所有人一致同意，并签订书面协议。

第八条 一方所有人如需改变共有部位的外形或结构时，除须经城市规划部门批准外，还须征得其他所有人的书面同意。

第九条 异产毗连房屋发生自然损坏(因不可抗力造成的损坏，视同自然损坏)，所需修缮费用依下列原则处理：

(一)共有房屋主体结构中的基础、柱、梁、墙的修缮，由共有房屋所有人按份额比例分担。

(二)共有墙体的修缮(包括因结构需要而涉及的相邻部位的修缮)，按两侧均分后，再由每侧房屋所有人按份额比例分担。

(三)楼盖的修缮，其楼面与顶棚部位，由所在层房屋所有人负责；其结构部位，由毗连层上下房屋所有人按份额比例分担。

(四)屋盖的修缮：

1. 不上人房盖，由修缮所及范围覆盖下各层的房屋所有人按份额比例分担。

2. 可上人屋盖(包括屋面和周边护栏)，如为各层所共用，由修缮所及范围覆盖下各层的房屋所有人按份额比例分担；如仅为若干层使用，使用层的房屋所有人分担一半，其余一半由修缮所及范围覆盖下层房屋所有人按份额比例分担。

（五）楼梯及楼梯间（包括出屋面部分）的修缮：

1. 各层共用楼梯，由房屋所有人按份额比例分担。

2. 为某些层所专用的楼梯，由其专用的房屋所有人按份额比例分担。

（六）房屋共用部位必要的装饰，由受益的房屋所有人按份额比例分担。

（七）房屋共有、共用的设备和附属建筑（如电梯、水泵、散热器、水卫、电照、沟管、垃圾道、化粪池等）的修缮，由所有人按份额比例分担。

第十条　异产毗连房屋的自然损坏，应当按照本规定及时修缮，不得拖延或者拒绝。

第十一条　因使用不当造成异产毗连房屋损坏的，由责任人负责修缮。

第十二条　异产毗连房屋的一方所有人或使用人有造成房屋危险行为的，应当及时排除危险；他方有权采取必要措施，防止危险发生；造成损失的，责任方应当负责赔偿。

第十三条　异产毗连房屋的一方所有人或使用人超越权利范围，侵害他方权益的，应停止侵害，并赔偿由此而造成的损失。

第十四条　异产毗连房屋的所有人或使用人发生纠纷的，可以协商解决。不愿协商或者协商不成的，可以依法申请仲裁或者向人民法院起诉。

第十五条　异产毗连房屋经房屋安全鉴定机构鉴定为危险房屋的，房屋所有人必须按有关规定及时治理。

第十六条　异产毗连房屋的所有人可组成房屋管理组织，也可委托其他组织，在当地房地产行政主管部门的指导下，负责房屋的使用、修缮等管理工作。

第十七条　售给个人的异产毗连公有住房，其共有部位和共用设备的维修办法另行规定。

第十八条　县级以上地方人民政府房地产行政主管部门可依据本规定，结合当地情况，制定实施细则，经同级人民政府批准后，报上一级主管部门备案。

第十九条　未设镇建制的工矿区可参照本规定执行。

第二十条　本规定由国务院建设行政主管部门负责解释。

第二十一条　本规定自一九九〇年一月一日起施行。

最高人民法院
关于审理建筑物区分所有权纠纷案件具体应用法律若干问题的解释

(法释〔2009〕7号，2009年3月23日最高人民法院审判委员会第1464次会议通过，自2009年10月1日起施行)

为正确审理建筑物区分所有权纠纷案件，依法保护当事人的合法权益，根据《中华人民共和国物权法》等法律的规定，结合民事审判实践，制定本解释。

第一条 依法登记取得或者根据物权法第二章第三节规定取得建筑物专有部分所有权的人，应当认定为物权法第六章所称的业主。

基于与建设单位之间的商品房买卖民事法律行为，已经合法占有建筑物专有部分，但尚未依法办理所有权登记的人，可以认定为物权法第六章所称的业主。

第二条 建筑区划内符合下列条件的房屋以及车位、摊位等特定空间，应当认定为物权法第六章所称的专有部分：

（一）具有构造上的独立性，能够明确区分；

（二）具有利用上的独立性，可以排他使用；

（三）能够登记成为特定业主所有权的客体。

规划上专属于特定房屋，且建设单位销售时已经根据规划列入该特定房屋买卖合同中的露台等，应当认定为物权法第六章所称专有部分的组成部分。

本条第一款所称房屋，包括整栋建筑物。

第三条 除法律、行政法规规定的共有部分外，建筑区划内的以下部分，也应当认定为物权法第六章所称的共有部分：

（一）建筑物的基础、承重结构、外墙、屋顶等基本结构部分，通道、楼梯、大堂等公共通行部分，消防、公共照明等附属设施、设备，避难层、设备层或者设备间等结构部分；

（二）其他不属于业主专有部分，也不属于市政公用部分或者其他权利人所有的场所及设施等。

建筑区划内的土地，依法由业主共同享有建设用地使用权，但属于业主专有的整栋建筑物的规划占地或者城镇公共道路、绿地占地除外。

第四条 业主基于对住宅、经营性用房等专有部分特定使用功能的合理需要，无偿利用屋顶以及与其专有部分相对应的外墙面等共有部分的，不应认定为侵权。但违反法律、法规、管理规约，损害他人合法权益的除外。

第五条 建设单位按照配置比例将车位、车库，以出售、附赠或者出租等方式处分给业主的，应当认定其行为符合物权法第七十四条第一款有关"应当首先满足业主的需要"的规定。

前款所称配置比例是指规划确定的建筑区划内规划用于停放汽车的车位、车库与房屋套数的比例。

第六条 建筑区划内在规划用于停放汽车的车位之外，占用业主共有道路或者其他场地增设的车位,应当认定为物权法第七十四条第三款所称的车位。

第七条 改变共有部分的用途、利用共有部分从事经营性活动、处分共有部分,以及业主大会依法决定或者管理规约依法确定应由业主共同决定的事项,应当认定为物权法第七十六条第一款第(七)项规定的有关共有和共同管理权利的"其他重大事项"。

第八条 物权法第七十六条第二款和第八十条规定的专有部分面积和建筑物总面积,可以按照下列方法认定:

(一)专有部分面积,按照不动产登记簿记载的面积计算;尚未进行物权登记的,暂按测绘机构的实测面积计算;尚未进行实测的,暂按房屋买卖合同记载的面积计算;

(二)建筑物总面积,按照前项的统计总和计算。

第九条 物权法第七十六条第二款规定的业主人数和总人数,可以按照下列方法认定:

(一)业主人数,按照专有部分的数量计算,一个专有部分按一人计算。但建设单位尚未出售和虽已出售但尚未交付的部分,以及同一买受人拥有一个以上专有部分的,按一人计算;

(二)总人数,按照前项的统计总和计算。

第十条 业主将住宅改变为经营性用房,未按照物权法第七十七条的规定经有利害关系的业主同意,有利害关系的业主请求排除妨害、消除危险、恢复原状或者赔偿损失的,人民法院应予支持。

将住宅改变为经营性用房的业主以多数有利害关系的业主同意其行为进行抗辩的,人民法院不予支持。

第十一条 业主将住宅改变为经营性用房,本栋建筑物内的其他业主,应当认定为物权法第七十七条所称"有利害关系的业主"。建筑区划内,本栋建筑物之外的业主,主张与自己有利害关系的,应证明其房屋价值、生活质量受到或者可能受到不利影响。

第十二条 业主以业主大会或者业主委员会作出的决定侵害其合法权益或者违反了法律规定的程序为由,依据物权法第七十八条第二款的规定请求人民法院撤销该决定的,应当在知道或者应当知道业主大会或者业主委员会作出决定之日起一年内行使。

第十三条 业主请求公布、查阅下列应当向业主公开的情况和资料的,人民法院应予支持:

(一)建筑物及其附属设施的维修资金的筹集、使用情况;

(二)管理规约、业主大会议事规则,以及业主大会或者业主委员会的决定及会议记录;

(三)物业服务合同、共有部分的使用和收益情况;

(四)建筑区划内规划用于停放汽车的车位、车库的处分情况;

(五)其他应当向业主公开的情况和资料。

第十四条 建设单位或者其他行为人擅自占用、处分业主共有部分、改变其使用功能或者进行经营性活动,权利人请求排除妨害、恢复原状、确认处分行为无效或者赔偿损失的,人民法院应予支持。

属于前款所称擅自进行经营性活动的情形,权利人请求行为人将扣除合理成本之后的收益用于补充专项维修资金或者业主共同决定的其他用途的,人民法院应予支持。行为人对成本的支出及其合理性承担举证责任。

第十五条 业主或者其他行为人违反法律、法规、国家相关强制性标准、管理规约，或者违反业主大会、业主委员会依法作出的决定，实施下列行为的，可以认定为物权法第八十三条第二款所称的其他"损害他人合法权益的行为"：

（一）损害房屋承重结构，损害或者违章使用电力、燃气、消防设施，在建筑物内放置危险、放射性物品等危及建筑物安全或者妨碍建筑物正常使用；

（二）违反规定破坏、改变建筑物外墙面的形状、颜色等损害建筑物外观；

（三）违反规定进行房屋装饰装修；

（四）违章加建、改建，侵占、挖掘公共通道、道路、场地或者其他共有部分。

第十六条 建筑物区分所有权纠纷涉及专有部分的承租人、借用人等物业使用人的，参照本解释处理。

专有部分的承租人、借用人等物业使用人，根据法律、法规、管理规约、业主大会或者业主委员会依法作出的决定，以及其与业主的约定，享有相应权利，承担相应义务。

第十七条 本解释所称建设单位，包括包销期满，按照包销合同约定的包销价格购买尚未销售的物业后，以自己名义对外销售的包销人。

第十八条 人民法院审理建筑物区分所有权案件中，涉及有关物权归属争议的，应当以法律、行政法规为依据。

第十九条 本解释自 2009 年 10 月 1 日起施行。

因物权法施行后实施的行为引起的建筑物区分所有权纠纷案件，适用本解释。

本解释施行前已经终审，本解释施行后当事人申请再审或者按照审判监督程序决定再审的案件，不适用本解释。

最高人民法院
关于审理物业服务纠纷案件具体应用法律若干问题的解释

（法释〔2009〕8号，2009年4月20日最高人民法院审判委员会第1466次会议通过，自2009年10月1日起施行）

为正确审理物业服务纠纷案件，依法保护当事人的合法权益，根据《中华人民共和国民法通则》、《中华人民共和国物权法》、《中华人民共和国合同法》等法律规定，结合民事审判实践，制定本解释。

第一条　建设单位依法与物业服务企业签订的前期物业服务合同，以及业主委员会与业主大会依法选聘的物业服务企业签订的物业服务合同，对业主具有约束力。业主以其并非合同当事人为由提出抗辩的，人民法院不予支持。

第二条　符合下列情形之一，业主委员会或者业主请求确认合同或者合同相关条款无效的，人民法院应予支持：

（一）物业服务企业将物业服务区域内的全部物业服务业务一并委托他人而签订的委托合同；

（二）物业服务合同中免除物业服务企业责任、加重业主委员会或者业主责任、排除业主委员会或者业主主要权利的条款。

前款所称物业服务合同包括前期物业服务合同。

第三条　物业服务企业不履行或者不完全履行物业服务合同约定的或者法律、法规规定以及相关行业规范确定的维修、养护、管理和维护义务，业主请求物业服务企业承担继续履行、采取补救措施或者赔偿损失等违约责任的，人民法院应予支持。

物业服务企业公开作出的服务承诺及制定的服务细则，应当认定为物业服务合同的组成部分。

第四条　业主违反物业服务合同或者法律、法规、管理规约，实施妨害物业服务与管理的行为，物业服务企业请求业主承担恢复原状、停止侵害、排除妨害等相应民事责任的，人民法院应予支持。

第五条　物业服务企业违反物业服务合同约定或者法律、法规、部门规章规定，擅自扩大收费范围、提高收费标准或者重复收费，业主以违规收费为由提出抗辩的，人民法院应予支持。

业主请求物业服务企业退还其已收取的违规费用的，人民法院应予支持。

第六条　经书面催交，业主无正当理由拒绝交纳或者在催告的合理期限内仍未交纳物业费，物业服务企业请求业主支付物业费的，人民法院应予支持。物业服务企业已经按照合同约定以及相关规定提供服务，业主仅以未享受或者无需接受相关物业服务为抗辩理由的，人民法院不予支持。

第七条　业主与物业的承租人、借用人或者其他物业使用人约定由物业使用人交纳物业费，物业服务企业请求业主承担连带责任的，人民法院应予支持。

第八条　业主大会按照物权法第七十六条规定的程序作出解聘物业服务企业的决定

后，业主委员会请求解除物业服务合同的，人民法院应予支持。

物业服务企业向业主委员会提出物业费主张的，人民法院应当告知其向拖欠物业费的业主另行主张权利。

第九条 物业服务合同的权利义务终止后，业主请求物业服务企业退还已经预收，但尚未提供物业服务期间的物业费的，人民法院应予支持。

物业服务企业请求业主支付拖欠的物业费的，按照本解释第六条规定处理。

第十条 物业服务合同的权利义务终止后，业主委员会请求物业服务企业退出物业服务区域、移交物业服务用房和相关设施，以及物业服务所必需的相关资料和由其代管的专项维修资金的，人民法院应予支持。

物业服务企业拒绝退出、移交，并以存在事实上的物业服务关系为由，请求业主支付物业服务合同权利义务终止后的物业费的，人民法院不予支持。

第十一条 本解释涉及物业服务企业的规定，适用于物权法第七十六条、第八十一条、第八十二条所称其他管理人。

第十二条 因物业的承租人、借用人或者其他物业使用人实施违反物业服务合同，以及法律、法规或者管理规约的行为引起的物业服务纠纷，人民法院应当参照本解释关于业主的规定处理。

第十三条 本解释自2009年10月1日起施行。

本解释施行前已经终审，本解释施行后当事人申请再审或者按照审判监督程序决定再审的案件，不适用本解释。

参 考 文 献

[1] 邓保同. 物业管理法概论(第二版). 武汉：华中师范大学出版社，2006.
[2] 黄武双，朱平. 物业管理法律原理与案例精点. 上海：上海交通大学出版社，2006.
[3] 董藩，秦凤伟，刘毅. 物业管理法律与制度. 北京：清华大学出版社，2006.
[4] 郭宗逵. 物业管理典型案例分析. 南京：江苏科学技术出版社，2006.
[5] 戴玉林，王媚莎. 物业管理典型案例与分析. 北京：化学工业出版社，2006.
[6] 景象，胥盈. 物业管理案例解析. 北京：机械工业出版社，2006.
[7] 戴霞，甘元薪. 新编物业管理法. 广州：中山大学出版社，2005.
[8] 季进如. 物业管理. 北京：首都经济贸易大学出版社，2004.
[9] 王家福. 物业管理条例释解. 北京：中国物价出版社，2003.
[10] 吴剑平. 物业管理法规. 广州：华南理工大学出版社，2003.
[11] 刘长森. 物业管理纠纷典型案例评析. 北京：中国建筑工业出版社，2003.
[12] 徐鸿涛. 物业管理新解. 北京：机械工业出版社，2003.
[13] 高富平，黄武双. 物业权属与物业管理. 北京：中国法制出版社，2002.
[14] 李媛辉. 物业管理法概论. 北京：中国林业出版社，2002.
[15] 刘兴桂. 物业管理法. 广州：中山大学出版社，2002.
[16] 王利明. 物权法研究. 北京：中国人民大学出版社，2002.
[17] 蔡华. 物业管理法律理论与实务. 北京：人民法院出版社，2000.

尊敬的读者：

感谢您选购我社图书！建工版图书按图书销售分类在卖场上架，共设22个一级分类及43个二级分类，根据图书销售分类选购建筑类图书会节省您的大量时间。现将建工版图书销售分类及与我社联系方式介绍给您，欢迎随时与我们联系。

★建工版图书销售分类表（详见下表）。

★欢迎登陆中国建筑工业出版社网站www.cabp.com.cn，本网站为您提供建工版图书信息查询、网上留言、购书服务，并邀请您加入网上读者俱乐部。

★中国建筑工业出版社总编室　　电　话：010—58337016
　　　　　　　　　　　　　　　传　真：010—68321361

★中国建筑工业出版社发行部　　电　话：010—58337346
　　　　　　　　　　　　　　　传　真：010—68325420
　　　　　　　　　　　　　　　E-mail：hbw@cabp.com.cn

建工版图书销售分类表

一级分类名称（代码）	二级分类名称（代码）	一级分类名称（代码）	二级分类名称（代码）
建筑学（A）	建筑历史与理论（A10）	园林景观（G）	园林史与园林景观理论（G10）
	建筑设计（A20）		园林景观规划与设计（G20）
	建筑技术（A30）		环境艺术设计（G30）
	建筑表现·建筑制图（A40）		园林景观施工（G40）
	建筑艺术（A50）		园林植物与应用（G50）
建筑设备·建筑材料（F）	暖通空调（F10）	城乡建设·市政工程·环境工程（B）	城镇与乡（村）建设（B10）
	建筑给水排水（F20）		道路桥梁工程（B20）
	建筑电气与建筑智能化技术（F30）		市政给水排水工程（B30）
	建筑节能·建筑防火（F40）		市政供热、供燃气工程（B40）
	建筑材料（F50）		环境工程（B50）
城市规划·城市设计（P）	城市史与城市规划理论（P10）	建筑结构与岩土工程（S）	建筑结构（S10）
	城市规划与城市设计（P20）		岩土工程（S20）
室内设计·装饰装修（D）	室内设计与表现（D10）	建筑施工·设备安装技术（C）	施工技术（C10）
	家具与装饰（D20）		设备安装技术（C20）
	装修材料与施工（D30）		工程质量与安全（C30）
建筑工程经济与管理（M）	施工管理（M10）	房地产开发管理（E）	房地产开发与经营（E10）
	工程管理（M20）		物业管理（E20）
	工程监理（M30）	辞典·连续出版物（Z）	辞典（Z10）
	工程经济与造价（M40）		连续出版物（Z20）
艺术·设计（K）	艺术（K10）	旅游·其他（Q）	旅游（Q10）
	工业设计（K20）		其他（Q20）
	平面设计（K30）	土木建筑计算机应用系列（J）	
执业资格考试用书（R）		法律法规与标准规范单行本（T）	
高校教材（V）		法律法规与标准规范汇编/大全（U）	
高职高专教材（X）		培训教材（Y）	
中职中专教材（W）		电子出版物（H）	

注：建工版图书销售分类已标注于图书封底。